财政部规划教材
全国高等院校应用型教材

管 理 学

程新富 主 编
岳秀红 张国锋 副主编

中国财经出版传媒集团
中国财政经济出版社

图书在版编目（CIP）数据

管理学/程新富主编．—北京：中国财政经济出版社，2016.8
财政部规划教材　全国高等院校应用型教材
ISBN 978-7-5095-6811-8

Ⅰ.①管…　Ⅱ.①程…　Ⅲ.①管理学-高等学校-教材　Ⅳ.①C93

中国版本图书馆 CIP 数据核字（2016）第 144517 号

责任编辑：李昊民　　　　　　　责任校对：黄亚青
封面设计：北京兰卡绘世

中国财政经济出版社 出版

URL：http：//www.cfeph.cn
E-mail：cfeph@cfeph.cn
（版权所有　翻印必究）

社址：北京市海淀区阜成路甲28号　邮政编码：100142
营销中心电话：88191537　北京财经书店电话：64033436　84041336
北京富生印刷厂印刷　各地新华书店经销
787×1092 毫米　16 开　20 印张　487 000 字
2016 年 8 月第 1 版　2018 年 7 月北京第 3 次印刷
定价：39.00 元
ISBN 978-7-5095-6811-8/C·0065
（图书出现印装问题，本社负责调换）
本社质量投诉电话：010-88190744
打击盗版举报热线：010-88191661　　QQ：2242791300

前言

《管理学》是一门研究管理活动基本规律和方法的科学，也是一门科学性与艺术性有机结合的实用性很强的学科，是经济管理类专业重要的专业基础课程之一。来自于教学一线的本书编者，在参考了国内外最新出版的各种管理学著作和教材的同时，根据我国管理学发展的要求，结合自身教学、科研的实际经验与体会，编写了这本教材。本教材编写充分展现创新思路，突出应用特色。

本教材的编写特色主要体现在以下几点：首先，在每章内容之前安排了学习目标，包括知识目标和能力目标，有助于学生对本章学习内容和要求进行大致的了解，并且每章开篇都有短而精彩的"导入案例"；其次，在相关理论介绍和阐述过程中穿插"管理故事"、"阅读材料"、"知识链接"、"小思考"、"小测试"等内容，激发读者学习的兴趣；第三，在每章内容之后设计了"本章小结"、"本章练习"，借助思考练习、实战训练、案例分析等帮助学生进行自主学习和巩固。

本教材从基本的管理概念入手，先介绍管理学的基本原理和理论，然后以管理的计划、组织、领导、控制职能为主线分别加以介绍，最后辅以创新管理。全书知识体系完整，结构简明，适用于高等院校应用型本科层次经济管理类专业的基础课或主干课，也可供高职高专院校及各级管理干部培训或自学使用。

本教材共八章，由程新富老师主编，岳秀红、张国锋老师任副主编。具体编写分工如下：孙孝花编写第一章，岳秀红编写第二、三章，张国锋编写第四章，冯建本编写第五章，程新富编写第六章并统稿，史敏编写第七、八章。

本教材在编写过程中参考、借鉴了不少国内外的资料，同时也得到中国财政经济出版社的大力支持,在此,对相关作者和出版社表示诚挚的谢意!限于水平,不妥之处在所难免,恳请诸位同行及广大读者批评指正。

编 者
2016 年 4 月

第一章　管理与管理学 …………………………………………………（ 1 ）
【学习目标】 …………………………………………………………（ 1 ）
第一节　管理的概念与特征 …………………………………………（ 2 ）
第二节　管理的性质与职能 …………………………………………（ 6 ）
第三节　管理者与管理对象 …………………………………………（ 12 ）
第四节　管理学的研究对象与方法 …………………………………（ 22 ）
【本章练习】 …………………………………………………………（ 26 ）

第二章　管理理论的形成与发展 ………………………………………（ 30 ）
【学习目标】 …………………………………………………………（ 30 ）
第一节　早期的管理实践与管理思想 ………………………………（ 32 ）
第二节　古典管理理论 ………………………………………………（ 35 ）
第三节　行为科学理论 ………………………………………………（ 40 ）
第四节　现代管理理论 ………………………………………………（ 46 ）
第五节　当代管理理论的新发展 ……………………………………（ 53 ）
【本章练习】 …………………………………………………………（ 57 ）

第三章　管理道德与社会责任 …………………………………………（ 62 ）
【学习目标】 …………………………………………………………（ 62 ）
第一节　管理道德 ……………………………………………………（ 64 ）
第二节　社会责任 ……………………………………………………（ 70 ）
【本章练习】 …………………………………………………………（ 79 ）

第四章　计划 ……………………………………………………………（ 85 ）
【学习目标】 …………………………………………………………（ 85 ）
第一节　计划与计划工作 ……………………………………………（ 86 ）
第二节　决策 …………………………………………………………（104）
第三节　战略 …………………………………………………………（118）

【本章练习】……………………………………………………………………（131）

第五章　组织 ……………………………………………………………………（136）
　　【学习目标】……………………………………………………………………（136）
　　第一节　组织概述 ……………………………………………………………（137）
　　第二节　组织设计 ……………………………………………………………（141）
　　第三节　组织职权 ……………………………………………………………（147）
　　第四节　组织结构类型 ………………………………………………………（149）
　　第五节　人员配备 ……………………………………………………………（157）
　　第六节　组织变革 ……………………………………………………………（173）
　　第七节　组织文化 ……………………………………………………………（178）
　　【本章练习】……………………………………………………………………（183）

第六章　领导 ……………………………………………………………………（188）
　　【学习目标】……………………………………………………………………（188）
　　第一节　领导概述 ……………………………………………………………（189）
　　第二节　领导权力与艺术 ……………………………………………………（194）
　　第三节　领导理论 ……………………………………………………………（203）
　　第四节　激励 …………………………………………………………………（215）
　　第五节　沟通 …………………………………………………………………（236）
　　【本章练习】……………………………………………………………………（248）

第七章　控制 ……………………………………………………………………（255）
　　【学习目标】……………………………………………………………………（255）
　　第一节　控制概述 ……………………………………………………………（257）
　　第二节　控制的类型和内容 …………………………………………………（261）
　　第三节　控制的过程 …………………………………………………………（267）
　　第四节　控制方法 ……………………………………………………………（273）
　　【本章练习】……………………………………………………………………（280）

第八章　创新 ……………………………………………………………………（284）
　　【学习目标】……………………………………………………………………（284）
　　第一节　创新概述 ……………………………………………………………（285）
　　第二节　创新主体与创新过程 ………………………………………………（291）
　　第三节　创新的实施 …………………………………………………………（295）
　　第四节　企业技术创新 ………………………………………………………（302）
　　【本章练习】……………………………………………………………………（306）

参考文献 …………………………………………………………………………（311）

第一章 管理与管理学

学习目标

知识目标
- □ 理解管理的基本含义与特征
- □ 掌握管理的性质与基本职能
- □ 理解管理者应该扮演的角色
- □ 掌握管理者应该具备的素质和技能
- □ 了解管理学的研究对象与研究方法

能力目标
- □ 有意识地培养自己成为管理者的素质和技能
- □ 运用管理理论分析、解决实际管理问题

案例导入   管理就是这么简单

日本的一家大型化妆品公司收到客户投诉,称买来的肥皂盒里面是空的,为预防生产线再次发生这样的事情,工程师便很"努力辛苦"地发明了一台 X 光监视器去检验每一个出货的肥皂盒。而同样的问题发生在另一家小公司,他们的解决方法是买一台强力工业用电扇去吹肥皂盒,被吹走的便是没放肥皂的空盒。

管理启示:管理非常简单,就是把复杂的事情简单化,正确地做正确的事。这个案例阐释了奥卡姆剃刀定律"如无必要,勿增实体"的精髓,即"简单有效原理"。奥卡姆剃刀定律是由英国奥卡姆的威廉所提出来的。他说:"切勿浪费较多东西去做用较少的东西同样可以做好的事情。"

第一节 管理的概念与特征

管理活动作为人类最重要的活动之一，广泛存在于现实社会之中，大到国家、军队，小到企业、医院、学校，只要是由两个或两个以上的人组成的、有一定活动目的的集体，都离不开管理。管理是一个系统，管理者必须从系统的观念出发，密切关注组织内外部环境的变化，整体地、联系实际地观察、分析和解决管理问题。追溯管理的渊源，应该说，有了人群活动，就有了管理。管理是人们在共同劳动中需要进行协作而产生的，而且协作劳动的规模越大，复杂程度越高，持续的时间越长，就越表现出管理的重要性。人类社会进入21世纪以来，管理活动和管理理论在全球化、国际化大潮的冲击下，面临着前所未有的机遇和挑战，必须适应社会变革和内外部环境的变化，不断创新和发展。

一、管理的概念

人类的管理活动自古有之，有了劳动协作就有了管理活动。所以，管理是伴随着人类社会的产生和发展而普遍存在的一种社会现象。到底什么是"管理"，从不同的角度可以有不同的理解。家庭主妇要管理家务；学生要管理自己的零用钱；每个人都要管理自己的时间。这些都是广义的管理。管理学这门课程更强调的是组织的管理，如总统管理国家，将领管理军队，校长管理学校，厂长管理工厂，总经理管理公司，等等。

长期以来，中外学者从不同的研究角度出发，对管理做出了不同的解释，由于研究管理时出发点不同，他们对管理一词所下的定义也就不同。直到目前为止，管理还没有一个统一的定义。特别是20世纪以来，各种不同的管理学派，由于理论观点的差异，对管理概念的解释更是众说纷纭。其中具有代表性的有：

科学管理理论代表人物弗雷德里克·泰罗（Frederick W. Taylor 1856—1915）认为：管理就是要"确切地知道要别人干什么，并注意他们用最好的办法去干"。[1]

管理过程理论代表人物亨利·法约尔（Henri Fayol，1841—1925）从管理职能角度出发，给管理所下的定义是："管理就是实行计划、组织、指挥、协调和控制。"[2]

美国管理学家和社会科学家赫伯特·西蒙（Herbert A. Simon，1916—2001）认为"管理就是决策"[3]，强调了决策职能，管理的过程就是决策的过程，决策正确与否关系到

---

[1] ［美］弗雷德里克·泰罗著，胡隆昶等译：《科学管理原理》，第157页，中国社会科学出版社1980年版。
[2] ［法］亨利·法约尔著，胡华安等译：《工业管理与一般管理》，第10页，中国社会科学出版社1980年版。
[3] ［美］赫伯特·西蒙著，李柱流等译：《管理决策新科学》，第37页，中国社会科学出版社1982年版。

企业的成败。

美国管理协会会员哈罗得·孔茨（Harold Koontz，1908—1984）教授给管理定义为：管理是设计并保持一种良好的环境，使人在群体中高效率的完成既定目标的过程，强调"环境"的重要性①。

美国著名的管理学教授、组织行为学的权威斯蒂芬·P. 罗宾斯（Stephen P. Robbins）提出"管理"的定义是："管理"这一术语是指和其他人一起或者通过其他人来有效地完成工作的过程②。这一定义强调了管理是一个过程，既强调了人的因素，又强调了管理的双重目标：既要完成工作，又要讲究效率。

我国的一些学者在其编写的教科书中也给管理下了一些定义：

杨文士教授在其主编的《管理学原理》一书中，认为："管理就是指一定组织的管理者，通过实施计划、组织、领导、控制等职能来协调他人的活动，使别人同自己一起实现既定目标的活动过程"。

周三多教授在其主编的《管理学》一书中，认为"管理是指组织为了达到个人无法实现的目标，通过各项职能活动，合理分配、协调相关资源的过程"。

上述定义从不同的侧面，不同的角度揭示了管理的含义。我们认为：所谓管理，就是管理者在特定的环境下，对组织所拥有的资源进行有效的计划、组织、领导和控制，以便达成既定组织目标的社会实践活动和过程，如图1-1所示。管理的这一定义可以从以下几个方面来理解：

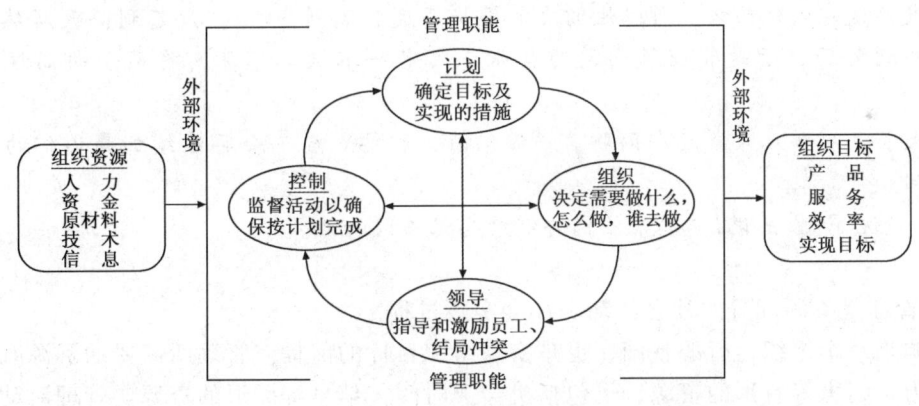

图1-1 管理活动过程

1. 管理是由管理者进行的活动

管理者是在管理过程中组织、指挥、领导和控制其他社会成员活动和行为的人们，因此，管理是管理者进行的活动。在现代社会，管理者呈现出多样性的特点，包括国家的统治者、政府的领导者和管理人员，生产资料的所有者以及他们以各种形式委托的代理人和经理人，也包括各种非政府组织的领导者和管理者。管理者可以是以个人形式存在的领导者和管理者，也可以是以集体形式出现的决策者和领导者。

---

① ［美］哈罗德·孔茨著，郝国华等译：《管理学》，第2页，经济科学出版社1993年版。
② ［美］斯蒂芬·罗宾斯著，黄卫伟译：《管理学》，第7页，中国人民大学出版社2004年版。

2. 管理是在一定的环境和条件下进行的

管理的环境和条件，主要是指管理者面临的内外部环境和条件。所谓外部环境和条件，主要是指管理者所掌握的组织和成员所面对的自然环境和社会环境。一般来说，管理的环境和条件的构成要素是多方面的。在这其中，自然环境的主要构成要素有自然资源状况、气候和地理状况等；社会环境的主要构成要素则有特定的社会文化、经济、制度、法律、政策和心理等。所谓内部环境和条件，是管理者所管理的组织内部的状况，包括组织性质、组织制度、人员状况、组织技术水平、组织文化等。

3. 管理的目的是实现特定的目标

管理的主要目的是实现组织的目标。组织的目标是组织中的成员个人目标的综合反映。一个组织就是为实现某种目标而组成的人和技术的系统安排。整个管理活动，就是围绕实现组织目标而进行的一系列社会活动。离开了组织目标的管理是毫无意义的。

管理寓言

袋鼠与笼子

有一天动物园管理员们发现袋鼠从笼子里跑出来了，于是开会讨论，一致认为是笼子高度过低所致，所以他们决定将笼子的高度由原来的 10 米加高到 20 米。结果第二天他们发现袋鼠还是跑到外面来，所以他们决定再将高度加高到 30 米。没想到隔天居然又看到袋鼠全跑到外面，于是管理员们大为紧张，决定一不做二不休，将笼子的高度加高到 100 米。

一天长颈鹿和几只袋鼠在闲聊。"你们看，这些人会不会再继续加高你们的笼子？"长颈鹿问。

"很难说，"袋鼠说，"如果他们再继续忘记关门的话。"

4. 管理是资源配置的社会活动和社会实践过程

资源是一个组织运行的基础，也是实现组织目标的前提。管理所需要的资源既包括人力、物力、财力等有形的资源，也包括机会、时间、信息等无形的资源。管理活动就是获取、开发和利用各种资源来实现组织目标的过程，其核心在于对资源的有效整合和优化配置。对于管理者来说，围绕管理目标的实现来合理运用和配置各种资源，是达到有效管理的重要途径。

5. 管理具有基本的职能

管理职能是管理者开展管理活动的手段和方法，也是管理活动区别于其他活动的重要标志。这些基本职能包括计划、组织、领导和控制等。在实际管理活动中，尽管具体的管理活动在其性质、组织环境和条件、管理的有效资源、管理的层次和目标等方面千差万别，但这些基本职能是一切管理活动共同具有的。虽然在管理实践中，管理会有各种各样具体复杂的职能，但是，这些职能也不过是基本职能的进一步具体细化。

二、管理的基本特征

管理活动不同于文化活动、科学活动和教育活动等其他活动，它有自己的特征。为了更为全面地理解管理的概念，理解管理学研究的特点、范围和内容，我们还可从以下几方面来进一步把握管理的一些基本特征。

（一）管理是一种社会现象

只要有人类社会存在，就会有管理活动存在，因此，管理是一种社会现象。从科学的定义上讲，当人类出现了有目的的共同劳动，管理活动也就应运而生。在人类的历史长河中，不同的时代和不同的社会，管理的基本内涵是有很大的差别的。

（二）管理的载体是组织

管理活动在人类现实的社会生活中广泛存在，而且总是存在于一定的组织之中。两个或两个以上的人组成的，为一定目标而进行协作活动的集体就形成了组织。正因为现实社会中普遍存着组织，管理也才有存在的必要。马克思说过："一个单独的提琴手是自己指挥自己，一个乐队就需要一个乐队指挥。"① 可见鲁宾逊式的个人是不需要管理的，因为在那里没有协作、没有组织。只有由两个或两个以上的人组成的组织才需要管理。因为这种组织的存在与发展要在成员之间实行分工协作，这就需要管理，否则，组织将无法维持下去。管理学就是从一般原理的角度探讨各种各样组织管理活动的内在规律性，组织包括了企事业单位、国家机关、科研机构、政治党派和社会团体等。

（三）管理是各种职能活动应用的过程

管理是一个动态过程，在这个过程中管理者要履行职责和发挥作用，这就是管理的职能。在现实生活中，只有具体的管理活动，没有抽象的管理。具体的管理活动就表现在各种管理职能活动上面，如计划、组织、领导、控制等，管理活动只有依靠这些职能活动才能顺利开展，撇开了职能谈管理是没有意义的。

（四）管理的核心是处理组织中的各种人际关系

在组织的各种资源中，人是最重要的资源。人是各种资源的开发者、利用者和掌控者，只有通过人的劳动才能实现和提高资源的价值。管理不是个人的活动，它是在一定的组织中实施的。对主管人员来讲，管理是要在其职责范围内协调下属人员的行为，是要让别人同自己一道去完成组织目标的活动。组织中的任何事都是由人来传达和处理的，所以主管人员既管人又管事，而管事实际上也是管人，管理活动自始至终，在每一个环节上都是与人打交道的，因此说管理的核心是处理组织中的各种人际关系，包括主管人员与下属之间的关系，这是各种人际关系的主导与核心；组织内的一般成员之间的关系，即不存在管理与被管理关系的人与人之间的关系，这种关系在组织中大量存在，它直接表现为组织

---

① 马克思：《资本论》第一卷，387~388 页。

的社会气氛；群体之间的关系，群体是组织内部的团体，有正式与非正式之分，正式团体是指组织内按专业分工所划分的各个部门，而非正式团体则是指正式团体的一些成员为某种共同的感情或需要而形成的一种无形的团体，要重视非正式团体的作用，处理好它们之间与正式团体之间的关系。

 小故事

"三个和尚没水喝"

在一座寺庙里，开始只有一个和尚的时候，这个和尚很勤劳，每天下山去挑水，从来都没有断过水。后来又来了一个和尚，两个人谁也不肯去挑水，只好一起下山抬水喝。再后来又来了个和尚，三人为众，众心难齐，互相扯皮推诿，就出现了没水喝的局面。

这个故事也说明了，管理的核心是处理组织中的各种人际关系，处理好这种关系就不会出现故事中三个和尚没水喝的状态了。

第二节 管理的性质与职能

一、管理的性质

(一) 管理的二重性

管理的二重性是马克思管理学说的重要原理之一。在《资本论》中，马克思明确指出："凡是直接生产过程中具有社会结合过程的形态，而不是表现为独立生产者的孤立劳动的地方，都必然会产生监督劳动和指挥劳动，不过它具有二重性。"这里的监督劳动和指挥劳动就是指管理，二重性具体是指管理所具有的自然属性和社会属性。

1. 管理的自然属性

管理的自然属性，一方面是指管理活动的产生具有客观必然性，是由人们的共同协作劳动而引起的。任何社会，只要存在有组织的集体活动，分工与协作就不可缺少，管理活动就普遍存在，这是不以人的意志为转移的。另一方面是指管理具有与生产力、社会化大生产相联系的属性，该属性表明管理是有效组织共同劳动所必需的，因此管理活动的主要任务之一就是要处理好人与自然、自然与自然之间的关系，合理组织生产力，而不受社会制度、生产关系性质与人的阶级属性的影响。这些管理理论、方法与技术是无国界、无阶级性的，国外能用，我们也能用，因为它们是为提高社会生产力服务的。这体现了管理的共性的一面。

管理的自然属性，表明了凡是社会化大生产的劳动过程都需要管理，它不取决于生产关系的性质，而主要取决于生产力的发展水平和劳动社会化程度，因而它是管理的一般属

性，体现了在任何社会制度中管理的共性。

2. 管理的社会属性

管理的社会属性，是指管理具有与生产关系、社会制度相联系的属性。一定社会制度下的管理，都要反映一定的生产关系。

首先，管理者不是抽象的管理者。在阶级社会中，他们总是某一阶级的成员，是某一阶级利益的代表，他们会自觉不自觉地为维护与实现本阶级的利益服务。

其次，在现代社会中，管理的权力是基于财产的权力。哪一个阶级是生产资料的所有者，哪一个阶级就是社会的统治者、管理者。管理的权力就是为这个阶级服务的。

最后，生产关系是一个抽象的表述，它必须通过生产、交换、分配和消费等活动来体现。开展这些活动，都离不开管理，所以说管理也是社会生产关系的实现方式之一。

管理的社会属性表明，组织处于不同的社会制度和不同的生产关系性质下，其用于改善、维护与发展生产关系方面的管理理论、方式和手段往往存在差异，社会生产关系的性质决定了组织管理的目的，决定了管理方式、管理手段的选择和运用。这体现了管理的特殊性与个性的一面。

我国经济体制改革的目标是建立社会主义市场经济体制，由于历史的原因和社会主义初级阶段的国情，我国仍然处在社会主义初级阶段，需要在以公有制为主体的条件下发展多种所有制经济。并且，公有制实现形式也正在向多样化方向发展，股份制成为企业改革的主要形式。改革时期企业管理的形式在发生急剧变化，但管理的社会属性并未发生根本性变化。从主流看，社会主义国家的企业及其他组织的管理都是为人民服务的，管理是为了使人与人之间的关系以及国家、集体和个人的关系更加协调。所以，在社会主义条件下，管理的社会属性应当体现为任何组织、任何个人在实行管理时都要从全社会、全体人民的利益出发，并且自觉遵守局部利益服从全局利益、个人利益服从集体利益的基本原则。任何层次的管理者都要真正成为人民的公仆，而人民则应当真正成为各种组织的主人。当然，社会主义是一个发展的过程，当处在初级阶段时，由于封建社会和资本主义意识形态的影响，总是要在管理实践中有不同程度的表现。也许，这正反映了社会主义初级阶段管理属性的一个侧面。

管理的自然属性和社会属性使我们更好地了解管理的特性。因为任何一种管理方法、管理技术和手段的出现是与时代背景和特定的社会关系紧密结合的。我们在研究、掌握管理原理和规律时，要因时制宜，因地制宜。实践表明，不存在一个适用于古今中外的普遍模式。

（二）管理的科学性与艺术性

管理既是一门科学又是一门艺术，管理是科学性和艺术性的统一。

1. 管理的科学性

管理的科学性，即管理应体现客观规律的要求，具有一般科学的属性。科学是系统化的知识，科学的方法应能通过对事物的观察而对事物的本质做出判定，并通过持续不断的观察对这些本质的确切性进行检验。管理的科学性主要表现在以下方面：

一是管理具有规律性。管理实践活动是受一定的客观规律支配的，只有认识规律、发现规律并严格按照规律办事，才会取得管理的成功。

二是管理具有理论性。管理学是人类在长期的管理实践过程中经过不断探索和总结形成的一门系统化的科学，其理论内容尽管学派众多、观点纷纭，但都是从一定角度去反映管理矛盾运动的规律和特点，具有一定程度的真理性。这些管理理论有助于管理者正确认识管理矛盾、解决管理冲突、促进组织目标的实现。

三是管理具有规范性。尽管管理的实践活动各异、现场情景多变，存在着大量不确定因素，但总有各种各样的管理原则、程序、方法、标准、制度等内容使管理活动有章可循。管理者应建立井然的管理秩序，维系良好的管理关系，确保管理活动的规范化和科学化。

2. 管理的艺术性

管理的艺术性，即管理者能够熟练地运用系统性的知识，并根据实际情况，灵活地、创造性地加以运用以取得预期效果。管理的艺术性强调管理的实践性，主要表现在以下方面：

一是管理知识具有局限性。无论是管理的理论知识还是管理者的实际管理经验，都是对一部分管理情景甚至是特定管理情景的正确反映。虽然它在很多情况下都具有适用性，但在某些情况下可能无效，甚至会造成管理错误或失败。因此，结合实际情景、创造性地谋划出一套有效的解决办法来高效地实现目标，有助于弥补由管理知识的局限性所带来的负面影响。

二是管理的权变性。受管理知识的局限性、环境的复杂性及目标的多样性等影响，管理者运用管理理论和管理经验来解决管理问题会变得极为复杂和困难。因此，面对千变万化的管理实际，管理者必须因时、因地、因事、因人而制宜，灵活应变，才能取得管理的成效。

三是管理行为的主观能动性。"管理无定法"，管理的权变应用在相当程度上是管理者在充分、准确地分析环境和各种实际情景的基础上，依靠个人或集体的主观技能、经验、风格和魄力进行决策的。管理的生命力在于面对千变万化的管理实践的灵活运用，管理的灵魂在于处置复杂多变的管理矛盾中的不断创新。管理者自身高超的、出乎意料的甚至是大胆叛逆的非常规处置与决策艺术，往往具有决定性意义。

3. 管理是科学性和艺术性的统一体

管理的科学性和艺术性形成相互补充的统一关系。管理的科学性和艺术性并不相互对立、相互排斥，而是相互补充、相互印证的。管理理论和管理艺术研究的都是管理实践。不同的是，管理理论研究的是管理活动中普遍的、必然的规律性，而管理艺术研究的是在具体情景中管理活动的特殊性和随机性。所以，管理理论和管理艺术都是管理学的有机组成部分，两者缺一不可。不注重管理的科学性而只强调其艺术性，将使管理表现为随意性；不注重管理的艺术性而只强调其科学性，管理将是僵化的教条。管理的科学性来自于管理的实践，管理的艺术性要结合具体情况并在管理实践中体现出来，二者是统一的。

从以上分析可以看出，管理应该是两个二重性的统一，即自然属性和社会属性的统一，科学性和艺术性的统一。

(三) 学习管理性质的意义

了解管理的性质，对我们有着十分重要的理论意义和实践意义。

首先，能使我们全面而深刻地理解管理产生的客观必然性，有利于提高人们管理的自觉性和管理者的自身素质。管理者既要掌握合理组织生产力的能力与技巧，又要掌握维护和完善社会主义生产关系的知识与本领。

其次，能够使我们更好地区分资本主义和社会主义经济管理之间的共性与个性，要认识到管理既有自然属性之共性，也有社会属性之个性，二者不可偏废。既不能忽视不同社会制度下的管理上存在的自然属性上的共性，也不能否认二者在社会属性上存在的个性。这样就有利于我们学习和借鉴资本主义发达国家的先进管理经验与技术，为我所用。同时，要尊重社会属性上的差异，构建具有中国特色的管理理论和管理体系。

最后，管理的科学性和艺术性的统一，能够使我们一方面按照客观规律进行科学管理，另一方面又不拘泥于书本和教条，在学习和运用某些管理理论、原理、技术和手段时，结合自身的实际情况，具体问题具体分析，灵活地处理管理中出现的新问题，总结新经验，提出新办法，这样才能取得预期的效果。

二、管理的职能

所谓管理的职能是管理者在管理过程中履行的职责和发挥的作用，即管理者各种基本活动及其功能，是人们对管理工作应有的一般过程和基本内容所作出的理论概括。管理职能一般是根据管理过程的内在逻辑划分的，各职能之间相对独立而又相互紧密联系。确定管理职能对任何组织而言都是极其重要的。但作为合理组织活动的一般职能，究竟应该包括哪些管理职能，管理学者至今仍众说纷纭，没有定论。

最早系统提出管理职能的是法国管理学家亨利·法约尔。他提出管理的职能包括计划、组织、指挥、协调、控制五个职能。在法约尔之后，许多学者根据社会环境的新变化，对管理的职能进行了进一步的探究，有了许多新的认识。美国著名的管理学家哈罗德·孔茨把管理的职能划分为：计划、组织、人事、领导和控制。决策理论学派的主要代表人赫伯特·西蒙在解释管理职能时，则突出了决策职能。目前比较常见的提法为：计划、组织、领导、控制是一切管理活动最基本的职能。

一般来说，管理职能的划分应当考虑管理实践的特征和理论研究的需要，以利于认识问题和分析问题。本书将管理职能划分为计划、组织、领导和控制四个基本职能。作为基本职能，它们集中体现了管理的基本活动和功能，并且涵盖了管理其他方面的职能。其中，计划是管理的首要职能，它为管理指明了方向，因而是一种决策性职能；组织与领导职能是根据计划职能而派生的，因而是一种执行性职能；控制的主要目的是保证既定的计划得以实现，因而是一种保证性职能。管理正是由管理的各种职能在时间上继起，在空间上并存，周而复始，永恒循环，不断提高的过程。

资料链接

表1-1　　　　　　　　　国外不同学者对管理职能的划分

年份	职能	计划	组织	指挥	协调	控制	激励	人事	集合资源	信息沟通	决策	创新
1916年	法约尔	△	△	△	△	△						
1925年	梅奥						△	△		△		
1934年	戴维斯	△	△			△						
1937年	古利克	△	△	△	△	△		△		△		
1947年	布朗	△	△	△	△	△						
1949年	厄威克	△	△			△						
1951年	纽曼	△	△	△		△		△				
1955年	孔茨与奥唐奈	△	△	△		△		△				
1964年	梅西	△	△			△		△		△		
1966年	希克斯	△	△			△	△		△		△	
1970年	海曼与斯科特	△	△			△	△	△				
1972年	特里	△	△			△						

说明：(1) △表示各学者主张的管理职能的划分。(2) ①计划包括预测；②指挥包括命令、指导；③控制包括预算；④激励包括鼓励、促进；⑤沟通包括报告。

（一）计划职能

计划职能是对未来活动要达到的目的和结果所进行的事先筹划或安排。具体而言，计划职能就是明确管理的总体目标和各分支目标，并围绕这些目标对未来活动的具体行动任务、行动路线、行动方式、行动规则等方案进行规划、选择、筹谋的活动。由此可见，计划职能包含着确定管理目标和任务、决策和选择、制定和选择行动方案等内容。

计划职能是一个管理过程，这一过程一般由若干相互联系的步骤有机构成，主要包括评估机会和确定目标，分析测量条件、环境和资源，测定实现目标的备选行动方案，比较分析不同的行动方案，选择方案，根据实际情况调整计划等。

计划职能是管理活动的首要职能，它是管理活动的起点，是确定管理目标的首要步骤，也是实现管理目标的必经途径。计划职能对于管理活动具有至关重要的作用。

（二）组织职能

组织职能是管理者按照组织的特点和原则，通过组织设计，构建有效的组织结构，合理配置各种管理资源并使之有效运行，以实现管理目标的活动。组织与管理具有密切的直接相关性，一切管理活动都是在组织中并且借助于特定的组织形式进行的，作为管理的载体和基本途径，组织对于管理具有基础性和工具性意义。组织职能是管理活动的根本职能，是其他一切管理活动的保证和依托。

在管理实践中，必须按照管理目标和任务的要求，从现实的管理环境和条件出发，构建管理组织；按照组织设计和管理活动的流程要求，配备组织人员，形成各种组织管理要素和管理规范。在组织职能中，组织特点、组织原则和组织设计的要求最终必然体现为组织结构。同时，组织结构对于管理活动和管理目标的实现具有重要的意义。在组织职能中，组织的结构设计是最关键的环节。

（三）领导职能

领导职能是管理者按照管理目标和任务的要求，运用法定的管理权力，影响他人行为和引导员工，为了管理目标的实现而贡献力量和积极行动的活动。斯蒂芬·罗宾斯说："每个组织都包含人。于是，指导和协调这些人就成为管理工作，这就是管理的领导功能。当领导者激励下属、指导别人的活动、选择最有效的沟通渠道或解决成员之间的冲突时，就卷入了领导工作"。哈罗德·孔茨和海因茨·韦里克指出："当我们分析有关领导方面的知识时，我们将重点集中在人的因素、激励、领导和信息沟通等四个方面"。可见，领导职能的基本内容包括有效地激励下属，指导他们的活动，选择有效的沟通渠道和方法，解决成员之间的冲突，进行奖励、处罚、示范等。

领导职能是管理过程的活的灵魂，集中体现了管理者的素质、能力和管理艺术，是实现管理效能的关键。领导职能常被视做管理活动的核心环节。

（四）控制职能

为了保证目标及为此而制定的计划得以实现，就需要控制职能。控制职能是按照既定的目标和标准，对组织的管理活动和管理过程进行衡量校验，发现偏差并分析原因，采取有效措施纠正偏差，保证组织目标实现的过程。其实质就是使管理者为保证实际工作与目标一致而进行的活动。控制职能一般包括：制定标准、衡量工作绩效、纠正出现的偏差等一系列工作过程。工作失去控制就要偏离目标，没有控制很难保证目标的实现，控制是管理者必不可少的职能。但是，不同层次、不同类型的管理者控制的重点内容和控制方式则是有很大差别的。

管理的上述四个职能之间是相互联系的，管理正是通过计划、组织、领导、控制这四个基本过程来展开和实施的。为了做好组织的各项工作，管理者首先要根据组织内外部环境条件，确立组织目标并制定出相应的行动方案。目标明确之后，就要组织力量去完成。为了落实计划，管理者要进行组织工作。由于目标的完成有赖于组织成员的共同努力，为了充分调动组织成员的积极性，在目标确定、计划落实之后，管理者还要加强领导工作，在设立目标、形成计划、建立组织、培训和激励员工之后，各种偏差仍有可能出现，为了纠正偏差，确保各项工作的顺利进行，管理者还必须对整个活动过程进行控制。管理就是这样一个不断循环的过程。

第三节 管理者与管理对象

一、管理者

管理者是指从事管理活动的人，即在组织中担负对他人的工作进行计划、组织、领导和控制等工作以期实现组织目标的人。

（一）管理者的分布领域

管理者有多种类型，除了性格、经历、作风等个人特征的差别外，还存在着组织上的差别。从组织类型来看，管理者分布在工厂、商店、医院、学校、机关等。不同的组织决定了管理者之间所追求的目标不同。

从组织规模来看，管理者分布在大型企业、大学校、大医院等与小型企业、小学校、小医院等。不同的组织规模导致管理者之间具体工作内容和时间分布上的差异。

从组织层次来看，管理者分布在高层、中层、基层等。组织层次的不同决定了管理者的工作重点不同。

从组织环境来看，管理者分布在不同的组织环境中，例如不同的地区，不同的社会制度，不同的文化背景等等。组织环境不同决定了管理者的管理哲学、管理方式等的不同。

（二）管理者的类型

1. 从纵向分析

从纵向分析一个组织内的管理者，就是从一个组织的垂直方向来分析其管理者。从纵向分析，大多数人把管理者分为高层、中层和基层三个层次。

（1）高层管理者。高层管理者是指负责制订组织的发展战略和行动计划，有权分配组织中拥有的一切资源的管理人员。在西方，企业中的高层管理者一般是指CEO，即行政首长（又译首席执行官），COO即业务首长（又译首席经营负责人）及CFO即财务首长（又译首席财务负责人）等。在我国工商企业中的经理、厂长，学校的校长，医院的院长等都属于高层管理者。组织的兴衰存亡取决于高层管理者对环境的分析判断，以及目标的选择和资源运用的决策。他们还要代表组织协调与其他组织（或个人）的关系，并对组织所造成的社会影响负责。因此，高层管理者具备的知识面要广、能力要强、素质要高。

（2）中层管理者。中层管理者是指负责制定具体的计划及有关细节和程序，以贯彻执行高层管理者做出的决策和计划的人员。大公司的地区经理、分部（事业部）负责人、生产主管、车间主任等都属于中层管理人员。中层管理人员不直接指挥、协调一线人员的活动，他们主要是将高层管理者的决策和指示传达给基层管理者，同时将基层的意见和要求反映到高层管理部门，他们是连接高层管理者与基层管理者的桥梁和纽带。中层管理者还要负责协调和控制基层生产活动，保证完成各项任务，实现组织目标。

（3）基层管理者。基层管理者又称一线管理人员，具体指工厂里的班组长、商场里的柜组长等。他们的主要职责是传达上级计划、指示，直接分配每一个成员的生产任务或工作任务，随时协调下属的活动，控制工作进度，解答下属提出的问题，反映下属的要求。他们工作的好坏，直接关系到组织计划能否落实，目标能否实现，所以，基层管理者在组织中有着十分重要的作用。对基层管理者的技术操作能力要求较高，但并不要求其拥有统筹全局的能力。

尽管组织的类型千差万别，管理者的头衔也各不相同，但这三种类型的划分还是比较科学的，可以涵盖各类组织不同层次的管理者，并对不同层次管理者侧重的管理职能加以细分。不同层次的管理者尽管职责不同，但工作的性质和内容基本上是相同的，有一个共同特征就是能够协调指挥他人，有效实现组织目标，都包括要执行计划、组织、领导和控制等职能。但不同层次的管理者各项管理职能履行的程度和重点却是不同的。例如，就计划职能而言，高层管理人员关心的是组织的长期战略规划，而中层管理人员则侧重企业中期和局部计划，基层管理人员则侧重于短期的业务和作业计划。

小故事

丞相的职责

西汉有一个丞相叫丙吉，有一天他到长安城外去视察民情，走到半路就有人拦路喊冤，查问之下原来是有人打架斗殴致死，家属来告状。丙吉回答说："不要理会，绕道而行。"走了没多远，发现有一头牛躺在路上直喘气，丙吉下轿围着牛查看了很久，问了很多问题。人们就议论纷纷，觉得这个丞相不称职，死了人不管，对一头生病的牛却那么关心。

皇帝听到传言就问丙吉为什么这么做，丙吉回答："这很简单，打架斗殴是地方官员该管的事情，他自会按法律处置。如果他渎职不办，再由我来查办他，我绕道而行没有错。丞相管天下大事，现在天气还不热，牛就躺在地上喘气，我怀疑今年天时不利，可能有瘟疫要流行。要是瘟疫流行，我没有及时察觉就是我丞相的失职。所以，我必须了解清楚这头牛生病是因为吃坏了东西还是因为天时不利的原因。"一番话说得皇帝非常赞赏。

管理者层次不同，管理的层面也不同。联系如今的企业，更具有现实意义。对于同一个问题、同一个事物和现象，不同层级的管理者所管理的方面不同，绝对不能交叉重叠，也不能分离有空当。管理者所处的层次不同，关注的事情、思考的问题就应有所不同。作为一名管理者，只有牢记自己的职责，明白自己的管理层面，才有可能正确行使管理职能。

2. 从横向分析

从横向来看，就是从管理者的作用着手，而不是从其在组织层次中的地位高低来分析。以企业为例，一般有下列类型的管理者：

（1）市场管理者。他们的基本工作都与市场有关，如市场调查分析，广告与产品宣传，产品调拨与销售以及分析顾客心理、需求和竞争对手的有关情况等。市场经济条件下市场对企业的重要性决定了市场管理者的重要作用。

（2）财务管理者。他们基本上都与组织的金融资源打交道。具体来讲，财务管理的主要职责包括：资金的筹集、预算、核算、投资和财务监控等。

（3）生产管理者。他们的主要工作包括：建立能为组织制造产品和提供服务的系统，负责制订生产计划和控制、组织日常的生产活动等。现在，提高产品质量、保护和合理利用有限的资源等问题日益被人们所重视，这就使得生产管理者在企业中的地位变得越来越重要了。

（4）人力资源管理者。他们的主要职责是从事对人力资源的管理。在组织中，人力资源管理部门制订人力资源的计划，招聘和选择组织所需要的合格人才，并对这些人进行有效的培训和合理的使用，建立合理而高效的业绩评估、晋升、奖励和惩罚以及报酬制度等。在市场经济条件下，企业之间的竞争本质上是人才竞争。随着国内外人才竞争的日趋加剧，人力资源管理部门的工作将会变得越来越繁重和重要。

（5）行政管理者。对一个组织而言，行政管理者也是极为重要的。比起从事某一专业方面的管理者来说，他们从事的工作更加综合化，管理实践的面更宽广，因此，他们更富有各个方面的管理经验，对管理职能也更加熟悉。

（6）其他方面的管理者。除了上述的各种管理者以外，在国内外的企事业单位还有其他专职的管理者。例如，公共关系管理者主要负责处理公共关系方面的事务；研究与开发方面的管理者专门负责协调科技人员和工程师，以便进行科技项目和新产品的开发。

3. 按管理者所从事管理工作的领域分析

按管理者所从事管理工作的领域，可以分为综合管理者和专业管理者。综合管理者是指负责管理整个组织或组织中某个事业部全部活动的管理者，对于一个小型组织来说，企业的总经理就是综合管理者，他要统管该组织生产、经营、人事、财务等主要业务活动。但对于大型组织而言，组织多是按事业部设立的，组织的权力层层下授，高层主管人员无法统管组织的各个层面和环节。此时，该组织的综合管理人员的范围就大大拓宽，也包括组织中各分公司经理或事业部经理等。

专业管理者也称为职能管理者，指负责组织中某一专门管理职能的管理人员，如计划管理人员、市场营销管理人员、财务管理人员、生产（业务）管理人员、人事管理人员等。这类管理人员的职责是负责组织或组织内某一层次中的某一专门管理职能，以他们的专业知识对组织目标的实现做出贡献。例如，生产经理只对组织的生产活动负责，销售经理只对组织的销售活动负责，会计主管的下属人员分工处理记账、支票、工资、成本核算、审计等各种会计活动。

此外，组织中还有一些决策参谋人员，指为各级决策指挥人员提供决策建议的智囊人员。这类人员没有直接的决策指挥权，但他们以自己的知识影响组织决策，有时这种影响还比较大。所以，通常将他们也称之为管理人员。决策参谋人员的职责是搜集、整理、提供与决策相关的各种信息，为决策者提供合理的建议、方案。

管理者之间虽然有差别，但也具有共同点。从组织地位来看，他们都是一定组织的领导者；从组织责任来看，他们负责推动他人工作，以实现组织的目标；从工作重点来看，在他们所有的工作当中，管理人的工作比其他工作更为重要。

（三）管理者的职责

管理者在不同的组织有不同的称呼，在工商企业既可以叫经理、厂长，也可以被称为总裁、首席执行官；而在学校，校长、教务长则是主要管理头衔；在政府部门中，是以部长、厅（局）长、处长、科长分类不同层次的管理者；在医院这类组织中，院长是我们最熟悉的管理头衔；在军队系统中，是以司令员、军长、师长、团长、连长设置的管理头衔；在其他一些组织中，主管也是流行的称呼。总之，尽管处于不同组织不同管理层次的称呼不同，但他们的共同特点是执行相应的管理职能并负责完成组织各个层次的管理任务。

1. 管理者是目标的提出者

管理能否取得成效和成效的大小，关键在于是否能制订出反映本组织发展的目标，这个目标体现着管理者和大多数成员的意志，以及社会发展的要求。因此，管理者要能够为组织制定一个切实可行、足以激发组织成员奋发向上的发展目标。

2. 管理者是计划者

制订计划是管理者的首要任务，也是管理者指引组织发展，调动组织内成员积极性的重要手段。一个管理者必须善于制订计划，亨利·法约尔说过：缺乏计划或一个不好的计划是领导人员无能的标志。因此，管理者必须以严格的科学态度，实事求是的精神，制定组织的计划，并保证计划的可行性和操作性。

3. 管理者是组织者

组织是保证管理活动顺利进行的必不可少的条件，因而是管理者的重要职责。管理者应把管理活动的各个要素、各个环节和各个方面，从劳动的分工、协作、时间、空间上做到很好的结合，使组织不断适应客观条件的变化，发挥出最大的效能。

4. 管理者是指挥者

管理者要不断地在管理过程中发布命令，下达指示，制订措施，以此来统一组织及其成员的意志和行为，所以，他又是一个指挥者。指挥者的任务就是要在严密组织基础上，合理分配任务和布置工作，并督促和检查执行情况，及时处理管理中出现的问题。没有高效统一的指挥，组织的目标就不能实现，计划无法完成，也不能实行有效的管理。

5. 管理者是协调者

有效的管理，必须要保证生产过程中各要素，管理的各职能之间保持高度的协调，这种协调的实现，需要管理者在管理活动中不断地进行统筹和调节。所以，管理者又是一个协调者。作为一个协调者，必须要在保证组织目标实现的基础上，各环节相互配合，紧密衔接，不互相矛盾。协调的形式有纵向协调和横向协调，内部协调和外部协调，协调包括人、财、物的协调，也包括各种关系的协调。

（四）管理者的角色

管理学中的"电影院效应"

假如在一个按传统方式安排座位的电影院里，大家都在看电影。在这个过程中有一个人要去洗手间，如果这个人是坐在靠边的位置上，他只要站起来悄悄离开就可以了。但如果这个人是坐在中间的位置上，他站起来往外走，则他旁边的人都要给他让路，整排的人都要站起来。

我们可以看到，同样的一个人做同样的事，影响的人和引发的场面却是如此不同。这并不是因为他自身的影响力或素质发生了变化，只不过是因为他所处的位置不同。正是因为位置不同，所以他做同一件事所影响的范围和场面就发生了完全不同的变化。这个现象在社会生活中普遍存在。有些人能够把事情做得引人瞩目、风光无限，可能并不是由于他的能力，只是因为所处的位置不一样，即人们所扮演的角色不同。

1955年，美国著名管理学家彼得·F.德鲁克（Peter F. Drucker）提出了"管理者的角色"（The role of the manager）这一概念。"角色"这一概念来自于行为科学，是指某一特定职务应有的相应行为。德鲁克认为，管理是一种无形的力量，这种力量是通过各级管理者体现出来的。所以管理者所扮演的角色大体上分为三类：（1）管理一个组织（managing a business），求得组织的生存和发展。（2）管理管理者（managing manager）。在组织的上、中、下三个层次中，人人都是管理者，又都是被管理者。（3）管理员工和管理工作（managing workers & work）。

20世纪60年代，加拿大的管理学家亨利·闵茨伯格（Henry Mintzberg）在经过大量观察和研究的基础上，把管理者的所有活动归纳为三个方面共10种不同但高度相关的角色：（1）人际关系方面的角色。人际关系方面的角色（Interpersonal Roles）是指管理者与其他人的关系，包括三个具体的角色，即挂名首脑（Figurehead）、领导者（Leader）和联络者（Liaison）。（2）信息方面的角色。信息方面的角色（Informational Roles）是指所有的管理者在一定程度上都要从外界搜集和接受信息。管理者在信息方面扮演着三个明显又具体的角色，即监听者（Monitor）、传播者（Disseminator）和发言人（Spokesman）。（3）决策方面的角色。决策方面的角色（Decisional Roles）是指管理者必须作出选择并采取行动的事件或活动。这类角色包括四个具体的角色，即创业者（Entrepreneur）、混乱处理者（Disturbance Handler）、资源分配者（Resource Allocator）和谈判者（Negotiator）。如表1-2所示。

表1-2　　　　　　　　　　　　管理者角色

类　别	角　色	工作内容
人际关系类	挂名首脑（figure head） 联络者（liaison） 领导者（leader）	执行仪式或象征性的工作 建立内部和外部的信息网络 指挥协调群体的工作

续表

类 别	角 色	工作内容
信息 传递类	监听者（monitor） 传播者（disseminstor） 发言人（spokesperson）	搜寻、接收和筛选信息 传递信息给他人 通过演讲，报告、电视、广播等向外部提供信息
决策 制定类	企业者（entrepreneur） 障碍处理者（disturbance handler） 谈判者（negotiator） 资源分配者（resource allocator）	制订计划，建立秩序 解决员工或部门中的各种冲突、问题 在谈判中代表部门或公司 决定资源分配的对象和数量等

不少学者对管理者角色进行了大量的后续研究，以验证闵茨伯格理论的有效性，这些研究涉及不同性质的组织以及这些组织的不同层次。研究结果表明，不论何种类型的组织和在组织的哪个层次上，管理者都扮演着相似的角色。但管理者角色的侧重点是随组织的等级层次变化的，特别是挂名首脑、传播者、谈判者、联络者和发言人角色，对高层管理者要比低层管理者更重要。相反，领导者角色对于低层管理者要比中高层管理者更重要。

（五）管理者应具备的素质

虽然管理者在组织的管理工作中扮演着多种角色，他们都应该具备以下几个方面的素质：

1. 品德

品德作为管理者最根本的素质，体现了一个人的世界观、价值观、道德观和法制观念，品德是一个管理者行为方式和态度的基础。例如责任感，如果一个人对他所承担的工作不愿意承担责任，也不敢承担责任，那么他将无法知难而进，勇挑重担。

2. 良好的心理素质

由于管理者所从事工作的特殊性，除了具备一般的管理品质以外，他还需要有创新精神，要敢于采用新的管理方式，敢于用新人。如果没有一定的承受风险的心理素质，是无法成为一个优秀的管理者的。在组织发展的过程中，往往会遇到各种意想不到的困难，甚至面临挫折和失败，这就要求管理者具有百折不挠的拼搏精神和良好的心理素质。

3. 知识素质

管理者应该努力使自己成为"通才"。他们应掌握政治、法律、经济学、管理学、心理学、社会学以及工程技术方面的知识。

4. 能力素质

所谓能力，是管理者将各种管理理论和业务知识应用于管理实践，解决实际问题的本领。对管理者的能力要求是多方面的，主要包括：

（1）创造能力。管理者要思维敏捷、见解独到、创造性地解决组织所遇到的各种问题。创造能力要求管理者有移植、综合、嫁接的能力。

(2) 决策能力。这是一种综合能力，主要表现为分析问题的能力、逻辑判断能力、创新能力、果敢决断能力等。

(3) 应变能力。管理者应能根据环境和条件的变化，做出新的决策和采取新的措施，不断开拓进取。

(4) 组织和指挥能力。指善于运用组织的各种资源，综合协调，充分发挥各方面的力量的能力；会运用各种科学方法和技术手段提高工作效率与经济效益的能力；通过以往经验的积累以及新学到的知识，运用现代管理原理方法、技术、手段、计算工具进行指挥的能力。

5. 身体素质和个人气质

从心理学和生理学的角度来分析，人的年龄、身体素质和智力的发展变化有密切的关系。气质是个人的心理特征，主要表现在性格、情绪、意志、爱好和追求等方面。对于一个优秀的管理者和领导者来说，如果他有成熟的性格、稳定的情绪、坚强的意志、有益的爱好、美好的追求，他就能以自身的人格魅力来影响组织的发展和组织工作的开展。

（六）管理者的技能

管理者所掌握的知识必须通过其工作技能反映出来。从管理者的职能和角色可以看出，管理者所承担的任务是多方面和复杂的，因而管理者需要掌握多方面的技能。美国管理学者罗伯特·卡茨（L·Katz）经过长期的研究，提出管理者需要具备三类基本技能。管理者在行使四种管理职能和扮演以上三类角色时，必须具备这三类基本技能。

1. 技术技能

技术技能是指"运用管理者所监督的专业领域中的过程、惯例、技术和工具的能力"。如监督会计人员的管理者必须懂会计。尽管管理者未必是技术专家，但他必须具备足够的技术知识和技能以便卓有成效地指导员工、组织任务、把工作小组的需要传达给其他小组以及解决问题。

技术技能对于各个管理层次管理者的重要性可以用图1-2来表示。由图中可以看出，技术技能对于基层管理人员最重要，对于中层管理人员较重要，对于高层管理人员不是太重要。

2. 人际技能

人际技能是指"成功地与别人打交道并与别人沟通的能力"。人际技能包括对下属的领导能力和处理不同小组之间的关系的能力。管理者作为小组中的一员，其工作能力取决于人际技能。

人际技能对于各个管理层次管理者的重要性可以用图1-2来表示。由图中可以看出，人际技能对于所有层次管理人员的重要性大体相同。

3. 概念技能

概念技能是指管理者对复杂情况进行抽象和概括的能力。概念技能包括理解事物的相互关联性从而找出影响因素的关键能力，确定和协调各方面关系的能力，以及权衡不同方案优劣和内在风险的能力等。任何管理者都会面临一些混乱而复杂的环境，管理者应能综观全局，认清各种因素之间的相互联系，抓住问题的实质，并根据形势和问题果断地做出

图 1-2 各个管理层次所需要的管理技能比例

正确的决策。可见，管理者所处的层次越高，其面临的问题越复杂、越无先例可循就越需要概念技能。

概念技能对于各个管理层次管理者的重要性可以用图 1-2 来表示。由图中可以看出，概念技能对于高层管理人员最重要，对于中层管理人员较重要，对于基层管理人员则不是太重要。

（七）管理者与管理职能

管理者是管理的主体，因而是管理职能的具体操作者。这就是说，所有的管理人员，不论其级别和地位，不论其具体的工作和任务是什么，都必须执行管理职能。但是，不同层次的管理人员花在每项管理职能上的时间和精力则有重大的差别。

高层管理人员用在计划和组织上的时间与精力要比中层和基层管理人员多得多。高层管理人员首先要确定组织的使命和目标。他们确定组织的使命和目标应该是什么，为了实现这些使命和目标组织应该做些什么，这些目标在组织各个层次的各个部门中的具体目标是什么。他们把这些目标下达到那些同目标实现有关的中层和基层管理人员，以便目标得以有效地实现。其次，高层管理人员还必须从事组织工作。他们要分析为实现组织的使命和目标所必需进行的各项活动和关系；然后对这些工作进行分类并把工作划分为可以管理的活动，再进一步把这些活动划分成可以管理的作业；他们把这些作业组合成单位，进而建立组织结构并分配相应的责、权、利；他们选择中层和基层管理人员来管理这些单位并执行这些作业。

中层和基层管理人员的时间和精力主要用于领导职能。这似乎与我们对管理的理解有些矛盾，即高层管理人员应该更多地履行领导职能。但在管理实践中，却是中层和基层的管理人员在更多地履行领导职能。当然，从严格意义上讲，上述两者在领导职能上的作用是不同的。领导作为一种影响下级去实现组织目标的艺术或过程，对高层管理人员来说，则是营造协调的组织气氛，因事择人，划分职权与授权，制订激励方案等；而对中层和基层管理人员来说，则是运用所赋予的职权和激励手段指挥下级去完成组织下达给本层次或本部门的既定目标。中层和基层的管理人员首先必须像高层管理人员一样，具备良好的领导品质、领导作风和领导艺术，去鼓舞、影响和激励下级去实现既定的目标；其次还必须花费大量的时间和精力，去指导和要求下级何时做，如何做。从这个意义上说，中层和基层管理人员履行领导职能所需要的时间和精力更多。

从控制职能的执行上看,各个层次的管理人员几乎没有任何差别。他们都需要为下级人员的各项作业制订标准,使下级集中注意于整个组织的成就。他们对下级的成就进行分析和评价,并纠正下级工作中出现的偏差,使各级的活动和作业保持在组织计划的轨道上。

因此,管理人员只有准确地理解管理职能的意义并正确无误地执行有关的管理职能,才能提高组织的效率并达成组织的目标,如图1-3及表1-3所示。

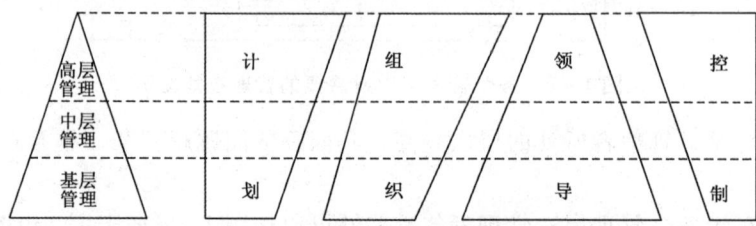

图1-3 各层次管理者执行的管理职能

表1-3 组织中不同层次的管理者每种职能的时间分布(%)

管理者 \ 管理职能	计划	组织	领导	控制
高层管理者	28	36	22	14
中层管理者	18	33	36	13
基层管理者	15	24	51	10

二、管理的对象

管理对象又称管理要素,是指被确定为管理主体为达成预期目标所发挥管理职能于其上的管理客体。从实现管理目的的角度来说,科学认识管理对象具有十分重要的意义。

关于管理的基本要素,理论界有多种观点。早期人们认为管理的基本要素包括人、财、物三方面,近年来最为常见的一种观点是"七要素"论。即"七M":(1)人员(Men)——工作评价、人事管理、人力资源开发、组织发展、组织模式;(2)资金(Money)——财务管理、预算控制、成本控制、成本效益分析;(3)方法(Methods)——生产计划与控制、质量管理、作业研究、分析;(4)机器(Machines)——工厂布置、工艺装备、自动化;(5)物料(Material)——物料采购、运输、储存、验收、保管等;(6)市场(Market)——市场需求预测、市场导向分析以及价格和销售策略制定等;(7)士气(Morale)——领导、人群关系、公共关系、工作效率等。

我们认为管理的要素根据研究问题的需要,依据经济发展的状况和社会管理的水平可以概括为九个方面,即理念、目标、组织、人员、信息、资金、技术、物资和环境。

(一) 管理理念

管理理念又称管理哲学,是指管理者实施管理的指导思想。它的主要内容包括:(1) 价值方面的观点;(2) 经营方面的观点;(3) 人性方面的观点。管理观念决定管理行为的趋向。管理理念与企业经营的因果关系,就像火车头与火车厢一样,前者在企业经营中所占的比例虽不多,却是推动火车前进的动力,后者虽是整个中心,却要一般动力来推动或牵引。因此,管理理念是管理的基本要素。

(二) 管理目标

管理目标是指管理者为实现组织目标的努力方向,是管理活动要达成的效果。管理观念与环境相互作用的结果导致目标的形成,管理活动以目标为始点。没有目标的管理,就如同没有航向的船一样,没有任何意义。

(三) 管理组织

管理组织是指各类组织团体内的组织层次和结构及其层次之间的相互关系,也就是为了实现某种目标而组成的人和技术的系统结合。公司是一个组织体,医院、学校是一个组织体,各行政单位是一个组织体。组织是管理赖以展开的基础,不同的管理组织有不同管理方式。

(四) 人员

人员是指管理组织中管理者和被管理者,是管理要素的基本元素。人是管理要素中最活跃的要素,一个人既是管理者,同时又是被管理者,但在一定的组织中充当着相对独立的"角色"。

(五) 管理信息

管理信息是指能够反映管理内容的,可以传递和加工处理的文字、数据或信号。管理者活动的基础是信息沟通,即管理者与被管理者之间的信息交流和反馈。决策和计划靠信息,组织、指挥和控制也靠信息。在某种程度上讲,整个管理过程就是信息处理的过程。

(六) 资金

资金是管理组织中物的货币表现。它是管理的手段,又是管理的目的。统筹有限的资金就是管理,管理好资金要以效益为目的。

(七) 物资

物资是指管理组织中物的要素。在生产企业中主要是指原材料、燃料、辅助材料、设备、厂房、场地等等。在非生产组织中指各种物资装备。在管理中,缺乏物资,其他管理要素就无从发挥作用。

（八）管理技术

管理技术主要是指管理程序、管理方法、管理手段、管理工具等。一定的管理技术可以提高管理的效率，是管理者不容忽视的一个重要因素。

（九）管理环境

管理环境是指人们活动所涉及的空间要素，是管理的内部和外部的各种因素的总和。管理的内部环境包括管理的其他要素，如人、财、物等；管理的外部环境包括自然环境和社会环境（经济、政治、思想文化环境等），它们在本质上都是一种动态环境。管理者只有根据组织所处的环境实施管理，才能产生好的效果。

第四节 管理学的研究对象与方法

一、管理学研究的对象

在各个组织和团体中工作的人们尽管其工作单位、工作性质千差万别，尽管各人担任的职务差异较大，但都有人担任管理工作。当然，一位市长所作出的决策与一位大学校长所作出的决策显然是不一样的，一位大型公司经理所管辖的人员和资源比一个车间主任所管辖的人员和资源不知要大多少倍。但透过这些差别，我们仍然可以看到他们所从事的管理工作的共同基础。他们都是为了实现本组织的既定目标，通过计划、组织、领导、控制等职能进行着任务、资源、职责、权力和利益的分配，协调着人们之间的相互关系。这就是各行各业各种管理工作的共同之处。

管理工作的共性是建立在各种不同的管理工作的特殊性之上的。就管理的特殊性而言，工厂不同于商店，银行不同于学校，政府不同于军队，有多少种社会组织，就会有多少种特殊的问题，也就会有多少种解决这些特殊问题的管理方法，由此也就形成各种不同门类的管理学，如企业管理学、行政管理学、学校管理学、军队管理学，等等。这些管理学根据具体的研究对象还可进一步细分。如企业管理学进一步可细分为工业企业管理学、商业企业管理学、银行管理学、旅游管理学等。但是，这些专门管理学中又包含着共同的、普遍的管理原理和管理方法。这就形成了本课程——管理学的研究对象和方法。所以，管理学是以各种管理工作中普遍适用的原理和方法作为研究对象的。

二、管理学的特点

（一）管理学是一门交叉科学

交叉科学又称边缘性科学，是近几十年来随着科学技术的发展，各学科之间的交叉渗透而日益发展起来的，如生物物理、生物化学、技术经济、科学学、管理学等。

管理学既涉及生产力，又涉及生产关系和上层建筑，它与经济学、政治学、心理学、数学以及各种技术科学有密切的关系，也是这些科学交叉渗透的产物。所以，管理学不同于一般文科，也不同于一般的理科，而是文理交叉的学科。正因为这样，所以国外一些院校主张，学习管理专业的学生要在先学一个技术专业的基础上，然后再学管理专业。

（二）管理学是一门软科学

软科学是研究社会经济、科技管理等方面内在联系及其发展规律的科学，它不研究具体的事物，而是把研究对象作为整体系统来研究，探索其有关规律，以提高整体的效率和功能。管理学这门软科学，不具体研究企事业单位的具体业务，而是从企事业单位或地区的总体出发，研究如何充分利用资源，合理组织生产力，调整生产关系和上层建筑，以提高组织和地区整体的工作效率与经济效益。

（三）管理学是一门应用科学

应用科学不同于基础科学。基础科学是研究基础理论的，如自然科学的物理学、化学、生物学等，在社会科学方面如哲学、经济学、法学等。应用科学则是将基础理论和技术用于实际，以转化为现实生产力的科学，如工业技术、农业技术和管理学都属于这一类。

管理学这门应用科学，在宏观经济方面主要是研究战略决策、计划调控、组织协调等，使总体发展的规模、速度和效益优化；在微观经济管理方面，主要是通过计划、组织、领导、控制等职能，对供、产、销过程中的人、财、物等要素进行优化组合，以提高经济效益和社会效益。

（四）管理学既是一门科学，也是一门艺术

管理学有自身独特的研究对象，有自己的理论基础，有严密的结构体系。管理必须遵循一定的原则和方法，它不仅具有普遍性，而且还反映了客观规律，这是它科学性的充分体现。

管理的艺术性表现在管理有时具有非精确性。管理活动需要一定的管理经验和技巧，还要有一定的灵活性，有时还要机遇。管理者应具体情况具体分析，不能死搬硬套管理模式。所以，管理人员需要懂得人性，会审时度势；需要打破常规，懂得变化、变革与创新；需要权衡利弊，有所取舍；最后，还需要懂得妥协。这些都反映了管理的艺术性。

管理的科学性和艺术性是不可分割的。艺术以科学为基础，科学与艺术相互补充。管理者首先要具备管理科学知识，不能光靠直觉或运气；其次，还要在管理实践中，不断积累成功的管理经验和失败的教训，懂得在某一具体的环境中，如何灵活地应用管理理论，这就是管理的艺术魅力所在。

三、管理学的研究方法

（一）研究管理学的指导思想和基本原则

研究一切事物和科学，都要以辩证唯物论为指导。研究管理学要用唯物的、全面的、发展的眼光观察管理问题，用辩证的方法研究管理问题。

一个组织是社会总体的一部分，一个企业是国民经济的细胞，它们同社会和国民经济其他部门有着密切的联系，而且各方面都处在发展变化之中，因而管理的体制、形式和方法等都要因时间、地点和有关条件的变化而有所不同。另外，任何组织都是矛盾的统一体，都是在矛盾中发展的，因此，研究管理问题要抓住主要矛盾和矛盾的主要方面，透过现象看本质，推动事物向前发展。

理论与实际相结合是指导我们学习管理学的重要原则。理论来源于实践，并为实践服务。实践是检验真理的唯一标准。过去一些主观设计和臆想的管理方法，在实践中都碰了壁，而不少来自实践的理论和方法，至今都行之有效，这些都是最好的证明。管理知识也同技术知识一样，可以先从书本里学习前人概括的管理理论，然后要在实践中加以研究，肯定其中行之有效的部分，改革其中过时的部分，从实际出发，提出有关的管理方案、措施和理论，再运用到实践中去检验。如此实践——理论——再实践反复不已，推动管理实践和理论的不断发展，这就是理论与实际相结合的原则。

（二）研究方法

1. 调查研究法

管理的重要职能是计划、组织、领导、控制等，但如何进行？根据什么来进行呢？其过程可归纳为投入—加工—产出三个步骤。其中，加工就是研究怎样决策等，产出就是所做出的决策和计划，投入的就是有关的各种情况、数字、资料等信息之类的"原材料"。这些"原材料"不是人们头脑里固有的，也不是从天上掉下来的，只能来自实践，但又不可能要求每个人事事都实践，所以调查研究就是搜集第一手材料的好办法。搞好调查研究一定要深入实际，只有这样，才能掌握全面真实的材料。投入的"原材料"不真实、不全面，则加工后产出的决策、计划等也是一堆无用的东西，甚至成事不足，败事有余。

2. 实验研究法

科学实验是进行自然科学研究的普遍方法。搞自然科学必须有实验室，如大学里的实验工厂、农场，医科大学的实习医院等，这是因为科学的东西来不得半点假，所有新发明、新发现都必须经过反复实验证明无误，才能成立，才能推广。那种想当然或简单推理就得出结论的做法，在研究自然科学方面是可笑的。

由于各种原因，过去社会科学在科学实验方面显得十分薄弱，曾得出过一些唯心主义的结论，在实践中为错误做法涂脂抹粉，为瞎指挥推波助澜。在管理的实践中，我们常提倡"试点"的办法，这就类似于科学实验研究法。例如，在搞一项管理改革之前，选几个有代表性的单位，先行一步，在试验中摸索经验，发现并解决问题，总结出有指导性的改革方案，然后再扩大试点，待比较有把握后再进行推广。

3. 经济数学方法

任何事物和经济现象，都不仅有质的规定性，还有量的规定性。而且随着量的变化，达到一定数量界限后，又将引起质的变化。所以，研究事物和经济现象时，在进行定性分析的同时，要尽可能进行定量分析。否则，所把握的事物和现象都是漂浮的、不准确的。实践证明，一门科学如果与数学相结合，就可获得可喜的成果，也可发展成为较完善的科学。

管理与数学自 20 世纪 40 年代开始结合以来，也发生了飞速变化。近若干年来，数学已渗入管理的许多方面，如预测、决策、网络计划、库存控制、质量控制、技术经济分析、投入产出分析等。总之，现代管理离不开经济数学的方法。不过，由于社会经济现象和人们的活动复杂多变，非数学方法所能完全解决，所以，还必须与其他方法结合运用，才能得出切合实际的结论。

4. 逻辑—抽象法

逻辑—抽象法是研究社会科学的一般方法。管理学是研究管理的客观规律及其表现的科学，常常要从多样多变、错综复杂的现象入手，运用经济指标和数学方法，在计算分析的基础上，再用逻辑抽象的方法进行综合、类比、归纳，从中找出规律性的东西来，用以指导管理实践。

现代科学技术的发展迅速地推动着管理学研究方法的现代化。特别是由于计算机硬件和软件技术的迅速发展，管理中的各种模式，包括具有几百个变量的线性规划模型都可以在计算机上迅速地运算，或进行动态模拟。计算机的应用将大大促进管理学向更加精密的方向发展。

阅读资料

测测你的管理能力

对于下面的测试题，请根据实际情况回答，如果这种情况符合你，加 1 分，如果不符合，则计为 0 分。

1. 习惯于行动之前制订计划。
2. 经常出于效率上的考虑而更改计划。
3. 能经常搜集他人反映的各种信息。
4. 临睡前思考、筹划明天要做的事情。
5. 事务上的联系、指示常常是一丝不苟。
6. 实现目标是解决问题的继续。
7. 有经常记录自己行动的习惯。
8. 能严格制约自己的行动。
9. 无论何时何地，都能有目的地行动。
10. 能经常思考对策，扫除实现目标中的障碍。
11. 能每天检查自己当天的行动效率。
12. 经常严格查对预定目标和实际成绩。

13. 对工作的成果非常敏感。

14. 今天预先安排的工作决不拖到明天。

15. 习惯于在掌握有关信息的基础上制订目标和计划。

评分及判断标准如下：

分数为15分：管理能力很强，擅长有计划地工作和学习，尤其适合管理大型组织。

分数为13~14分：管理能力较强，能稳重、扎实地做好工作，很少出现意外或有损组织发展的失误。

分数为10~12分：管理能力一般，对专业方面的事务性管理尚可，管理方法经常受到情绪干扰是最大的遗憾。

分数为6~9分：管理能力较差，这可能与自身言行自由、不服约束有关。

分数为1~5分：管理能力很差，但具有较高的艺术创造能力，适合从事与艺术有关的具体工作。

本章小结

管理是在特定的环境下，对其所拥有的资源进行有效的计划、组织、领导和控制，以实现其目标的过程。管理具有二重性，即管理的自然属性和管理的社会属性。管理具有计划、组织、领导、控制四项具体职能。

管理者是指在一个组织中，按照组织的目的指挥别人活动的人。从纵向分析，管理者可分为高层管理者、中层管理者和基层管理者；从横向分析，管理者可分为市场管理者、财务管理者、生产管理者、人事管理者、行政管理者等。一个称职的管理者必须具备一定的素质。管理者在工作中，扮演着人际角色、信息角色和决策角色。管理者需要三种基本技能：技术技能、人际技能和概念技能，三者缺一不可，但会有所侧重。

管理学是以各种管理工作中普遍适用的原理和方法作为研究对象的。管理学是一门交叉性较强的软科学，是一门应用科学，而且它还是一门艺术。我们可采用调查研究法、实验研究法、经济数学方法和逻辑—抽象法等多种方法来探讨和研究管理方面的各种问题。

本章练习

一、选择题（每题只有一个正确答案，请将其序号填在题后括号内）

1. 最早提出管理五职能划分的管理学家是（   ）。
   A. 孔茨   B. 梅奥
   C. 法约尔   D. 韦伯

2. 以下（   ）管理职能的划分没有出现在法约尔的著作《工业管理与一般管理》中。

A. 计划 B. 组织
C. 领导 D. 控制

3. 管理者负责确保和其一起的人能够得到足够的信息是扮演的（　　）角色。
   A. 信息角色 B. 人际角色
   C. 决策角色 D. 领导角色

4. 在同不合作的供应商进行谈判的时候，管理者扮演的是（　　）。
   A. 企业家角色 B. 干扰应对者角色
   C. 资源分配者 D. 人际角色

5. （　　）对于所有层次管理者的重要性大体相同。
   A. 技术技能 B. 人际技能
   C. 概念技能 D. 组织技能

6. 从发生的时间顺序看，下列四种管理职能的排列方式，（　　）更符合逻辑。
   A. 计划与决策、控制、组织、领导 B. 计划与决策、领导、组织、控制
   C. 计划与决策、组织、控制、领导 D. 计划与决策、组织、领导、控制

7. 一个管理者所处的层次越高，面临的问题越复杂，越无先例可循，就越需要具备（　　）。
   A. 领导技能 B. 组织技能
   C. 概念技能 D. 人际技能

8. 关于管理的应用范围，人们的认识不同，你认为（　　）说法最好。
   A. 只适用于营利性工业企业 B. 普遍适用于各类组织
   C. 只适用于非营利性组织 D. 只适用于营利性组织

9. 管理人员与一般工作人员的根本区别在于（　　）。
   A. 需要与他人配合完成组织目标 B. 需要从事具体的文件签发审阅工作
   C. 需要对自己的工作成果负责 D. 需要协调他人的努力以实现组织目标

10. 管理是一种艺术，是强调管理的（　　）。
    A. 精确性 B. 延续性
    C. 随意性 D. 实践性

二、多项选择题

1. 管理的客体是（　　）。
   A. 人 B. 信息
   C. 机构 D. 目的
   E. 物

2. 管理的基本特征是（　　）。
   A. 具有内部基本要素和外部环境要素 B. 主体是管理者
   C. 具有任务、职能和层次 D. 核心是协调人际关系
   E. 是一种文化现象和社会现象

3. 管理的社会属性体现着生产资料所有者指挥劳动、监督劳动的意志，因此管理与

第一章

管理与管理学

下列（　　）因素相联系。
 A. 生产力   B. 生产关系
 C. 社会化大生产   D. 社会制度
 E. 科学技术

4. 管理者在管理过程中承担的职能是（　　）。
 A. 计划   B. 组织
 C. 人员配备   D. 领导
 E. 控制   F. 创新

5. 管理的二重性是指管理的（　　）。
 A. 科学性   B. 自然属性
 C. 艺术性   D. 社会属性
 E. 实践性

三、判断题

1. 管理学反映了管理过程的客观规律性，具有显著的科学性。但是，管理过程中的诸多不确定因素使管理本身无法完全量化，故而只是一种不精确的科学。（　　）
2. 管理主要的目的是使资源成本最小化，因此管理最主要的是追求效率。（　　）
3. 效率与效果之间的差别可表述为：效果是使组织资源的利用成本达到最小化，而效率则是使组织活动实现预定的目标。（　　）
4. 不同行业中及不同的组织内部专业特点差别显著，很难说管理活动有什么共性。（　　）
5. 管理人员不应该做作业工作，应把全部的精力都放在管理工作上。（　　）

四、思考题

1. 何谓管理？管理的基本特征是什么？
2. 管理具有哪些职能？它们之间的关系如何？
3. 管理的二重性是什么？为什么说管理是科学性与艺术性的统一体？
4. 管理者要扮演哪些角色？应具备哪些技能？
5. 管理学的研究对象是什么？有哪些研究方法？

五、案例分析

小企业高效管理者的角色

  斯坦利是波士顿短期租赁公司的总裁，这家公司的宗旨是为商务旅行人士提供高质量的公寓租赁服务，用来替代昂贵且不太方便的旅馆服务。当前，斯坦利管理着五百余套公寓房间，她拥有15名员工，公司每年有六百多万美元的收入。由于员工人数较少，斯坦利采取了亲历亲为的管理方式。她和员工一起做迎接新旅客、搬运行李、看门、前台服务等工作。实际上，从人际关系角度看，作为公司的总裁，斯坦利提供了旅客所期望的个人接触，当问题发生时旅客可以直接与她取得联系。她的员工包括木工、电工、室内装饰人员、维修人员等，在他们中间，她经常想办法激励他们为旅客提供及时、快速的服务；同时，她也能够使旅客得到其所需要的诸如干洗、餐饮、美容美发等服务。斯坦利钟爱自己多样化的工作，喜欢接触管理者、员工以及公寓里的海外来客。

波士顿短期租赁公司管理着五百余套公寓，因而它的信息管理是很灵活的，斯坦利利用它监督指挥时十分及时。她根据入住率、客人抱怨次数和其他的服务质量指标开发了一个复杂的计算机系统来帮助她评估业绩。这个系统帮助她在问题出现时能够迅速地做出反应。她还总是提供给她的员工关于客人出发与到达情况的信息，当客人们正犹豫他们究竟是住在一个默默无闻的公寓还是住在一个有名的连锁旅馆时，她又是一个主要的信息来源。

作为一个快速发展的公司的总裁，斯坦利总是要做许多的决策；作为一个企业家，她寻找通过增加她所管理公寓的数量来提高收入的机会；她还需要处理一些突发问题，如发生在午夜的水管故障等；她还要决定花多少钱在公寓装修和档次的提高上，从而保持它们的吸引力，并要决定付给员工多少工资；她要与其他如从事清洁和粉刷服务的组织定期进行谈判，从而在最经济的条件下获得他们的服务。

像波士顿短期租赁公司这样的小企业，所有者或管理者将不断扮演着各种管理者的角色。从各方面来看，斯坦利都出色地完成了她的任务，因为她公司的规模和收入都在持续增长。对于那些想在美国其他主要城市经营小企业的管理者而言，波士顿短期租赁公司的运作模式是一个典范。

问题：

1. 斯坦利都扮演了管理者的哪些角色？举例加以说。
2. 根据案例中斯坦利所做的工作，斯坦利都具备了管理者的哪些技能？
3. 结合案例，你认为中小企业的管理者角色和技能有什么要求？

六、实践训练

任务：访问组织及管理者，学生自愿组成小组，每组6人左右。

目的：通过访问某一组织中的一位管理者，培养学生关注管理者和学习管理学的兴趣，以及参加社会实践活动的主动性、积极性。

内容：（1）要求学生了解该组织的基本业务和管理特点。

（2）向管理者了解他（她）对管理的认识。

成果检验：（1）每个小组上交一份简单的调查报告。

（2）教师根据各小组的表现进行评估打分。

第二章
管理理论的形成与发展

学习目标

知识目标
- □ 了解早期管理实践活动与管理思想
- □ 掌握古典管理理论
- □ 掌握人际关系学说和行为科学理论
- □ 掌握有代表性的现代管理理论
- □ 了解管理理论发展趋势

能力目标
- □ 能够运用管理理论分析管理问题
- □ 能够运用管理理论解决管理问题
- □ 能够运用管理理论指导管理实践

 案例导入

H 公司行为科学的应用

H公司是一家电器生产企业,多年来在市场上有不俗的表现,消费者也颇为认可。1990年,公司张总经理因年龄已大,身体也不够好,提出了辞职退休的要求。董事会再三挽留不住,只得另外聘任年轻有为的李志强为公司新的总经理。临别时,张总告诉他的后任李志强:"我公司过去之所以取得良好的业绩,在市场的竞争中保持了相当大的优势和市场份额,全依赖公司员工上下一条心,有很强的凝聚力。只要万众一心,就没有战胜不了的困难,希望李总千万不要忘了这一点。"对于张总的一番话李志强颇为赞同,深感自己责任的重大,因为自己过去虽然也做过一些高级管理工作,但大都与业务有关,如何激励员工保持凝聚力的确未曾很好实践,也缺乏经验。

李志强走马上任后对公司各方面做了调查研究,召开了一些各职能部门管理人员、公

司一般员工的座谈会，了解情况。一个月后一个增强企业内部和谐氛围，增强员工协作与努力的方案在李志强的脑海中形成了，于是他召开了总经理办公会议，和副总、部门经理们一起讨论他的方案。

"各位同事，经过一个月的了解，我感到 H 公司的确是在各方面都有骄人业绩的公司，管理方面尤其突出，这些成绩的取得的确应归功于全体员工上下一条心，把公司看作是自己的家，把公司的事业看作是自己的事业来努力。这方面我们应该继续下去，即过去各种好的做法可以不变，大家可以大胆地照原来的惯例进行工作。我也注意到成绩的背后，还有一些问题尚未解决，例如员工间、部门间因工作产生的纠纷近来时有出现，纠纷出现是正常的，问题是解决的方法。我们原来采用的方法是由上级或上级部门裁决，裁决后尽管纠纷各方面都服从了，但我知道其中一定有一方心中不痛快或不服帖，如果长此以往，必定会使我们公司凝聚力强、上下一条心的集体精神遭到破坏。把青蛙扔进开水锅里它倒死不了，因为它能马上跳出来；而把青蛙放进温水里慢慢加热使它在不知不觉中送了命。为此，我们提出一个解决员工间、部门间工作纠纷的新方案。具体地说，就是纠纷双方自己坐下来协商解决，即自我管理。"

望着下属们不解的眼光，李志强继续说："公司专门设一大房间，注意，这房间我特请心理学家和行为科学家来布置。凡发生工作纠纷的各方请自动一起到那个房间坐一坐，我相信，最终一定是各方心情愉快，纠纷圆满解决。"

李志强的话刚结束，下面就像开了锅，大家议论纷纷，好像天方夜谭一般，充满了迷惑。"这样吧，我先带大家参观一下这个房间，然后我们再接着开会。"李志强笑嘻嘻地说着，便起身招呼大家跟他走。大家来到了那间神秘的大房间，有一位工作人员打开了门，让大家进去。

原来这间大房间被分隔成四小间，一间套一间。进入这大房间先得进第一小间，第一小间迎面立着的一个屏风上装有一大块玻璃镜，绕过镜子几步就进入第二小间；第二小间的门口挂着一个大沙袋，非得推着它人才能进去；第三小间的墙上挂满公司历年所获各种奖状，公司优秀员工的事迹与照片，公司各年业绩的图示等；第四小间就是几个沙发和小桌椅，旁边还有可自取的咖啡、茶、饮料等，似乎就是一个小会议室，另还有一扇门可供外出。李志强带着他们回到会议室，这下可好了，大家议论开来……

[问题讨论]：

1. 李总经理上任应该先做什么？
2. 李总经理的新方案是基于什么理论，为什么这么做？
3. 有没有更好的方法来解决员工与部门间因工作产生的矛盾冲突？
4. 行为学家把房间布置成那个样子，其目的是什么？效果如何？

第二章 管理理论的形成与发展

第一节 早期的管理实践与管理思想

人类进行有效的管理活动,已有数千年的历史,但从管理实践到形成一套比较完整的理论,则是经过了漫长的发展过程。了解管理活动的演变和历史,了解管理先驱对管理理论和实践所作出的贡献以及管理学的形成与发展,对每个学习管理学的人来说都是必要的。

一般来说,管理学形成之前可分成两个阶段:早期管理实践与管理思想阶段(从有了人类集体劳动开始到18世纪)和管理理论产生的萌芽阶段(从18世纪到19世纪末)。管理学形成后又分为三个阶段:古典管理理论阶段(20世纪初到20世纪30年代行为科学学派出现前)、现代管理理论阶段(20世纪30年代到20世纪80年代,主要指行为科学学派及管理理论丛林阶段)和当代管理理论阶段(20世纪80年代至今)。

一、古代的管理实践活动及管理思想

管理是人类走向文明的伴生物。管理实践和人类的历史一样悠久,可以追溯到几千年以前。人类为了谋求生存自觉不自觉地进行着管理活动和管理的实践,其范围是极其广泛的,但是人们仅凭经验去管理,尚未对经验进行科学的抽象和概括,没有形成科学的管理理论。

在古代,生产力的发展还很低,人们为了生存,就不得不协作劳动。通过协作提高与自然界搏斗的能力,这种协作其实质就是管理活动的基本内容之一。

西方文明起源于希腊、罗马、埃及、巴比伦等文明古国,它们在公元前6世纪左右即建立了高度发达的奴隶制社会。管理思想是随着生产力发展而不断发展的,在古代生产力发展较快的国家,管理思想与管理实践都比较丰富。

(一)古希腊的管理思想

从古希腊的部落管理体制中,我们看到了"议会制"的某些端倪。"虽然古希腊的记载并没有留下多少关于管理原理方面的见解,但雅典城邦及其议会、人民法庭、执政官的存在本身就表明那时已意识到了管理职能。"古希腊的改革家、思想家,最先产生在那些工商业最发达,自由民内部斗争最激烈,而且又是最易接触其他先进文化影响的地方。这些地方生产力开始有了发展,人们为了发展工商业开始一些有组织的生产,从而促进了对自然的进一步认识。公元前370年,希腊学者色诺芬曾提出过制鞋生产流水化作业的设想,还出现了像苏格拉底和亚里士多德那样的一批思想家和哲学家,这些人的思想对后人影响巨大。

(二) 古罗马的管理思想

古罗马帝国最早采用职能式的组织形式并建立了分级管理的中央集权等级制度。古罗马到公元前 3 世纪逐渐强大起来，统一意大利后，经过两百多年的武力扩张，最终统一了地中海区域，成为一个横跨亚、欧、非三洲大片土地的帝国，使古代欧洲奴隶制在更大的范围内延续了几个世纪。正如詹姆斯·D·穆尼（1884—1957 年）所说：罗马人伟大的真正秘密是他们的组织天才。他们利用等级原理和委派、授权办法，把罗马城扩展为一个前所未有的，组织效率很高的帝国。

(三) 古代埃及的管理思想

古埃及人是"管理跨度"的实践者。人们从考古中发现，在法老的陪葬品中，奴仆的雕像特别令人感兴趣："每一个监督者大约管理 10 名奴仆。"所以，后来的希伯来人在《圣经》里提出的以 10 为限的管理思想即源于此。著名的埃及金字塔，平均每座要动用 230 万块石料，10 多万劳动力，建筑工期在 20 年以上，如此浩繁又精细的工程，没有周密的筹划、合理安排工序及组织人力物力、有效地指挥及控制，是难以完成的，他们当时就采用金字塔式的管理机构。

(四) 古巴比伦王国的管理思想

古巴比伦王国的国王汉谟拉比建立起强大的中央集权国家，任命各种官吏，管辖着各城市和地区的行政、税收和水利灌溉。国王总揽国家全部司法、行政和军事权力，官吏是贯彻国王政令的工具。为了巩固其统治，汉谟拉比编制了《法典》，作为国家行为的准绳。法典共分为三部分，即引言、法典本文和结语。法典本文共 282 条，内容涉及财产、借贷、租赁、转让、抵押、遗产、奴隶等各个方面，对各种职业、各个层面上的人员的责、权、利关系给予了明确的规定。

二、中世纪的管理实践活动及管理思想

在中世纪，管理实践和管理思想都有很大发展。公元 6 世纪到 18 世纪，在欧洲大体上是奴隶社会末期直至资本主义萌芽时期，社会生产力、商品生产有了一定的发展，出现了两种类型的社会经济活动的组织形式：即商业行会和手工业行会、厂商组织。贸易的发展需要在 11 世纪初产生了商业行会，接着很快出现了第二种行会形式——手工业行会，在 12 世纪初在西欧的城镇出现。每个手工业行会都获得许可证，被授予在特定地区垄断生产某种产品或提供服务的权利。厂商组织可以算作是最早的"前店后厂"。为了筹措资金，有两种主要的形式：合伙和联合经营。二者都是未来公司的前身。

15 世纪世界最大的几家工厂之一的威尼斯兵工厂，早在当时就采用了流水作业，建立了早期的成本会计制度，并进行了管理的分工，其工厂的管事、指挥、领班和技术顾问全权管理生产，而市议会通过一个委员会来干预工厂的计划、采购、财务事宜。这又是一个管理实践的出色范例，也体现了现代管理思想的雏形。

意大利佛罗伦萨的尼古拉·马基雅维利于16世纪所著《君王论》一书中，对统治者怎样管理国家、怎样更好地运用权威，提出了四条原则：（1）群众认可，权威来自群众；（2）内聚力，组织要能够长期存在，就要有内聚力，而权威是必须在组织当中行使的；（3）领导能力，专权之后要能够维持下去，就必须具备领导能力；（4）求生存的意志，就是要"居安思危"。

三、18—19世纪末的管理思想

18世纪60年代开始的工业革命使西方资本主义生产快速发展，同时也带来了一系列的管理问题，如效率和效益等，在此背景下，不少对管理理论的建立和发展具有影响的思想应运而生。

（1）亚当·斯密（1723—1790）是英国古典经济学家。在1776年发表了他的代表作《国富论》。提出了劳动分工和"经济人"观点。亚当·斯密在他的《国富论》中以制针为例说明了劳动分工的好处。书中写到：如果一名工人没有受过专门的训练，恐怕工作一天也难以制造出一枚针来（每个人都得拔丝、矫直、切断、敲针头、磨针尖、将针头和针尖焊在一起）。如果把制针程序分为若干项目，每个工人只分工负责其中一项，这样一来，平均一个工人每天可以生产4800枚针，生产效率提高的幅度是相当惊人的。作用体现在：①分工能增强劳动者的技术熟练程度；②分工减少了因工作变换而损失的时间；③分工使专门从事某项作业的劳动者比较容易改良工具和发明高效率的机器。此外，他还提出了研究经济问题的出发点是资产阶级利己主义，即每个人的一切活动都受"利己心"支配，人人追求个人私利，而这种追求客观上也会促进整个社会共同利益的发展。这种个人私利的追求者，就是"经济人"。这种所谓的"经济人"观点认为社会利益是以个人利益为立足点的。这种观点正是资本主义的生产关系的反映，后来成了整个西方管理的理论基础。

（2）罗伯特·欧文（1771—1858）是英国的空想社会主义的代表人物，也是一名企业管理改革家。欧文的管理思想主要体现了人事管理方面的实践与理论。他曾经为工厂管理制度的改革进行一系列试验。他倡导在企业管理中要重视人的因素，反对将人视为机器。提出要缩短工人的劳动时间、提高工资、改善工人的住宅等。希望通过改善工人的生活状况并使工厂获得很高的利润。他认为：只要对工人加以训练和指挥，就可以取得50%~100%的报酬，从而使工厂主的收入大大增加；而花在机器上的支出只能赚到15%的报酬。而且他的改革实验证明：重视人的作用、尊重人的地位，可以使工厂获得更多的利润。由于欧文最早注意到人的因素对提高劳动生产率的重要性，率先在人事管理方面进行了探索，被称为"人事管理之父"。

（3）查尔斯·巴布（贝）奇（1792—1871）是英国著名的数学家、发明家。其性情暴躁，以至于为了回敬英国街道上比比皆是的管风琴演奏者，他在住房外面吹起了喇叭，造成一片噪声，以便把他们赶走。其最著名的发明是1822年制造的世界上第一台实用机械计算机——差分机。他将技术方法应用于管理当中，代表作是1832年发表的《论机器和制造业的经济》一书，除进一步阐述劳动分工对提高劳动生产率的作用外，同时提出体力劳动和脑力劳动分工的主张；劳资关系的协调对提高劳动生产率的作用；设计并发明了一些有助于提高作业效率的机器、工具。巴布奇还提出了一种工资加利润的分配制度，提出工人的工资应有三部分组成：①固定工资；②利润分享部分；③奖金。后两项是与工人的劳动生产率直接相关联的，具有刺激作用的分配制度。

早期管理思想对促进当时企业生产的发展、加强对早期企业的有效管理和对以后的管理理论的发展，起到了积极的作用。

第二节 古典管理理论

19世纪末20世纪初创建的管理理论，人们称为"古典"管理理论，主要由泰罗的科学管理理论、法约尔的一般管理理论和韦伯的行政组织体系理论构成。

一、泰罗及其科学管理原理

（一）泰罗生平

弗雷德里克·泰罗（1856—1915），出生在美国费城一个富裕的律师家庭。他的父亲一心指望他日后成为一名有成就的律师，希望他子承父业。年轻的泰罗不负众望，终于考入哈佛大学法学院，但不久因得了眼疾而被迫辍学。1875年，他进入费城一家小型水泵制造厂当学徒工。22岁转到费城米德维尔钢铁公司，先后当过技工、工长、总机械师、总绘图师。1884年（28岁）被提升为钢铁公司的总工程师。在业余学习的基础上，于1883年获得机械工程学位。1898年，他独立开业从事管理咨询工作。以后，他用大部分时间从事写作、演讲，宣传他的一套科学管理方法。泰罗自幼才华横溢，善于思考。在生产技术方面，他所完成的技术创新和发明创造不胜枚举，先后获得100多项专利，在机械制造的高速切削和精密切削方面作出尤为突出的贡献。1915年因肺炎去世。他一生的研究硕果累累，著作很多，主要著作有《科学管理原理》、《车间管理》、《计件工资制》等，其代表作是1911年发表的《科学管理原理》。泰罗在该书中提出的理论奠定了科学管理的理论基础，标志着科学管理思想的正式形成，泰罗也因此被西方管理学界尊称为"科学管理之父"。

（二）泰罗科学管理的主要内容

1. 科学管理的中心问题是提高劳动生产率

泰罗认为，科学管理的中心问题是提高劳动生产率。工人提高劳动生产率的潜力是非常大的，人的潜力不会自动跑出来，怎样才能最大限度地挖掘这种潜力呢？为此，他通过科学观察、记录和分析，进行时间（工时）和动作研究，探讨提高劳动生产率的最佳方法，制定出合理的日工作量。

2. 工作定额原理

泰罗认为,要制造出有科学依据的工人的"合理的日工作量",就必须进行工时和动作研究。

所谓时间研究,就是研究人们在工作期间各种活动的时间构成。方法是选择技术熟练的工人,把他们的每一项动作、每一道工序所使用的时间记录下来,加上必要的休息时间和其他延误时间,就得出完成该项工作所需要的总时间,据此定出一个工人"合理的日工作量"。所谓动作研究,就是研究工人干活时动作的合理性,即研究工人干活时身体各部位的动作,经过比较、分析之后,去掉多余的动作,改善必要的动作,从而减少人的疲劳,提高劳动生产率。泰罗还进行了著名的搬铁块实验,这项试验结束后,他把搬运工的工作效率提高了将近3倍。

3. 科学挑选与培训工人

泰罗认为,为了提高劳动生产率,必须为每一项工作挑选"第一流的工人"。第一流的工人需要具备两个条件:一是具有做某种工作所需要的能力,二是愿意从事该种工作。为此,企业管理当局要根据人的能力和天赋把他们分配到最适合的工作岗位上去,而且还要对他们进行培训,激励他们尽最大的力量来工作。

4. 劳动工具的标准化原理

在经验管理时代,对工人在劳动中使用什么样的工具没有统一的标准,全凭工人们的经验摸索。泰罗认为,在科学管理的情况下,要用科学知识代替个人经验,一个很重要的措施就是实施工具标准化、劳动动作标准化。管理人员的任务就是要总结以往的经验,将它们概括为一定的标准,然后将这些标准在工厂中推行。只有使用标准化,才能使工人劳动更有积极性,更加合理地衡量他们的劳动成果。泰罗不仅提出了实行各种标准化的主张,而且也为标准化的制定做出了实际的贡献。在采用标准的劳动工具方面,泰罗进行了著名的铁铲实验。

5. 有差别计件工资制

泰罗认为,要在科学地制定劳动定额的前提下,采用有差别计件工资制来鼓励工人完成或超额完成定额。如果工人超额完成定额,按比正常单价高出25%计酬。如果工人完不成定额,则按比正常单价低20%计酬。这种工资制度对工人和雇主都是有利的。

6. 计划与执行相分离

泰罗主张工厂成立专门的计划部门,负责进行调查研究,并根据调查结果确定定额和标准化的操作方法,负责拟订计划并发布命令和指示。工人只负责执行,即按照计划部门制定的操作方法和指示,使用规定的标准化工具从事实际操作,不得自行改变。

7. 实行"职能工长制"

泰罗主张实行"职能管理",即将管理的工作予以细分,每一个管理者只承担一种管理职能。泰罗设计出八个职能工长,代替原来的一个工长,其中四个在计划部门,四个在车间。每个职能工长只负责某一方面的工作。在其职能范围内,可以直接向工人发出命令。

泰罗在管理理论方面做了许多重要的开拓性工作,为现代管理理论奠定了基础。由于其杰出贡献,他被后人称为"科学管理之父"。但由于历史条件的限制,这个理论不免有其局限性。泰罗自身条件、背景，使他对较高层次的研究相对较少，理论深度也显得不足。泰罗的生活经历决定了其理论偏重于基层管理。最大的不足是，他把工人看成为"经济人"，视为一个仅仅能够用金钱刺激的群体，工人的一切行为都是受经济利益驱动。当然，人是有感情、有自尊心的，在很多情况下，金钱不是万能的，可采用激励鼓励，增强其集体荣誉感等方法。

阅读资料

泰罗的管理思想

泰罗自己把科学管理称作是一场思想革命，这一思想革命最根本的东西就是用劳资双方的合作取代对抗。泰罗所说的思想革命，就是要使管理人员认识到，管理者与工人之间的关系不是对立关系而是合作关系，没有管理者与工人同心协力的合作，也就没有科学管理。泰罗著名的搬运钢铁实验不仅说明了标准化的动作管理，也体现了劳资双方的合作。当时，泰罗所在的钢铁公司有一个生铁搬运小组，每人每天装货约12.5吨，泰罗通过对工时和动作的研究，把工作分成若干基本动作逐项研究后，对工人的负荷、时间、动作等进行精密设计，以科学的方法合理安排工作程序、技术办法和劳动速度，减少不必要的消耗，省略多余动作，节约工人的劳动，最后计算出每个搬运工每天能够搬运的定额是47.5吨。然后，他挑选了一名叫"斯密特"的工人，让他严格按照管理人员的指示工作，由一名拿着秒表的管理者掌握斯密特工作中的动作、程序和间隔休息时间，这样，斯密特在一天之内完成了47.5吨的生铁搬运，其工资也由过去的1.15美元增加到1.85美元。泰罗强调，工时研究和工作分析绝对不是让工人拼命，而是要找到一个工人正常工作时的标准定额。泰罗则指出，在他的管理办法下，斯密特挣到了更多的钱，但是力气花得并不比过去大。这里面的关键在于：斯密特被教会了如何干活，这个方法提高了劳动生产率，使工人省去了无用的劳动。更重要的是，过去是斯密特干活，工头监督，现在是取代了旧式工头的新式管理人员与斯密特一起干活。过去工头的作用仅仅是防止工人偷懒，劳资双方是对立的；现在管理人员的脑力劳动，已经渗透到斯密特的体力劳动中，劳资双方是合作的。

二、法约尔及一般管理理论

（一）法约尔生平

亨利·法约尔（1841—1925），法国人，1860年毕业于法国国立采矿学院，毕业后进入法国一家采矿冶金公司。1885年起任法国最大的矿冶公司总经理达30年。在实践和大量调查研究的基础上，提出了管理功能理论。他是第一位概括和阐述一般管理理论的先驱者，被后人称为"管理过程理论之父"。1916年，法约尔发表了《工业管理和一般管理》，第一次对管理的职能作了明确的划分，使其形成了一个完整的过程。因此，可以说他是现代管理理论的实际创始人，被誉为"现代经营管理理论之父"。

（二）法约尔一般管理理论的主要内容

1. 企业活动类别和管理的五种职能

法约尔发现，无论一个企业是大是小，它的各种活动都可以划分为六类，分别是技术活动、商业活动、财务活动、安全活动、会计活动、管理活动等。法约尔首次把管理活动划分为计划、组织、指挥、协调与控制五大职能，揭示了管理的本质。

2. 管理的十四条原则

为了使管理者能够更好地履行管理的职能，法约尔总结出管理的十四条一般原则：

（1）劳动分工原则。实行劳动的专业化分工可以提高人们的工作效率。

（2）权力与责任原则。管理者必须拥有权力以发布命令，但权利与责任必须对等。

（3）纪律。纪律是企业领导人同下属人员之间在服从、勤勉、积极、举止和尊敬方面所达成的一种协议。纪律的实质是遵守企业内部各方面达成的协议。纪律是领导人创造的，所以领导人要以身作则，赏罚分明。

（4）统一指挥。统一指挥原则是指一个下属只接受一个上级的指挥并向这个上级汇报自己的工作。

（5）统一领导。指凡目标相同的活动，仅应有一个领导人和一套计划。

（6）个人利益服从集体利益。在一个企业中，个人或个人利益不能置于企业利益之上。做到当个人利益与集体利益发生冲突时，优先考虑集体利益。

（7）人员的报酬。报酬制度要公平、合理，但要和良好的管理结合起来，这样才能收到好的效果。

（8）集权与分权。法约尔认为，在管理上应保持适当的集权于与分权，即掌握好集权与分权的尺度。认为下属的工作很重要就分权，认为下属的工作不重要就集权。

（9）等级链与跳板原则。等级链是从最高管理人员到最低管理人员之间应建立关系明确的等级系列，以保持上下沟通灵敏。但在紧急情况下，平级之间跨越权力而进行的横向沟通也是非常重要的。为了既能维护统一指挥原则，又能避免信息的延误和失真问题，法约尔提出了一种"跳板"原则，该原则可以使两个部门的沟通更便利。即在需要沟通的两个部门之间建立一个"法约尔桥"，以这个桥做跳板，就可以建立沟通的渠道。

（10）秩序。法约尔指出秩序是指"凡事各有其位"。无论是物品还是人员，都应该放在正确的位置上。

（11）公平。"公平"原则就是"善意"加"公道"。公道是执行已订立的协定。"公平"就是"公道"原则加上善意对待职工。

（12）人员的稳定。把一个人培养成胜任目前的工作，需要花费时间和金钱。所以，人员的经常变动，对企业很不利。对于企业来说关键是要掌握好人员流动的适合尺度，保持企业中人员工作的稳定性与适应性。

（13）首创精神。在工作中发挥自己的才智，提出具有创造性的想法或发明就是人们的首创精神，它是刺激人们努力工作的最大动力之一。

（14）团结（集体）精神。一个企业全体成员的和谐与团结是这个企业发展的巨大力量，领导者有责任尽一切可能保持和巩固企业内部人员的团结。

法约尔认为，原则是灵活的，可以适应一切需要，问题在于懂得如何去使用这些原则，这是一门很难掌握的管理艺术。领导者要充分运用自己的智慧、经验与判断力去运用这些原则。法约尔研究了管理的一般性（普遍性），为管理理论的形成构筑了一个科学的理论框架。具有一般性、有效性的特点。

三、韦伯及其行政组织理论

（一）韦伯生平

马克斯·韦伯（1864—1920），出身于德国一个有着广泛的社会和政治关系的富裕家庭，从小受到了良好的教育。1882年进入海德堡大学读法律，以后又就读于柏林大学和哥丁根大学。他受过三次军事训练，并于1888年参加了一次军事演习，因而对德国的军事生活和组织制度有相当的了解，这对其日后建立组织理论有相当大的影响。他一生中担任过多所大学的教授，其还担任过政府顾问、编辑、著作家等，对社会学、经济学、历史、宗教等许多问题都有自己的观点和独到的见解。他的代表作是《社会和经济组织理论》，其在管理思想上的最大贡献是提出了所谓"理想的行政组织体系理论"，因而被后人尊称为"组织理论之父"。

（二）韦伯的行政组织理论

1. 权力（权威）论

韦伯认为任何一种组织都是以某种权力为基础的。如果没有权力，组织就不能实现目标。只有权利才能使混乱变秩序。韦伯将社会所接受的权力划分为三种：合法合理的权力、传统的权力、个人魅力性权力。

（1）合法合理的权力。它是由社会公认的法律规定的，基于法律和社会契约。它要求人们的服从是绝对的，不管是普通老百姓还是领袖官员，对这种权力的服从就等于对确认的职务或地位的权力的服从。

（2）传统的权力。它以对传统习惯的信仰与尊重为基础，是由历史沿袭下来的惯例、习俗而规定的权力。对这种权力的服从是绝对地服从于统治者。因为它具有沿袭下来的神圣不可侵犯的权力地位，如对神权、族权、皇权的崇拜。

（3）个人魅力型权力。它是以对个人的迷信和崇拜为基础。因为领导者具有神圣特殊的英雄主义或卓越非凡的特质，使人们对他们的服从是正当的，如对宗教先知、军事和政治领袖的崇拜。

韦伯把上述三种类型的权力称为"纯粹的"，此外，他认为在现实生活中还存在介于它们之间的混合形式。在这三种权力中，他认为只有合法合理的权力才是理想组织形式的基础。

2. 理想的行政组织体系

韦伯的理想的行政组织体系的核心是组织活动主要是通过职务或职位而不是通过个人或世袭地位来进行管理。所谓"理想的"并不是指最合乎需要的，而是现代社会中最有效、最合理的组织形式。具有以下特点：

（1）明确分工。对每个职位上的组织成员的权力、责任都有明确规定，并作为正式职责使之合法化。

（2）自上而下的等级系统。组织内的所有职位都按照权力自上而下形成等级系统。

韦伯把理想的组织形态分为三个层次：高、中、低（最高领导层，主要职能是决策；行政管理人员即中层管理者，主要职能是执行上级决策并拟定实施方案，将下层的意见反馈给上层；一般工作人员，主要职能是做实际工作）。

（3）人员的任用。所有组织成员都是通过正式考试的成绩或在培训中取得的技术资格来加以录用的。

（4）实行任命制。只有个别职位才实行选举制，所有担任公职的人都是任命的。

（5）管理员是专职的。他们领取固定的薪金，有明文规定的升迁制度。

（6）遵守纪律。管理人员必须严格遵守纪律。

（7）组织中人与人的关系。组织中的人员关系应完全以理性准则为指导，是一种不受情感影响的关系。

韦伯的行政组织理论的主要思想，可归纳是一种"官僚政治、官僚主义"管理体系的思想，而这里官僚，并非平常意义上的官僚，没有贬义。它的原意是通过职位而非通过个人或世袭地位来管理，这是针对当时德国的家族式企业的弊端而提出来的，是一个有关集体活动理性化的社会学概念。韦伯认为高度集中的、正式的、非人格化的理想的行政组织体系是强制控制的合理手段，是达成组织目标、提高组织绩效的最有效形式。这种组织形式在精确性、稳定性、纪律性和可靠性等方面都优于其他组织形式，适用于各种行政管理工作和各种大型组织，如军队、国家机构、教会和各种团体。韦伯的这一理论也是对泰罗、法约尔理论的一种补充，是古典管理理论的重要组成部分，对后来的管理学家，特别是组织理论家产生很大影响。

第三节 行为科学理论

一、行为科学产生的社会历史背景

进入 20 世纪，科学管理理论成为管理理论和实践的主流，资本家把工人当作机器一样看待，把分配给工人们的任务和工作设计得非常简单，让工人们仅做简单易懂的工作，同时赋以物质刺激，以此提高生产效率。这样的理论取得了成就，同时也带来了问题。20 世纪 20 年代，位于美国芝加哥郊外的西方电气公司的霍桑工厂出现了令许多管理工作者感兴趣的现象：这个工厂厂有 2.5 万人，有比较完善的娱乐设施、医疗制度和养老金制度，良好的工作环境和物质条件本应使该厂的生产效率有较大的提高，但事实上工人并没有良好的精神状态，工作成绩也不佳。这无疑是对科学管理理论提出的巨大挑战。为探明原因，由美国国家科学研究委员会赞助的研究计划于 1924 年在该厂实施。其目的是考察工作环境与生产效率之间的关系。这就是管理学发展史上非常著名的试验——霍桑试验。试验历时 8 年之久（1924—1932）。

二、行为科学早期理论——人群关系理论

(一) 梅奥与霍桑试验

乔治·埃尔顿·梅奥（1880—1949），原为澳大利亚人，后移居美国。出生于澳大利亚的阿得雷德，在当地获得逻辑和哲学硕士学位，后到苏格兰的爱丁堡学习医学，从事精神病理学研究工作。1922年移居美国，1926年到哈佛大学任教，1929年成为哈佛大学工业研究终身教授。1927年应邀参加了霍桑试验。

霍桑试验的初衷是想通过改变工作条件和环境，找出提高生产率的途径。试验分照明、继电器装配小组、大规模访谈和接线板工作室四个阶段。

> **拓展阅读**
>
> **霍桑试验的四个阶段**
>
> 1. 工作场所照明试验（1924—1927）
>
> 该试验是选择一批工人分为两组：一组为"试验组"，先后改变工场照明强度，让工人在不同照明强度下工作；另一组为"控制组"，工人在照明度始终维持不变的条件下工作。两个组的工作性质是一样的，都是单调而高度重复性的工作。试验者希望通过试验得出照明度对生产率的影响。开始时，两个组的照明条件一样，以后逐渐把试验组的照明亮度减弱，并一直减弱到近似月光的程度，两个组的工作条件的差距拉开了，但试验记录表明，两个组的工人产量却相同，并都一直在上升。这表明照明情况与生产效率之间并不存在严格的正相关关系。之后，他们又试验工资报酬、工间休息、每日工作长度、每周工作天数等因素对生产效率的影响。但试验结果也看不出对生产效率的直接影响（试验表明照明度与生产率之间并没有直接的因果关系）。至此，试验者认为试验失败了，准备放弃试验。
>
> 1927年，哈佛大学教授梅奥在纽约的哈佛俱乐部给一些公司的人事经理做报告，曾参与第一阶段试验的西方电器公司的监察部主任乔治·潘诺克前来听报告，他向梅奥介绍了试验的情况，并邀请梅奥前去做试验。梅奥对这项试验很感兴趣（他意识到这是他正在探讨的一个重大问题，便以极大的兴趣参加并领导了以后的试验），于是率领一些人进入了霍桑工厂，开始了第二阶段的试验工作。
>
> 2. 继电器装配室试验（1927.8—1928.4）
>
> 为了能够找到更有效的控制影响职工积极性的因素，梅奥等人挑选了6名继电器装配工人，让他们脱离工头而独立工作，进一步试验改变工资支付方式和改善工作条件对生产效率的影响。一开始试验引入了各种变化：改变工间休息时间、缩短工作日、缩短工作周等。在试验过程中，生产量一直保持上升趋势。后来突然取消试验措施回到试验前的工作条件，以为这种剧烈的改变会给职工带来一种极大的消极心理影响而降低产量，然而产量却仍然上升。梅奥等人运用心理学知识对试验结果进行了分析，认为问题在于人的方面，在于试验组成员精神方面产生了巨大的变化。因为职工由原来工头监督改为由研究人员领导，并受到研究人员的重视和各方面的广泛注意，他们的社会状况发生了变化，并觉得自己很重要。另外，试验小组内部有一种自由而愉快的工作气氛，职

工能自由发表意见,职工之间、职工与研究人员之间互相协作,所有这些是促使职工提高生产效率的根本原因。揭开了这一现象之后,梅奥等人进一步实施"访谈计划"。

3. 大规模访谈（1928—1931）

在上述试验的基础上,梅奥等人又进行了一个为时两年的大规模访谈调查,涉及的对象约2万多人次。刚开始调查人员提出了有关督导管理和工作环境方面的问题,但是他们发现职工的回答往往是带有防卫性的或是千篇一律的陈词滥调。因此,他们决定改变直接提问的方式,允许职工自由选择他们自己的话题、提建议、发牢骚（采取各种办法让职工"发泄"不满）,许多人的建议被接受,结果是职工心情舒畅,感到工作条件得到了改善,得到了大量有关职工态度的第一手资料。

4. 接线板接线工作室试验（1931—1932）

研究人员选择接线板小组作观察,以研究职工在工作中的群体行为。在观察了相当一段时间后,调查人员认识到有许多行为准则会影响工人的行动。这些准则包括了工作的干多干少、与管理人员的信息交往等等,如不应干太多的活,也不应做太少;不应向上级告密等。采取以集体计件工资制刺激,企图形成"快手"对"慢手"的压力以提高效率。公司当局给他们规定的产量标准是焊合7 312个接点,但他们完成的只有6 000~6 600个接点。试验发现,工人既不会为超定额而充当"快手",也不会因完不成定额而成"慢手",当他们达到他们自认为是"过得去"的产量时就会自动松懈下来。其原因是,生产小组无形中形成默契的行为规范,即工作不要做得太多,否则就是"害人精";工作不要做得太少,否则就是"懒惰鬼";不应当告诉监工任何会损害同伴的事,否则就是"告密者";不应当企图对别人保持距离或多管闲事;不应当过分喧嚷,自以为是和热心领导等等。(存在派系或派别) 根本原因则有三：一是怕标准再度提高;二是怕失业;三是为保护速度慢的同伴。这一阶段的试验,还发现了"霍桑效应",即对于新环境的好奇和兴趣,足以导致较佳的成绩,至少在初始阶段是如此。

通过四个阶段历时近8年的霍桑试验,梅奥等人认识到,人们的生产效率不仅要受到生理方面、物理方面等因素的影响,更重要的是受到社会环境、社会心理等方面的影响,这个结论的获得对"科学管理"只重视物质条件,忽视社会环境、社会心理对工人的影响来说,是一个重大的修正。

（二）人际关系学说

根据霍桑实验,梅奥于1933年发表了《工业文明中人的问题》一书,提出了人际关系学说,其主要内容有：

1. 工人是"社会人",而不是单纯追求金钱收入的"经济人"

作为复杂社会系统成员,金钱并非刺激积极性的唯一动力,他们还有社会、心理方面的需求,因此社会和心理因素等方面所形成的动力,对效率有更大影响。

2. 企业中除了"正式组织"之外,还存在着"非正式组织"

这种非正式组织是企业成员在共同工作的过程中，由于具有共同的感情而形成的非正式团体。这种无形组织有其特殊的感情、规范和倾向，左右着成员的行为。古典管理理论仅注重正式组织的作用，这是很不够的。非正式组织不仅存在，而且同正式组织是相互依存的，对生产率的提高有很大影响。不管承认与否，非正式组织都是存在的，管理人员应正视其存在，利用其为正式组织的活动和目标服务。

3. 新型的领导能力在于提高职工满意度（满足度），来提高工人的"士气"，从而达到提高效率的目的

生产率的升降，主要取决于工人的士气，即工作的积极性、主动性与协作精神，而士气的高低，则取决于社会因素特别是人群关系对工人的满足程度，即他的工作是否被上级、同伴和社会所承认。职工的满足度越高，其士气就越高，从而生产效率也就越高，作为一个领导应该深刻认识到这一点，不但要考虑职工的物质需要，还应该考虑职工的精神需求。

梅奥等人的人际关系学说的问世，开辟了管理和管理理论的一个新领域，并且弥补了古典管理理论的不足，更为以后行为科学的发展奠定了基础。

三、行为科学理论的发展

行为科学是 20 世纪 30 年代开始形成的一门研究人类行为的新学科，并且发展成国外管理研究的主要学派之一，是管理学中的一个重要分支，它通过对人的心理活动的研究，掌握人们行为的规律，从中寻找对待员工的新方法和提高劳动效率的途径。主要的行为理论有，需要层次理论、双因素理论、期望理论，其中需要层次理论、双因素理论、期望理论将在领导一章中的激励部分作重点介绍，这里仅介绍 X－Y 理论、超 Y 理论及 Z 理论。

（一）X－Y 理论

X 理论和 Y 理论，由美国心理学家道格拉斯·麦格雷戈（1906—1964）1960 年在其所著《企业中人的方面》一书中提出来的。麦格雷戈把传统管理学称为"X 理论"，他自己的管理学说称为"Y 理论"。这是一对基于两种完全相反假设的理论，X 理论认为人们有消极的工作原动力，而 Y 理论则认为人们有积极的工作原动力。即：麦格雷戈的人性假设与管理方式理论。

X 理论认为：多数人天生懒惰，尽一切可能逃避工作；多数人没有抱负，宁愿被领导批评、怕负责任，视个人安全高于一切；对多数人必须采取强迫命令，软硬兼施的管理措施。

Y 理论的看法则相反，它认为，一般人并不天生厌恶工作，多数人愿意对工作负责，并有相当程度的想象力和创造才能；控制和惩罚不是使人实现企业目标的唯一办法，还可以通过满足职工爱的需要、尊重的需要和自我实现的需要，使个人和组织目标融合一致，达到提高生产率的目的。

麦格雷戈认为，人的行为表现并非固有的天性决定的，而是企业中的管理实践造成的。剥夺人的生理需要，会使人生病。同样，剥夺人的较高级的需要，如感情上的需要、

地位的需要、自我实现的需要,也会使人产生病态的行为。人们之所以会产生那种消极的、敌对的和拒绝承担责任的态度,正是由于他们被剥夺了社会需要和自我实现的需要而产生的疾病的症状。因而迫切需要一种新的,建立在对人的特性和人的行为动机更为恰当的认识基础上的新理论。麦格雷戈强调指出,必须充分肯定作为企业生产主体的人,企业职工的积极性是处于主导地位的,他们乐于工作、勇于承担责任,并且多数人都具有解决问题的想象力、独创性和创造力,关键在于管理方面如何将职工的这种潜能和积极性充分发挥出来。

(二) 超 Y 理论

超 Y 理论是 1970 年由美国管理心理学家约翰·莫尔斯(John J. Morse)和杰伊·洛希(Jay. W. Lorscn)根据"复杂人"的假定,提出的一种新的管理理论。它主要见于 1970 年《哈佛商业评论》杂志上发表的《超 Y 理论》一文和 1974 年出版的《组织及其他成员:权变法》一书中。

超 Y 理论认为,没有什么一成不变的、普遍适用的最佳的管理方式,必须根据组织内外环境自变量和管理思想及管理技术等因变量之间的函数关系,灵活地采取相应的管理措施,管理方式要适合于工作性质、成员素质等。超 Y 理论在对 X 理论和 Y 理论进行实验分析比较后,提出一种既结合 X 理论和 Y 理论,又不同于是 X 理论和 Y 理论,是一种主张权宜应变的经营管理理论。实质上是要求将工作、组织、个人、环境等因素作最佳的配合。

超 Y 理论主要观点:

(1) 人们带着许多不同的需要和动机加入组织,但最主要的是实现其胜任感。

(2) 由于人们的胜任感有不同的满足方法,所以对管理要求也不同,有人适用 X 理论管理方式,有人适用 Y 理论管理方式。

(3) 组织结构、管理层次、职工培训、工作分配、工资报酬和控制水平等都要随着工作性质、工作目标及人员素质等因素而定,才能提高绩效。

(4) 一个目标达成时,就会产生新的更高的目标,然后进行新的组合,以提高工作效率。

(三) Z 理论

由日裔美国学者威廉·大内(William Ouchi)在 1981 年出版的《Z 理论》一书中提出来的,其研究的内容为人与企业、人与工作的关系。这一理论的提出是鉴于美国企业面临着日本企业的严重挑战。

大内选择了日、美两国的一些典型企业(这些企业在本国及对方国家中都设有子公司或工厂)进行研究,发现日本企业的生产率普遍高于美国企业,而美国在日本设置的企业,如果按照美国方式管理,其效率更差。根据这一现象,大内提出了美国的企业应结合本国的特点,向日本企业的管理方式学习,形成自己的一种管理方式。他把这种管理方式归结为 Z 型管理方式,并对这种方式进行了理论上的概括,称为"Z 理论"。该书在出版后立即得到了广泛重视,成为 20 世纪 80 年代初研究管理问题的名著之一。

《Z理论》

《Z理论》一书与《成功之路》、《日本和管理艺术》、《公司文化》一起被称为美国管理"四重奏",其中《日本的管理艺术》作者之一帕斯卡尔曾与大内一起研究日本的管理。

Z理论内容基本可以简述如下:

1. 畅通的管理体制。管理体制应保证下情充分上达;应让职工参与决策,及时反馈信息。特别是在制定重大决策时,应鼓励第一线的职工提出建议,然后再由上级集中判断。

2. 基层管理者享有充分的权利。基层管理者对基层问题要有充分的处理权,还要有能力协调职工们的思想和见解,发挥大家的积极性,开动脑筋制定出集体的建议方案。

3. 中层管理者起到承上启下的作用。中层管理者要起到统一思想的作用,统一向上报告有关情况,提出自己的建议。

4. 长期雇佣职工,及时整理和改进来自基层的意见。企业要长期雇佣职工,使工人增加安全感和责任心,与企业共荣辱、同命运。

5. 关心员工的福利。管理者要处处关心职工的福利,设法让职工们心情舒畅,造成上下级关系融洽、亲密无间的局面。

6. 创造生动的工作环境。管理者不能仅仅关心生产任务,还必须设法让工人们感到工作不枯燥、不单调。

7. 重视员工的培训。要重视职工的培训工作,注意多方面培养他们的实际能力。

8. 职工的考核。考核职工的表现不能过窄,应当全面评定职工各方面的表现,长期坚持下去,作为晋级的依据。

大内认为,任何企业组织都应该对它们内部的社会结构进行变革,使之既能满足新的竞争性需要,又能满足各个雇员自我利益的需要。Z型组织也许就接近于这种新的组织形式。他认为美国公司借鉴日本经验就要向Z型组织转化,Z型组织符合美国文化,又可学习日本管理方式的长处,比如在Z型公司里,决策可能是集体做出的,但是最终要由一个人对这个决定负责,而这与典型的日本公司(即J型组织)做法是不同的,在日本没有一个单独的个人对某种特殊事情担负责任,而是一组雇员对一组任务负有共同责任,他认为与市场和官僚机构相比,Z型组织与氏族更为相似,并详细剖析了Z型组织的特点。

第四节 现代管理理论

第二次世界大战后，企业技术环境上的巨大变革，科技不断发展，电子计算机的不断更新换代，运筹学、系统理论的不断传播，迫使管理者必须从新角度、新高度探索管理理论。企业社会经济环境的变化，如20世纪60年代后期企业经营向多国化方向发展，跨国公司大量涌现，外部环境更加复杂。管理学领域研究主体也发生了变化，多门学科的研究人员进入了管理领域，如数学家、经济学家、生态学家、政府官员等。这些人由于研究条件、掌握材料、观察角度以及研究方法等方面的不同，必然产生不同的看法和形成不同的思路，从而形成了多种管理学派，这些学派大大小小说起来可能不下100余个。已故的美国著名管理学家孔茨将管理理论的各个流派称为"管理理论丛林"。1961年，他提出了六个学派，到1980年，孔茨又认为，这一"丛林"又枝叶繁生，至少可划分为十个学派。不同的学者的归纳也不一样。应该说，所谓的"学派"，主要指从什么角度或方面，运用什么样的理论去研究管理问题。

一、管理过程学派

管理过程学派，又叫管理职能学派、经营管理学派，是当代管理理论的主要流派之一，以管理的职能及其发挥作用的过程为研究对象，主要致力于研究和说明"管理人员做些什么和如何做好这些工作"。代表人物有哈罗德·孔茨，西里尔·奥唐奈，代表作是他们合著的《管理学》。

管理过程学派认为管理就是通过别人或同别人一起完成工作的过程。管理过程与管理职能是分不开的，管理的过程也就是管理的诸职能发挥作用的过程。以这一认识为出发点，管理过程学派试图通过对管理过程或管理职能的研究，把管理的概念、原则、理论和方法加以理性概括，从而形成一种"一般性"的管理理论。在研究方法上，这一学派一般是首先把管理人员的工作划分为各种职能，然后对这些职能进行分析研究，并结合管理实践探索管理的基本规律和原则。管理过程学派认为，运用这种研究方法，可把管理工作的一切主要方面加以理论的概括，从而建立起可指导管理实践的管理理论。

管理过程学派在西方很有影响力，其原因有以下两点：一是该学派为管理理论和实践的发展提供了一个广阔的空间；二是该学派认为各个企业和组织所面临的内部条件及管理环境都是不同的，但管理的职能却是相同的。

二、社会系统学派

社会系统学派是从社会学的观点来研究各种组织和组织理论，这一学派把企业及组织视为一个人们可以有意识加以协调和影响的社会协作系统，其代表人物是美国的管理学家切斯特·巴纳德。1938年，巴纳德发表了《经理人的职能》一书，在这本著作中，他对组织和管理理论的一系列基本问题都提出了与传统组织和管理理论完全不同的观点。他认为组织是一个复杂的社会系统，应从社会学的观点来分析和研究管理的问题，他认为构成组织的三个基本要素包括信息交流、作贡献的意愿、共同的目的。由于他把各类组织都作为协作的社会系统来研究，后人把由他开创的理理论体系称作社会系统学派。

社会系统学派的主要内容可以归纳为以下几个方面：

（1）组织是一个由个人组成的协作系统，个人只有在一定的相互作用的社会关系下，同他人协作才能发挥作用。

（2）巴纳德认为组织作为一个协作系统都包含三个基本要素：能够互相进行信息交流的人们；这些人们愿意做出贡献；实现一个共同目的。因此，一个组织的要素是：信息交流；做贡献的意愿；共同的目的。

（3）组织是两个或两个以上的人所组成的协作系统，管理者应在这个系统中处于相互联系的中心，并致力于获得有效协作所必需的协调，因此，经理人员要招募和选择那些能为组织目标的实现而做出最好贡献并能协调地工作在一起的人员。为了使组织的成员能为组织目标的实现做出贡献和进行有效地协调，巴纳德认为应该采用"维持"的方法，包括"诱因"方案的维持和"威慑"方案的维持。"诱因"方案的维持是指采用各种报酬奖励的方式来鼓励组织成员为组织目标的实现做出他们的贡献，"威慑"方案的维持是指采用监督、控制、检验、教育和训练的方法来促使组织成员为组织目标的实现做出他们的贡献。

（4）经理人员的作用就是在一个正式组织中充当系统运转的中心，并对组织成员的活动进行协调，指导组织的运转，实现组织的目标。根据组织的要素，巴纳德认为，经理人员的主要职能有三个方面：一是制定并维持一套信息传递系统；二是促使组织中每个人都能做出重要的贡献，包括职工的选聘和合理的激励方式等；三是阐明并确定本组织的目标。

巴纳德对组织的存在和发展的基本条件也进行了精辟的阐述，认为一个组织要存在和发展必须具有三个条件：明确的目标；组织成员要有协作的意愿；组织要有良好的沟通。

三、决策理论学派

第二次世界大战后，随着现代生产和科学技术的高度分化与高度综合，企业的规模越来越大，特别是跨国公司不断地发展，这种企业不仅经济规模庞大，而且管理十分复杂。同时，这些大企业的经营活动范围超越了国界，使企业的外部环境发生了很大的变化，面临着更加动荡不安和难以预料的政治、经济、文化和社会环境。在这种情况下，对企业整体的活动进行统一管理就显得格外重要了。

决策理论学派以社会系统论为基础，吸收了行为科学和系统论的观点，运用电子计算机技术和统筹学的方法而新兴一门的管理学派。赫伯特·西蒙是决策理论学派的主要代表人物。他的代表作是1960年出版的《管理决策新科学》。决策理论学派的主要观点有：

（1）管理就是决策。组织中经理人员的重要职能就是作决策。任何作业开始之前都要先做决策，制订计划就是决策，组织、领导和控制也都离不开决策。

（2）决策是一个复杂的过程。决策过程包括 4 个阶段：搜集情况阶段；拟定计划阶段；选定计划阶段；评价计划阶段。这四个阶段中的每一个阶段本身就是一个复杂的决策过程。

（3）在决策标准上，用"令人满意"的准则代替"最优化"准则。以往的管理学家往往把人看成是以"绝对的理性"为指导，按最优化准则行动的理性人。"管理人"假设代替"理性人"假设，"管理人"不考虑一切可能的复杂情况，只考虑与问题有关的情况，采用"令人满意"的决策准则，从而可以做出令人满意的决策。

（4）一个组织的决策根据其活动是否反复出现可分为程序化决策和非程序决策。经常性活动的决策应程序化以降低决策过程的成本，只有非经常性的活动，才需要进行非程序化的决策。

四、系统理论学派

系统管理学派是用系统科学的思想和方法来研究组织管理活动及管理职能。系统学派的代表人物有美国的卡斯特、罗森茨韦克等人，其代表作是《系统理论和管理》。系统管理学派认为，组织是一个由相互联系的若干要素所组成的开放系统，这些要素可以被称为子系统。系统的运行效果是通过各个子系统相互作用的效果决定的。

系统具有整体性（要素与系统关系要以整体为主进行协调，局部服从整体；必须要有全局观点、整体观点，在观察和处理问题时，必须先看整体，再看局部）、相关性、动态性、层次性等特征。组织不仅本身是一个系统，同时它又是社会系统的一个子系统，组织在与社会环境的相互作用中取得动态的平衡。外界对企业的投入有人力、资金和管理才能以及技术知识和技能。此外，产出时，不同的人对企业提出种种要求：雇主要求高工资、福利和就业保障；销售商要求保证产品适销；股东要求企业高收益；政府要求企业依法纳税，遵守法律；地方政府要求企业提供就业机会越多越好，环境污染越小越好。管理的转换过程运用计划、组织、领导、控制把投入变成产出。反馈是一些产出重新变成投入。这就是雇佣人员的满意状况成为重要的人力投入。同样的，利润重新以现金和资本的形式进行再投资。

五、经验主义学派

经验主义学派（又称为经理主义学派、案例学派）是通过对大量管理的实例和案例的研究，来分析管理人员在个别情况下成功及失败的管理经验，从中提炼和总结出带有规律性的结论，他们认为这样可以使管理人员能够学习到更多的管理经验。经验主义学派创始人主要是彼得·德鲁克，代表人物有欧内斯特·戴尔，艾尔弗雷德·斯隆等。彼德·德鲁克的代表作有《有效的管理者》、《管理：任务、责任和实践》，欧内斯特·戴尔的代表作有《伟大的组织者》、《企业管理：理论和实践》等。

经验主义学派认为，古典管理理论和行为科学都不能完全适应企业发展的实际需要。有关企业管理的科学应该从企业管理的实际出发，以大企业的管理经验为主要研究对象，以便在一定的情况下把这些经验加以概括和理论化，把实践放在第一位，以适用为主要目的。对实践经验高度总结是经验主义学派的主要特点。该学派分别对管理的性质、管理的任务、管理的技能、管理的组织机构、高层管理等进行了论述，同时，还对目标管理进行了研究和论述。

阅读资料

经验主义学派的主要观点

一、关于管理的性质

管理只同生产商品和提供各种经济服务的工商企业有关。管理学由管理一个工商企业的理论和实际的各种原则组成；管理的技术、能力、经验不能移植并应用到其他机构中去。管理是一门科学，或至少能够成为一门学科。管理不仅是一种常识，也不仅是累积起来的经验，它至少蕴藏了一套系统的知识。管理学作为一门科学，有它自己的基本问题、特殊方法、专门技巧和特别关心的领域。同时，德鲁克还强调，管理学是一种实用性很强的学科而不是一种纯理论的学科，它同医学、法律学、工程学相比，更侧重于应用。

二、关于管理的任务

(1) 取得经济上的成就。德鲁克认为，一个机构是为了某种特殊目的和使命，为了某种特殊的社会职能而存在的。在工商企业中，这就意味着经济上的成就，它是工商企业存在的目的。企业的经理人员在他们的每一项决策和行动中，必须始终把经济上的成就放在首位。如果一个企业不能取得经济上的成就，就不能以消费者愿意支付的价格向消费者提供他们需要的商品或服务；而如果不能提高或至少维持社会支持给它的经济资源的生产能力，这个企业就失败了。这意味着，不论社会经济制度和社会意识形态怎样，作为经济机构的企业，都有提供利润的责任。

(2) 使工作富有活力并使职工有成就。德鲁克认为，工商企业同其他任何社会组织一样，真正的资源只有一项，这就是人。它通过人这项资源来完成它的工作，通过完成工作来取得成就，达到企业目的。在今日社会中，这些机构日益成为个人取得生计并取得社会地位、与人交往、取得个人成就的手段。因此，使工作富有活力、使职工有成就愈来愈重要，它日益成为管理的一项重要任务。同时，德鲁克强调，对人的管理不同于对事的管理。

(3) 妥善处理企业对社会的影响和责任。德鲁克认为，每一个机构都是社会的一个器官，是为社会而不是它自己存在的，工商企业也不例外。一个企业的好坏不能由它自身来评定，而只能由它对社会的功用来评定。企业在生产经营过程中，必然对人群、对社会有所影响。

三、关于管理的技能

德鲁克认为，管理是一项特殊的工作，因而要求一些特殊的技能。虽然一个管理人员不能掌握所有这些技能，但每一个管理人员都必须对这些技能有所了解。这些技能有：

(1) 做出有效的决策。
(2) 有效地进行信息交流。
(3) 正确运用核查与控制。
(4) 正确运用分析工具，即管理科学。

四、关于管理的组织结构

德鲁克认为，任何一种组织结构，必须满足一些以其本身的性质为基础的必要条件。这些条件有：

(1) 明确性。组织中的每一个部门，每一个人，特别是每一位管理人员，需要了解他属于哪个部门，处于什么地位，应该到哪里去取得所需要的信息、协作或决定，以及如何才能取得。

(2) 经济性。应鼓励人们自我控制，自我激励，使控制、监督、引导人们取得成绩的力量保持在最低限度。

(3) 远景方向。组织结构应该把个人和各管理部门的远景指引向取得成绩而不是指引向作出努力。

(4) 理解本身的任务和共同的任务。一个组织应该使每个管理单位、每个人，特别是每个管理人员和每个专业人员，理解本身的任务。

(5) 决策。即一种组织设计必须在它是阻碍还是加强决策过程方面进行检验。

(6) 稳定性和适应性。一个组织需要有充分程度的稳定性，但不能僵硬，还要有高度的适应性，才能继续存在。

(7) 永存性和自我更新。一个组织必须从内部、从每一个层次上培养和产生未来的领导者。另外，组织结构为了永存和自我更新，还必须接受新思想，愿意并能够做新事情。

五、关于高层管理

经验主义学派认为，高层管理是进行指挥、确定视野、制定标准的机构。因此，它有着特殊的任务，要求有自己的组织。作为高层管理，在规模和复杂性，多样性和多角经营，发展、变革和创新等方面，面临着组织结构和战略上的各种特殊挑战。

关于高层管理的任务：

(1) 仔细考虑企业的使命，即首先提出"我们的企业是什么以及应该是什么"的问题，然后确定企业的目标，制定战略和计划，为了取得未来的成果而在眼前做出决策。

(2) 确定标准和榜样，关心企业应该做到和实际做到之间的差距，关心企业关键领域中的境界和价值观。

(3) 考虑企业的组织结构和组织设计，为未来特别是未来的高层管理培养人才。

(4) 建立和维持企业同顾客，同主要供货者，同金融界，同政府以及其他外部机构的关系。

(5) 参加礼节性的活动——宴会、社交活动等。

(6) 处理紧急事件或重大危机。

关于高层管理的结构：

德鲁克认为，高层管理的工作应由一个班子而不是由一个人来担当。因为该职务所要求的各种不同的气质不大可能由一个人同时具备。另外，高层管理的工作量也不是一个人所能完成的。因此，为了使一个高层管理有效地工作，必须满足一些条件。

（1）谁在高层管理的某一领域中负主要责任，谁就应拥有在该项领域中的最后决定权。

（2）任何成员不应该对不是由他负主要责任的事务做出决定。

（3）高层管理班子的成员不是一定要互相喜欢，甚至不一定要互相尊重，但他们决不应该互相干扰。

（4）一个高层管理班子不是一个委员会，而是一个班子。一个班子需要有一个班长，但班长不是"老板"，而是领导者。

（5）高层管理的一个成员在其负责的领域中，应该做出决定。

（6）班子中的各个成员要进行密切的信息交流。

关于高层管理的战略：

德鲁克认为，高层管理的战略是指同公司的基本结构有关的战略。这种战略比财务战略、产品开发战略和市场销售战略更为重要。它涉及企业的规模、多角化、复杂性、成长和创新等。

（1）关于企业的规模。企业的规模、结构和战略是密切相关的。不同的规模要求不同的结构、政策、战略和行为。不同的企业各有其适当的规模和规模限度。

（2）关于企业的成长。企业的成长是一个经济术语，而不是一个物质术语。一个企业如果在经济成就和经济成果方面有所成长，它就是成长了。但企业成长必须有一个最适当的目标，能在风险和各种资源的报酬之间取得最佳平衡，过高或过低都不好。

（3）关于企业的创新。一个不能创新的公司注定要衰落和失败；一个不知道对创新进行管理的高层管理是无能的。创新组织的共同点是：了解创新的真实意义；了解创新的动态过程；有一个创新的战略；有一套适合于创新的动态过程的衡量方法、预算和预算控制，高层管理积极支持创新，并把粗略而不成熟的想法转变为具体的创新实践；有一个独立地从事创新工作的组织结构，并把创新工作当作一个"事业"而不是一项"职能"。

六、关于目标管理

德鲁克认为，古典管理学派偏重于以工作为中心，忽视了人的一面，而行为科学又偏重于以人为中心，忽视了同工作相结合。因此，德鲁克提出了目标管理的概念，目标管理是使管理人员和广大职工在工作中实行自我控制并达到工作目标的一种管理技能和管理制度。目标管理综合了以工作为中心和以人为中心两种观念，它使职工在完成任务、实现自己需要的同时，也使企业目标实现。目标管理过程分三个阶段：制定目标、实施目标和检查评价。

六、权变理论学派

权变理论学派，又称为因地制宜理论或权变管理，是20世纪60年代末70年代初在美国经验主义学派的基础上发展起来的管理学派，该学派认为没有什么一成不变、普遍适用的"最好的"管理理论和方法，在管理中要根据组织所处的内外部条件随机应变，针对不同的具体条件寻求不同的最合适的管理模式、方案或方法。创始人是洛什，代表人物有弗雷德·卢桑斯，菲德勒和伍德沃德。伍德沃德的代表作为《工业组织：理论和实践》。

权变理论学派目前的影响很大，许多管理学派及实际管理人员不仅接受了权变理论学派的思想，而且在管理理论与管理实践中积极地采用权变的管理思想及方法，如领导的权变理论、组织理论中的弹性组织原则等。

七、管理科学学派

管理科学学派兴起于第二次世界大战时，又称数量学派，或计量学派，也称数量管理科学学派，是现代管理理论中的一个主要学派。该学派正式成立于1939年由英国曼切斯特大学教授布莱克特领导的运筹学小组，代表人物有埃尔伍德·斯潘赛·伯法，霍勒斯卡·文森、希尔等。该学派将数学引入管理领域，用电子计算机作为工具，把科学的原理、方法和工具应用于管理的各种活动，使管理问题的研究由定性分析发展为定量分析。

管理科学学派的主要观点：

1. 关于组织的基本看法

他们认为组织是由"经济人"组成的一个追求经济利益的系统，同时又是由物质技术和决策网络组成的系统。

2. 关于科学管理的目的、应用范围、解决问题的步骤

它们的目的就是通过科学原理、方法和工具应用于管理的各种活动之中。应用范围着重在管理程序中的计划和控制这两项职能。解决问题的步骤：

（1）提出问题。
（2）建立数学模型。
（3）得出解决方案。
（4）对方案进行验证。
（5）建立对解决方案的控制。
（6）把解决的方案付诸实施。

3. 关于管理科学应用的科学方法

在管理中应用比较广泛有效的数学模型有决策理论模型、盈亏平衡模型、库存模型、资源配置模型（线性规划）、网络模型。排队论、投入产出模型等。它们有的是描述性的；例如，盈亏平衡模型、排队论；有的是规范性的，例如决策理论模型、库存模型、线性规划模型、网络模型等；有的含有多种确定性变量，如盈亏平衡模型、库存模型、线性规划模型；有的含有各种随机的变量，如决策理论模型、网络模型和排

4. 管理科学应用的先进工具，主要是指计算机

管理科学学派借助于数学模型和计算机技术研究管理问题，重点研究的是操作方法和作业方面的管理问题。现在管理科学也有向组织更高层次发展的趋势，但目前完全采用管理科学的定量方法来解决复杂环境下的组织问题还面临着许多实际困难。管理科学学派一般只研究生产的物质过程，注意管理中应用的先进工具和科学方法，不够注意管理中人的作用，这是它的不足之处。

管理科学学派的特点主要是运用各种数学方法对管理进行定量分析。该学派认为管理可以通过制定和运用数学模型与程序来实现。管理的计划、组织、控制和决策等几个方面都可以用数学符号和公式进行合乎逻辑的计算和分析，求出最优的解决方案。因此，在管理中正确地运用定量分析方法，将定量分析与定性分析相结合才是最有效的。该学派提出的方法和观点大大增加了决策的客观性和科学性，在某些领域避免了定性决策的含糊性和随意性，意义十分重大。

第五节 当代管理理论的新发展

进入20世纪70年代以后，由于国际环境的剧变，尤其是石油危机对国际环境产生了重要的影响，这时的管理理论以战略管理为主，研究企业组织与环境关系，重点研究企业如何适应充满危机和动荡的环境，出现了许多新的管理思想和管理理论，主要有理查德·帕斯卡尔的7S理论，迈克尔·波特竞争战略理论，迈克尔·哈默（M. HA. mmE. r）与詹姆斯·钱皮（J. C. hA. mpy）的企业再造理论及彼得·圣吉（P. M. SE. ngE.）的《第五项修炼》等。

一、理查德·帕斯卡尔的7S理论

理查德·帕斯卡尔是牛津大学的协同院士，也是圣塔菲研究中心的访问学者。理查德·帕斯卡尔，曾经参与多个全球500强的公司进行组织转型，被誉为"全球50位管理大师之一"。1981年，理查德·帕斯卡尔和安东尼·阿索斯出版《日本企业管理艺术》一书，是当时最畅销的商业书之一，该书比较了美国的ITT公司和日本松下公司，详尽地描述了日本企业如何重视"软性的"管理技能，而美国的企业则过分依赖"硬性的"管理技能。《日本企业管理艺术》最出名的部分就是它的核心概念：7S结构。7S是战略、结构、技能、人员、共享价值观、体制和作风，并论述了它们之间的相互关系。7S是一种备忘录，是对企业所关心问题的非常有用的记忆提示。

二、迈克·哈默与詹姆斯·钱皮的企业再造理论

企业再造也译为"公司再造"、"再造工程",它是1993年由原美国麻省理工学院教授迈克·哈默与詹姆斯·钱皮提出的关于企业经营管理方式的一种新的理论和方法。

所谓"再造工程",简单地说就是以工作流程为中心,重新设计企业的经营、管理及运作方式,是"为了飞越性地改善成本、质量、服务、速度等重大的现代企业的运营基准,对工作流程进行根本性重新思考并彻底改革",也就是说,"从头改变,重新设计"。企业再造,最重要的是在组织高管层面有完善的计划与实施步骤以及对预期可能出现的障碍与阻力有清醒认识,帮助企业主及CEO塑造企业再造的领导能力,使变革与创新成为可能。

企业再造包括企业战略再造、企业文化再造、市场营销再造、企业组织再造、企业生产流程再造和质量控制系统再造。企业再造按如下程序进行:(1) 对原有流程进行全面的功能和效率分析,发现其存在的问题;(2) 设计新的流程改进方案,并进行评估;(3) 制订与流程改进方案相配套的组织结构、人力资源配置和业务规范等方面的改进规划,形成系统的企业再造方案;(4) 组织实施与持续改善。

三、彼得·圣吉的《第五项修炼》

彼得·圣吉1947年出生于芝加哥,1970年在斯坦福大学获航空及太空工程学士学位,之后进入麻省理工学院斯隆管理学院取得社会系统模型塑造硕士学位,进而攻读管理学博士学位,师从系统动力学奠基人佛睿斯特教授,研究系统动力学整体动态搭配的管理理念。1990年,他的代表作《第五项修炼——学习型组织的艺术与实务》出版。

《第五项修炼》描述了公司如何通过采用学习型组织的战略和行动对策,来排除威胁组织效率和事业成功的"学习障碍"。在学习型组织中,新型的、扩展性的思考模式得到培育,集体的热望得到释放,大家不断在学习如何开创自己真心向往的成就。该书五项修炼的内容是自我超越、改善心智模式、建立共同愿景、团队学习、系统思考。《第五项修炼》帮助人们重建一种新的看问题的方式,从习惯看世界、看环境、看别人,改变到向里看、看自己、看自己的内心;从看局部,到看全局、看系统。从而能看到存在与内的智障,寻求到克服它们的可能。《第五项修炼》的成功和杰出之处不仅在于它的理论,而在于它的可操作性和对实践的有效指导性。它可能帮助你在弄清为什么的前提下,懂得如何提升自己的能力;自我开发、自我超越的能力;改善心智、提高认知的能力;团队学习和团队建设的能力;系统思考、掌握未来的能力。《第五项修炼》顺应了信息化时代大潮,是知识经济的产物,完全符合我国创建学习型社会、学习型城市、学习型社区、学习型企业和学习型家庭的发展目标。

阅读材料

《第五项修炼》中的五项修炼的具体内容

第一项修炼：自我超越

"自我超越"的修炼是深刻了解自我的真正愿望，并客观地观察现实，对客观现实正确的判断。通过学习型组织不断学习激发实现自己内心深处最想实现的愿望，并全心投入工作、实现创造和超越。此项修炼兼容并蓄了东方和西方的精神传统，修炼时需要培养耐心、集中精力，对于学习如同对待自己的生命一般全身心地投入进学习型组织。它是学习型组织的精神基础。

第二项修炼，改善心智模式

心智模式是根深蒂固于心中，影响我们如何了解这个世界，以及如何采取行动的许多假设、对事物作出价值评价，沉积在自我心灵深处的印象等；我们通常不易察觉。心智模式影响自我表现出来的行为，通常在刹那间决定什么可以做或不可以做，这就是心智模式在发挥着作用。改善心智模式我们把自己工作组织看成学习的场所，把自己工作组织看作是转向自己的镜子，这是心智模式修炼的起步，我们学习发掘内心世界的潜在能力，使这些能力浮在表面，并严加审视。它还包括进行一种有学习效果的、兼顾质疑与表达的交谈能力——有效地表达自己的想法，并以开放的心灵容纳别人的想法。

第三项修炼，建立共同愿景

共同愿景指的是一个组织中各个成员发自内心的共同目标，在一个团体内整合共同愿景，并有衷心渴望实现的目标的内在的动力，将自己与全体衷心共有的目标、价值观与使命的组织联系在一起，主动而真诚地奉献和投入。组织都在设法以共同的愿景把大家凝聚在一起，作为个人要建立善于将领导的理念融入到心里，在组织中为实现共同的愿望而努力，通过努力学习，产生追求卓越的想法，转化为能够鼓舞组织的共同愿景。激发自己追求更高目标的热情，并在组织中获得鼓舞，使组织拥有一种能够凝聚、并坚持实现共同的愿望的能力。

第四项修炼，团队学习

团体的集体智慧高于个人智慧，团体拥有整体搭配的行动能力。当团体真正在学习的时候，不仅团体整体产生出色的成果，个别成员成长的速度也比其他的学习方式为快。

团体学习的修炼从"深度会谈"开始。"深度会谈"是一个团体的所有成员，摊出心中的假设，而进入真正一起思考的能力，让想法自由交流，以发现远较个人深入的见解。以有创造性的方式察觉别人的智慧，并使其浮现，学习的速度便能大增。在现代组织中，学习的基本单位是团体而不是个人团体学习，这显得非常重要。团体的智慧总是高于个人的智慧。当团体真正学习的时候，不仅团体能产生出色的效果，其个别成员的成长速度也比其他的学习方式为快。

第五项修炼，系统思考

企业和人类的其他活动一样，也是一种系统，也都受到细微且息息相关的行动所牵连，彼此影响着，因此必须进行系统思考修炼。系统思考的修炼是建立学习型组织最重要的修炼。

彼得·圣吉同时认为系统思考也需要有"建立共同愿景"、"改善心智模式"、"团队学习"与"自我超越"四项修炼来发挥其潜力。圣吉十分重视第五项修炼，并认为它高于其他四项修炼。少了系统思考，就无法探究各项修炼之间如何互动。系统思考强化其他每一项修炼，并不断地提醒我们，融合整体能得到大于各部分加总的效力。

《第五项修炼》的核心是强调以系统思考代替机械思考和静止思考，并通过了解动态复杂性等问题，找出解决问题的高"杠杆解"。《第五项修炼》涉及个人和组织心智模式的转变，它深入到哲学的方法论层次，强调以企业全员学习与创新精神为目标，在共同愿景下进行长期而终身的团队学习。

本章小结

首先，介绍了解早期的管理实践活动与管理思想。管理思想是指从长期的管理实践活动中提炼、概括出来的指导人们在管理活动中所遵循的一般性原则、观念和方法。通过对古代的管理实践活动及管理思想、中世纪的管理实践活动及管理思想、18—19世纪末的管理思想学习，让学生了解到人类进行有效的管理活动已有数千年的历史，从管理实践到管理思想的形成，经历了一段漫长的历史发展过程。

其次，介绍了古典管理理论。管理理论是由一系列管理原理、管理原则、管理形式、管理方法和管理制度等组成的，它是对管理实践活动的理论概括和反映。最早的比较系统的管理理论是19世纪末到20世纪初，随着生产力的高度发展和科学技术的进步，在西方形成并蓬勃发展起来的"古典管理理论"。它包括以泰罗为代表的科学管理理论、以法约尔为代表的一般管理理论和以韦伯为代表的行政组织理论。

第三，介绍了人际关系学说和行为科学。行为科学管理理论是指运用心理学、社会学、人类学等理论和科学方法，从人的工作动机、情绪、行为与工作、环境之间的关系，探索影响生产率因素的管理理论，目的在于激发人的积极性。它把重点放在分析影响组织中人的行为的各种因素上，强调管理的重点是理解人的行为。其代表人物有梅奥、马斯洛、麦格雷戈等。行为科学管理理论的特点在于把人看作是宝贵的资源，强调从人的作用、需求、动机、相互关系和社会环境等方面研究其对管理活动及其结果的影响。

第四，介绍了现代管理理论。现代管理理论是指第二次世界大战后到现在的西方管理理论，它强调系统管理，把效率和效益。主要包括管理过程学派、社会系统学派、决策理论学派、经验主义学派、权变理论学派、系统管理学派。

第五，介绍了当代的管理理论。管理理论随着社会经济发展和环境的变化而变化，这是近百年来管理理论和实践发展的一般规律。20世纪80年代后，为了适应新的环境和新的形势，涌现出新的管理思想，其中，最突出的有7S理论、竞争战略理论、企业再造、学习型组织理论。

本章练习

一、单项选择

1. 科学管理的中心问题是（   ）。
   A. 提高人的积极性　　　　　　B. 提高管理水平
   C. 提高企业盈利率　　　　　　D. 提高劳动生产率
2. 科学管理中能体现权力下放分权尝试的原理是（   ）。
   A. 差别计件工资制　　　　　　B. 职能原理
   C. 例外原理　　　　　　　　　D. 工时研究
3. 泰勒认为，为提高劳动生产率，必须为工作配备（   ）。
   A. 合适的操作流程　　　　　　B. 第一流的人员
   C. 严格的规章制度　　　　　　D. 适当的管理人员
4. 霍桑试验的证明企业中存在着（   ）。
   A. 正式组织　　　　　　　　　B. 非正式组织
   C. 自主管理的员工　　　　　　D. 社会人
5. 霍桑试验标志着（   ）的产生。
   A. 人际关系学说　　　　　　　B. 管理科学理论
   C. 科学管理理论　　　　　　　D. 运筹学
6. 法约尔认为任何企业都有六种基本活动或职能，即（   ）。
   A. 生产 经营 安全 销售 核算 管理　　B. 技术 商业 财务 安全 核算 管理
   C. 技术 经济 安全 财务 核算 管理　　D. 生产 商业 财务 安全 组织 管理
7. 法约尔提出的原则有（   ）。
   A. 5项　　　　　　　　　　　　B. 14项
   C. 10项　　　　　　　　　　　 D. 6项
8. 组织理论之父是（   ）。
   A. 梅奥　　　　　　　　　　　B. 法约尔
   C. 泰勒　　　　　　　　　　　D. 韦伯
9. 古典管理理论认为，人是（   ）。
   A. 复杂人　　　　　　　　　　B. 自我实现人
   C. 经济人　　　　　　　　　　D. 社会人
10. 科学管理之父是（   ）。
    A. 韦伯　　　　　　　　　　　B. 法约尔
    C. 泰勒　　　　　　　　　　　D. 梅奥
11. 一般认为管理过程学派的创始人是（   ）。
    A. 法约尔　　　　　　　　　　B. 韦伯

C. 泰勒   D. 巴纳德

12. 韦伯认为，任何组织都必须有其作为基础的某种形式的（   ）。
   A. 职责   B. 制度
   C. 管理   D. 权力

13. 提出重视管理中人的因素的是（   ）。
   A. 切削金属试验   B. 霍桑试验
   C. 铁锹试验   D. 搬运生铁试验

14. 提出"管理的十四条原则"的是（   ）。
   A. 泰勒   B. 巴纳德
   C. 韦伯   D. 法约尔

15. 法约尔的（   ）强调在组织中从最高一级到最低一级应建立关系明确的职权等级系列。
   A. 等级链原则   B. 分工原则
   C. 程序原则   D. 集中化原则

16. （   ）是法约尔的代表作。
   A. 《科学管理原理》   B. 《工业管理和一般管理》
   C. 《社会组织和经济组织理论》 D. 《车间管理》

17. 行为科学理论认为，人是（   ）。
   A. 经济人   B. 自我实现人
   C. 复杂人   D. 社会人

18. 管理运动发生在（   ）。
   A. 欧洲   B. 法国
   C. 英国   D. 美国

19. 英国古典经济学家亚当·斯密以制针为例说明以下哪一点的好处（   ）。
   A. 均衡生产   B. 成本记录
   C. 劳动分工   D. 差别计件工资制

20. 建立共同愿景属于（   ）管理观念。
   A. 科学管理   B. 企业再造
   C. 学习型组织   D. 目标管理

二、多项选择题

1. 古典管理理论的代表人物有（   ）。
   A. 泰勒   B. 法约尔
   C. 德鲁克   D. 韦伯
   E. 马斯洛

2. 法约尔认为管理的职能包括（   ）。
   A. 计划   B. 组织
   C. 指挥   D. 控制

E. 协调

3. 通过"霍桑试验"得出的结论有（　　）。
A. 企业中存在"非正式组织"　　B. 职工是"经济人"
C. 存在着"霍桑效应"　　D. 新型的领导能力在于提高职工的效率
E. 职工是"社会人"

4. 古典管理理论最早产生于哪几个国家（　　）。
A. 美国　　B. 日本
C. 法国　　D. 英国
E. 德国

5. 下列属于古典管理理论的有（　　）。
A. 行政组织理论　　B. 一般管理理论
C. 劳动分工理论　　D. 人事管理理论
E. 科学管理理论

6. 科学管理的内容包括（　　）。
A. 科学挑选工人　　B. 差别计件工资制
C. 职能管理　　D. 工时研究与标准化
E. 人事管理

7. 彼得·圣吉的五项修炼的内容包括（　　）。
A. 系统思考　　B. 改善心智模式
C. 建立共同愿景　　D. 自我超越
E. 团队学习

8. 属于中国古代管理思想学派的是（　　）。
A. 儒家　　B. 道家
C. 法家　　D. 兵家
E. 纵横家

9. 西方近代早期管理思想家有（　　）。
A. 詹姆斯·斯图亚特　　B. 亚当·斯密
C. 查尔斯·巴贝奇　　D. 罗伯特·欧文
E. 亨利·甘特

10. 现代管理理论的特点有（　　）。
A. 强调系统化　　B. 重视人的因素
C. "效率"与"效果"的结合　　D. 管理方法和手段的科学化、现代化
E. 强调不断创新

三、判断题

1. 差别计件工资制对同一种工作设有两个不同的工资率，按工人完成工作的时间、质量使用不同的工资率付酬。（　　）

2. 在《社会组织与经济组织理论》一书中，他最早提出一套比较完整的行政组织体

系理论，因此被称之为"组织理论之父"。他就是法国古典管理理论的代表——韦伯。

（　　）

3. 梅奥通过"霍桑试验"得出职工是"经济人"。（　　）

4. 权变理论认为虽然两种情景不能完全一样，但有可能类似，因此解决问题的方法可以是相同的。（　　）

5. "决策贯穿于管理活动的全过程，决策程序就是全部管理过程"是现代决策理论的观点。（　　）

6. 古典管理学理论的代表人物是泰勒。（　　）

7. 法约尔被誉为"科学管理法之父"。（　　）

8. 泰勒是科学管理学派的杰出代表人物，他的科学管理是以工厂管理为对象，以提高工人劳动生产率为目标的。（　　）

9. 韦伯是一般管理理论的创始人。（　　）

10. 法约尔认为企业存在技术、商业、财务、安全、会计、管理六项职能，法约尔认为，管理就是计划、组织、指挥、协调和控制。（　　）

四、思考题

1. 西方古典管理理论包括哪些内容？如何评价西方古典管理理论？
2. 泰勒的科学管理理论包括哪些内容？如何评价科学管理理论？
3. 法约尔提出的管理活动职能有哪些？
4. 人际关系学说的主要内容是什么？如何对它进行评价？
5. 现代管理理论有哪些内容？

五、案例分析

管理的理论流派

某大学管理学教授在讲授古典管理理论时，竭力推崇科学管理的创始人泰罗的历史功勋，鼓吹泰罗所主张的"有必要用严密的科学知识代替老的单凭经验或个人知识行事"的观点，并且宣传法约尔的14条管理原则。后来，在介绍经验主义学派的理论时，这位教授又强调企业管理学要从实际经验出发，而不应该从一般原则出发来进行管理和研究。他还说，E. 戴尔在其著作中故意不用"原则"一词，断然反对有任何关于组织和管理的"普遍原则"。在介绍权变理论学派的观点时，这位教授又鼓吹在企业管理中要根据企业所处的内外条件随机应变，没有什么一成不变、普遍适用的"最好的"管理理论和方法。不少学生却认为这位教授的讲课前后矛盾，胸无定见，要求教授予以解答。教授却笑而不答，反倒要求学生自己去思考，得出自己的结论。

问题：

1. 你是否认为教授的上述观点是前后矛盾的？为什么？
2. 在企业管理中，有无可能将管理原理原则与实践正确结合起来？
3. 管理学究竟是一门科学，还是一门艺术？

六、实践训练

现代管理思想在现实中的应用

实训目的：

通过实训活动，培养学生初步运用管理理论分析问题的能力，培养学生初步运用管理理论解决问题的能力。

实训内容与要求：

1. 从网上搜集一个或几个企业管理成功或者失败的案例，用所学的管理理论分析其成功的原因或失败的经验教训

2. 成立小组：同学们自由结合成立小组，每组人数 5 人，推荐产生一个组长，负责小组成员的分工、协调、监督等工作，确保按时保质保量完成任务。

3. 每个小组以 PPT 的形式展示所有内容。

4. 小组互评。

5. 指导老师点评。

第三章
管理道德与社会责任

学习目标

知识目标
- □ 理解并掌握管理道德和社会责任的概念
- □ 识别管理道德的特征及影响因素
- □ 能够描述道德发展的三个阶段及各阶段的特征
- □ 理解并掌握管理道德的内容
- □ 掌握社会责任的内容
- □ 理解并阐述社会责任的发展阶段

能力目标
- □ 掌握提升组织管理道德水平的途径及方法
- □ 掌握提升个人道德水平的方法
- □ 掌握提升企业社会责任的途径与方法

 案例导入

三星的社会责任

作为一个主营电子产品的企业,创新是三星得以不断持续发展并能取得成功的关键因素。三星的创新不仅体现在产品上,在三星(中国)投资有限公司成立至今的18年间,中国三星一直进行着教育支援、残疾人支援等公益活动,履行自己的社会责任。在做社会公益、履行社会责任的过程中,中国三星也在不断探索新路径。

2013年被中国三星定为自己的企业社会责任经营元年。这一年里,中国三星按照计划从共享企业社会责任资源和力量、摸索投资与社会责任并重的崭新的产业投资模式、全方位扩大社会公益事业以及用开放的心态积极与社会沟通等四方面全面开展了一系列工作。

不仅要创新,还要有自己的特色。中国三星坚持自己的公益要与其他企业有差别,金

钱的、物质的支援是任何一家企业都可以很容易做到的,在硬件支援中要添加软件支援的部分。中国三星的公益活动不是简单的捐钱捐物,而是坚持员工亲自参与的原则。从多年的公益实践中三星发现,组织员工参与公益活动,不仅能够帮助受益者,还能够让员工获得成就感,从而对企业产生认同,更具凝聚力。中国三星认为,企业的社会公益活动不是单纯的慈善事业,而是有目的的活动,公益活动要能提高企业形象,构建人脉关系,效果极大化。

在CSR经营元年实施各项活动的过程中,三星与社会各界进行了非常深入地沟通,展示了三星在CSR方面的策略和措施,使三星获得了社会的认可。

2013年11月,中国社会科学院发布了"2013年《企业社会责任蓝皮书》",评价了国企100强、民企100强和外企100强共300家企业的社会责任管理现状和社会责任信息披露水平。中国三星凭借在CSR元年进行的各项工作,登上外资企业榜首,总排名升至第21位。

分享式公益

2013年9月,中国三星与陕西省政府合作"社会责任示范区"项目。中国三星认为自己应该从过去的投资局限在厂房建设、提供就业岗位、扩大税收、配套产业入驻等经济层面的传统模式中跳出来,通过向地区社会普及企业社会责任理念、创造共同参与的平台等措施,寻找一条崭新的经济投资与社会责任齐头并进的发展之路。

三星希望通过与陕西省政府的合作,使作为三星最尖端的半导体工厂和研究所等重点投资区域的陕西省在CSR领域也能成为一个模范典型。中国三星承诺在未来五年之内,通过多种多样的社会公益活动,促进陕西省的经济与社会公益事业的共同发展。在原有的CSR活动基础上,在陕西省内推行教育、社会福利、环境保护、灾害救助、农村支援、人才培训等新型公益项目,为陕西省成为CSR活动最活跃的省份助一臂之力。

中国三星对于企业社会责任经营的定义,秉承"分享经营"哲学,将三星集团的经营成果与身边困难的人们分享,为他们带去梦想和希望。认为企业应该在创造价值的同时,与社会各界分享价值。进入"CSR经营元年"以后,中国三星从努力履行好自己一个企业的社会责任到带动其他中小企业一起履行社会责任的转变,是企业在2013年社会公益的中的一项创新。

今年3月,中国三星与中国社会科学院合作,成立了中国第一个外资企业社会责任研究基地——"中国企业社会责任研究基地",向中小企业开展"企业社会责任公益培训",以让更多的企业投身到履行社会责任的行列中。

青年是社会希望

在为企业带去梦想和希望的同时,中国三星也希望在青年、青年教育方面能做全面的贡献。因为青年是社会的重点和社会的希望,是重中之重。在宣布2013年为"CSR经营元年"时,中国三星就提到将在强化原有的农村支援、教育支援、社会福利、环境保护等4大公益项目基础上,开发针对青少年的新公益项目,给予重点扶植和培育。之后,多项新的青少年公益项目陆续开展。

在12月刚刚落下帷幕的2013年"探知未来"全国青年科普创新实验大赛中,三星电子作为唯一受邀的企业单位,承办大赛,全程参与大赛的组织并为获胜的四支队伍提供了奖励基金和科研设备，获奖选手前往美国名校进行科技交流的经费也由三星电子出资。

"探知未来"全国青年科普创新实验大赛以"节能、环保和健康"为主题，根据主题设有数据传输、风能发电、安全保护三大命题。旨在激励全国高中生和大学生积极参与科普实践活动，提高广大青年学生的动手能力，并向全社会普及科学知识，倡导科学方法，传播科学思想，弘扬科学精神。比赛历时两个多月。比赛吸引了来自全国数百所学校、2700多支队伍共万余名学生参加。

三星参加SFT项目是希望通过该项目为中国青少年搭建一个平台，鼓励他们提高科普创新意识和实践动手能力。在SFT项目中，三星发现很多中国青少年学生并不缺乏科学创新能力，缺乏的是一个鼓励其发扬创新意识和动手能力的平台。通过参加项目，三星更加了解了青少年群体的需求，这些经验和认知为以后继续开展同类项目提供了非常有价值的指导。更重要的是，CSR经营元年实施各项活动对三星融入中国的社会环境起着非常积极的作用。

问题：
1. 三星承担了企业社会责任的哪些内容？是如何具体实现的？
2. 说明三星承担社会责任对企业社会效益的影响？三星承担社会责任对提升企业形象有何作用？

第一节　管　理　道　德

一、道德及管理道德

"道"是万物之源，是创造一切的力量，德是为顺应自然、社会和人类客观需要去做事的行为，不违背自然发展规律，去发展自然、发展社会，提升自己的践行方式。道德是一种社会意识形态，是人们共同生活及其行为的准则与规范，是依靠社会舆论、传统习惯、教育和人的信念的力量去调整人与人、个人与社会之间关系的一种特殊的行为规范，是规定行为是非的惯例和原则，道德是社会基本价值观一个约定俗成的表现，人们一般都会根据自己对社会现象的理解、社会认同的形态，形成与社会大多数人认同的道德观，大多数人能够知道该做什么不该做什么，哪些是道德的哪些是不道德的。

管理道德作为一种特殊的职业道德，是从事管理工作的管理者的行为准则与行为规范的总和，是特殊的职业规范，是对管理者提出的道德要求。对管理者自身而言，可以说是管理者的立身之本、行为之基、发展之源；对组织而言，是对组织进行管理价值导向，是组织健康持续发展所需的一种重要资源。管理道德对企业而言，是企业提高经济效益、提升综合竞争力的源泉，是管理者与企业的精神财富。

二、管理道德的特征及影响因素

（一）管理道德的特征

1. 普遍适应性

管理道德是人们在参与管理活动中依据一定社会的道德原则和基本规范为指导而提升、概括出来的管理行为的规范，它适用于各个领域的管理。无论是行政管理、经济管理、企业管理、文化管理，还是单位、部门、家庭和邻里的人际关系管理，都应当遵守管理道德的原则和要求。

2. 特殊的非强制性

人类最初的管理，属于人人都可以平等参加的没有强制性的管理，与之相应的调整管理行为的规范，即管理道德也没有强制性。人类社会进入阶级社会以后，管理的社会属性表现在为统治阶级服务，具有了阶级的性质和内容，具有强制的性质。但是，与此相适应的管理道德并没有改变其非强制的性质。不过，管理道德在内容上侧重于调整和约束组织管理者的管理行为，在社会作用上则侧重于依靠被管理者的舆论影响管理者的行为，从而调整管理者与被管理者之间的关系，使其具有特殊性。

3. 权变性

世界上的万事万物都处于不停的运动变化之中，作为调整管理行为和管理关系的管理道德也不例外，管理道德必然随着管理的变化和发展而不断改变自己的内容和形式。原始社会的管理性质单纯、形式单一、内容简单、发展极其缓慢，与之相应的管理道德的内容也简单、规范也少、发展也缓慢。到了近代，随着管理内容的复杂化、管理方式的制度化和管理目标的多样化，与此相应的管理道德的内容也随之丰富化，层次更加复杂化、形式也更加多样化。

4. 教化性

重视教化是中国文化的一个优良传统，道德教化也不例外。中国古代的思想家大都重视德治，所以都强调道德教化的作用。孔子主张用"仁爱"的道德原则教化人，认为人只要做到"仁"，就能自爱，就能"爱人"，对人宽容、忠恕。孟子发展了孔子的仁爱思想，提出"亲亲而仁民，仁民而爱物"的思想，认为"仁"就是"爱之理，心之德"。此外，儒家还把公正、廉洁、重行、修养、举贤仁能等等，都看作"仁爱"教化的结果，要求管理者都应具备这些道德品质。当代中国的管理道德，应当吸收中国传统文化中合理的道德教化思想，高度重视管理道德的教化作用。尤其应当强调组织管理者的道德示范和引导作用，使管理道德的意识、信念、意志、情感更加深入人心，并转化为人们的自觉行为，这对于有效促进管理目标的实现具有非常重要的作用。

（二）管理道德的影响因素

综合中西方管理学理论的观点，认为管理道德一般受以下几个因素的影响：

1. 道德发展阶段

国外学者的研究表明，道德发展要经历三个层次、六个阶段，并认为这三个层次、六个阶段是按照不变的顺序由低到高逐步发展的。随着阶段的上升，个人的道德判断越来越不受到外部因素的影响。三个层次、六个阶段的具体内容如下：

（1）前惯例层次（Pre-Conventional）。这一层次并没有道德观念，凡事只会着重个人利益和只为满足自己而行事。这一层次包括阶段1和阶段2。阶段1：避罚服从取向阶段，单纯地为免被惩罚而服从于规范，不会考虑其他事情。阶段2：相对功利取向阶段，视会被人赞赏的行为作规范，为得到因赞赏而取得的利益而遵守规范。

（2）惯例层次（Conventional）。道德观念是以他人的标准作判断，以此作为发展自我道德观念的方向，因为这个层次的人希望得到别人的认同。包括阶段3和阶段4。阶段3：寻求认可取向阶段，为了取得别人的好感，而遵从确立的"好人"标准的规范，同时亦认为满足大众期望的行为便是好的行为，因此会有较强的从众表现。阶段4：遵守法规取向阶段，认为法律是至高无上的权威，并服从大众所定下的各种规律作为道德规范。

（3）后惯例层次（Post-Conventional）。道德观念已超越一般人及社会规范，对自我有所要求，包括阶段5和阶段6。阶段5：社会法制取向阶段，相信法律是为了维护社会和大众的共同最大利益而制定的，一切会以大众的利益为重，但仍有不足之处，所以有些时候会为了大众的利益而做出违法行为。阶段6：普遍伦理取向阶段，凭自我心行事。尽管法律有所限制，不过若因此而无法实践自己的道德观念，纵使犯法也在所不惜，因为那些法律是有违其建立的原意。处于这个阶段的人，会认为他所做的全为了全世界人类的福祉着想。

2. 社会环境的影响

一定时期社会上大多数人的世界观和价值观也会从外部影响甚至改变个人的管理道德观。尤其是在社会转型期，多种因素综合导致了一些人的道德观危机，如社会不同层次的管理道德问题、职业圈子中的管理道德问题、企业内部日常管理中面临的管理道德问题等，这些都会对个人道德水平产生影响。

3. 组织文化及制度的影响

一是企业组织文化的影响。一个企业有较强的、积极向上的组织文化就可以抵御外来风险，化解内部冲突。在市场经济体制下，许多企业注重实施企业文化建设，形成具有企业自身特色的文化，提升企业凝聚力和亲和力，使企业形成了良好的职业道德、行为准则。二是企业的管理体制及制度因素的影响。企业的管理体制是否有利于企业发展，企业领导者是否为管理者创造一个工作、发展的平台，企业是否做到组织结构科学合理、规章制度是否健全完善、人才培训培养机制是否激励有效等，都对管理道德的形成起到较大影响。企业决策者在道德建设方面扮演牧师的角色，不断地布道，使员工接受企业文化，把员工自身价值的体现和企业目标的实现结合起来。

4. 个人特性的影响

个人特性影响因素之一是个人意志、能力和信念。个人意志坚强、能力较强、信念坚定的管理者对事物判断比较准确，无论身处顺境还是逆境，无论是外部诱惑如何，其大多数会在道德准则判断与道德行为之间保持较强的一致性，不会因一时之事、一念之差而做出不正确的选择；反之则会在道德准则判断与道德行为之间做出不正确的选择。个人特性影响因素之二是责任感。责任感是每个人对工作、企业、社会等所作出行为的负责态度，有较强责任感的人，是一个能自觉承担社会责任、积极履行职责和正确行使职权的管理者，敢于、勇于对自己行为负责，很少出现违背道德准则的情况；反之，缺乏责任感的人，对自己行为的后果不愿承担责任，甚至认为"事不关己"，推卸责任，则缺乏最基本的道德素质。

三、管理道德的内容

（一）组织目标的道德性

任何组织管理的目的都是为了实现组织目标。组织管理者的思想道德水平高低，直接关系到管理水平的高低及管理目标的实现程度。组织管理者在制定管理目标时，不仅要考虑到管理目标的可行性，而且要考虑到管理目标的道德性，才能使管理目标有效。原始社会的氏族公共事务管理，其目标是为了获取必要的物质生活资料，其道德目标是为了维护氏族组织成员的生存。到了阶级社会，组织的管理目标被打上了阶级的烙印，不同阶级的组织管理，其管理目标也有不同的道德要求。在社会主义社会里一切管理的本质和目标是为了发展生产力，与此相适应的道德目标是为了实现人民群众的共同富裕。

（二）管理手段的道德性

任何组织管理目标的实现，都要通过一定的手段，而所选择的手段是否正当、是否道德直接影响管理目标的实现。在阶级社会里，不同的阶级在实现其管理目标时采取的手段是各不相同的。与各剥削阶级社会不同，在社会主义国家，要求一切组织管理者在为实现其管理目标而选择的所有手段，都必须是正当的，必须符合社会主义道德的要求，坚决反对一些组织管理者为达到其私利而采取不正当手段的做法。

（三）人际关系管理的道德性

一定社会的人际关系管理，除受社会性质决定之外，还受血缘、地缘、业缘等因素的影响，从而造成管理的复杂性和多样性。调整和协调不同的人际关系或同一种人际关系中的不同层次的人际关系，需要有不同层次的道德规范，即处理和协调各种人际关系的道德规范是各不相同的。特别是在市场经济的条件下，有的人滥用等价交换的原则，使人们感到世风日下、道德滑坡。在这种情况下，如何规范人们工作中的交往关系，使组织内的人际关系沿着平等、和睦、协调和有序的健康方向发展，就成为管理道德建设中的一项重要内容。

（四）人事管理的道德性

人力资源是管理对象中唯一具有主观能动性的资源，也是唯一具有创新创造能力的资源。因此，如何管好人、用好人对任何组织都是非常重要的。管人用人时不仅要考虑人的知识、经验和能力，而且要考虑人的思想道德素质。组织的用人制度，必须坚持用人的德才兼备和知人善用的原则，反对"任人唯亲"、"以权谋私"的做法，使组织的人事管理科学化、规范化、道德化。

（五）财物管理的道德性

物资是实现组织管理目标的物质基础，没有物资的组织根本不可能进行管理。但并不是有了足够的物资钱财就一定能有效地实现管理目标。财物管理人员道德素质的高低与财物的道德风险成正比。要教育培训财物管理人员"君子爱财，取之有道"、"非我之物勿用"的道德意识，打消其贪污挪用，化公为私的念头，规范财物管理人员的行为，加强财物管理方面的道德建设和道德教育。

四、几种相关的道德观

（一）功利主义道德观

功利主义，即效益主义，是道德哲学（伦理学）中的一个理论，提倡追求"最大幸福"。功利主义认为人应该做出能"达到最大善"的行为，所谓最大善的计算则必须依靠此行为所涉及的每个个体之苦乐感觉的总和，其中每个个体都被视为具有相同份量，且快乐与痛苦是能够换算的，痛苦仅是"负的快乐"。不同于一般的伦理学说，功利主义不考虑一个人行为的动机与手段，仅考虑一个行为的结果对最大快乐值的影响。能增加最大快乐值的即是善；反之即为恶。该理论的核心是有用性，即讲求功用和效益。该理论认为应从行为的后果入手评价一个人行为正当与否，分辨行为后果的好坏、是非、善恶的标准是看这个后果对行为者的利害如何，后果增进了行为者的利益和幸福就是好的、善的，反之则是坏的、恶的。

追求幸福、效益并没有错，但是事事、时时以功利为目标、为目的，就会见利忘义，唯利是图、损人利己，虚假伪善、圆滑市侩。避免功利主义的方法是大力弘扬高尚的伦理道德观。

（二）权利至上道德观

此观点认为，能够尊重和保护个人基本权利的行为才是善的。所谓人的基本权利即人生而应该平等地享有的权利，如生存权、言论自由权、受教育权、医疗保障权、工作权等。这些权利是人与生俱来的，不是某个权威赐予的。政府法律和各级管理者应该尊重和保护人权。尊重人权是人类社会进步的表现，但人权保障的程度必然受到社会经济发展程度的制约，我国目前还是发展中国家，人均可支配收入还比较低，在人权保障方面也在不断地进步和完善中，但需要一个逐步发展的过程。

（三）公平公正道德观

此观点认为，管理者不能因种族、性别、个性、个人爱好、国籍、户籍等因素而歧视员工，按照同工同酬的原则和公平公正的标准向员工支付报酬的行为是善的。所谓公平公正是指薪酬支付的依据应当只是员工的技能、经验、绩效或职责等因素，而不是其他各种似是而非的因素。此道德观在理论上十分正确，但在实际操作中，在面临因各种具体管理问题时，因管理主体、客体及管理活动的社会环境、自然环境不同而变得十分复杂，在实际应用中，应视具体情况而尽量做到公平公正。

（四）社会契约道德观

此观点认为，只要按照企业所在地区政府和员工都能接受的社会契约所进行的管理行为，都是善的。此道德观具有其深刻的局限性，因为契约具有很强的情景特征，在很多情况下是利益博弈的结果，与合理性无关。例如，美国公司在中国的雇员，与美国本土同等技能、同等绩效或同等职位的员工相比，工资待遇可能差3~5倍之多，但这些行为通常并不被人认为是不道德的，而被视为正常至少是可以理解和接受的，因为中国雇员的工资待遇是和企业所在地区政府和员工都能接受的社会契约内容一致的。尽管这样不符合权利至上的道德观，也不符合公平公正的道德观，但却能大幅度地降低企业的人力资源成本，增加企业的利润。因此，在实践中，应根据具体情况对契约对象进行严格限制。

（五）推己及人道德观

推己及人道德观是中国儒家道德观的高度概括，其核心是"仁"。中国儒家的道德观在中国知识分子和人民大众中影响深远，"己所不欲，勿施于人"成为人人皆知和绝大多数人自觉遵守的行为准则，也对中国现代的管理道德具有重大影响。许多成功的管理者在决定管理问题时，学会了换位思考、设身处地地考虑问题，在追求经济利益的同时，也追求"无怨"的"和为贵"，力求各方面的和谐发展。

五、提升组织管理道德的途径

（一）抓好管理道德教育

抓好道德管理教育，从三个方面做起。一是提高对管理道德重要性的认识。对管理道德价值的认识是培育管理者管理道德的前提，要充分认识到管理道德对个人、企业乃至社会的重要性，只有这样，才能在思想上重视、在行动上实施、在发展中提升。二是培养管理道德情感，培养管理者对所从事管理工作荣誉感、责任感，对服务对象的亲切感，热爱本职工作，敬业乐业等。三是锻炼管理道德意志，即锻炼管理者在履行管理义务的过程中坚毅果敢的管理道德意志。坚定管理道德信念，培养并坚定管理者对所从事管理工作应具备的道德观念、道德准则和道德理想的真诚信仰，牢固地确定了管理道德信念，自觉地坚定不移地履行自己的义务，并能据此来鉴别自己或他人的行为。

（二）提炼、规范管理道德准则

管理道德建设的过程，就是管理者管理道德素质形成和不断完善的过程，这需要管理者把管理道德认识、管理道德情感、管理道德意志和管理道德信念等与所从事的管理工作、企业的实际情况等结合起来，注重吸收西方道德观中合理的成分，广泛继承中华民族传统道德观的精华，提炼出体现管理特色的管理道德准则，使管理者了解、明确管理道德规范，认清管理道德的标准和行为准则，以利于管理者形成良好的管理道德。通过提炼管理道德标准，实行管理道德的规范化，将管理道德准则内化成管理道德认识，从而培养成良好的管理道德行为习惯。

（三）树立典型，加强引导

在管理道德建设过程中，树立典型、发挥榜样的示范作用，企业领导者要注重发挥管理道德的表率作用。企业领导者是企业的精英及高层管理者，其模范、表率行为对其他管理者管理道德的形成具有更直接的效果。对企业领导者来说，管理价值、道德价值高于物质利益，企业领导人应把国家、员工赋予的职位当作为国家、企业贡献、为员工服务的机会，勇于负责，不计得失，以身作则，讲真话、办实事、言必信、行必果，树立领导者良好的管理道德，这对推动整个层面管理道德的形成起着举足轻重的作用。把现实生活中涌现出来的典型人物优秀的管理道德树立为榜样，发挥引导作用，大力宣传典型，引导员工以这种人格为标准塑造自己，促进管理者管理道德水平的形成和提高。

（四）将管理道德行为列入岗位考核内容

管理道德规范化、制度化，就会成为管理者的习惯行为，就会在管理工作中发挥巨大作用，也必将在企业内形成良好的道德风尚，使企业步入良性的发展轨道。企业应将管理道德建设纳入管理者岗位考核内容之一，加强检查、考核、奖惩，使每一个管理者不断地自我对照准则检查，不断地修正自己的行为方向，最终养成良好的管理道德。管理者是管理道德的主体，管理道德是对管理者行为的规范和制约，一个合格的管理者也必然是一个有道德的管理者，做有道德的管理者，应该是每一个管理者的职业准则。在当今时代，管理者和企业应注重开展和加强管理道德培育，使管理者有所为、有所不为，养成良好的管理道德行为，有效地提升组织管理水平，实现长效发展。

第二节　社　会　责　任

一、社会责任及企业社会责任的概念

社会责任是指一个组织对社会应负的责任。社会责任分为两种，即"积极责任"和"消极责任"。积极责任也叫作预期的社会责任，它要求个体采取积极行动，促成有利于社会的后果的产生或防止坏的结果的产生，比如做好份内应做的事，认真履行岗位职责承担义务等，这是一种角色义务责任或者说是预期责任。消极责任又被称为过去责任、法律责任，是在个体的行为对社会产生有害后果时，要求予以补救，是没有做好份内之事或没有履行义务而应承担一定形式的不利后果或强制性义务，如违约责

任、侵权责任等。一个组织应以一种有利于社会发展的方式、对社会负责人的态度和方式进行经营和管理。

企业社会责任（Corporate social responsibility，CSR），是指企业在其商业运作里对其利害关系人（利害关系人是指所有可以影响或会被企业的决策和行动所影响的个体或群体，包括企业员工、顾客、供应商、社区团体、母公司或附属公司、合作伙伴、投资者和股东等）应付的责任。企业社会责任是指其商业运作必须以社会及企业的可持续发展为前提，企业除了考虑自身的财政和经营状况外，也要考虑其生产经营活动对社会及自然环境所造成的影响。企业社会责任包括企业对政府的责任、对企业员工的责任、对社区的责任、对股东的责任、对资源利用和环境保护的责任、社会道德责任等方面。如果一个企业不仅承担了法律上和经济上的义务，还承担了"追求对社会有利的长期目标"的义务，我们就说该企业是有社会责任的。

阅读资料

戴维斯模型

美国学者戴维斯就企业为什么以及如何承担社会责任提出了自己的看法，这种看法被称为"戴维斯模型"，其具体内容如下：

1. 企业的社会责任来源于它的社会权力。由于企业对诸如少数民族平等就业和环境保护等重大社会问题的解决有重大的影响力，因此社会就必然要求企业运用这种影响力来解决这些社会问题。

2. 企业应该是一个双向开放的系统，即开放的接受社会的信息，也要让社会公开的了解它的经营。为了保证整个社会的稳定和进步，企业和社会之间必须保持连续、诚实和公开的信息沟通。

3. 企业的每项活动、产品和服务，都必须在考虑经济效益的同时，考虑社会成本和效益。也就是说，企业的经营决策不能只建立在技术可行性和经济收益之上，而且要考虑决策对社会的长期和短期的影响。

4. 与每一活动、产品和服务相联系的社会成本应该最终转移到消费者身上。社会不能希望企业完全用自己的资金、人力去从事那些只对社会有利的事情。

5. 企业作为法人，应该和其他自然人一样参与解决一些超出自己正常范围之外的社会问题。因为整个社会条件的改善和进步，最终会给社会每一位成员（包括作为法人的企业）带来好处。

二、企业社会责任的发展历程

随着经济和社会的进步，在不同的发展阶段，企业要承担相应的社会责任。

（一）西方国家企业社会责任的发展历程

第一阶段：20世纪50—70年代，赢利至上。1970年9月13日，诺贝尔奖得主、经济学家米尔顿·弗里德曼在《纽约时报》刊登题为《商业的社会责任是增加利润》的文章，指出"企业的一项、也是唯一的社会责任是在比赛规则范围内增加利润"。社会经济观认为，利润最大化是企业的第二目标，企业的第一目标是保证自己的生存。1976年经济合作与发展组织（OECD）制定了《跨国公司行为准则》，这是迄今为止唯一由政府签署并承诺执行的多边、综合性跨国公司行为准则。这些准则虽然对任何国家或公司没有约束力，但要求更加保护利害相关人士和股东的权利，提高透明度，并加强问责制。2000年该准则重新修订，更加强调了签署国政府在促进和执行准则方面的责任。

第二阶段：20世纪80—90年代，关注环境。20世纪80年代，企业社会责任运动开始在欧美发达国家逐渐兴起，它包括环保、劳工和人权等方面的内容，由此导致消费者的关注点由单一关心产品质量，转向关心产品质量、环境、职业健康和劳动保障等多个方面。一些涉及绿色和平、环保、社会责任和人权等的非政府组织以及舆论也不断呼吁，要求社会责任与贸易挂钩。迫于日益增大的压力和自身的发展需要，很多欧美跨国公司纷纷制定对社会做出必要承诺的责任守则（包括社会责任），或通过环境、职业健康、社会责任认证应对不同利益团体的需要。

第三阶段：20世纪90年代至今，社会责任运动。20世纪90年代初期，因利用"血汗工厂"制度生产产品的美国服装制造商Levi—Strauss被新闻媒体曝光后，为挽救其公众形象，制订了第一份公司生产守则。在劳工、人权组织和消费者的压力下，许多知名品牌公司也都相继建立了自己的生产守则，后演变为"企业生产守则运动"，又称"企业行动规范运动"或"工厂守则运动"，企业生产守则运动的直接目的是促使企业履行自己的社会责任。到2000年，全球共有246个生产守则，其中除118个是由跨国公司自己制订的外，其余皆是由商贸协会或多边组织或国际机构制订的所谓"社会约束"的生产守则。这些生产守则主要分布于美国、英国、澳大利亚、加拿大、德国等国。

2000年7月《全球契约》论坛第一次高级别会议召开，参加会议的50多家著名跨国公司的代表承诺，在建立全球化市场的同时，要以《全球契约》为框架，改善工人工作环境、提高环保水平。《全球契约》行动计划已经有包括中国在内的30多个国家的代表、200多家著名大公司参与。2002年2月在纽约召开的世界经济峰会上，36位首席执行官呼吁公司履行其社会责任，其理论根据是，公司社会责任"并非多此一举"，而是核心业务运作至关重要的一部分。2002年，联合国正式推出《联合国全球协约》（UN Global Compact）。协约共有九条原则，联合国恳请公司对待其员工和供货商时都要尊重其规定的九条原则。

（二）中国企业社会责任的发展阶段

到目前为止，中国企业社会责任的发展经历各三个阶段：

第一个阶段，20世纪八九十年代到21世纪初。随着中国改革开放政策的执行及推广，随着企业对外贸易的增多，在国际销售商、品牌商的推动下，中国的企业也逐步重视社会责任问题，建立了在国际采购中实施社会责任方面的准则、标准及体系，中国企业开始接受跨国公司实施的社会责任方面的工厂审核。

第二个阶段,从 21 世纪初到 2006 年前后。这一阶段企业社会责任开始得到广泛关注。中国的学术机构、非政府组织以及在华国际组织开始对社会责任进行系统地介绍和广泛地研究、讨论。政府部门也开始关注企业社会责任建设工作,劳动部、商务部等进行了中国企业社会责任建设情况调查等活动。

第三个阶段,2006 年至今。这一阶段企业认识到社会责任的重要性,并逐步落实。《中华人民共和国公司法》第五条规定公司从事经营活动,必须遵守法政法规、遵守社会公德、商业道德,诚实守信,接受政府和社会公众的监督,承担社会责任。企业意识到,在实现企业经济责任的同时,更好地履行社会责任和环境责任,不但能提升企业的竞争力,为企业树立良好的声誉和形象,而且也提升了公司的品牌形象,并获得所有利益相关者对企业的良好印象,对于增强投资者信心,更加容易地吸引到企业所需要的优秀人才,并且留住人才等有很大作用。

三、企业社会责任的内容

1. 企业对政府的责任

主要是指对政府号召和政策的支持,遵守法律和规定等。在现代社会,政府越来越演变为社会的服务机构,扮演着为公民和各类社会组织服务和实施社会公正的角色,在这种制度框架下,要求企业扮演好社会公民的角色,自觉按照政府有关法律、法规的规定,合法经营、照章纳税,承担政府规定的其他责任和义务,并接受政府的监督和依法干预。

2. 企业对股东的责任

现代社会,股东队伍越来越庞大,遍及社会生活的各个领域,企业与股东的关系逐渐具有了企业与社会的关系的性质,企业对股东的责任也具有了社会性。首先,企业应严格遵守有关法律规定,对股东的资金安全和收益负责,力争给股东以丰厚的投资回报。其次,企业有责任向股东提供真实、可靠的经营和投资方面的信息,不得欺骗投资者。

3. 企业对顾客的责任

对顾客的主要责任是保证商品的价值(产品价格与质量、性能和服务的关系),产品或服务的方便程度。企业与顾客是一对矛盾统一体,企业利润的最大化最终要借助于顾客的购买行为来实现。作为通过为顾客提供产品和服务来获取利润的组织,提供物美价廉、安全、舒适、耐用的商品和服务,满足顾客的物质和精神需求,是企业的天职,也是企业对消费者的社会责任。对顾客的社会责任要求企业对提供的产品质量和服务质量承担责任,履行对顾客在产品质量和服务质量方面的承诺,不得欺诈顾客和谋取暴利,在产品质量和服务质量方面自觉接受政府和公众的监督。

4. 企业对员工的责任

主要是保证员工有相当的收入水平,工作的稳定性,提供良好的工作环境以及提升的机会。企业对员工的责任属于内部利益相关者问题,企业必须以相当大的注意力来考虑雇员的地位、待遇和满足感。在全球化背景下,劳动者的权利问题得到了世界各国政府及各社会团体的普遍重视。2001 年社会责任国际(SAI)根据《国际劳工组织公约》、《世界人权宣言》、《联合国儿童权利公约》等国际公约制定了全球第一个企业社会责任的国际标准,即 SA8000 标准及其认证体系。

阅读资料

社会责任标准"SA8000"

社会责任标准"SA8000",是 Social Accountability 8000 International standard 的英文简称,是全球首个道德规范国际标准。其宗旨是确保供应商所供应的产品,皆符合社会责任标准的要求。SA8000 标准适用于世界各地,任何行业,不同规模的公司。其依据与 ISO9000 质量管理体系及 ISO14000 环境管理体系一样,皆为一套可被第三方认证机构审核的国际标准。

社会责任标准诞生的背景

SA8000 的产生既有人文社会发展的原因(即随着社会经济的发展,各界对劳工保护的关注),同时也是国际市场上竞争格局失衡的产物。虽然道德规范和国际贸易分属两个完全不同的领域,但冷战结束后,世界的政治、经济格局发生了巨大变化,新兴工业化国家的起飞导致发达国家在传统产品的国际市场上失去优势,在诸多领域,新兴工业化国家已成为发达国家的竞争对手。为遏制发展中国家提高竞争力的手段和途径,某些发达国家便寻求构筑起种种非关税的贸易壁垒。在国际商品市场上,廉价的劳动密集型产品制造国将其大量廉价产品出口到发达国家市场,冲击发达国家国内市场,正是在这一背景下,美欧等发达国家把劳工标准同其对发展中国家实施的普遍优惠制度挂钩。在政府的首肯和支持下,SA8000 有由民间壁垒走向政府壁垒的趋势,随着经济全球化进程的加快,我国跟国际社会的分工合作越来越紧密。企业社会责任运动在中国的实施,是经济全球化对于中国的直接影响和中国入世的直接结果。从全球范围来说,企业社会责任是由两种社会力量推动的。一种力量是反对资本全球化的劳工运动。劳资冲突的加剧和劳工地位的下降,使得劳工组织要求在企业推行和实施国际劳工标准以保护劳工的权利。另一种社会力量是"劳工贸易壁垒"SA8000 的推行。发展中国家廉价的产品构成了对发达国家市场和就业的冲击。欧美发达国家企图通过社会条款与国际贸易挂钩,以削弱发展中国家的相对优势,实行贸易保护和非关税壁垒。时代的发展使得人们对文化的重视提高到前所未有的高度,所谓的企业社会责任标准 SA8000 的推行是全球文化、价值观念的一次碰撞。田丰(2004)认为企业文化是企业社会责任建设中的核心,引导企业社会责任建设的价值取向。全球性的愈演愈烈的企业社会责任运动就是促使企业在享受社会赋予的自由及机会的同时,借助符合伦理、道德的行动回报社会。全球性的企业的社会责任同企业文化相辅相成、相互影响、共同发展。

认证流程

同 ISO9000 质量体系、ISO14000 环境体系及 OHAS18000 安全体系认证一样,SA8000 社会责任管理体系认证过程大致包括以下几个步骤:

(1)公司提交申请书。当公司完成准备工作,基本具备认证条件时,可向认证机构递交申请书,也可提前提交申请,在认证机构的指导下进行准备。

(2)评审和受理。认证机构对公司递交的申请书进行评审,审核其内容是否符合认证的基本条件,如符合则受理,不符合则通知公司不予以受理。

(3) 初访。社会责任管理体系十分注重现场表现，审核前对被审核方的访问是必要的是。初访的目的是确定审核范围，了解公司现状，收集有关资料和确定审核工作量。

(4) 签订合同。认证机构和委托方可就审核范围、审核准则、审核报告内容、审核时间、审核工作量签订合同，确定正式合作关系，缴纳申请费。

(5) 提交文件。合同签订后，被审核方应向认证机构提供社会责任管理手册、程序文件及相关背景材料，供认证机构进行文件预审。

(6) 组成审核组。在签订合同后，认证机构应指定审核组长，组成审核组，开始准备工作。

(7) 文件预审。由审核组长组织审核组成员进行文件预审，如果社会责任管理文件存有重大问题，则通知被审核方或委托方，由被审核方进行修改并重新递交文件。如文件无重大问题，则开始准备正式审核。

(8) 审核准备。审核组长组织审核组成员制定审核计划，确定审核范围和日程，编制现场审核检查表。

(9) 预审。委托方认为有必要，可以要求认证机构在正式认证审核前进行预审，以便及时采取纠正措施，确保正式审核一次通过。

(10) 认证审核。由认证机构按审核计划对被审核方进行认证审核。

(11) 提交审核报告和结论。根据审核结果可能有三种结论，即推荐注册、推迟注册及暂缓注册。

(12) 技术委员会审定。对审核组推荐注册的公司，认证机构技术委员会审定是否批准注册，如未获批准则需重新审核。

(13) 批准注册。认证机构对审定通过的公司批准注册。

(14) 颁发认证证书。认证机构向经批准注册的公司颁发SA8000认证证书。

(15) 获证公司公告。认证机构将获证公司向SAI备案，由SAI在其网站公布。

(16) 监督审核。认证机构对获证公司进行监督审核，监督审核每半年一次，认证证书有效期为三年，三年后需进行复评。

5. 企业对资源环境和可持续发展的责任

实践证明，工业文明在给人类社会带来前所未有的繁荣的同时，也给我们赖以生存的自然环境造成了灾害性的影响，企业对自然环境的污染和消耗起了主要的作用。近半个世纪以来的环境革命改变了企业对待环境的态度——从矢口否认对环境的破坏转为承担起不再危害环境的责任，进而希望对环境施加积极的影响。然而，环境日渐好转的情况仅仅发生在发达国家，整个人类并未走上可持续发展的道路。作为集资源、技术及可持续发展动机于一身的企业，应当承担起建立可持续发展的全球经济重任，实现自身的可持续发展。

6. 企业对社区的责任

企业对所在的社区有环保的责任、社会发展的责任、解决社会问题的责任等。企业是社会的组成部分，更是所在社区的组成部分，与所在社区建立和谐融洽的相互关系是企业的一项重要社会责任。世界著名的管理大师孔茨和韦里克认为,企业必须同其所在的社会环境进行联系,对社会环境的变化做出及时反应,成为社区活动的积极参加者。企业对社区的责任就是回馈社区,比如为社区提供就业机会,为社区的公益事业提供慈善捐助,向社区公开企业经营的有关信息等等。

四、我国企业在社会责任方面存在的问题

2012年11月21日,中国社会科学院经济学部企业社会责任研究中心发布《中国企业社会责任研究报告(2012)》。报告评价了国企100强、民企100强、外企100强共300家企业社会责任管理现状及社会责任信息的披露水平。该报告显示:第一,中国企业社会责任发展指数平均是23.1分,整体上已经从20分以下进入到了起步阶段的20~40分,但是仍有6成企业得分在20分以下,即对于其应承担的社会责任处于旁观阶段,其中15家企业得分是零分或者负分。第二,研究发现国有企业社会责任发展指数和难度增幅都领先于民营企业和外资企业。第三,现在在外资企业中台资、日资还有韩资企业的社会责任发展指数相对较高。第四,责任实践指数领先于责任管理指数,也就是说在责任实践当中,市场责任指数好于环境责任和社会责任指数。

根据各方面的研究结果,结合企业实际情况,总结可知,当前中国企业在社会责任方面最突出的问题主要表现在八个方面:

(1)社会责任意识淡漠,例如无视在社会保障方面的作用,逃避税收以及不交或少交社保费用。

(2)较少考虑社会就业问题,一旦经营出现问题,直接将包袱甩向社会。

(3)较少考虑环境保护,将利润建立在破坏和污染环境的基础之上。

(4)一些企业一切以盈利为目的,向社会和公众提供不合格的产品、服务或虚假信息,与顾客争利或欺骗顾客。

(5)依靠压榨企业职工的收入和福利来为所有者谋利润,视职工利益与不顾。

(6)缺乏提供公共产品的意识,对公益事业不管不问。

(7)缺乏公平竞争意识,一些在计划经济时期延续下来的垄断企业,大量侵吞垄断利润,并极力排斥市场竞争。

(8)普遍缺少诚信,国有企业对国家缺少诚信,搞假破产逃避债务,民营企业通过假包装到市场上圈钱等。

五、企业承担社会责任的实现途径

企业作为社会基本经济单位,在获取经济利益的同时,一定要及时承担其社会责任,只有这样企业才能作大作强,社会才能和谐发展。企业更好地承担社会责任,应从以下几个方面做起:

(1)提升企业的社会责任意识。企业高层要树立并不断提升社会责任意识,要充分意识到社会公众、社会群体在企业生存成长发展壮大中的作用,同时也要培养企业员工的社会责任意识,使企业的每个员工在实际的日常行为中处处履行社会责任。企业只有及时承担社会责任,才能在赚取经济利益的同时提升社会效益,树立良好形象,使社会公众更好地接纳企业并成为企业的忠诚顾客。

（2）将社会责任上升到企业战略高度。企业应将承担社会责任纳入公司战略规划中，从公司总体发展战略出发，将企业的社会责任贯穿到公司整体经营活动中。

（3）成立专门机构，保证社会责任的管理及落实。企业应设置专门的机构来负责社会责任的管理及推行，该机构主要工作内容及工作职责是制定企业社会责任管理的相关制度、内容、实时方案等，并进行实时落实，同时设置相应的社会责任考核指标，确保社会责任落到实处。

（4）企业履行好经济责任。直接地说就是生产出更多更好的产品，满足社会和市场需求，尽可能扩大销售，降低成本，极大丰富人民的物质生活，保证利益相关者的合法权益，为国民经济的快速稳定发展发挥自己应有的作用。

（5）企业作遵纪守法方的表率。遵守所有的法律、法规，包括环境保护法、消费者权益法和劳动保护法。完成所有的合同义务，带头诚信经营，合法经营，承兑保修允诺。带动企业的雇员、企业所在的社区等共同遵纪守法，共建法治社会。

（6）履行企业对社会的伦理责任，积极从事慈善活动。企业应努力使社会不遭受自己的运营活动、产品及服务的消极影响，大力发展绿色产业，增大企业吸纳就业的能力。积极从事慈善活动，支援教育、支持健康、人文关怀、文化与艺术、城市建设等项目的发展，帮助社区改善公共环境，自愿为社区工作等。

（7）持续定期发放企业社会责任报告，全面真实地展现企业公民形象。目前对我国的大多数企业来说，社会责任报告还比较陌生。但通过社会责任报告，企业可以将其履行社会责任的理念、战略、方式方法、企业经营活动对经济、环境、社会等领域造成的直接和间接影响、取得的成绩及不足等信息，向利益相关方进行披露，使利益相关方及时了解企业情况，全面真实地展现企业实际情况。企业责任报告是企业和利益相关方沟通的桥梁，定期发放企业责任报告，有助于利益相关方更好地了解企业社会责任的相关内容及旅行状况，从而监督督促企业更好地履行其社会责任。

阅读资料

《中国企业社会责任报告（2011）》

中国社科院撰写的《中国企业社会责任报告（2011）》（简称蓝皮书）于2011年11月8日正式发布。课题组分别调研了中国境内的国企、民企、外企的百强企业，从商业贿赂制度、产品合格率、社保健康培训、节能减排等方面进行了综合评估。结果显示，无论是国企、民营企业还是外资企业，社会责任得分都少得"可怜"，平均得分仅为19.7分，满分为100分，相当于学生百分试卷，仅仅得了不到20分。

调查显示，中国企业社会责任整体水平尚属起步阶段，七成企业严重缺乏社会责任，近半数国企处于旁观。甚至有26家企业得分是0分甚至是负数分。这一指标参考了国际企业社会责任指标体系，国内企业社会责任倡议书及世界500强企业的社会责任评估体系。

课题组根据企业社会责任发展的阶段特征,将企业分为五类:卓越者、领先者、追赶者、起步者和旁观者。包括国企、民企和外企的中国境内百强企业共300家,只有中国远洋集团一家企业属于卓越者,他们已经连续三年都排在该报告的第一位。有205家企业是旁观者,占总数量的近七成。所谓旁观者便是局外人,这些企业没有推动社会责任管理,社会责任披露十分缺乏,有26家企业得分是0分甚至是负分。这26家企业中,外资企业占了大头,共有19家。阿迪达斯、戴姆勒·克莱斯勒、可口可乐等在华外资企业均"榜上有名",其中阿迪达斯(中国)有限公司以-4分成为倒数第一。社科院专家称,该企业在企业社会责任发展规划、反商业贿赂制度与措施,以及企业的环境管理和节约资源能源、降污减排方面、信托网建设的信息披露程度非常不足。

本章小结

首先,介绍了管理道德的相关内容。论述了道德及管理道德的含义,即道德是一种社会意识形态,是人们共同生活及其行为的准则与规范,是规定行为是非的惯例和原则。管理道德作为一种特殊的职业道德,是从事管理工作的管理者的行为准则与规范的总和,是企业健康持续发展所需的一种重要资源,是企业提高经济效益、提升综合竞争力的源泉,可以说管理道德是管理者与企业的精神财富。阐述了管理道德的特征及影响因素。管理道德具有普遍性、特殊的非强制性、变动性、社会教化性等特征。影响管理道德的因素有道德发展阶段、早期教育、企业的管理体制及制度、企业文化、社会大环境以及管理者自身的意志、能力、信念因素、自身责任感等。论述了管理道德的内容,主要有管理目标的道德、人际关系管理的道德、人事管理的道德、财物管理的道德等。最后,讨论了提升管理道德的途径,包括抓好管理道德教育、提炼、规范管理道德准则、树立道德典型、加强对公众的引导、将管理道德行为列入岗位考核内容等。

其次,介绍了社会责任的相关内容。主要有社会责任的概念、企业社会责任的思想渊源及发展历程。阐述了企业社会责任的内容,包括企业对政府的责任、企业对股东的责任、企业对消费者的责任、企业对员工的责任、企业对资源环境和可持续发展的责任、企业对社区的责任。我国企业在社会责任方面存在的问题主要表现在八个方面。最后,针对企业社会责任存在的问题,论述了企业承担社会责任的构建办法。

第三章 管理道德与社会责任

本章练习

一、单项选择题（每题只有一个正确答案，请将其序号填在题后括号内）

1. 管理道德的出发点是（   ）。
   A. 管理者的责任意识　　　　　　　B. 管理活动的职业特殊性
   C. 管理系统的整体利益　　　　　　D. 社会一般道德原则

2. 管理道德是一种（   ）的规范和制约力量。
   A. 内在于管理者　　　　　　　　　B. 外在于管理者
   C. 由相关的法律制度确定下来　　　D. 适用于一切组织成员普遍

3. 道德的本质是（   ）。
   A. 方法　　　　　　　　　　　　　B. 手段
   C. 技术　　　　　　　　　　　　　D. 规则或原则

4. 在社会主义国家中，（   ）是一切管理道德行为的最高准则。
   A. 国家利益　　　　　　　　　　　B. 集体利益
   C. 经济效益　　　　　　　　　　　D. 社会效益

5. 决策要完全依据其后果或结果做出是（   ）的观点。
   A. 道德的功利观点　　　　　　　　B. 道德的权利观
   C. 公平理论道德观　　　　　　　　D. 综合社会契约理论观点

6. 决定管理秩序和管理效益的根本因素是（   ）。
   A. 管理者的素质　　　　　　　　　B. 管理者的人格
   C. 管理者的活动　　　　　　　　　D. 管理者的道德品质

7. 管理道德教育的最高目的是（   ）。
   A. 提高管理者的素质　　　　　　　B. 造就管理者的管理人格
   C. 促进管理者的自我完善　　　　　D. 增强管理者的责任感

8. 个人试图在组织或社会的权威之外建立道德准则是发生在（   ）。
   A. 前惯例层次　　　　　　　　　　B. 惯例层次
   C. 原则层次　　　　　　　　　　　D. 以上都不是

9. 大量证据表明，企业的社会责任与其长期利润之间有着（   ）关系。
   A. 正相关性　　　　　　　　　　　B. 负相关性
   C. 没有明显关联　　　　　　　　　D. 无法判断

10. 下列说法错误的是（   ）。
    A. 道德的功利观认为决策要完全依据其后果或结果做出，目标是为部分人提供尽量多的利益
    B. 道德的权利观认为决策要在尊重和保护个人基本权利的前提下做出
    C. 公平理论道德观要求管理者公平地实施规则
    D. 综合社会契约理论观主张把实证和规范两种方法并入商业道德中

11. 道德发展的最低层次是（　　）。
    A. 原则层次　　　　　　　　　　B. 前惯例层次
    C. 惯例层次　　　　　　　　　　D. 因人而异
12. 下列关于价值准则的说法正确的是（　　）。
    A. 同一组织的管理者通常有着相似的价值准则
    B. 价值准则和道德发展阶段看起来相似，实质也一样
    C. 价值准则是关于什么是对，什么是错的基本信念
    D. 一般来说，大部分组织成员都在进入组织后，在具体的组织环境中形成相对稳定的价值准则
13. 道德发展要经历三个层次，每个层次又分两个阶段。随着道德阶段的上升，个人的道德判断和外部因素的关系是（　　）。
    A. 个人的道德判断越来越受到外部因素的影响
    B. 个人的道德判断越来越不受外部因素的影响
    C. 个人的道德判断和外部因素的关系没有变化
    D. 没有确切证据表明两者之间有显著关系
14. （　　）不是企业对员工的责任。
    A. 积极寻找途径参与各种社会活动　　B. 定期会不定期培训员工
    C. 营造一个良好的工作环境　　　　　D. 推行民主管理
15. 道德通常是指那些用来（　　）的规则或原则。
    A. 明辨是非　　　　　　　　　　B. 纠正行为
    C. 公正赏罚　　　　　　　　　　D. 维护正义

二、多项选择题（每题有两个或两个以上正确答案，请将正确答案的序号填在题后括号内）

1. 高层管理人员在道德方面的领导作用主要表现在（　　）。
   A. 对员工的道德行为进行监督，控制　　B. 在言行方面是员工的表率
   C. 通过奖惩机制影响员工的道德行为　　D. 设定明确和显示的目标
2. 在员工道德素质提高的过程中，正式的保护机制可以使那些面临道德困境的员工在不用担心受到斥责的情况下自主行事。这些正式的保护机制有（　　）。
   A. 任命道德顾问　　　　　　　　B. 建立举报制度
   C. 规定明确和现实的目标　　　　D. 对绩效进行全面评价
3. 道德问题越重要，管理者越有可能采取道德行为。下列问题对于管理者而言道德问题强度较大的有（　　）。
   A. 行为发生并造成实际伤害的可能性较大
   B. 行为的后果出现的较晚
   C. 行为的受害者与自己离得较远
   D. 受害的人数较多
4. 关于管理者对员工进行道德教育，正确的说法是（　　）。

A. 个人价值体系在早年已经建立，成年时的道德教育徒劳无功
B. 向员工讲授道德问题的方案，可以显著改善其道德行为
C. 道德教育可以提升个人的道德发展阶段
D. 价值准则可以在童年后建立，因而道德教育是有益的

5. 下列属于赞成企业承担社会责任的理由是（　　）。
   A. 满足公众期望　　　　　　　　B. 增加长期利润
   C. 承担道德义务　　　　　　　　D. 创造良好的环境

6. 下列属于反对企业承担社会责任的理由是（　　）。
   A. 违反利润最大化原则　　　　　B. 责任过大
   C. 冲淡目标　　　　　　　　　　D. 权力过大

7. 道德发展的中间层次是惯例层次，此层次又分出的两个阶段特点分别是（　　）。
   A. 只在符合你的直接利益时才遵守规则
   B. 做你周围的人所期望的事
   C. 遵守自己选择的道德准则，即使这些准则违背了法律
   D. 通过履行你允诺的义务来维持平常秩序
   E. 遵守规则以避免受到物质惩罚

8. 有关道德发展阶段的研究表明（　　）。
   A. 人们一步步地依次通过道德的六个阶段，而不能跨越
   B. 道德发展可能会停留在任何一个阶段
   C. 道德发展不会中断
   D. 多数成年人的道德发展停留在最后一个阶段
   E. 在道德最低层次的两个阶段，个人只有在其利益受到影响的情况下才会做出道德判断

9. 企业对顾客的责任主要体现在（　　）。
   A. 提供安全的产品　　　　　　　B. 提供正确的产品信息
   C. 提供必要的指导　　　　　　　D. 赋予顾客自主选择的权利
   E. 要以"绿色产品"为研究和开发的主要对象

10. 道德本身的强度取决于（　　）。
    A. 行为实际发生并造成伤害的可能性有多大
    B. 某种道德行为对受害者的伤害有多大或对受益者的利益有很大
    C. 道德行为对有关人员的影响的集中程度如何
    D. 有多少人认为这种行为是邪恶的或善良的
    E. 你觉得行为的受害者或受益者与你在社会上、心理上或身体上挨得多近

三、判断题（正确的在题后括号内打√，错误的打×）

1. 认为决策要完全依据其后果或结果做出是道德功利观的主张。（　　）
2. 认为决策要在尊重和保护个人基本权利的前提下做出是道德功利观的主张。（　　）

3. 最有可能产生高道德标准的组织文化是那种有较强的控制能力以及风险和冲突承受能力的组织文化。（   ）
4. 道德准则是表明组织的基本价值观和组织期望员工遵守的道德规则的正式文件。（   ）
5. 大量的证据证明，企业的社会责任与其长期利润之间有着负相关关系。（   ）
6. 组织的道德标准与社会的道德标准不兼容，这个组织也是能为社会所容纳的。（   ）
7. 接受公平理论的管理者可能会决定向新来的员工支付比最低工资高的工资，因为他认为最低工资不足于维持他们的生活。（   ）
8. 人们可以一步一步地依次通过道德的六个阶段，也可以跨越通过。（   ）
9. 道德发展的最低层次是前惯例层次。（   ）
10. 价值准则是关于什么是对、什么是错的基本信念。（   ）

四、简答题

1. 简述道德的发展阶段。
2. 影响管理者道德素质的因素。
3. 简述社会经济责任观的主要内容。
4. 如何理解企业的社会责任？
5. 简述社会责任具体体现有哪些方面？

五、案例分析题

您有了问题，我们帮您解决

在位于得克萨斯州的 Radio Shack Corporation 中，其所定位的品牌的口号是"您有了问题，我们帮您解决"。毫无疑问，2006 年 2 月初发生的事件使公司董事会和高层管理者想知道他们有关前任 CEO 戴维·埃德蒙森的疑问能否得到满意的答复。事情起源于 The Fort Worth Star-Telegram 上所刊载的由希瑟·兰迪（Heather Landy）报道的一则新闻，"埃德蒙森声称获得了两个学位的未经官方认可的圣经学院说他并没有毕业"。文章还报道说，经调查显示，埃德蒙森两次被指控酒后驾车，但并没有定罪。此外，文章还说他被任命为 CEO 后不久，就因为第 3 次酒后驾车被逮捕了。"原定于 2006 年 4 月进行审判的这次事故引起了 Stal-Telegram 的怀疑，它开始调查当地的 CEO"。

1994 年埃德蒙森加盟 Radio Shack 后，开始沿着公司的阶梯一步一步往上爬，1998 年成为了一名高层管理者。在 2000 年他被任命为公司的总裁兼 CEO 之前，他担任了两年高层管理者。2005 年 1 月，Radio Shack 的董事会宣布，莱恩·罗伯茨（Len Roberts）不再担任 CEO 的职位但仍然保留其执行董事长的职务，这也意味着董事会已经选择埃德蒙森担任新任 CEO 了。考虑这两个人为振兴公司一起工作了 10 年，所以这次 CEO 的过度到继任都是事先计划好了的。罗伯茨始终认为，CEO 最重要的职责之一就是挑选、推荐并指导继任者。他觉得他已经做到了，因为他雇用了埃德蒙森。正如公司网站上说的，"从他第一次见到埃德蒙森起，直觉就告诉他，可能某一天埃德蒙森会成为公司的 CEO"。因此，他对埃德蒙森进行指导，推荐他担任公司的最高职位。

罗伯茨退休后，埃德蒙森就被任命为 Radio Shack 的新任 CEO，在他担任 CEO 的 13 个月中，公司一直在努力改变销售不畅和股价低迷的状况。新闻报道刊登后 3 天，埃德蒙森在与投资商的电话会议中作了两次道歉：一次是为公司的绩效，另一次是因为他隐瞒了自己的教育背景。随后，他宣布公司的一项计划，包括关闭公司 7 000 家店中的 400～700 家，减少存货中滞销的产品。他也重申，他会继续留任公司的 CEO。而股票市场中 Radio Shack 的股票价格也跌至 3 年来的低点。在那天稍后的电话新闻发布会上，埃德蒙森在被问及关于公司是否解雇了其他简历作假的员工的问题时，他说："我不想对此发表评论。"他也拒绝就其行为是否违反公司的道德标准发表意见。在这个时候，Radio Shack 的董事会仍然表示支持他们的 CEO。

但是，2 月 21 日，就在埃德蒙森告诉投资商他将留任 CEO 的几天后，他辞职了。董事长罗伯茨宣布了埃德蒙森的辞职，声明这是一个艰难的抉择，但也是董事会和埃德蒙森共同协商的结果。他说："当公司的信誉依赖于个人的时候，是时候进行变革了。"作为一个企业，最重要的事情之一就是要诚实和信任。我们必须恢复公司的诚实和信任。

尽管 Radio Shack 的情况似乎已成定局，但之后又爆发了有关埃德蒙森离职金的新问题。按照有关文件的规定，除了应支付的工资外，埃德蒙森至少会获得 103 万美元的现金。Radio Shack 公司没有披露离职金的总价值，但它包括 4 个月的保险金以及行使股票期权和股票奖励的权利。公司的 CEO 克莱尔·巴布罗斯基（Claire Babrowski）被任命为代理 CEO，同时，公司还在外部搜寻新的 CEO。除了这些变革外，组织还对公司的网站进行了检查（可以在公司网站上找到道德准则），并形成了名为"Revision02.21.06"的报告文件。这份文件是否解答了高层管理者关于道德和企业责任问题的疑问？

（资料来源：百度文库．管理学案例分析．http：//wenku.baidu.com/link）

问题：

1. 从埃德蒙森道德领导的角度评价这个局面，Radio Shack 公司采取了哪些措施？
2. 哪些利益相关群体可能会受到这个事件的影响？利益相关群体可能会关注哪些方面？利益相关群体之间关注的事务是否会发生冲突？这对员工可能会产生什么影响？
3. 你认为正如莱恩·罗伯茨所说，董事会做出解雇埃德蒙森的决定是艰难的吗？为什么？你认为罗伯茨为什么要如此描述这个决定？
4. 你认为公司给埃德蒙森的离职金可能会产生什么影响？

六、实践训练

现阶段我国企业管理道德水平及社会责任状况分析

实训目的：

通过实训活动，培养学生初步运用管理道德和社会责任理论分析问题的能力，培养学生初步运用管理道德和社会责任理论解决问题的能力。

实训内容与要求：

管理道德与社会责任

1. 从网上搜集不同行业有代表性业的企业案例，通过了解其道德管理及社会责任履行状况，用所学的管理道德及社会责任理论分析其道德管理水平及社会责任履行程度，发现其在管理道德和社会责任方面存在的问题，找出存在问题的原因，给出解决问题的办法或措施。

2. 成立小组：同学们自由结合成立小组，每组人数5人，推荐产生一个组长，负责小组成员的分工、协调、监督等工作，确保按时保质保量完成任务。

3. 每个小组以PPT的形式展示所有内容。

4. 小组互评。

5. 指导老师点评。

第四章 计 划

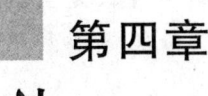

知识目标

☐ 理解计划的基本含义、性质和分类
☐ 掌握计划的编制程序
☐ 理解制定计划的基本方法
☐ 掌握目标管理的相关知识
☐ 理解决策的基本方法
☐ 掌握战略环境分析和战略选择的基本知识

能力目标

☐ 有意识地培养自己制定计划的能力
☐ 提升自身管理问题的决策技能

案例导入

2016年4月6日,阿里巴巴集团完成了对合一集团(优酷土豆)的收购交易,合一集团正式成为阿里巴巴旗下的全资子公司。

从2015年开始,阿里巴巴整个集团都在朝内容转向,过去单纯的货架式购买形式开始转变为和内容结合的"内容导购"策略,通过掌握用户对内容的兴趣点,来搜集用户的行为大数据,可以说阿里巴巴的企图心是成为一家数据时代(Data technology,DT)的领导公司,而不是继续做一个纯粹的电商平台。因此,内容产业的布局对阿里集团尤为重要。正如阿里巴巴CEO张勇提出的"电商已经从运营货品走向运营内容,在以内容为纽带触达人群,获得消费者,最后转化为会员"。而对于在国内与爱奇艺、腾讯视频三足鼎立的优酷土豆来说,其在自媒体领域的布局早已开始,已经成为网络视频公司中强大的内容提供商,阿里巴巴的加入则为优酷土豆的自媒体战略提供更为雄厚的资源和助力。

第四章

计　划

双方合作伊始，就联合发布了一项创业加速计划，计划将优酷的文娱资源和阿里的电商资源进行深度融合，以新的合力资源来赋能内容创业者，创业者们将获得平台资源支持、资金投入和人才培训等多重扶持方案。上述合作将体现在三个方向：一是从内容到商业，即内容创业者如何实现多元的变现，网红电商和达人经济将得到进一步推动；二是从多屏到无屏，将当下最火热的VR/AR（Virtual Reality，虚拟现实；Augmented Reality，增强现实）带入；三是从平台到社群，视频不再仅是主流的版权内容，短视频、个人直播等有利于内容创业者发布信息、聚集粉丝的形势将得到重点推进。

第一节 计划与计划工作

计划工作是全部管理职能中最基本的一个职能，它与其他四个职能有着密切的联系。因为计划工作既包括选定组织和部门的目标，又包括确定实现这些目标的途径。主管人员围绕着计划规定的目标，去从事组织工作、人员配备、指导与领导以及控制工作等活动，以达到预定的目标。为使组织中的各种活动能够有节奏地进行，必须有严密的统一的计划。从提高组织的经济效益来说，计划工作是十分重要的。

一、计划的含义

在汉语中，"计划"既可以是名词，也可以是动词。从名词意义上说，计划是指用文字和指标等形式所表述的，在未来一定时期内组织以及组织内不同部门和不同成员，关于行动方向、内容和方式安排的管理文件。计划既是决策所确定的组织在未来一定时期内的行动目标和方式在时间和空间的进一步展开，又是组织、领导、控制和创新等管理活动的基础。从动词意义上说，计划是指为了实现决策所确定的目标，预先进行的行动安排。这项行动安排工作包括：在时间和空间两个维度上进一步分解任务和目标，选择任务和目标的实现方式，规定进度，检查与控制行动结果等。我们有时用"计划工作"表示动词意义上的计划内涵。因此，计划工作是对决策所确定的任务和目标提供一种合理的实现方法。

正如哈罗德·孔茨所言，"计划工作是一座桥梁，它把我们所处的这岸和我们要去的对岸连接起来，以克服这一天堑"。计划工作给组织提供了通向未来目标的明确道路，给组织、领导和控制等一系列管理工作提供了基础，计划工作也着重于管理创新。有了计划工作这座桥，本来不会发生的事，现在就可能发生了；模糊不清的未来变得清晰实在。虽然我们几乎不可能准确无误地预知未来，那些不可控制的因素可能干扰最佳计划的制定，这使得我们不可能制定出最优计划，但是如果我们不进行计划工作，就只能听任自然了。

无论在名词意义上还是在动词意义上,计划内容都包括"5W1H",计划必须清楚地确定和描述这些内容:

What——做什么?目标与内容。
Why——为什么做?原因。
Who——谁去做?人员。
Where——何地做?地点。
When——何时做?时间。
How——怎样做?方式、手段。

二、制定计划的意义

管理中制定计划往往需要耗费大量的时间和精力,而且在环境变化越来越快的今天,计划也有一定的滞后性和非灵敏性,致使很多人产生了"计划没有变化快"的感叹,对于花大量精力制定计划的必要性产生疑虑。但我们认为,正是由于多变的环境,才更应该制定科学和完善的计划。理由如下:

第一,计划为管理者和非管理者提供指导。当员工知道他们的组织或工作部门正在努力实现什么目标以及他们必须为这些目标做出哪些贡献时,他们才能够协调行动,彼此展开合作,并且从事必要的工作以实现这些目标。如果没有计划,各部门和个体可能会各自为战,从而妨碍组织有效率地实现其目标。

第二,通过迫使管理者展望未来、预测变化、考虑变化的影响以及制定妥善的应对措施,计划可以降低不确定性。虽然计划无法消除不确定性,但是管理者可以通过计划来做出有效应对。

第三,计划可以尽量减少浪费和冗余。当根据计划来协调各种工作活动时,各种低效率的行为或活动会变得非常明显,从而得以纠正或消除。

第四,计划可以设定在进行控制时使用的目标或标准。当管理者制定计划时,他们会设定目标和方案。因此,进行控制时,他们会考察这些方案是否已经实施以及这些目标是否实现。如果没有计划,就没有既定目标来衡量人们的工作努力程度。

三、计划工作的性质

计划工作的性质可以概括为五个主要方面,即目的性、首位性、普遍性、效率性和创新性。

(一)目的性

每一个计划及其派生计划都是旨在促使企业或各类组织的总目标和一定时期目标的实现。计划工作是最明白地显示出管理的基本特征的主要职能活动。

(二)首位性

计划工作相对于其他管理职能处于首位。把计划工作摆在首位的原因,不仅因为从管理过程的角度来看,计划工作先于其他管理职能,而且因为在某些场合,计划工作是付诸实施的唯一管理职能。计划工作的结果可能得出一个决策,即无须进行随后的组织工作、领导工作及控制工作等。例如,对于一个要否建立新工厂的计划研究工作,如果得出的结论是新工厂在经济上是不合算的,那也就没有筹建、组织、领导和控制一个新厂的问题了。

计划工作具有首位性的原因,还在于计划工作影响和贯穿于组织工作、人员配备、指导和领导工作和控制工作中。图4-1概略地描述了这种相互关系。

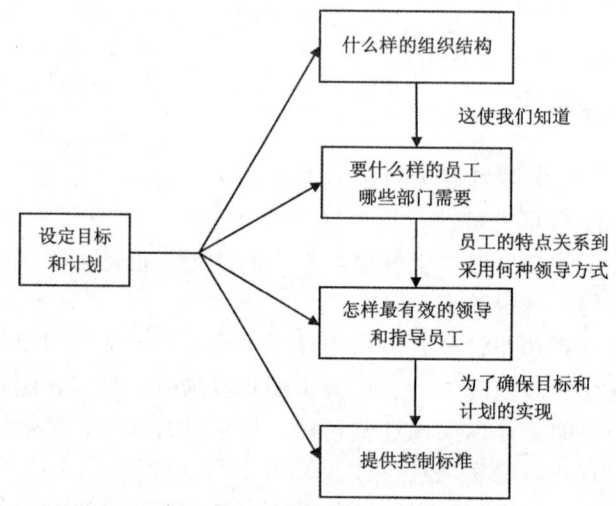

图4-1 计划领先于其他管理职能

计划工作对组织工作的影响是,可能需要在局部或整体上改变一个组织的结构,设立新的职能部门或改变原有的职权关系。例如一个企业要开发一种重要的新产品,可能要为此专门成立一个项目小组,并实行一种矩阵式的组织形式和职权关系。

计划工作对人员配备的影响可能是需要委任新的部门主管,调整和充实关键部门的人员以及培训员工等。而组织结构和员工构成的变化,必然会影响到领导方式和激励方式。

计划工作和控制工作尤其是分不开的——它们是管理的一双孪生子。未经计划的活动是无法控制的,因为控制就是纠正脱离计划的偏差,以保持活动的既定方向。没有计划指导的控制是毫无意义的,计划是为控制工作提供标准的。此外,控制职能的有效行使,往往需要根据情况的变化拟定新的计划或修改原订计划,而新的计划或修改过的计划又被作为连续进行的控制工作的基础。计划工作与控制工作的这种继续不断的关系,通常被称为计划——控制——计划循环。

(三) 普遍性

虽然计划工作的特点和范围随各级主管人员职权的不同而不同,但它却是各级主管人员的一个共同职能。所有的主管人员,无论是总经理还是班组长都要从事计划工作。人们常说,主管人员的主要任务是作决策,而决策本身就是计划工作的核心。如果将主管人员的决策权限制过严,那就会束缚他们的手脚,使他们无法自由地处置那些本应由他们处置的问题。久而久之，他们就会失去计划工作的职能与职责，养成依赖上级的习惯。这样，他们也就丧失了主管人员的基本特征。

（四）效率性

计划工作的任务，不仅是要确保实现目标，而且是要从众多方案中选择最优的资源配置方案，以求得合理利用资源和提高效率。用通俗的语言来表达，就是既要"做正确的事"又要"正确地做事"。显然，计划工作的任务同经济学所追求的目标是一致的。计划工作的效率，是以实现企业的总目标和一定时期的目标所得到的利益，扣除为制定和执行计划所需要的费用和其他预计不到的损失之后的总额来测定的。效率这个概念的一般含义是指投入和产出之间的比率，但在这个概念中，不仅包括人们通常理解的按资金、工时或成本表示的投入产出比率，如资金利润率、劳动产生率和成本利润率等，还包括组织成本个人和群体的动机和程度这一类主观的评价标准。所以，只有能够实现收入大于支出，并且顾及国家、集体和个人三者利益的计划才是一个完美的计划，才能真正体现出计划的效率。

（五）创造性

计划工作总是针对需要解决的新问题和可能发生的新变化、新机会而做出的决定的，因而它是一个创造性的管理过程。计划有点类似于一项产品或一项工程的设计，它是对管理活动的设计。正如一种新产品的成功在于创新一样，成功的计划也依赖于创新。

综上所述，计划工作是一个指导性、预测性、科学性和创造性很强的管理活动，但同时又是一项复杂而又困难的工作。当前，我国正面临着实现社会主义现代化的宏伟目标，我国企业在对外开放的方针下正面临世界市场的激烈竞争环境，形势要求我们迅速地提高宏观的和微观的管理水平，而加强计划工作，提高计划工作的科学性是全面提高管理水平的前提和关键。

四、计划的类型

计划是将决策实施所需完成的活动任务进行时间和空间上的分解，以便将这些活动任务具体地落实到组织中的不同部门和个人。因此，计划的分类可以依据时间和空间两个不同的标准。除了时间和空间两个标准外，我们还可以根据计划的明确性程度和计划的程序化程度对计划进行分类。战略性计划和战术性计划是管理活动中常见的两种计划。这一分类综合了时间和空间两类标准，同时考察计划涉及的时间长短和涉及的职能范围的广狭程度。表4-1列出按不同标准分类的计划类型。值得指出的是，这些分类方法所划分出的计划类型很难截然区分。比如，长期与短期就不存在定量的数值标准，程序化程度更是难以区分。另外，虽然理论研究将计划按一定标准进行分类，现实中的计划往往是综合的，比如，长期财务计划与短期财务计划，指导性人事计划与具体性人事计划等。计划工作必须追求在时间与空间、明确性、程序化程度等方面的平衡。

表 4-1　计划的类型

分类标准	类　型
计划期时间长短	长期计划
	中期计划
	短期计划
职能空间	业务计划
	财务计划
	人事计划
综合性程度 （涉及时间长短和涉及的范围广狭）	战略性计划
	战术性计划
明确性程度	指导性计划
	具体性计划
程序化程度	程序性计划
	非程序性计划

（一）长期计划和短期计划

财务分析人员习惯于将投资回收期分为长期、中期和短期。长期通常指 5 年以上，短期一般指一年以内，中期则介于两者之间。管理人员也采用长期、中期和短期来描述计划。长期计划描述了组织在较长时期（通常为五年以上）的发展方向和方针，规定了组织的各个部门在较长时期内从事某种活动应达到的目标和要求，绘制了组织长期发展的蓝图。短期计划具体地规定了组织的各个部门在目前到未来的各个较短的阶段，特别是最近的时段中，应该从事何种活动，从事该种活动应达到何种要求，从而为各组织成员在近期内的行动提供了依据。

（二）业务计划、财务计划和人事计划

按职能空间分类，可以将计划分为业务计划、财务计划及人事计划。组织通过从事一定业务活动立身于社会，业务计划是组织的主要计划。我们通常用"人财物，供产销"六个字来描述一个企业所需的要素和企业的主要活动。业务计划的内容涉及"物、供、产、销"，财务计划的内容涉及"财"，人事计划的内容涉及"人"。

作为经济组织，企业业务计划包括产品开发、物资采购、仓储后勤、生产作业以及销售促进等内容。长期业务计划主要涉及业务方面的调整或业务规模的发展，短期业务计划则主要涉及业务活动的具体安排。比如，长期产品计划主要涉及产品新品种的开发，短期产品计划则主要与现有品种的结构改进、功能完善有关；长期生产计划安排了企业生产规

模的扩张及实施步骤，短期生产计划则主要涉及不同车间、班组的季、月、旬乃至周的作业进度安排；长期营销计划关系到推销方式或销售渠道的选择与建立，而短期营销计划则表现为对现有营销手段和网络的充分利用。

财务计划与人事计划是为业务计划服务的，也是围绕着业务计划而展开的。财务计划研究如何从资本的提供和利用上促进业务活动的有效进行，人事计划则分析如何为业务规模的维持或扩大提供人力资源的保证。比如，长期财务计划决定为了满足业务规模发展而导致的资本增加的需要，如何建立新的融资渠道或选择不同的融资方式，而短期财务计划则研究如何保证资本的供应或如何监督这些资本的利用效率；长期人事计划要研究如何为保证组织的发展而提高成员的素质，准备必要的干部力量，短期人事计划则要研究如何将具备不同素质特点的组织成员安排在不同的岗位上，使他们的能力和积极性得到充分的发挥。

（三）战略性计划与战术性计划

根据涉及时间长短及其范围广狭的综合性标准，可以将计划分类为战略性计划与战术性计划。战略性计划是指应用于整体组织的，为组织未来较长时期（通常为5年以上）设立总体目标和寻求组织在环境中的地位的计划。战术性计划是指规定总体目标如何实现的细节的计划，其需要解决的是组织的具体部门或职能在未来各个较短时期内的行动方案。战略性计划显著的两个特点是：长期性与整体性。长期性是指战略性计划涉及未来较长时期，整体性是指战略性计划是基于组织整体而制定的，强调组织整体的协调。战略性计划是战术性计划的依据，战术性计划是在战略性计划指导下制定的，是战略性计划的落实。从作用和影响上来看，战略性计划的实施是组织活动能力形成与创造的过程，战术性计划的实施则是对已经形成的能力的应用。第三节将详细讨论战略性计划的内涵及如何制定。

（四）具体性计划与指导性计划

根据计划内容的明确性标准，可以将计划分类为具体性计划和指导性计划。具体性计划具有明确的目标。比如，企业销售部经理打算使企业销售额在未来6个月中增长15%，他制定了明确的程序、预算方案以及日程进度表，就是具体性计划。指导性计划只规定某些一般的方针和行动原则，给予行动者较大自由处置权，它指出重点但不把行动者限定在具体的目标上或特定的行动方案上。比如，一个增加销售额的具体计划可能规定未来6个月内销售额要增加15%，而指导性计划则可能只规定未来6个月内销售额要增加12%～16%。相对于指导性计划而言，具体性计划虽然更易于计划的执行、考核及控制，但是它缺少灵活性，而且它要求的明确性和可预见性条件往往很难得到满足。

（五）程序性计划与非程序性计划

西蒙把组织活动分为两类：一类是例行活动，指一些重复出现的工作，如订货、材料的出入库等。对这类活动的决策是经常反复的，而且具有一定的结构，因此可以建立一定的决策程序。每当出现这类工作或问题时，就利用既定的程序来解决，而不需要重新研究。这类决策叫程序化决策，与此对应的计划是程序性计划。另一类活动是非例行活动，这些活动不重复出现，比如新产品的开发、生产规模的扩大、品种结构的调整、工资制度的改变等。处理这类问题没有一成不变的方法和程序，因为这类问题在过去尚未发生过，或其性质和结构捉摸不定或极为复杂，再或因为这类问题十分重要而需用个别方法加以处理。解决这类问题的决策叫做非程序化决策，与此对应的计划是非程序性计划。

（六）计划的层次体系

哈罗德·孔茨和海因茨·韦里克从抽象到具体把计划分为一种层次体系：目的或使命；目标；战略；政策；程序；规则；方案；预算。如图 4-2 所示。

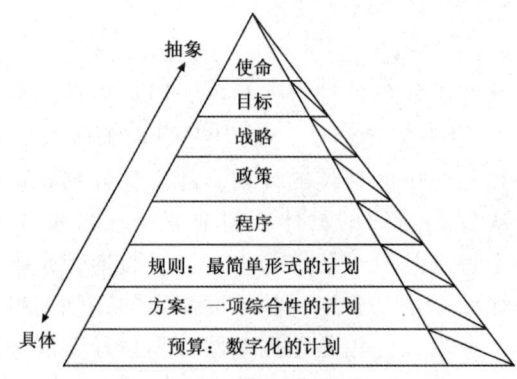

图 4-2　计划的层次体系

1. 目的或使命

它指明一定的组织机构在社会上应起的作用和所处的地位。它决定组织的性质，是决定此组织区别于彼组织的标志。各种有组织的活动，至少应该有自己的目的或使命。比如，大学的使命是教书育人和科学研究，研究院所的使命是科学研究，医院的使命是治病救人，法院的使命是解释和执行法律，企业的使命是生产和分配商品及服务。

2. 目标

组织的目的或使命往往太抽象，太原则化，它需要进一步具体化为组织一定时期的目标和各部门的目标。组织的使命支配着组织各个时期的目标和各部门的目标，并且组织各个时期的目标和各部门的目标是围绕组织存在的使命所制定的，并为完成组织使命而努力。虽然教书育人和科学研究是一所大学的使命，但一所大学在完成自己使命时会进一步具体化不同时期的目标和各院系的目标，比如最近 3 年培养多少人才，发表多少论文等。

3. 战略

战略是指应用于整体组织的，为组织未来较长时期（通常为 5 年以上）设立总体目标和寻求组织在环境中的地位的计划。战略并不需要确切地描述这个组织怎样去完成它的目标，这些属于无数主要的和次要的支持性计划的任务。

4. 政策

政策是指导或沟通决策思想的全面的陈述书或理解书。但不是所有政策都是陈述书，政策也常常会从主管人员的行动中含蓄地反映出来。比如，主管人员处理某问题的习惯方式往往会被下属作为处理该类问题的模式，这就是一种含蓄的、潜在的政策。政策用来帮助事先决定问题的处理方法，这一方面减少对某些例行事件处理的成本，另一方面把其他计划统一起来了。政策支持分权，同时也支持上级主管对该项分权的控制。政策允许对某些事情有酌情处理的自由，一方面我们切不可把政策当作规则，另一方面我们又必须把这种自由限制在一定的范围内。自由处理的权限的大小一方面取决于政策自身，另一方面取决于主管人员的管理艺术。

5. 程序

程序是制定处理未来活动的一种必需方法的计划。它详细列出完成某类活动的切实方式，并按时间顺序对必要的活动进行排列。它与战略不同，它是行动的指南，而非思想的指南。它与政策不同，它没有给行动者自由处理的权力。出于理论研究的考虑，我们把政策与程序区分开来，但实践工作中，程序往往表现为组织的规章制度。比如，一家制造业企业处理订单的程序、财务部门批准给客户信用的程序、会计部门记载往来业务的程序等，这些都表现为企业的规章制度，也即政策。组织中每个部门都有程序，并且在基层，程序更加具体化，数量也更多了。

6. 规则

规则没有酌情处理的余地。它详细地阐明了必需行动或非必需的行动，其本质是一种必须或无须采取某种行动的管理决策。规则通常是最简单形式的计划。

规则不同于程序。其一，规则用于指导行动但不说明时间顺序；其二，可以把程序看作是一系列的规则，但是一条规则可能是也可能不是程序的组成部分。比如，"禁止吸烟"是一条规则，但和程序没有任何联系；一种规定顾客服务的程序可能表现为一种规则，如在接到顾客需要服务的信息30分钟内必须给予顾客答复。

规则也不同于政策。政策的目的是要指导行动，并给执行人员留有酌情处理的余地；而规则虽然也起指导行动的作用，但是在运用规则时，执行人员没有自行处理权。

必须注意的是，就性质而言，规则和程序均旨在约束行为；但只有在不要组织成员行使他们的自行处理权时，才应该使用规则和程序。

7. 方案（或规划）

方案是一个综合性的计划，它包括目标、政策、程序、规则、任务分配、采取的步骤、要使用的资源，以及为完成既定行动方针所需的其他因素。一项方案可能很大，也可能很小。通常情况下，一个主要方案（规划）可能需要很多支持计划。在该主要方案进行之前，必须把这些支持计划制定出来，并付诸实施。所有这些计划都必须加以协调和安排时间。

8. 预算

预算是一份用数字表示预期结果的报表。预算通常是为规划服务的，但其本身可能就是一项规划。

五、计划的编制程序

任何计划工作的程序,即工作步骤都是相似的,依次包括以下内容:估量机会;制定目标;确定计划工作的前提条件;拟订可供选择的方案;评价各种备选方案;选择方案;制定辅助计划;通过预算使计划数字化。如图4-3所示。

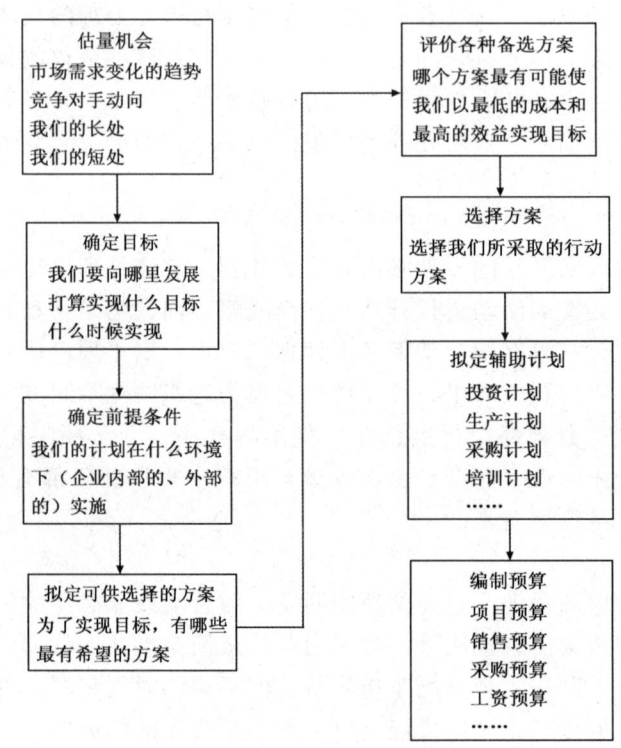

图4-3 计划的编制程序

(一) 估量机会

对机会的估量,要在实际的计划工作开始之前就着手进行,它虽然不是计划的一个组成部分,但却是计划工作的一个真正起点。其内容包括:对未来可能出现变化和预示的机会进行初步分析,形成判断;根据自己的长处和短处搞清自己所处的地位;了解自己利用机会的能力;列举主要的不肯定因素,分析其发生的可能性和影响程度;在反复斟酌的基础上,定下决心,扬长避短。

(二) 确定目标

计划工作的第一步,是在估量机会的基础上,为组织及其所属的下级单位确定计划工作的目标。在这一步上,要说明基本的方针和要达到的目标,说明制定战略、政策、规则、程序、规划和预算的任务,指出工作的重点。

（三）确定前提条件

计划工作的第二步是确定一些关键性的计划前提条件，并使设计人员对此取得共识，所谓计划工作的前提条件就是计划工作的假设条件，换言之，即计划实施时的预期环境。负责计划工作的人员对计划前提了解得愈细愈透彻，并能始终如一地运用它，则计划工作也将做得越协调。按照组织的内外环境，可以将计划工作的前提条件分为外部前提条件和内部前提条件；还可以按可控程度，将计划工作前提条件分为不可控的、部分可控的和可控的三种前提条件。前述的外部前提条件多为不可控的和部分可控的，而内部前提条件大多是可控的。不可控的前提条件越多，不肯定性越大，就愈需要通过预测工作确定其发生的概率和影响程度的大小。

（四）拟订可供选择的方案

计划工作的第三步是调查和设想可供选择的行动方案。通常，最显眼的方案不一定就是最好的方案。在过去的计划方案上稍加修改和略加推演也不会得到最好的方案。这一步工作需要发挥创造性。此外，方案也不是越多越好。即使我们可以采用数学方法和借助电子计算机的手段，还是要对候选方案的数量加以限制，以便把主要精力集中在对少数最有希望的方案的分析方面。

（五）评价各种备选方案

计划工作的第四步是按照前提和目标来权衡各种因素，比较各个方案的利弊，对各个方案进行评价。评价实质上是一种价值判断。它一方面取决于评价者所采用的标准；另一方面取决于评价者对各个标准所赋予的权数。显然，确定目标和确定计划前提条件的工作质量，直接影响到方案的评价。在评价方法方面，可以采用运筹学中较为成熟的矩阵评价法、层次分析法以及在条件许可的情况下采用多目标评价方法。

（六）选择方案

计划工作的第五步是选定方案。这是在前四步工作的基础上做出的关键一步，也是决策的实质性阶段——抉择阶段。可能遇到的情况是，有时会发现同时有两个可取的方案。在这种情况下，必须确定出首先采取哪个方案，而将另一个方案也进行细化和完善，并作为后备方案。

（七）拟订派生计划

派生计划就是总计划下的分计划。总计划要靠派生计划来保证，派生计划是总计划的基础。

（八）编制预算

计划工作的最后一步是把计划转化为预算，使之数字化。预算实质上是资源的分配计划。预算工作做好了，可以成为汇总和综合平衡各类计划的一种工具，也可以成为衡量计划完成进度的重要标准,对于这后一点,在本书控制一章中还要详细讨论。

六、计划的方法

计划工作的方法很多,这里仅简要介绍三种常用的有效方法,即运筹学方法;滚动计划方法和网络计划技术。

(一) 运筹学方法

计划工作的最全面的分析方法之一,就是运筹学,它是"管理科学"理论的基础。就内容讲,运筹学又是一种分析的、实验的和定量的科学方法,用于研究在物质条件(人、财、物)已定的情况下,为了达到一定的目的,如何统筹兼顾整个活动所有各个环节之间的关系,为选择一个最好的方案提供数量上的依据,以便能为最经济、最有效地使用人、财、物做出综合性的合理安排,取得最好的效果。

运筹学实际上起源于 20 世纪初叶的科学管理运动。像 F. W. 泰罗和 F. B. 吉尔布雷斯夫妇等人首创的时间和动作研究;H. 甘特发明的"甘特图",以及丹麦数学家厄兰(A. K. Erlang) 1917 年对丹麦首都哥本哈根市电话系统排队问题的研究等,应当看作是最早的"运筹学"。第二次世界大战中,为适应战争的需要,发展出了现代运筹学的一个最成熟的分支——线性规划。随后,随着计算技术的进步和计算机的普及,像非线性规划、动态规划、整数规划、图论、排队论、对策论、库存论。模拟等一系列重要分支也逐步发展和完善起来。

在计划工作中应用运筹学的一般程序,包括以下主要步骤:

(1) 建立问题的数学模型。首先根据研究目的对问题的范围进行界定;确定描述问题的主要变量和问题的约束条件,然后根据问题的性质确定采用哪一类运筹学方法,并按此方法将问题描述为一定的数学模型。为了使问题简化和突出主要的影响因素,需要作各种必要的假定。

(2) 规定一个目标函数,作为对各种可能的行动方案进行比较的尺度。

(3) 确定模型中各参量的具体数值。

(4) 求解模型,找出使目标函数达到最大值(或最小值)的最优解。通常,即使是求一很简单的管理问题模型的最优解,也要编制计算机程序上机运算。

20 世纪 50 年代和 60 年代是运筹学研究和应用的鼎盛时期,但也有一些管理学家对运筹学的作用提出怀疑。他们对运筹学的批评大多集中在两个根本的问题上:

(1) 任何模型的应用都必须满足一定的条件,在究竟是让模型适合问题还是让问题适合模型这一点上,许多运筹学家实际上是在让管理问题"削足适履"。他们将原始问题加以抽象,直到数学难点或计算难点都被舍去为止,从而使问题的解答失去实际应用价值。

(2) 运筹学最终要得到问题的最优解,而从管理实践的角度来看,由于决策目标通常有多个,且各个目标间又存在冲突,因此,最终的解决方案只能是一种折中。只要能给出一个近似的、比不用数学方法而单靠经验和直觉所得出的足够好的结果来就满不错了。管理者实际需要的是这种"满意解",而不是附加了各种假定条件的"最优解"。目前,批评者的观点正促使运筹学家们改进运筹学的方法。计算机模拟技术的发展和应用就是向着更加实用方向的一种巨大进步。不过,对于计划工作人员有一点需要提醒注意的是,认为某个问题在本质上就是定性的,在未作定量分析的尝试之前就武断地认为不可能用数学模型来描述,同样是有害的,甚至是更有害的。

(二) 滚动式计划方法

滚动式计划方法是一种编制具有灵活性的、能够适应环境变化的长期计划方法。其编制方法是:在已编制出的计划的基础上,每经过一段固定的时期(例如一年或一个季度等,这段固定的时期被称为滚动期)便根据变化了的环境条件和计划的实际执行情况,从确保实现计划目标出发对原计划进行调整。每次调整时,保持原计划期限不变,而将计划期限顺序向前推进一个滚动期。图4-4是一个滚动式计划编制过程的示意图。

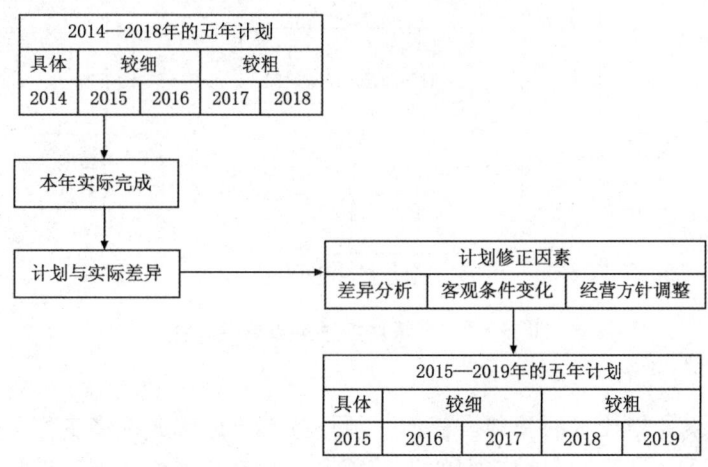

图4-4 五年期滚动计划

由于长期计划的计划期较长,很难准确地预测到各种影响因素的变化,因而很难确保长期计划的成功实施。而采用滚动式计划方法,就可以根据环境条件变化和实际完成情况,定期地对计划进行修订,使组织始终有一个较为切合实际的长期计划作指导,并使长期计划能够始终与短期计划紧密地衔接在一起。

(三) 网络计划技术

网络计划技术是20世纪50年代后期在美国产生和发展起来的。它包括各种以网络为基础制定计划的方法,如关键路径法、计划评审技术、组合网络法等。1956年美国的一些工程师和数学家组成了一个专门小组首先开始这方面的研究。1958年美国海军武器计划处采用了计划评审技术,使北极星导弹工程的工期由原计划的10年缩短为8年。1961年,美国国防部和国家航空署规定,凡承制军用品必须用计划评审技术制定计划上报。从那时起,网络计划技术就开始在组织管理活动中被广泛地应用。

1. 网络计划的基本步骤

网络计划技术的原理,是把一项工作或项目分成各种作业,然后根据作业顺序进行排列，通过网络图对整个工作或项目进行统筹规划和控制，以便用最少的人力、物力、财力资源，以最快的速度完成工作。网络计划技术的基本步骤如图4-5所示。

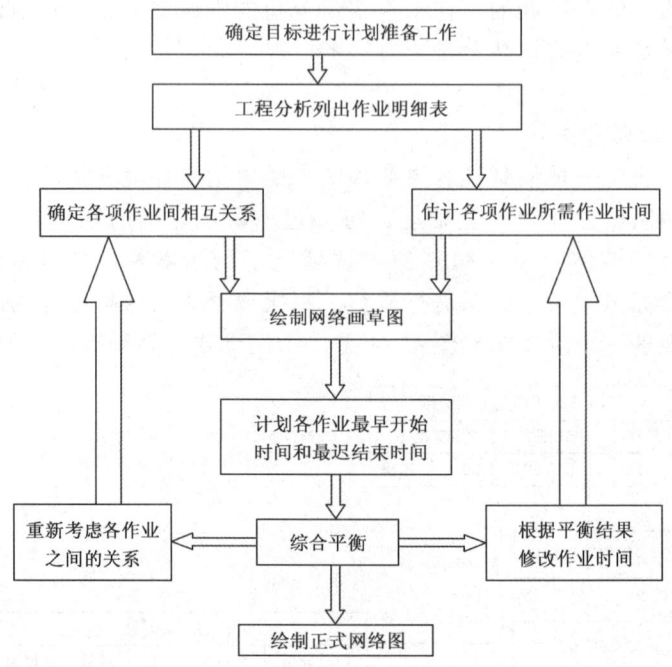

图4-5 网络计划技术的基本步骤

2. 网络图

网络图是网络计划技术的基础。任何一项任务都可分解成许多工作，根据这些工作在时间上的衔接关系，用箭线表示它们的先后顺序，画出一个由各项工作相互联系、并注明所需时间的箭线图，这个箭线图就称作网络图。图4-6便是一个简单的网络图。

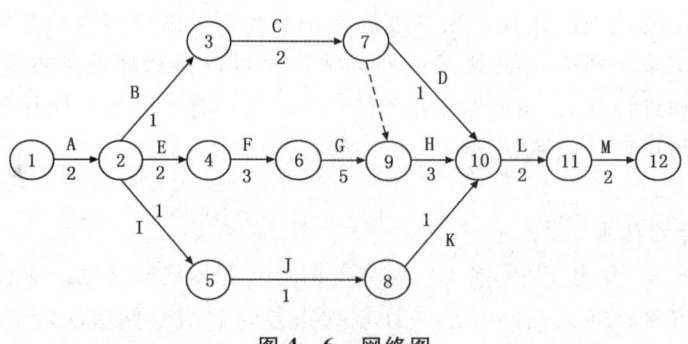

图4-6 网络图

分析图4-6可以发现，网络图由以下部分构成：

（1）"——→"，工序。是一项工作的过程，有人力、物力参加，经过一段时间才能完成。图中箭线下的数字便是完成该项工作所需的时间。此外，还有一些工序既不占用时间，也不消耗资源，是虚设的，叫虚工序，在图中用"---→"表示。网络图中应用虚工序的目的是为避免工序之间关系含混不清，正确表明工序之间先后衔接的逻辑关系。

(2) "○",节点。是两个工序间的连接点。节点既不消耗资源,也不占用时间,只表示前道工序结束、后道工序开始的瞬间。一个网络图中只有一个始节点和一个终节点。

(3) 路线。网络图中由始点事项出发,沿箭线方向前进,连续不断地到达终点事项的一条通道。一个网络图中往往存在多条路线,例如图4-6中从始点①连续不断地走到终点的路线有4条(可用节点连线表达,也可用工序代码表达),即:

ABCDLM (10天)
ABCHLM (12天)
AEFGHLM (19天)
AIJKLM (9天)

比较各路线的路长,可以找出一条或几条最长的路线,这种路线被称为关键路线。关键路线上的工序被称为关键工序。关键路线的路长决定了整个计划任务所需的时间。关键路线上各工序完工时间提前或推迟直接影响整个活动能否按时完工。确定关键路线,据此合理地安排各种资源,对各工序活动进行进度控制,是利用网络计划技术的主要目的。

3. 网络计划技术的评价

网络计划技术虽然需要大量而繁琐地计算,但在计算机广泛运用的时代,这些计算已大都程序化了。这种技术之所以被广泛地运用是因为它有一系列的优点。

(1) 该技术能清晰地表明整个工程的各个项目的时间顺序和相互关系,并指出了完成任务的关键环节和路线。因此,管理者在制定计划时可以统筹安排,全面考虑,又不失重点。在实施过程中,管理者可以进行重点管理。

(2) 可对工程的时间进度与资源利用实施优化。在计划实施过程中,管理者调动非关键路线上的人力、物力和财力从事关键作业,进行综合平衡。这既可节省资源又能加快工程进度。

(3) 可事先评价达到目标的可能性。该技术指出了计划实施过程中可能发生的困难点以及这些困难点对整个任务产生的影响,有利于管理者准备好应急措施,从而减少完不成任务的风险。

(4) 便于组织与控制。管理者可以将工程,特别是复杂的大项目,分成许多支持系统来分别组织实施与控制,这种既化整为零又聚零为整的管理方法可以实现局部和整体的协调一致。

(5) 易于操作,并具有广泛的应用范围,适用于各行各业以及各种任务。

七、一种有效的计划实施方法——目标管理

20世纪50年代,受古典管理理论的影响,管理中过于重视过程控制,导致管理的僵化,针对这一问题,很多管理学者提出要重视成果管理和员工的激励。1954美国学者彼得·德鲁克(Peter F. Drucker)在所著的《管理的实践》中提出"目标管理和自我控制",迅速被企业认可和推崇。目标管理被称为"管理中的管理"。我国企业于20世纪80

年代初开始引进目标管理法,并取得较好成效。

(一) 目标管理基本思想

(1) 企业的任务必须转化为目标,企业管理人员必须通过这些目标对下级进行领导,并以此来保证企业总目标的实现。对于那些工作成就和成果直接地、严重地影响企业的生存和繁荣的部门,目标更是必需的。部门经理取得的成就必须是从企业的目标中引申出来的,他们的成果必须用他们对企业的成就有多大的贡献来衡量。

(2) 目标管理是一种程序,使一个组织中的上下各级管理人员统一起来制定共同的目标,确定彼此的责任,并将此项责任作为指导业务和衡量各自贡献的准则。一个管理人员的职务应该以达到公司目标所要完成的工作为依据;如果没有方向一致的分目标来指导每个人的工作,那么企业的规模越大、人员越多时,发生冲突和浪费的可能性就越大。

(3) 每个企业管理人员或工人的分目标就是企业总目标对他的要求,同时也是这个企业管理人员或工人对企业总目标的贡献。只有每个人的分目标都完成了,企业的总目标才有完成的希望。

(4) 管理人员和工人是依据设定的目标进行自我管理,他们以所要达到的目标为依据,进行自我指挥、自我控制,而不是由他的上级来指挥和控制。

(5) 企业管理人员对下级进行考核和奖惩也是依据这些分目标。

(二) 目标的性质

目标表示最后结果,总目标需要由子目标来支持。这样,组织及其各层次的目标就形成了一个目标网络。作为任务分配、自我管理、业绩考核和奖惩实施依据的目标具有如下特征:层次性;网络性;多样性;可考核性;可接受性;富有挑战性;伴随信息反馈性。

1. 目标的层次性

组织目标形成一个有层次的体系,从广泛的组织战略性目标到特定的个人目标。这个体系的顶层是组织的远景和使命陈述,第二层次是组织的任务。在任何情况下,组织的使命和任务必须转化为组织的总目标和战略,总目标和战略更多地指向组织较远的未来,并且为组织的未来提供行动框架。这些行动框架必须进一步细化为更多的具体的行动目标和行动方案。在目标体系的基层是分公司的目标、部门和单位的目标、个人目标等。

在组织目标的层次体系中不同层次的主管人员参与不同类型目标的建立。董事会和最高层主管人员主要参与确定企业的使命和任务目标,并且也参与在关键领域中更具体的总目标的确定。中层主管人员如副总经理、营销经理或生产经理,主要是建立关键领域的目标、分公司的和部门的目标。基层主管人员主要关心的是部门和单位的目标以及他们的下级人员目标的制定。对于组织任何层次的人员来说,都应该有个人目标,包括业绩和个人发展目标。

2. 目标的网络性

如果说目标体系是从整个组织的角度来考察组织目标的话,那么,目标网络则是从某一具体目标的实施规划的整体协调方面来进行考察。目标与计划方案,通常均形成所希望的结果和结局的一种网络。如果各种目标不互相关联、不相互协调且也互不支持,则组织成员往往出于自利而采取在本部门有利而对整个公司却是不利的途径。目标网络的内涵表现为以下四点：第一，目标和计划很少是线性的，即并非当一个目标实现后接着去实现另一个目标，如此等等。目标和规划形成一个互相联系着的网络。第二，主管人员必须确保目标网络中的每个组成部分要相互协调。不仅各种规划的执行要协调，而且完成这些规划在时间上也要协调。第三，组织中的各个部门在制定自己部门的目标时，必须要与其他部门相协调。一家公司的一个部门似乎很容易制定完全适合于它的目标，但这个目标却可能在经营上与另一个部门的目标相矛盾。第四，组织制定各种目标时，必须要与许多约束因素相协调。

3. 目标的多样性

任务和企业的主要目标通常是多种多样的。同样，在目标层次体系中的每个层次的具体目标也可能是多种多样的。有人认为，一位主管人员不可能有效地追求更多的目标，以 2~5 个为宜。其理由是，过多的目标会使主管人员应接不暇从而顾此失彼，甚至可能会使主管人员过于注重小目标而有损于主要目标的实现。也有人认为，主管人员可能同时追求多达 10~15 个重要目标。但如果目标的数目过多，其中无论哪一个都没有受到足够的重视，则计划工作是无效的。因此，在考虑追求多个目标的同时，必须对各目标的相对重要程度进行区分。

4. 目标的可考核性

要让目标可以考核就要将目标量化。目标定量化可能会损失组织运行的一些效率，但是对组织活动的控制、成员的奖惩会带来很多方便。目标可考核性表达的是这样一个意思：人们必须能够回答"在期末，我如何知道目标已经完成了?"比如，获取合理利润这一目标，可以最好地指出公司是盈利还是亏损的，但它并不能说明应该取得多少利润。因为在不同人的思想里对"合理"的解释是不同的，对于下属人员是合理的东西，可能完全不被上级领导人接受。如果意见不合，下属人员一般无法争辩。如果我们将此目标明确地量化为"在本会计年度终了实现投资收益率10%"，那么它对"多少"、"什么"、"何时"都做出了明确回答。

有时要用可考核的措辞来说明结果会有更多的困难，对高层管理人员以及政府部门尤其如此。但原则是：我们只可能规定明确的、可考核的目标。

5. 目标的可接受性

根据美国管理心理学家维克多·弗鲁姆（Victor Vroom）的期望理论，人们在工作中的积极性或努力程度（激发力量）是效价和期望值的乘积，其中效价指一个人对某项工作及其结果（可实现的目标）能够给自己带来的满足程度的评价，即对工作目标有用性（价值）的评价；期望值指人们对自己能够顺利完成这项工作可能性的估计，即对工作目标能够实现的概率的估计。因此，如果一个目标要对其接受者产生激发作用，那么对于接受者来说，这个目标必须是可接受的、可以完成的。对一个目标接受者来说，如果目标超过其能力所及的范围，则该目标对其是没有激励作用的。

6. 目标的挑战性

同样根据弗鲁姆的期望理论，如果一项工作完成所达的目的对接受者没有多大意义的话，接受者是没有动力去完成该项工作的；如果完成一项工作，对接受者来说，是件轻而易举的事件，那么接受者也没有动力去完成该项工作。教育学中有一原则叫"跳一跳，摘桃子"，说的就是这个道理。

目标的可接受性和挑战性是对立统一的关系，但在实际工作中，我们必须把它们统一起来。

7. 伴随信息反馈性

信息反馈是把目标管理过程中目标的设置、目标实施情况不断地反馈给目标设置和实施的参与者，让他们时时知道组织对自己的要求及自己的贡献情况。如果建立了目标再加上反馈，就能更进一步加强员工工作表现。

综上所述，设置目标一般要求目标的数量不宜太大，能涵盖工作的主要特征，并尽可能地说明必须完成什么和何时完成，如有可能，也应明示所期望的质量和为实现目标的计划成本。此外，目标应能促进个人职业上的成长和发展，对员工具有挑战性，并在目标管理过程中有必要适时地向员工反馈目标完成情况。

（三）目标管理的过程

孔茨认为，目标管理是一个全面的管理系统，它用系统的方法把许多关键管理活动结合起来，并且有意识地瞄准并有效地和高效率地实现组织目标和个人目标。

在理想的情况下，这个过程开始于组织的最高层，总经理给这一过程积极支持，并给组织以指导。但是目标设置开始于最高层并不是必然的。它可以从分公司一级开始，也可以在某职能部门一级甚至更低层开始。例如，某一公司的目标管理首先开始在一个分公司建立，随后逐级建立到管理的最底层而形成一个互相联系、互相支持的目标网络。在分公司经理的领导和指导下，无论在获利性、成本降低、改善经营等方面都取得了成功。不久，其他一些分公司经理和企业总经理也产生了兴趣并力图履行类似的目标管理计划。

（1）建立一套完整的目标体系。实行目标管理，首先要建立一套完整的目标体系。这项工作总是从企业的最高主管部门开始的，然后由上而下地逐级确定目标。上下级的目标之间通常是一种"目的—手段"的关系；某一级的目标，需要用一定的手段来实现，这些手段就成为下一级的次目标，按级顺推下去，直到作业层的作业目标，从而构成一种锁链式的目标体系。

制定目标的工作如同所有其他计划工作一样，非常需要事先拟定和宣传前提条件。这是一些指导方针，如果指导方针不明确，就不可能希望下级主管人员会制定出合理的目标来。此外，制定目标应当采取协商的方式，应当鼓励下级主管人员根据基本方针拟定自己的目标，然后由上级批准。

目标体系应与组织结构相吻合，从而使每个部门都有明确的目标，每个目标都有人明确负责。然而，组织结构往往不是按组织在一定时期的目标而建立的，因此，在按逻辑展开目标和按组织结构展开目标之间，时常会存在差异。其表现是，有时从逻辑上看，一个重要的分目标却找不到对此负全面责任的管理部门，而组织中的有些部门却很难为其确定重要的目标。这种情况的反复出现，可能最终导致对组织结构的调整。从这个意义上说，目标管理还有助于搞清组织机构的作用。

（2）组织实施。目标既定，主管人员就应放手把权力交给下级成员，而自己去抓重点的综合性管理。完成目标主要靠执行者的自我控制。如果在明确了目标之后，作为上级主管人员还像从前那样事必躬亲，便违背了目标管理的主旨，不能获得目标管理的效果。当然，这并不是说，上级在确定目标后就可以撒手不管了。上级的管理应主要表现在指导、协助、提出问题、提供情报以及创造良好的工作环境方面。

（3）检查和评价。对各级目标的完成情况，要事先规定出期限，定期进行检查。检查的方法可灵活地采用自检、互检和责成专门的部门进行检查。检查的依据就是事先确定的目标。对于最终结果，应当根据目标进行评价，并根据评价结果进行奖罚。经过评价，使得目标管理进入下一轮循环过程。

（四）目标管理的局限性

尽管目标管理方法有很多优点，但它也有若干弱点和缺点。有的缺点是方法本身存在的，另外一些则是在运用中引起的。

（1）对目标管理的原理和方法宣讲得不够。目标管理看起来简单，但要把它有效地付诸实施，则尚需各级主管人员对它有详尽的了解和认识。这就需要对目标管理的整个体系做耐心的解释工作，说明目标管理是什么；它怎样发挥作用；为什么要这样做；它在评价管理工作成效时起些什么作用；以及参与目标管理的人能得到什么好处等。

（2）目标难以确定。一方面可考核的目标是难以确定的；另一方面使同一级主管人员的目标都具有正常的"紧张"和"费力"程度更是困难的，而这两个问题恰是使目标管理取得成效的关键。

（3）目标一般是短期的。几乎在所有实行目标管理的组织中，所确定的目标一般都是短期的，很少超过一年，常常是一季度或更短些。强调短期目标的弊病是显而易见的，因此，为防止短期目标所导致的短期行为，上级主管人员必须从长期目标的角度提出总目标和制定目标的指导方针。

（4）难以权变。目标管理要取得成效，就必须保持其明确性和肯定性，如果目标经常改变，就难以说明它是经过深思熟虑和周密计划的结果，这样的目标是没有意义的。但是，计划是面向未来的，而未来存在许多不肯定因素，这又使得必须根据已经变化了的计划工作前提对目标进行修正。然而修订一个目标体系与制定一个目标体系所花费的精力相差无几，结果可能迫使主管人员不得不中途停止目标管理的过程。

了解目标管理的局限性，对于有效地实施目标管理是很重要的。目标管理在我国的管理发展中还是一种新的趋势，各类组织的主管人员还需不断探索，使之不断完善。

第二节 决 策

对于主管人员来说，决策的确是最重要、最困难、最花费精力和最冒风险的事情。也正因为如此，近年来决策活动引起了管理学家、心理学家、社会学家以至数学家和计算机科学家们的极大关注，并且成为一门独立研究领域，形成为决策科学。

从管理学的观点看，决策（Decision 或 Decision making）的最古老和直接的含义就是，在若干可供选择的行动方案中作出抉择。在管理的五项职能中，几乎都会遇到决策问题，也就是说，决策并不只限于计划工作。

一、决策的定义

关于决策的定义，仁者见仁，智者见智。一个简单的定义是，"从两个以上的备选方案中选择一个的过程就是决策"（杨洪兰，1996）。一个较具体的定义是，"所谓决策，是指组织或个人为了实现某种目标而对未来一定时期内有关活动的方向、内容及方式的选择或调整过程"（周三多，1999）。西方诸多学者也从不同角度对决策进行了解释。

在本书中，我们采用路易斯、古德曼和范特（Lewis, Goodman and Fandt, 1998）对决策的定义："管理者识别并解决问题的过程，或者管理者利用机会的过程。"对于这一定义，可作如下理解：

（1）决策的主体是管理者，因为决策是管理的一项职能。管理者既可以单独做出决策，这样的决策称为个体决策；也可以和其他的管理者共同做出决策，这样的决策称为群体决策。

（2）决策的本质是一个过程，这一过程由多个步骤组成，尽管各人对决策过程的理解不尽相同。在第二节介绍的过程包含 6 个步骤。

（3）决策的目的是解决问题或利用机会，这就是说，决策不仅仅是为了解决问题，有时也是为了利用机会。

二、决策的原则

决策遵循的是满意原则，而不是最优原则。对决策者来说，要想使决策达到最优，必须具备以下条件，缺一不可：容易获得与决策有关的全部信息；真实了解全部信息的价值所在，并据此拟定出所有可能的方案；准确预测每个方案在未来的执行结果。

但现实中，上述这些条件往往得不到满足。具体来说原因有：组织内外的很多因素都会对组织的运行产生不同程度的影响，但决策者很难收集到反映这些因素的一切信息；对于搜集到的有限信息，决策者的利用能力也是有限的，从而决策者只能拟定数量有限的方案；任何方案都要在未来实施，而未来是不确定的。人们对未来的认识和影响十分有限，从而决策时所预测的未来状况可能与实际的未来状况不一致。

现实中的上述状况决定了决策者难以做出最优决策,只能做出相对满意的决策。

三、决策的依据

管理者在决策时离不开信息。信息的数量和质量直接影响决策水平。这要求管理者在决策之前以及决策过程中尽可能地通过多种渠道搜集信息作为决策的依据。但这并不是说管理者要不计成本地搜集各方面的信息。管理者在决定搜集什么样的信息、搜集多少信息以及从何处收集信息等问题时,要进行成本—收益分析。只有在搜集的信息所带来的收益(因决策水平提高而给组织带来的利益)超过为此而付出的成本时,才应该收集该信息。

所以我们说,适量的信息是决策的依据,信息量过大固然有助于决策水平的提高,但对组织而言可能是不经济的,而信息量过少则使管理者无从决策或导致决策达不到应有的效果。

四、决策理论

(一) 古典决策理论

古典决策理论是基于"经济人"假设提出的,主要盛行于 20 世纪 50 年代以前。古典决策理论认为,应该从经济的角度来看待决策问题,即决策的目的在于为组织获取最大的经济利益。

古典决策理论的主要内容有以下几个方面。

(1) 决策者必须全面掌握有关决策环境的信息情报。

(2) 决策者要充分了解有关备选方案的情况。

(3) 决策者应建立一个合理的层级结构,以确保命令的有效执行。

(4) 决策者进行决策的目的始终在于使本组织获取最大的经济利益。

古典决策理论假设,决策者是完全理性的,决策者在充分了解有关信息情报的情况下,是完全可以做出实现组织目标的最佳决策的。古典决策理论忽视了非经济因素在决策中的作用,这种理论不可能正确指导实际的决策活动,从而逐渐被更为全面的行为决策理论所代替。

(二) 行为决策理论

行为决策理论的发展始于 20 世纪 50 年代。对古典决策理论的"经济人"假设发难的第一人是赫伯特·A. 西蒙,他在《管理行为》一书中指出,理性的和经济的标准都无法确切地说明管理的决策过程,进而提出"有限理性"标准和"满意度"原则。其他学者对决策者行为做了进一步的研究,他们在研究中也发现,影响决策的不仅有经济因素,还有决策者的心理与行为特征,如态度、情感、经验和动机等。

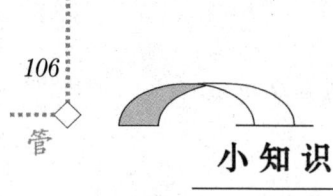

小知识

赫伯特·西蒙

赫伯特·西蒙（Herbert A. Simon，1916—2001），美国管理学家和社会科学家，经济组织决策管理大师，第十届诺贝尔经济学奖获奖者。1916年生于美国威斯康星州密尔沃基。毕业于芝加哥大学，1943年获得博士学位。曾先后在加利福尼亚大学、伊利诺工业大学和卡内基——梅隆大学任计算机科学及心理学教授，曾从事过计量学的研究。他还担任过企业界和官方的多种顾问。他倡导的决策理论，是以社会系统理论为基础，吸收古典管理理论、行为科学和计算机科学等的内容而发展起来的一门边缘学科。由于他在决策理论研究方面的突出贡献，他被授予1978年度诺贝尔经济学奖。

行为决策理论的主要内容有以下几个方面。

（1）人的理性介于完全理性和非理性之间，即人是有限理性的，这是因为在高度不确定和极其复杂的现实决策环境中，人的知识、想象力和计算力是有限的。

（2）决策者在识别和发现问题中容易受知觉上的偏差的影响，而在对未来的状况做出判断时，直觉的运用往往多于逻辑分析方法的运用。所谓知觉上的偏差，是指由于认知能力有限，决策者仅把问题的部分信息当作认知对象。

（3）由于受决策时间和可利用资源的限制，决策者即使充分了解和掌握有关决策环境的信息情报，也只能做到尽量了解各种备选方案的情况，而不可能做到全部了解，决策者选择的理性是相对的。

（4）在风险型决策中，与对经济利益的考虑相比，决策者对待风险的态度对决策起着更为重要的作用。决策者往往厌恶风险，倾向于接受风险较小的方案，尽管风险较大的方案可能带来较为可观的收益。

（5）决策者在决策中往往只求满意的结果，而不愿费力寻求最佳方案。导致这一现象的原因有多种：决策者不注意发挥自己和别人继续进行研究的积极性，只满足于在现有的可行方案中进行选择；决策者本身缺乏有关能力，在有些情况下，决策者出于某些个人因素的考虑做出自己的选择；评估所有的方案并选择其中的最佳方案需要花费大量的时间和金钱，这可能得不偿失。

行为决策理论抨击了把决策视为定量方法和固定步骤的片面性，主张把决策视为一种文化现象。例如，日裔美籍学者威廉·大内（William Ouchi）在其对美日两国企业在决策方面的差异进行的比较研究中发现，东西方文化的差异是导致这种决策差异的一种不容忽视的原因，从而开创了对决策的跨文化比较研究。

除了西蒙的"有限理性"模式，林德布洛姆的"渐进决策"模式也对"完全理性"模式提出了挑战。林德布洛姆认为决策过程应是一个渐进过程，而不应大起大落（当然，这种渐进过程积累到一定程度也会形成一次变革），否则会危及社会稳定，给组织带来组织结构、心理倾向和习惯等的震荡和资金困难，也使决策者不可能了解和思考全部方案并弄清每种方案的结果（这是由于时间的紧迫和资源的匮乏）。因此，"按部就班、修修补补的渐进主义决策者，似乎不是一位叱咤风云的英雄人物，而实际上是能够清醒地认识到自己是在与无边无际的宇宙进行搏斗的足智多谋的解决问题的决策者。"这说明，决策不能只遵守一种固定的程序，而应根据组织外部环境与内部条件的变化进行适时的调整和补充。

五、决策过程

（一）诊断问题（识别机会）

决策者必须知道哪里需要行动，因此决策过程的第一步是诊断问题或识别机会。管理者通常密切关注处在其责任范围内的相关数据与信息。实际状况与所预期状况的差异提醒管理者潜在机会或问题的存在。识别机会和问题并不总是简单的，因为要考虑组织中人的行为。有时候，问题可能埋藏在个人过去的经验、组织复杂的结构或个人和组织因素的某种混合中，因此，管理者必须特别注意要尽可能精确地评估问题和机会。而另一些时候，问题可能简单明了，只要稍加观察就能识别出来。

评估机会和问题的精确程度有赖于信息的精确程度，所以管理者要尽力获取精确的、可信赖的信息。低质量的或不精确的信息不仅白白浪费掉大量时间，也使管理者无法发现导致某种情况出现的潜在原因。

即使搜集到的信息是高质量的，在解释的过程中也可能发生扭曲。有时，信息持续地被误解或有问题的事件一直未被发现，这些都使得信息的扭曲程度加重。大多数重大灾难或事故都有一个较长的潜伏期，在这一时期，有关征兆被错误地理解或不被重视，从而未能及时采取行动，导致灾难或事故的发生。

即使管理者拥有精确的信息并正确地解释它，处在他们控制之外的因素也会可能对机会和问题的识别产生影响。但是，管理者只要坚持获取高质量的信息并仔细地解释它，就会提高做出正确决策的可能性。

（二）明确目标

目标体现的是组织想要获得的结果。所想要获得的结果的数量和质量都要明确下来，因为这两个方面都最终指导决策者选择合适的行动路线。

目标的衡量方法有很多种，如我们通常用货币单位来衡量利润或成本目标，用每人的产出数量来衡量生产率目标，用次品率或废品率来衡量质量目标。

根据时间的长短，可把目标分为长期目标、中期目标和短期目标。长期目标通常用来指导组织的战略决策，中期目标通常用来指导组织的战术决策，短期目标通常用来指导组织的业务决策。无论时间的长短，目标总是指导着随后的决策过程。

（三）拟定方案

一旦机会或问题被正确地识别出来，管理者就要提出达到目标和解决问题的各种方案。这一步骤需要创造力和想象力。在提出备选方案时，管理者必须把试图达到的目标铭记在心，而且要提出尽量多的方案。

管理者常常借助其个人经验、经历和对有关情况的把握来提出方案。为了提出更多、更好的方案，需要从多种角度审视问题，这意味着管理者要善于征询他人的意见。

备选方案可以是标准的和显明的，也可以是独特的和富有创造性的。标准方案通常是指组织以前采用过的方案。通过头脑风暴法、名义组织技术和德尔菲技术等可以提出富有创造性的方案。

（四）筛选方案

决策过程的第四步是确定所拟定的各种方案的价值或恰当性，并确定最满意的方案。为此，管理者起码要具备评价每种方案的价值或相对优势/劣势的能力。在评估过程中，要使用预定的决策标准（如预期的质量）并仔细考虑每种方案的预期成本、收益、不确定性和风险，最后对各种方案进行排序。例如，管理者会提出以下的问题：该方案有助于质量目标的实现吗？该方案的预期成本是多少？与该方案有关的不确定性和风险有多大？

在此基础上，管理者就可以做出最后选择。尽管选择一个方案看起来很简单，只需要考虑全部可行方案并从中挑选一个能最好地解决问题的方案，但实际上做出选择是很困难的。由于最好的选择通常建立在仔细判断的基础上，所以管理者必须仔细考察所掌握的全部事实，并确信自己已获得足够的信息。

（五）执行方案

选定方案之后，紧接着的步骤就是执行方案。管理者要明白，方案的有效执行需要足够数量和种类的资源作保障。如果组织内部恰好存在方案执行所需要的资源，那么管理者应设法将这些资源调动起来，并注意不同种类资源的互相搭配，以保证方案的顺利执行。如果组织内部缺乏相应的资源，则要考虑从外部获取资源的可能性与经济性。

管理者还要明白，方案的执行将不可避免地会对各方造成不同程度的影响，一些人的既得利益可能会受到损害。在这种情况下，需要管理者善于做思想工作，帮助他们认识这种损害只是暂时的，或者说是为了组织全局的利益而不得不付出的代价，在可能的情况下，管理者还可以拿出相应的补偿方案以消除他们的顾虑，化解方案在执行过程中遇到的阻力。

管理者更应当明白，方案的实施需要得到广大员工的支持，需要调动他们的积极性。为此，需要做以下三方面的工作：将决策的目标分解到各个部门与个人，实行目标责任制，让他们树立起责任心，感受到组织赋予他们的压力；管理者要善于授权，做到责权对等，相关主体拥有必要的权利，便于其完成相应的目标；设计合理的报酬制度，根据目标的完成情况对相关主体实施奖惩，以充分调动他们的工作积极性。通过以上三方面的工作，能够实现责、权、利三者的有效结合，确保方案朝着管理者所期望的路线演进。

（六）评估效果

对方案执行效果的评估是指将方案实际的执行效果与管理者当初所设立的目标进行比

较，看是否出现偏差。如果存在偏差，则要找出偏差产生的原因，并采取相应的措施。具体来说，如果发现偏差的出现是由于当初考虑问题不周到，对未来把握不准，或者所拟定的方案过于粗略（也就是说，偏差的发生与决策过程中的前四个步骤有关），那么管理者就应该重新回到前面四个步骤，对方案进行适应性调整，以使调整后的方案更加符合组织的实际和变化的环境。从这个意义上说，决策不是一次性的静态过程，而是一个循环往复的动态过程。如果发现偏差是由方案执行过程中某种人为或非人为的因素造成的，那么管理者就应该加强对方案执行的监控并采取切实有效的措施，确保已经出现的偏差不扩大甚至有所缩小，从而使方案取得预期的效果。

六、决策方法

"工欲善其事，必先利其器"。这句名言强调了工具对完成好任务的重要性。在信息时代，信息技术就是做好管理决策的重要工具。然而，只有工具还不行，还要学会使用工具的方法。

决策使用的方法既依赖于客观条件，比如是否有计算机和相应软件，也依赖于决策者的能力，比如定性分析与定量分析的能力。根据决策所采用的分析方法，可以把决策方法分为定性方法、定量方法以及定性与定量相结合的方法；根据决策所采用的分析工具，可以把决策方法分为采用一般计算工具的方法以及采用计算机和网络等相关工具的方法。

（一）定性决策方法

定性决策法又称主观决策法，是决策者根据所掌握的信息，通过对事物运动规律的分析，在把握事物内在本质联系基础上进行决策的方法。这种方法适用于受社会、经济、政治等非计量因素影响较大、所含因素错综复杂、涉及社会心理因素较多以及难以用准确数量表示的综合性问题。

在计算机广泛应用之前，人们习惯于用定性方法解决决策问题，也常用定性与定量相结合并以定性分析为主的决策方法。在计算机已经普及的今天，好像定性决策方法应该退出历史舞台了，其实不然。以下几点是定性决策方法仍有用武之地的理由。

（1）人们面对信息不完全的决策问题时，比如面对新的环境里出现的新问题，难以使用对数据依赖程度很高的定量方法。

（2）当决策问题与人们的主观意愿关系密切时，比如定量分析的目标函数如何确定，特别是当多个决策者意见有分歧时，需要采用定性方法或以定性为主的决策方法。

（3）当决策问题十分复杂，现有的定量分析方法和计算工具难以胜任时，人们也不得不进行粗略的估计和采用定性分析方法。

1. 集体决策方法

（1）头脑风暴法。头脑风暴法的特点是：针对解决的问题，相关专家或人员聚在一起，在宽松的氛围中，敞开思路，畅所欲言，寻求多种决策思路。头脑风暴法的创始人是英国心理学家奥斯本（A. F. Osborn）。该决策方法的四项原则是：

①各自发表自己的意见，对别人的建议不作评论；

②建议不必深思熟虑，越多越好；

③鼓励独立思考、奇思妙想；

④可以补充完善已有的建议。

头脑风暴法的特点是倡导创新思维。时间一般在1~2小时，参加者以5~6人为宜。

（2）名义小组技术。在集体决策中，如果大家对问题性质的了解程度有很大差异，或彼此的意见有较大分歧，直接开会讨论效果并不好，可能争执不下，也可能权威人士发言后大家随声附和。这时，可以采取"名义小组技术"。管理者先选择一些对要解决的问题有研究或有经验的人作为小组成员，并向他们提供与决策问题相关的信息。小组成员各自先不通气，独立地思考，提出决策建议，并尽可能详细地将自己提出的备选方案写成文字资料。然后召集会议，让小组成员一一陈述自己的方案。在此基础上，小组成员对全部备选方案投票，产生大家最赞同的方案，并形成对其他方案的意见，提交管理者作为决策参考。

（3）德尔菲技术。德尔菲技术是兰德公司提出的，用于听取专家对某一问题的意见。运用这一方法的步骤是：

①根据问题的特点，选择和邀请做过相关研究或有相关经验的专家。

②将与问题有关的信息分别提供给专家，请他们各自独立发表自己的意见，并写成书面材料。

③管理者搜集并综合专家们的意见后，将综合意见反馈给各位专家，请他们再次发表意见。如果分歧很大，可以开会集中讨论；否则，管理者分头与专家联络。

④如此反复多次，最后形成代表专家组意见的方案。

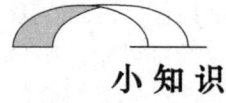

小知识

兰 德 公 司

兰德公司是美国最重要的以军事为主的综合性战略研究机构。它先以研究军事尖端科学技术和重大军事战略而著称于世，继而又扩展到内外政策各方面，逐渐发展成为一个研究政治、军事、经济科技、社会等各方面的综合性思想库，被誉为现代智囊的"大脑集中营"、"超级军事学院"，以及世界智囊团的开创者和代言人。1957年，兰德公司在预测报告中详细地推断出苏联发射第一颗人造卫星的时间，结果与实际发射时间仅差两周，这令五角大楼震惊不已。兰德公司也从此真正确立了自己在美国的地位。此后，兰德公司又对中美建交、古巴导弹危机、美国经济大萧条和德国统一等重大事件进行了成功预测，这些预测使兰德公司的名声如日中天，成为美国政界、军界的首席智囊机构。兰德公司对于管理甚至数学学科贡献良多，其中，兰德公司的学者Grorge Dantzig，于1947年发明了单纯形方法，单纯形方法成为了线性规划学科发展的重要基石。

2. 有关活动方向的决策方法

管理者有时需要对企业或企业某部门的经营活动方向进行选择，可以采用下列的

"经营单位组合分析法"和"政策指导矩阵"法。

(1) 经营单位组合分析法。经营单位组合分析法是由波士顿咨询公司提出来的,也被称为波士顿矩阵。该方法认为,在确定某个单位经营活动方向时,应该考虑它的相对竞争地位和业务增长率两个维度。相对竞争地位经常体现在市场占有率上,它决定了企业的销售量、销售额和赢利能力;而业务增长率反映业务增长的速度,影响投资的回收期限。在图4-7中,企业经营业务的状况被分成四种类型。

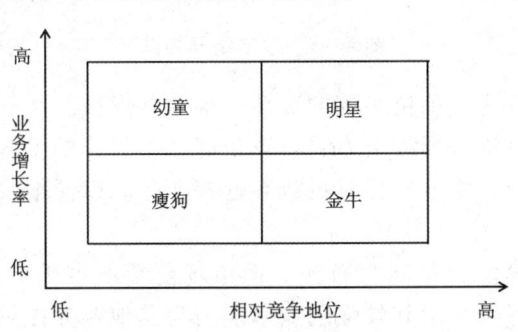

图4-7 企业经营单位组合分析图

① "瘦狗"型的经营单位市场份额和业务增长率都较低,只能带来很少的现金和利润,甚至可能亏损。对这种不景气的业务,应该采取收缩甚至放弃的战略。

② "幼童"型的经营单位业务增长率较高,目前市场占有率较低。这有可能是企业刚开发的很有前途的领域。高增长的速度需要大量资金,而仅通过该业务自身难以筹措。企业面临的选择是向该业务投入必要的资金,以提高市场份额,使其向"明星"型转变;如果判断它不能转化成"明星"型,应忍痛割爱,及时放弃该领域。

③ "金牛"型经营单位的特点是市场占有率较高,而业务增长率较低,从而为企业带来较多的利润,同时需要较少的资金投资。这种业务产生的大量现金可以满足企业经营的需要。

④ "明星"型经营单位的特点是市场占有率和业务增长率都较高,代表着最高利润增长率和最佳投资机会,企业应该不失时机地投入必要的资金,扩大生产规模。

3. 政策指导矩阵

政策指导矩阵方法是荷兰皇家—壳牌公司创立的。该方法从市场前景和相对竞争能力两个维度分析企业经营单位的现状和特征,用一个3×3的类似矩阵的形式表示(其实,它不是严格意义的3×3矩阵,只是分成了9个方格)。如图4-8所示,市场前景吸引力分为弱、中、强3种,相对竞争能力也分成了弱、中、强3种,一共分成9大类。

处于区域6和9的经营单位竞争能力强,市场前景也不错,应该确保足够的资源,优先发展。其中,处于区域9的业务代表大好的机会。

处于区域8的经营单位市场前景虽好,但竞争能力不够强,应该分配更多的资源,以提高其竞争能力。

处于区域7的经营单位市场前景虽好,但竞争能力弱,要根据企业的资源状况区别对待。最有前途的应该促进其迅速发展,其余的需逐步淘汰。

处于区域5的经营单位市场前景和竞争能力均居中等,一般在市场上有2~4个强有

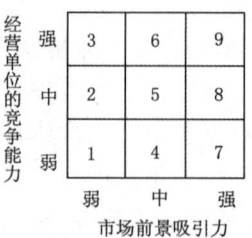

图 4-8 政策指导矩阵

力的竞争对手。要分配给这些单位足够的资源,推动其发展。

处于区域 2 的经营单位市场吸引力弱且竞争能力不强,处于区域 4 的经营单位市场吸引力不强且竞争能力较弱,应该选择时机放弃这些业务,以便把收回的资金投入到赢利能力更强的业务。

处于区域 3 的经营单位竞争能力较强,但市场前景不容乐观,这些业务不应继续发展,但不要马上放弃,可以利用其较强的竞争能力为其他业务提供资金。

处于区域 1 的经营单位竞争能力和市场前景都很弱,应尽快放弃此类业务,以免陷入泥潭。

(二) 定量决策方法

定量决策方法常用于数量化决策,应用数学模型和公式来解决一些决策问题,即是运用数学工具、建立反映各种因素及其关系的数学模型,并通过对这种数学模型的计算和求解,选择出最佳的决策方案。对决策问题进行定量分析,可以提高常规决策的时效性和决策的准确性。运用定量决策方法进行决策也是决策方法科学化的重要标志。半个多世纪以来,随着信息技术的应用与计算机的普及,特别是多种定量分析软件的推广,定量分析方法从专家们的咨询机构走到企业、政府和各种实际应用部门。要详细介绍这些方法,是应用统计学、运筹学等课程的任务。在本教材中,我们只能给以概览式的介绍,以达到举一反三的目的。

应该指出的是,应用统计学中介绍的多种方法,如方差分析、线性回归、主成分分析、时间序列分析等,是定量分析方法,它们在数据分析和预测中得到广泛应用,为决策者提供了重要的支持。但是,下面介绍的定量决策方法主要是选自运筹学,是最后寻求决策方案的方法。

1. 确定型决策方法

确定型决策是指决策面对的问题的相关因素是确定的,从而建立的决策模型中的各种参数是确定的。比起不确定型和风险型决策,确定型决策是比较容易求解的问题。实际中有许多问题虽然不是严格确定型的,但如果主要因素是确定的,也可以暂且忽略不确定因素,简化为确定型决策问题。

求解确定型决策问题的方法有线性规划、非线性规划、动态规划等;还可以分为普通的连续型规划和整数规划;除了通常的单目标规划,还有多目标规划、目的规划等,合在一起称为数学规划。其他应用较广的还有网络优化等。由于篇幅所限,在此重点介绍量本利分析法和线性规划。

（1）量本利分析法。量本利分析法又称保本分析法或盈亏平衡分析法，它是通过考察产量（或销售量，在量本利分析法中，假设生产出来的产品都能销售出去，即产量等于销售量，企业期初和期末的产品库存量相同）、成本和利润的关系以及盈亏变化的规律来为决策提供依据的方法。在应用量本利分析法时，关键是找出企业不盈不亏时的产量（成为保本产量或盈亏平衡产量，此时企业的总收入等于总成本），即保本产量。如图4-9所示。

【例4-1】假设某企业生产的某类产品的总固定成本为60 000元，单位变动成本为每件1.8元，产品价格为每件3元。假设某方案预期的产量为100 000件，问该方案是否可取？

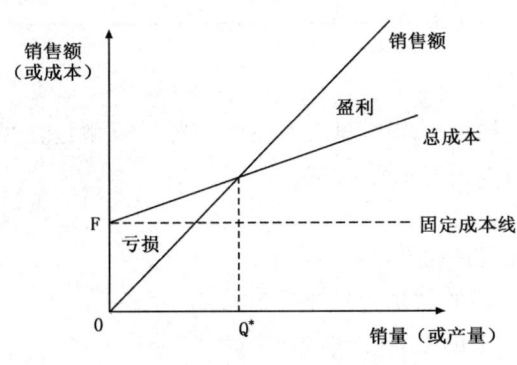

图4-9 盈亏平衡图

解： 设 P 为销售单价

Q 为产量或销量

F 为总固定成本

V 为单位变动成本

N 为总利润

Q^* 为盈亏平衡点时的产量或销量

根据销售额 = 利润 + 总成本，即 $PQ = N + F + VQ$ ①

则当企业不盈不亏时，$PQ = F + VQ$ ②

盈亏平衡点产量为：$Q^* = \dfrac{F}{P - V}$ ③

根据公式③，依题意可得：

$$Q^* = \dfrac{F}{P - V} = \dfrac{60\ 000}{3 - 1.8} = 50\ 000$$

由于预期产量为100 000件，大于盈亏平衡点产量，则该方案可取。

（2）线性规划法。线性规划是最基本也是最常用的一种数学规划。求解线性规划的单纯形方法的基本原理是苏联学者康托洛维奇于1939年奠定的。1947年丹捷格（G. B. Dantzig）提出了解线性规划问题的单纯形方法。在此，我们举例说明线性规划的建模与应用。

计 划

【例4-2】某企业可以生产A、B两种产品。生产单位产品A和B所需要的机器、人工、原材料的数量,每天可用资源的总量和各种资源的价格,都在表4-2中给出。已知产品A的售价600元,B的售价400元,市场需求旺盛。问:如何安排生产能使企业的利润最大?

表4-2　　　　　　　　　企业产品生产与资源使用情况

项　目	产品A	产品B	资源总量(天)	资源单价(元)
机器(时)	6	8	1 200	5
人工(时)	10	5	1 000	20
原材料(千克)	11	8	1 300	1

首先,分析与建模。

该问题是在有限资源约束下求利润最大化的问题。模型包含目标函数和约束条件两大部分。为了建立模型,要先设置决策变量。

设:A 为产品 A 每天的产量

　　B 为产品 B 每天的产量

　　C_1 为每天使用机器的数量

　　C_2 为每天使用人工的数量

　　C_3 为每天使用原材料的数量

模型:

max:　　　　　$600A + 400B - 5C_1 - 20C_2 - 1C_3$ 　　　　　(1)

ST:　　　　　$6A + 8B = C_1$ 　　　　　(2)

　　　　　　$10A + 5B = C_2$ 　　　　　(3)

　　　　　　$11A + 8B = C_3$ 　　　　　(4)

　　　　　　$C_1 \leq 1\ 200$ 　　　　　(5)

　　　　　　$C_2 \leq 1\ 000$ 　　　　　(6)

　　　　　　$C_3 \leq 1\ 300$ 　　　　　(7)

　　　　　　$A \geq 0$ 　　　　　(8)

　　　　　　$B \geq 0$ 　　　　　(9)

说明:其中的 max 是指目标函数最大化,若是最小化要写 min;式(1)是目标函数,是销售额减去三种资源的成本。ST 是 subject to 的缩写,是受下面式子约束的意思。式(2)(3)(4)是描述生产一定数量的产品A和产品B需要的资源,式(5)(6)(7)表示生产用的资源受现有总量的约束;式(8)和(9)是对决策变量的非负约束。

其次,模型求解。

求解线性规划模型有多种方法,包括单纯形法、改进单纯形法、对偶单纯形法等等,可以在纸上演算,也可以用计算机求解;计算机软件也有多种,像商用版的软件 Lindo,可以解上万个变量和上万个约束的线性规划问题。常用的 Excel 软件也可求解此小规模的线性规划问题，本教材不再赘述。

2. 风险型决策方法

如果决策问题涉及的条件中有些是随机因素，它虽然不是确定型的，但我们知道它们的概率分布，这类决策被称为风险型决策。我们通过例子介绍风险型决策的方法。

【例4-3】某企业打算生产某产品。根据市场预测分析，产品销路有三种可能性：销路好、一般和差，这三种情况出现的概率分别为0.3、0.4、0.3。生产该产品有三种方案：改进生产线、新建生产线、外包生产。各种方案的收益值在表4-3中给出。

表4-3　　　　　　　　各生产方案在不同市场情况下的收益　　　　　　　　单位：万元

项　目	销路好	销路一般	销路差
（1）改进生产线	150	100	-30
（2）新建生产线	240	80	-60
（3）外包生产	80	60	20

（1）最大期望收益准则。解决风险决策常用的一个目标是使期望收益最大化。学过概率统计后，不难求出三种方案对应的期望收益分别为：

①$150 \times 0.3 + 100 \times 0.4 - 30 \times 0.3 = 76$

②$240 \times 0.3 + 80 \times 0.4 - 60 \times 0.3 = 86$

③$80 \times 0.3 + 60 \times 0.4 + 20 \times 0.3 = 54$

因为第二种方案对应的期望收益值最大，所以选择新建生产线的方案。

（2）面对小概率事件需要注意的问题。在上面所举的例子中，几种市场情况下的概率差异不大。如果风险决策面对的随机变量分布比较反常，比如，有的事件发生的概率很小，但是一旦发生带来的收益或损失特别大。这时，如果简单地应用最大期望收益准则，可能造成决策的失误，出现决策者预想不到的结果。

（3）多阶段决策问题与决策树。以上讨论的是在某一个阶段的决策问题。在面对多阶段的风险决策问题时，人们经常采用决策树方法，其目标一般是获取最大的期望收益。现举例说明决策树的应用。

【例4-4】某企业现在生产某产品，生产规模不大。根据市场预测分析，明年产品的销路有两种可能：销路好（市场需求大增）与销路一般（与今年的市场需求持平），各种情况出现的概率分别为0.7和0.3。为适应市场需求可能的变化，企业在今年第四季度有两种方案可供选择：（1）新建生产线（可以满足销路好的需求）；（2）改进生产线（可以满足销路一般的需求）。

如果今年没有上新生产线，到明年市场需求旺盛，企业还可以采取两种方案：（1）紧急安装新生产线；（2）加班生产和外包。

各种方案的收益值在表4-4中给出。

第四章 计 划

表 4-4 各生产方案在不同市场情况下的收益 单位：万元

项　目	销路好	销路一般
（1）新建生产线	3 000	-200
（2）改进生产线		500
2.1 紧急安装新生产线	1 500	
2.2 加班生产和外协	2 000	

图 4-10 是解这一问题的决策树。图中的矩形节点称为决策点，节点 A 代表今年的决策，节点 B 代表明年的决策，从决策点引出的分支称为方案枝；圆形节点称为状态点，从状态点引出的分支称为状态枝。图 4-10 中标出了相应的概率和收益值。

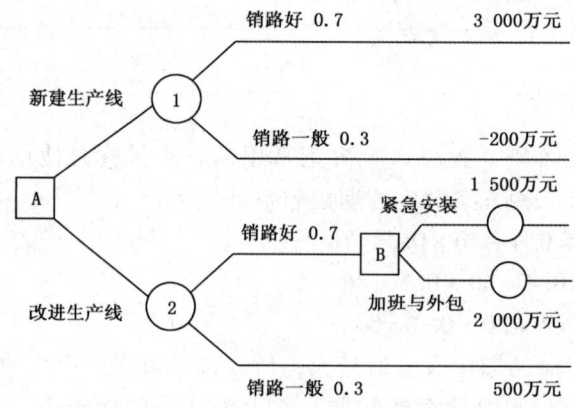

图 4-10 用决策树解多阶段生产规模问题

求解的次序是从决策树的末端开始，求解的基本步骤如下：

（1）先遇到决策点 B，取从该决策点出发的方案枝中的最大值，作为该决策点的值。

决策节点 B 的值 = max(1 500, 2 000) = 2 000（万元）

（2）遇到状态点，依据各种状态的概率计算期望收益。

状态点 1 的期望收益 $E_1 = 0.7 \times 3 000 + 0.3 \times (-200) = 2 040$（万元）

状态点 2 的期望收益 $E_2 = 0.7 \times 2 000 + 0.3 \times 500 = 1 550$（万元）

（3）在决策点滩，比较两个方案枝相连的两个状态点上的期望收益。

状态节点 1 期望收益 2 040 万元，状态节点 2 的期望收益 1 550 万元。取其中最大的作为采用的方案。

最后得到的决策方案是：今年采用方案 1，新建生产线。这种方案的期望收益是 2 040 万元。

3. 不确定型决策方法

如果决策问题涉及的条件中有些是未知的，对一些随机变量，连它们的概率分布也不知道，这类决策问题被称为不确定型决策。我们通过一个例子介绍几种不确定型决策方法。

【例4-5】某企业打算生产某产品。根据市场预测分析,产品销路有三种可能性:销路好、一般和差。生产该产品有三种方案:改进生产线、新建生产线、外包生产。各种方案的收益值在表4-5中给出。

表4-5　　　　企业产品生产各方案在不同市场情况下的收益　　　　单位:万元

项　目	销路好	销路一般	销路差
(1) 改进生产线	150	100	-30
(2) 新建生产线	240	80	-60
(3) 外包生产	80	60	20

面对这一决策问题,我们不能简单地从表4-5中选取收益最大的单元格(240),因为"销路好"这一情况不一定能发生,甚至不知道三种情况各自出现的可能性(概率)。

常用的解不确定型决策问题的方法有以下三种。

(1) 大中取大法。决策者对未来持乐观态度,认为未来会出现最好的情况。决策时,对各种方案都按它带来的最高收益考虑,然后比较哪种方案的最高收益最高,简称大中取大法。

在本例中,三种方案的最大收益依次分别为150、240、80,其中第二种方案对应的值最大,所以选择新建生产线的方案。

(2) 小中取大法。决策者对未来持悲观态度,认为未来会出现最差的情况。决策时,对各种方案都按它带来的最低收益考虑,然后比较哪种方案的最低收益最高,简称小中取大法。

在本例中,三种方案的最小收益依次分别为-30、-60、20,其中第三种方案对应的值最大,所以选择外包生产的方案。

(3) 最小最大后悔值法。决策者在选择了某方案后,若事后发现客观情况并未按自己预想的发生,会为自己事前的决策而后悔。由此,产生了最小最大后悔值决策方法,其步骤是:

①计算每个方案在每种情况下的后悔值,定义为:

$$后悔值 = 该情况下的各方案中的最大收益 - 该方案在该情况下的收益$$

②找出各方案的最大后悔值。

③选择最大后悔值中最小的方案。

表4-6给出了各方案在各种市场情况下的后悔值,最右边一列给出各方案的最大后悔值,其中第一方案对应的最大后悔值最小,所以选择新建生产线的方案。

表 4-6　　　　企业产品生产各方案在不同市场情况下的后悔值　　　　单位：万元

项　目	销路好	销路一般	销路差	最大后悔值
（1）改进生产线	90	0	50	90
（2）新建生产线	0	20	80	80
（3）外包生产	160	40	0	160

第三节　战　略

1947 年，第一台电子计算机"艾尼柯"（ENICA）研制成功，这是一台为军事用途设计的专门从事科学计算的计算机。当时工业界流行的看法是：计算机是用于科学计算的高速运算工具。但 IBM 公司的创造者托马斯·沃森（Thomas Watson）的观点却与众不同，他以远见卓识预见到计算机最主要的用途是数据处理领域。于是他为 IBM 公司制定了新的战略：集中力量研制高效和廉价的，用于会计和工资计算这类商业日常事务和信息处理业务的计算机。正是这一战略，使 IBM 公司在 1953 年就率先推出了 650 型商业数据处理用计算机，并在头五年中就卖出了 1 800 台。这个数字是当时最权威的市场研究人员对整个 20 世纪全世界计算机销售量最乐观的预测数字的两倍。也正是这一战略，使 IBM 公司发展成为世界上最大的计算机企业。通过 IBM 的案例，我们可以看到，能否为企业制定科学合理的战略计划对企业的生存和发展有着重要意义。

一、战略概述

战略（strategy）一词最早是军事方面的概念。战略的特征是发现智谋的纲领。在西方，"strategy"一词源于希腊语"strategos"，意为军事将领、地方行政长官。后来演变成军事术语，指军事将领指挥军队作战的谋略。在中国，战略一词历史久远，"战"指战争，略指"谋略"、"施诈"。春秋时期孙武的《孙子兵法》被认为是中国最早对战略进行全局筹划的著作。1965 年，伊戈尔·安索夫（Igor Ansoff）出版了第一本有关战略的著作《企业战略》，成为现代企业战略理论研究的起点。从此以后，很多学者积极地参与企业战略理论的研究，在这一时期出现了设计学派、定位学派、创意学派等多种不同的理论学派。

进入 21 世纪以来，战略管理（Strategic management）越来越被企业所重视，战略失误导致企业竞争失利甚至破产的案例不胜枚举，可以说战略管理已经成为企业管理中极为重要的管理环节。

(一) 战略的概念

战略性计划是指应用于整体组织的，为组织未来较长时期（通常为5年以上）设立总体目标和寻求组织在环境中的地位的计划。战略性计划的任务不在于看清企业目前是什么样子，而在于看清企业将来会成为什么样子。企业首先要进行战略环境分析，即分析外部环境和内部条件，认识外部环境带来的机会与威胁、自身的优势与弱点，以及顾客的需求，从而在趋利避害、扬长避短和满足和创造顾客的原则下，指导自己的战略决策，选择企业合适的发展途径，并通过制订一系列战术性计划将战略性计划付诸实施。

把战略性计划转化为战术性计划的过程，既是中期与短期计划的制定过程，又是长期、中期与短期计划组织实施的过程。战术性计划是指规定如何实现总体目标的细化的计划，其需要解决的是组织具体部门或职能在未来各个较短时期内的行动方案。把战略性计划转化为战术性计划，要求战术性计划在不同期间内和不同职能空间上协调一致，保证战略性计划全面且均衡地得以实施和完成。所谓全面地完成计划，是指组织整体、组织内的各个部门要按一切主要指标完成计划，而不能有所偏废；所谓均衡地完成计划，则是指要根据不同时段的具体要求，做好各项工作，按年、季、月，甚至旬、周、日完成计划，以建立正常的活动秩序，保证组织稳步地发展。

(二) 企业战略管理的过程

作为企业管理的重要组成部分，战略管理是一个复杂的系统运行过程。加拿大著名的管理学者亨利·闵兹伯格（Henry Mintzbery）认为，战略是由管理、组织和环境三者之间的相互作用而形成的。一个科学和完整的战略管理运行系统应该包括战略环境分析、战略选择和评价、战略实施与控制三个阶段，如图4-11所示。

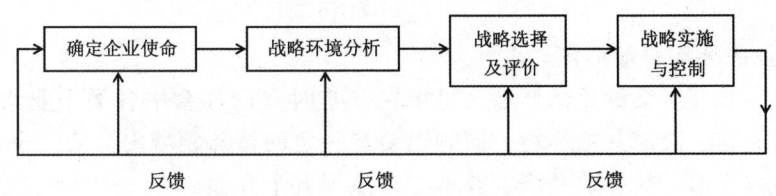

图4-11 战略管理过程

(三) 企业战略的层次

正如企业的目标可以有不同的层次一样，企业的战略也有着自己的层次。一般来说，拥有多个战略业务单位的企业战略至少可以分为三个层次：公司层战略（Corporate - level Strategy）、业务层战略（Business Unit Strategy）和职能层战略（Functional - level Strategy）。而对于只拥有单个战略业务单位的中小企业，其公司战略和竞争战略是合而为一的。

公司层战略，又称总体战略，是企业最高层次的战略。它需要根据企业的目标，选择企业可以竞争的经营领域，合理配置企业经营所必需的资源，使各项经营业务相互支持、相互协调，如在海外建厂、在劳动成本低的国家建立海外制造业务的决策等。公司层战略要有公司最高层管理者来制定和推动，是事关企业全局的长期发展战略规划。

公司的二级战略常常被称作业务战略或竞争战略。业务战略涉及各业务单位的主管及辅助人员。这些经理人员的主要任务是将公司战略所包括的企业目标、发展方向和措施具体化，形成本业务单位具体的竞争与经营战略。如推出新产品或服务、建立研究与开发设施等。

职能战略，又称职能层战略，主要涉及企业内各职能部门，如营销、财务和生产等，如何更好地为各级战略服务，从而提高组织效率。如生产过程自动化、加大财务杠杆等。

二、战略环境分析

战略环境分析是为完成企业使命和战略选择服务的。企业制定战略的目的是使企业能够在未来的经营环境和经营领域中得到生存和发展。企业作为整个社会经济的有机组成部分，其生存与发展需要在适应外部环境条件的情况下才能获得，而不了解外部经营环境，企业就很难采取和实施有效的战略。同时，企业内部自身的经营条件无疑又是企业制定战略的基础。因此，必须对企业外部经营环境进行深入细致的分析研究，以便弄清企业现在和将来所处环境的状况及其对企业的影响，把握企业发展的有利条件与不利因素，在充分考虑企业经营能力的前提下，制订切实可行的经营战略，才能为企业的未来发展指明方向。

企业战略形势分析涉及多种因素，主要有两个方面：即来自于企业外部的因素和企业内部的因素。来自于企业外部的因素主要是市场机会、行业吸引力和竞争对手的实力；来自于企业内部的因素主要是企业可利用的资源和能力。

（一）企业的外部一般环境

企业外部一般环境又称总体环境，是指在一定时空内社会中各类企业均面对的环境。对于不同的企业有一般的共同环境，同时也要在一定的特殊领域内活动。企业外部环境其大致可分归纳为政治、社会、经济、技术、自然等五个方面。

1. 政治环境

对非政府企业来说，政治环境包括一个国家的政治制度，社会制度，执政党的性质，政府的方针、政策、法规法令等。不同的国家有着不同的社会性质，不同的社会制度对企业活动有着不同的限制和要求。即使社会制度不变的同一国家，在不同时期，由于执政党的不同，其政府的方针特点、政策倾向对企业活动的态度和影响也是不断变化的。

2. 社会环境

国家或地区的居民教育程度和文化水平、宗教信仰、风俗习惯、审美观点、价值观念等。文化水平会影响居民的需求层次；宗教信仰和风俗习惯会禁止或抵制某些活动的进行；价值观念会影响居民对企业目标、企业活动以及企业存在本身的认可与否；审美观点则会影响人们对企业活动内容、活动方式以及活动成果的态度。

3. 经济环境

主要包括宏观和微观两个方面的内容。宏观经济环境主要指一个国家的人口数量及其增长趋势，国民收入、国民生产总值及其变化情况以及通过这些指标能够反映的国民经济发展水平和发展速度。微观经济环境主要指企业所在地区或所服务地区的消费者的收入水平、消费偏好、储蓄情况、就业程度等因素。这些因素直接决定着企业目前及未来的市场大小。

4. 技术环境

除了要考察与企业所处领域的活动直接相关的技术手段的发展变化外，还应及时了解：（1）国家对科技开发的投资和支持重点；（2）该领域技术发展动态和研究开发费用总额；（3）技术转移和技术商品化速度；（4）专利及其保护情况等。

5. 自然环境

主要指企业经营所处的地理位置及其气候条件和资源禀赋状况等自然因素。

（二）行业环境分析

行业是生产满足同一类买主需求的产品的企业的总和。行业环境分析的内容包括：行业总体形势分析和行业竞争形势分析两部分。

行业总体形势分析主要是考察企业生产经营活动所涉及的相关行业的结构、方向，未来的利润潜力和长期的吸引力。行业总体形势分析一般围绕着以下四个方面的问题展开：一是作为一个特定的行业的总体结构；二是引起行业发展变化的动力因素，以及变化的方向和程度；三是影响行业内部竞争者成功的因素；四是行业未来发展面临的战略问题。

企业在对所处的行业总体发展变化趋势分析的基础上，进一步分析行业内现存的竞争力量极其强度，尤其是主要竞争对手在行业中的相对成本地位和竞争地位，预测主要竞争对手的竞争战略，进而明确每个企业的竞争优势，制定企业自身的竞争战略。因为经营战略归根结底是一种竞争战略，而行业竞争状况在决定竞争原则和企业可能采取的战略等方面具有决定性的影响。

根据美国学者迈克尔·波特（Michael E. Porter）的研究，一个行业内部的竞争状态取决于五种基本竞争作用力，如图4-12所示。这些作用力汇集起来决定着该行业的最终利润潜力，并且最终利润潜力也会随着这种合力的变化而发生根本性的变化。一个公司的竞争战略的目标在于使公司在行业内进行恰当定位，从而最有效地抗击五种竞争作用力并影响它们朝向自己有利的方向变化。

1. 现有企业间的竞争研究

现有企业间的竞争状态取决于如下因素：（1）现有竞争者的力量和数量；（2）产业增长速度；（3）固定或库存成本；（4）产品特色或转移购买成本；（5）生产能力增加状况；（6）竞争对手类型；（7）战略利益相关性；（8）退出成本。

2. 入侵者研究

某一行业被入侵的威胁的大小主要取决于行业的进入障碍。影响行业进入障碍的因素主要有：（1）规模经济；（2）产品差别化；（3）转移购买成本；（4）资本需求；（5）在位优势；（6）政府政策。

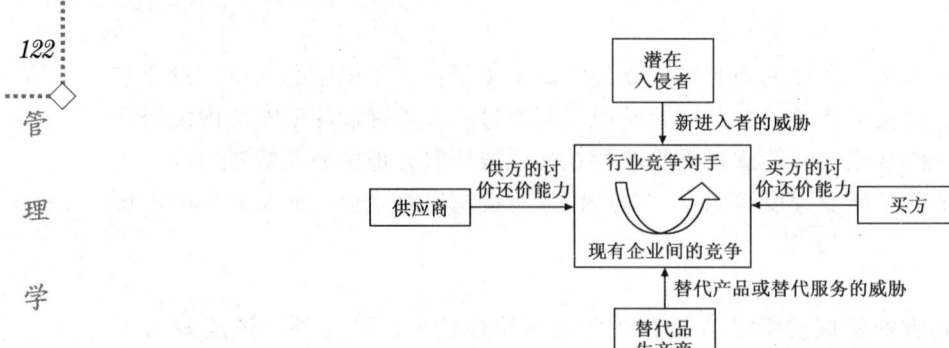

图 4-12　行业中五种基本竞争力量

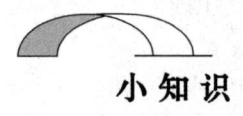

转移购买成本

转移购买成本也叫作转换成本（Conversion Cost），最早是由迈克尔·波特在 1980 年提出，指的是当消费者从一个产品或服务的提供者转向另一个提供者时所产生的一次性成本。这种成本不仅仅是经济上的，也是时间、精力和情感上的，它是构成企业竞争壁垒的重要因素。如果顾客从一个企业转向另一个企业，可能会损失大量的时间、精力、金钱和关系，那么即使他们对企业的服务不是完全满意，也会三思而行。企业要提高顾客的转换成本，首先应该考虑如果自己的顾客转投竞争对手，将会在程序、财政和情感三方面有哪些损失进行仔细的评估。然后通过提高顾客的转换成本，来增加顾客转换的难度和代价。有的企业通过宣传产品、服务的特殊性，让顾客意识到他们的转换成本很高。

3. 替代品生产商研究

在某些行业中，替代品的威胁对企业造成最为严峻的挑战。替代品的威胁主要在于其较高的性价比。替代品分析主要包括两个内容：第一，判断哪些产品是替代品；第二，判断哪些替代品可能对本企业经营构成威胁。企业应对替代品的威胁主要有两种方法：一是针对暂时性替代，可以通过提高性价比的方法来应对；二是针对永久性替代，要重新进行战略规划，尽快进入替代品行业不失于一种较好的选择。

4. 买方的讨价还价能力研究

其影响因素主要有：（1）买方是否大批量或集中购买；（2）买方这一业务在其购买额中的份额大小；（3）产品或服务是否具有价格合理的替代品；（4）买方面临的转移购买成本的大小；（5）本企业的产品、服务是否是买方在生产经营过程中的一项重要投入；（6）买方是否有"后向一体化"的策略；（7）买方行业获利状况；（8）买方对产品是否具有充分信息。

5. 供应商的讨价还价能力研究

其影响因素主要有：（1）要素供应方行业的集中化程度；（2）要素替代品行业的发

展状况；(3) 本行业是否是供方集团的主要客户；(4) 要素是否为该企业的主要投入资源；(5) 要素是否存在差别化或其转移成本是否低；(6) 要素供应者是否采取"前向一体化"的威胁。

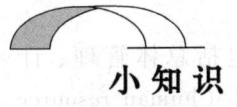

迈克尔·波特

迈克尔·波特（Michael E. Porter, 1947— ）他是哈佛商学院的大学教授（大学教授，University Professor，是哈佛大学的最高荣誉，迈克尔·波特是该校历史上第四位获得此项殊荣的教授）。迈克尔·波特在世界管理思想界可谓是"活着的传奇"，他是当今全球第一战略权威，是商业管理界公认的"竞争战略之父"，在2005年世界管理思想家50强排行榜上，他位居第一。

（三）企业自身环境分析

企业自身应与竞争对手相对应的进行研究，其目的是"认识长短"，即与对手相比，认清企业自身的实力与不足。波特认为，将企业作为一个整体来看无法认识竞争优势，因为竞争优势来源于企业在设计、生产、营销、交货等过程及辅助过程中所进行的许多相互分离的活动，并且企业正是通过比其竞争对手更廉价活更出色地开展这些价值活动而赢得竞争优势的。因此，企业自身和竞争对手的比较分析可以借用波特的价值链分析法（VCA，value chain analysis）。

根据价值链分析法，每个企业都是设计、生产、营销、交货以及对产品起辅助作用的各种价值活动的集合。企业的各种价值活动分为两类，基本活动（primary activities）和辅助活动（support activities）。如图4-13所示。

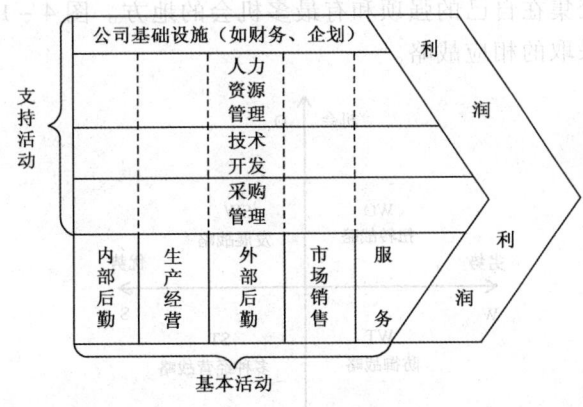

图 4-13 价值链分析法

按价值活动的工艺顺序，基本活动由五个部分构成：(1) 内部后勤（inbound logistics），包括与接收、存储和分配相关的各种活动；(2) 生产作业（operations），包括与将投入转化为终产品形式相关的各种活动；（3）外部后勤（outbound logistics），包括与集中、存储和将产品发送给买方有关的各种活动；（4）市场营销和销售（marketing and sales），包括与传递信息、引导和巩固购买有关的各种活动；（5）服务（service），包括与提供服务以增加或保持产品价值有关的各种活动。每种基本活动可以进一步细分或组合，有助于企业内部分析。

支持活动主要包括：（1）企业基础设施（firm infrastructure），包括总体管理、计划、财务、会计、法律、信息系统等价值活动；（2）人力资源管理（human resource management），包括组织各级员工的招聘、培训、开发和激励等价值活动；（3）技术开发（technology development），包括基础研究、产品设计、媒介研究、工艺与装备设计等价值活动；（4）采购（procurement），指购买用于企业价值链的各种投入的活动，包括原材料采购，以及诸如机器、设备、建筑设施等直接用于生产过程的投入品采购等价值活动。

（四）SWOT 分析法

SWOT 分析法（也称 TOWS 分析法、道斯矩阵）即态势分析法，20 世纪 80 年代初由美国旧金山大学的管理学教授韦里克提出，经常被用于企业战略制定、竞争对手分析等场合。

1. SWOT 分析模型简介

在现在的战略规划报告里，SWOT 分析应该算是一个众所周知的工具。来自于麦肯锡咨询公司的 SWOT 分析，包括分析企业的优势（Strength）、劣势（Weakness）、机会（Opportunity）和威胁（Threats）。因此，SWOT 分析实际上是将对企业内外部条件各方面内容进行综合和概括，进而分析组织的优劣势、面临的机会和威胁的一种方法。

按照企业竞争战略的完整概念，战略应是一个企业"能够做的"（即组织的强项和弱项）和"可能做的"（即环境的机会和威胁）之间的有机组合。通过 SWOT 分析，可以帮助企业把资源和行动聚集在自己的强项和有最多机会的地方。图 4-14 为企业处于 SWOT 分析图不同区域可以采取的相应战略。

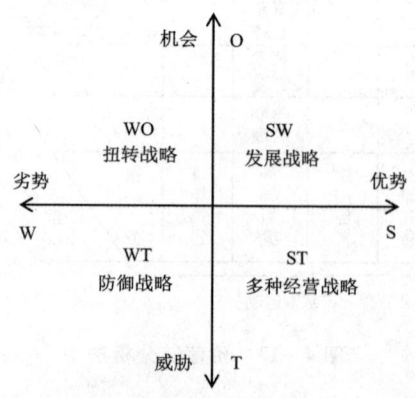

图 4-14 基于 SWOT 分析的战略选择

2. SWOT分析有四种不同类型的组合

优势——机会（SO）组合、弱点——机会（WO）组合、优势——威胁（ST）组合和弱点——威胁（WT）组合。

优势——机会（SO）战略是一种发展企业内部优势与利用外部机会的战略，是一种理想的战略模式。例如良好的产品市场前景、供应商规模扩大和竞争对手有财务危机等外部条件，配以企业市场份额提高等内在优势可成为企业收购竞争对手、扩大生产规模的有利条件。

弱点——机会（WO）战略是利用外部机会来弥补内部弱点，使企业改劣势而获取优势的战略。例如，若企业弱点是原材料供应不足和生产能力不够，从成本角度看，前者会导致开工不足、生产能力闲置、单位成本上升，而加班加点会导致一些附加费用。在产品市场前景看好的前提下，企业可利用供应商扩大规模、新技术设备降价、竞争对手财务危机等机会，实现纵向整合战略，重构企业价值链，以保证原材料供应，同时可考虑购置生产线来克服生产能力不足及设备老化等缺点。通过克服这些弱点，企业可能进一步利用各种外部机会，降低成本，取得成本优势，最终赢得竞争优势。

优势——威胁（ST）战略是指企业利用自身优势，回避或减轻外部威胁所造成的影响。如竞争对手利用新技术大幅度降低成本，给企业很大成本压力；同时材料供应紧张，其价格可能上涨；消费者要求大幅度提高产品质量；企业还要支付高额环保成本；等等，这些都会导致企业成本状况进一步恶化，使之在竞争中处于非常不利的地位，但若企业拥有充足的现金、熟练的技术工人和较强的产品开发能力，便可利用这些优势开发新工艺，简化生产工艺过程，提高原材料利用率，从而降低材料消耗和生产成本。

弱点——威胁（WT）战略是一种旨在减少内部弱点，回避外部环境威胁的防御性技术。当企业存在内忧外患时，往往面临生存危机，降低成本也许成为改变劣势的主要措施。当企业成本状况恶化，原材料供应不足，生产能力不够，无法实现规模效益，且设备老化，使企业在成本方面难以有大作为，这时将迫使企业采取目标聚集战略或差异化战略，以回避成本方面的劣势，并回避成本原因带来的威胁。

三、企业战略选择

企业战略环境分析使我们认识了企业所面临的机遇与威胁，了解了企业的实力与不足以及其也能为何种顾客进行服务。战略选择（Strategy Selecting）的实质是企业选择恰当的战略，从而扬长避短，趋利避害和满足顾客。

（一）企业总体战略选择

企业总体战略是涉及企业经营发展全局的战略，是企业制定经营战略的基础。企业可以选择的总体战略一般有以下几种类型：

1. 专业化战略

专业化战略是企业把自己的经营范围限定在某一种产品上。这种战略使企业的经营方向明确，力量集中，具有较强的竞争能力和优势。专业化战略的优点是：把企业有限的资源集中在同一经营方向上，形成较强的核心竞争力；有助于企业通过专业化的知识和技能提供满意和有效的产品和服务,在产品技术、客户服务、产品创新和整个业务活动的其他领域开辟新的途径;有利于各部门制定简明、精确的发展目标;可以使企业的高层管理人员减少管理工作量,集中精力掌握该领域的经营知识和有效经验,创新企业的经营能力。世界上许多企业都是通过专业化经营而成为某一领域的主导者。专业化战略的风险是企业把所有的鸡蛋都放在同一个篮子里,当行业出现衰退或停滞时,难以维持企业的长远发展。

2. 密集成长战略

密集成长战略也称加强型增长战略,是指在原有生产经营范围内充分利用产品和市场方面的潜力来求得企业增长的一种战略,具体可分为市场渗透战略、市场开发战略和产品开发战略。

(1) 市场渗透战略。市场渗透战略是指利用现有产品和市场的基础上,通过强有力的市场营销活动,逐步扩大销售,不断扩大现有产品或服务的市场占有率的一种战略。市场渗透的途径主要包括以下三种:一是扩大产品使用者的数量,把未使用企业产品的消费者和潜在的顾客吸引过来,购买本企业的产品;二是扩大产品使用者的使用频率或单次使用量,来增加产品销量;三是改进产品特性,通过提高质量、增加产品特点、改进产品样式和包装等方法吸引顾客。

(2) 市场开发战略。市场开发战略是指发展现有产品的新顾客或将现有产品销往新的地域市场,从而扩大产品销量的战略。该战略可以通过扩展市场范围、进入现有市场的其他细分市场、增加新的销售渠道等方法来实现。这种战略适合存在过剩产能、存在未开发或未饱和的市场、有扩大经营所需资源的企业。

(3) 产品开发战略。产品开发战略是指企业在现有的市场上投放新产品或增加产品的种类,以扩大其市场占有率和增加其销售额的企业发展战略。从某种意义上来说,这一战略是企业发展战略的核心。这是因为对企业来说,市场毕竟是不可控因素,而产品开发则是企业可以努力做到的可控因素。这种战略尤其适合顾客需求多变、技术变革较快的行业,如 IT、数码等行业。一般来说,实施产品开发战略应具备以下几种条件:企业现有产品已经处于产品生命周期的成熟阶段、企业拥有较强的研发能力、企业具有较为丰富的资金和人力资源等。

3. 多元化战略

多元化战略是指企业通过开发新产品、开拓新市场相配合而扩大经营范围的战略。这种战略一般是用于那些规模大、资金雄厚、市场开拓能力强而适应能力差的企业。其作用主要是分散风险和有效地利用企业的经营资源。

多元化战略由相关多元化和非相关多元化两种形式。相关多元化是指企业的各业务活动之间存在有市场的、技术的或生产的关联性的一种多元化。这里的关联性可以是相关的技术、共同的劳动技能和要求、共同的分销渠道、共同的供应商和原材料来源、类似的经营方法、相仿的管理技巧、互补的市场营销渠道和为共同的客户服务等。这是对企业很有吸引力的一种扩大经营领域的战略,它的优点是实施这一战略不仅能使企业挖掘现有资源利用潜力,节约成本增加利润,分散风险,而且能把企业原有的经验基本不动的运用到新的领域,通过资源共享和经营匹配,迅速建立起比专业化经营企业更强的竞争优势,获取更高的利润。

非相关多元化是没有资源共享和经营关联的多元化。实行非相关多元化的企业，各业务活动之间没有一定的关联性，经营风险和管理控制的难度都比实施相关多元化的企业要多，因此，只有实力非常雄厚的企业才会采用这一战略。

多元化战略虽然能够有效分散企业经营风险，获得范围经济效应，但由于资源分散，并且跨行业经营，因此，也会带来一定的风险，企业应慎重采用多元化战略。

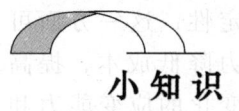

小 知 识

范 围 经 济

范围经济（Economies of scope）指由企业的范围而非规模带来的经济，也即是当同时生产经营两种产品的费用低于分别生产经营每种产品所需成本的总和时，所存在的状况就被称为范围经济。只要把两种或更多的产品合并在一起生产经营比分开来生产经营的成本要低，就会存在范围经济。

4. 一体化战略

一体化战略是指企业根据自身的实力，充分利用自己在产品、技术、市场等方面优势，沿着其业务或产品生产经营链条的纵向或水平方向，向深度和广度不断扩大其经营规模的一种战略。一般而言，当企业发展到一定阶段，其产品或服务在市场上具有一定的影响力和占有率时就会考虑扩大经营规模。一体化战略通常有两种表现形式：企业沿着原有产品或服务的产业链进行延伸，成为纵向一体化；若在产业链的统一环节进行扩张，则被称为横向一体化。

（1）纵向一体化战略。纵向一体化战略是指企业沿着原有产品产业链扩大经营范围，后向延伸到资源供给领域或前向延伸到产品的使用者领域。企业实行纵向一体化战略的目的是提高企业的市场地位和保障企业的竞争优势。后向一体化可以在原材料供给需求大、利润高的情况下，把一个成本中心变成利润中心，还可以摆脱企业对外界供应商的依赖；前向一体化的好处是保证企业分销渠道的畅通，维护生产的正常秩序。纵向一体化战略的不足是：需要的投资资本较大；经营范围的扩大，会增加企业的经营风险。

（2）横向一体化战略。横向一体化战略是指企业发展与原有产品或服务同类的产品或项目，通过整合其他企业，或扩大经营规模促进组织发展的一种战略。这种发展战略并不能扩大企业的经营范围，只能增加企业产品或服务的种类，增加市场覆盖率和提高市场占有率。

横向一体化战略一般是企业在竞争比较激烈的情况下进行的一种战略选择。这种战略选择及可能发生在行业成熟的阶段中，成为增加竞争实力的重要手段，也可能发生在行业成熟后，成为避免过度竞争和提高效率的重要手段。

5. 稳定型战略

稳定型战略实质且优先于内部条件和经营环境，基本依据前期战略，以前其战略所达到的目标作为本期战略希望达到的目标的一种战略。企业的前期战略必须是成功的，这是采用这种战略的基本前提，企业只要继续这种战略就能避开威胁，实现稳定的非快速的增长。

稳定型战略的特点主要有：一是企业满足于过去的经济效益水平，决定继续追求与过去相同昂或相似的经济效益目标；二是继续以基本相同的产品或服务为原有的顾客服务；三是在战略期内，每年所期望取得的成就按大体相同的比率增长。

采用稳定发展战略的企业能保持战略的连续性，不会由于战略的突然改变而引起企业在资源分配、组织机构和管理机能上的变动。保持企业发展的稳定性，这一方面可以是企业在完善内部经营机制上下功夫，增产节约，增收节支，努力降低成本，提高产品质量，提高产品竞争力；另一方面亦可以提高企业对外界环境变化的应变能力和抗干扰能力。当外界环境恶化时，企业采用稳定型战略就可以保存实力，休养生息，积蓄力量，等待发展时机。然而稳定战略也有其自身的缺点，主要表现在以下两个方面：一是由于企业只求稳定的发展，可能会丧失外部环境提供的一些可以快速发展的机会。如果这些机会被企业的竞争对手抓住并快速发展的话，则企业将会处于非常不利的市场地位；而是长期采用稳定型战略可能会导致管理者墨守成规、因循守旧、不求创新的惰性行为。

6. 紧缩型战略

紧缩型战略是指企业从目前经营领域收缩和撤退的一种战略，可以表现为减少对某一业务领域的投资，缩小企业的产销规模，或者放弃部分业务，直至完全退出该业务的经营。与密集成长战略和稳定性战略相比，紧缩型战略是一种消极的发展战略。一般来说，企业实行紧缩型战略只是短期性的，具有过渡的性质，其根本目的是使企业保存实力并转向其他的战略选择。有时，只有采取收缩和撤退的措施，才能抵御对手的进攻，避开环境的威胁，迅速地实行自身资源的优化配置，改善企业的现金流量。从这个意义上说，紧缩战略是一种以退为进的战略。

实施紧缩型战略的原因可能是由于外部环境出现了不利的变化，使得企业陷入被动的局面，从而采用以退为进的适应性紧缩战略，也可能是由于企业经营上的失误，如战略决策失误、新产品开发失败等，造成企业陷入困境，而采用的失败性紧缩战略。

紧缩型战略按实现途径可以分为以下四类：一是收缩战略，收缩战略是指企业减少某一领域中的产销规模和市场占有率的一种紧缩战略，其基本特点是逐步缩小并退出无利可图的市场的同时，选择比较有利的以及能发挥自身优势的市场；二是转向战略，这种战略是指当企业现有经营领域的市场吸引力减弱，甚至出现衰退迹象时，企业可以考虑从原有领域抽身，转移阵地到更有吸引力的新领域中去，从而推动企业更好的发展；三是放弃战略，放弃战略是指卖掉企业的一个主要部门或者停止经营，这个部门可以是一个战略经营单位、一条生产线，或者一个事业部，这行这种战略的目的是消除经营赘瘤，收回资金，从而更好地支持其他部门的经营；四是清算战略，清算战略是指企业通过资产转让、卖出或停止全部经营业务来借宿企业的生命，这是当其他战略全部失效后，不得已才采取的一种战略，显然是企业的所有者和管理者最不期望的选择，但及时进行清算比起顽固地坚持经营无法挽回失败的事业可能要明智得多。

7. 联合经营战略

在当今的市场关系中，企业之间不仅存在竞争关系，也可以采用合作的战略来共同开辟市场，以壮大自身的竞争实力，这就是人们通常所说的"竞合"。联合经营战略是指企业之间通过并购、互相持股、签订合同等形式，进行合作经营的一种战略。采用联合经营的企业可以是来自同一行业的，如同为电子产品巨头的索尼公司与三星公司联合开发智能电视游戏，也可以是来自不同行业企业的联合，如可口可乐与麦当劳和迪士尼的长期合作。联合经营战略可以发生在研发、生产运作、市场销售等多个环节，这种多方联合经营，可以充分利用合作方的资源，共同投入，共担风险，从而降低自身运营成本，迅速进行市场扩张，还可以使企业把更多的精力集中于自身优势环节，更好地打造企业的核心竞争力。

联合经营战略主要有以下四种实现途径：一是战略联盟，合作双方可以签订长期合作协议，在研发、生产、销售等价值活动中进行合作，相互利用对方资源；二是虚拟运作，这是指企业通过合同、信贷帮助、技术支持等方式同其他企业建立较为稳定的关系，从而将企业价值活动集中于自身的优势方面，将其非专长方面外包出去；三是相互持股或并购，相互持股是联合经营的高级形式，由于互相持有对方股份，合作的稳定性和长期性比协议或合同的方式结成的联合经营体要好很多，日本的三菱、三井、住友、富士、第一劝业、三和等六大企业集团正是通过相互持股，取得非常好的经营效果。与相互持股不同，并购往往是单向的，由发起方购买对方部分或全部股份，从而达到扩大规模，增强自身实力的目的，随着资本市场的逐渐完善，并购的方法也越来越常见了；四是出售核心产品，这是指企业将价值活动集中于自己少数优势方面，产出产品或服务，并将产品或服务通过市场交易出售给其他生产者作进一步的生产加工，这种联合经营是沿着供应链方向上下游企业的合作，如著名的中间品制造商杜邦、CPU 制造商英特尔都是采用这一战略。

（二）竞争战略

基本竞争战略是由美国学者迈克尔·波特提出的，分别为：成本领先战略、差异化战略、集中化战略。波特认为企业必须从这三种战略中选择一种，作为其主导战略。要么把成本控制到比竞争者更低的程度；要么在企业产品和服务中形成与众不同的特色，让顾客感觉到你提供了比其他竞争者更多的价值；要么企业致力于服务于某一特定的市场细分、某一特定的产品种类或某一特定的地理范围。

1. 总成本领先战略（Overall cost leadership strategy）

成本领先要求坚决地建立起高效规模的生产设施，在经验的基础上全力以赴降低成本，抓紧成本与管理费用的控制，以及最大限度地减小研究开发、服务、推销、广告等方面的成本费用。

为了达到这些目标，就要在管理方面对成本给予高度的重视。尽管质量、服务以及其他方面也不容忽视，但贯穿于整个战略之中的是使成本低于竞争对手。该公司成本较低，意味着当别的公司在竞争过程中已失去利润时，这个公司依然可以获得利润。

赢得总成本最低的有利地位通常要求具备较高的相对市场份额或其他优势，诸如与原材料供应方面的良好联系等,或许也可能要求产品的设计要便于制造生产,易于保持一个较宽的相关产品线以分散固定成本,以及为建立起批量而对所有主要顾客群进行服务。

总成本领先地位非常吸引人。一旦公司赢得了这样的地位,所获得的较高的利润又可以重新对新设备、现代设施进行投资以维护成本上的领先地位,而这种再投资往往是保持低成本状态的先决条件。

2. 差异化战略(differentiation strategy)

差异化战略是将产品或公司提供的服务差异化,树立起一些全产业范围中具有独特性的东西。实现差别化战略可以有许多方式,主要包括:产品差异化、服务差异化、营销差异化、品牌形象差异化等。最理想的情况是公司在几个方面都有其差别化特点。例如美国苹果公司,正是以其独特的品牌形象、产品特性、经营模式、营销模式享誉世界,从而获得巨大的超额收益。

如果差异化战略成功地实施了,它就成为在一个产业中赢得高水平收益的积极战略,因为它建立起防御阵地对付五种竞争力量,虽然其防御的形式与成本领先有所不同。波特认为,推行差异化战略有时会与争取占有更大的市场份额的活动相矛盾。推行差异化战略往往要求公司对于这一战略的排他性有思想准备。这一战略与提高市场份额两者不可兼顾。在建立公司的差异化战略的活动中总是伴随着很高的成本代价,有时即便全产业范围的顾客都了解公司的独特优点,也并不是所有顾客都将愿意或有能力支付公司要求的高价格。

拓展阅读

知名品牌咨询机构 Interbrand 发布了 2015 年全球品牌价值排行榜,苹果公司以 1 702.7 亿美元的品牌价值,连续三年蝉联第一位。苹果公司的成功与它的差异化战略密切相关,其差异化战略的核心就是:创新。不仅可以说苹果公司掌握了其核心,还可以说苹果公司的创新也具有创新性。

(1) 创新的标准:苹果公司的创新标准不再仅仅是跟随市场并满足客户的需求,而是从否定自我出发,不是比别人更好,而是比自己更好,在高水平上达到更高水平,引领市场和创造需求。

(2) 创新的周期:从自身的战略出发,加快研发速度,还在 ipod 热卖的时候,苹果公司已经在 2006 年开始研发 iphone 产品;2010 年推出的平板电脑 ipad,则是在 2003 年即开始了研发。

(3) 创新的团队:制造问题、异想天开、不安分守己的人,形成顶级创新团队。

(4) 创新的文化:乔布斯渴求完美,使创新在苹果公司从一个概念变成行动,从文化变成性格。

3. 聚焦战略(focus strategy)

聚焦战略,也称重点集中战略,是主攻某个特殊的顾客群、某产品线的一个细分区段或某一地区市场。正如差异化战略一样,重点集中战略可以具有许多形式,主要包括:产品线聚焦、用户聚焦、地区聚焦等。虽然低成本与差别化战略都是要在全产业围内实现其目标，聚焦战略的整体却是围绕着很好地为某一特殊目标服务这一中心建立的，它所开发推行的每一项职能化方针都要考虑这一中心思想。这一战略依靠的前提思想是：公司业务的聚焦能够以高的效率、更好的效果为某一狭窄的战略对象服务，从而超过在较广阔范围内竞争的对手们。波特认为这样做的结果，是公司或者通过满足特殊对象的需要而实现了差异化，或者在为这一对象服务时实现了低成本，或者二者兼得。这样的公司可以使其赢利的潜力超过产业的普遍水平。这些优势保护公司抵御各种竞争力量的威胁。

但聚焦战略常常意味着限制了可以获取的整体市场份额。专一化战略必然地包含着利润率与销售额之间互以对方为代价的关系。

本章小结

计划是管理的首要职能，是其他管理职能得以执行的基础。计划具有目的性、首位性、普遍性、效率性和创新性。计划根据时间长短可以分为长期计划、中期计划和短期计划；根据职能空间可以分为业务计划、财务计划和人事计划；根据综合性程度可以分为战略计划和战术计划；根据明确性程度可以分为具体性计划和指导性计划；根据程序化程度可以分为程序性计划和非程序性计划。孔茨和韦里克把计划有抽象到具体分为使命、目标、战略、政策、程序、规则、方案和预算等八个层次。计划制定的步骤包括估量机会、确定目标、确定前提条件、拟定方案、评价方案、选择方案、拟定派生计划和编制预算。计划有多种制定方法，主要包括运筹学方法、滚动式计划方法和网络计划技术。目标管理是一种计划实施的重要方法。

决策是管理者识别并解决问题的过程，或者管理者利用机会的过程。决策遵循的是满意原则，要以适量的信息为决策依据。决策要经历诊断问题或识别机会、明确目标、拟定方案、筛选方案、执行方案和评估效果等六个阶段。决策的方法包括定性决策和定量决策两类方法，其中定量决策根据环境的确定性程度，可以分为确定型决策、风险型决策和不确定型决策。

战略性计划是指应用于整体组织的，为组织未来较长时期设立总体目标和寻求组织在环境中的地位的计划。战略管理过程包括确定企业使命、战略环境分析、战略选择及评价和战略实施与控制等几个阶段。战略环境分析包括组织外部的一般环境分析和行业环境分析，以及组织自身环境分析。通过 SWOT 分析等战略分析方法，可以进行企业总体战略和竞争战略的选择。

本章练习

一、单项选择题

1. 根据计划的明确性，可以把计划分类为（　　）。
A. 长期计划和短期计划　　　　　　B. 战略性计划和战术性计划

第四章 计 划

C. 具体性计划和指导性计划 D. 程序性计划和非程序性计划

2. 关于关键路线，下列说法错误的是（　　）。

A. 一个网络图中只有一条关键路线

B. 关键路线的路长决定了整个计划任务所需的时间

C. 关键路线上各工序完工时间推迟会直接影响着整个活动能否按时完工

D. 确定关键路线，据此合理地安排各种资源，对各工序活动进行进度控制，是利用网络计划技术的主要目的

3. "跳起来，摘桃子"是指目标的（　　）。

A. 挑战性和可接受性 B. 创新性和层次性

C. 可考核性 D. 网络型和信息伴随性

4. 下列选项中属于企业的短期决策的是（　　）。

A. 投资方向的选择 B. 人力资源的开发

C. 组织规模的确定 D. 企业日常营销

5. （　　）是日常工作中为提高生产效率、工作效率而做出的决策，牵涉范围较窄，只对组织产生局部影响。

A. 战略决策 B. 战术决策

C. 管理决策 D. 业务决策

6. 集体决策的缺点包括（　　）。

A. 节省时间 B. 产生群体思维

C. 产生的备选方案较少 D. 责任明确

7. 决策者只寻求满意结果的原因有（　　）。

A. 只能满足于在现有方案中寻找

B. 决策者能力的缺乏

C. 选择最佳方案需要花大量的时间和金钱

D. 决策者只需要有可接受的结果

8. 喜好风险的人往往会选取风险程度（　　）而收益（　　）的行动方案。

A. 较高，较高 B. 较高，较低

C. 较低，较低 D. 不确定

9. 通过（　　）等方法可以提出富有创造性的方案。

A. 独自思考 B. 头脑风暴法

C. 名义小组技术 D. 德尔菲技术

10. 常用的不确定型决策方法有（　　）。

A. 线性规划 B. 最大预期效用原则

C. 决策树 D. 最小最大后悔值法

11. 企业经营范围扩大到供应商领域，被称为（　　）战略。

A. 横向一体化 B. 后向一体化

C. 前后向一体化 D. 前向一体化

12. 规模经济原则主要用于（　　）战略。

A. 多元化　　　　　　　　　　B. 差异化
C. 成本领先　　　　　　　　　D. 虚拟经营

13. 如果企业通过环境分析得出的结果是：内部优势明显但外部环境威胁较大，一般可以考虑采用（　　）战略。
A. 发展　　　　　　　　　　　B. 多种经营
C. 防御　　　　　　　　　　　D. 扭转

14. 根据价值链分析法，下列哪个部门不属于直接创造价值的部门（　　）。
A. 内部物流部门　　　　　　　B. 外部物流部门
C. 服务部门　　　　　　　　　D. 物质采购部门

15. 扩大现有产品在现有市场上的销量，属于（　　）战略。
A. 市场渗透　　　　　　　　　B. 产品开发
C. 多角化　　　　　　　　　　D. 市场开发

16. 甲公司准备在某地投资建厂，据初步测算，固定资产投资为1 600万，按平均年限法分8年进行折旧（不考虑残值），单位可变成本为150元/件，售价为190元/件，则保本产量为（　　）件。
A. 8万　　　　　　　　　　　 B. 7万
C. 6万　　　　　　　　　　　 D. 5万

二、多项选择题

1. 计划在管理的各种职能中处于主导地位，主要表现在以下方面（　　）。
A. 计划和控制工作是不可分的
B. 计划的确定总是在其他管理职能之前
C. 计划工作是一成不变的
D. 计划工作始终贯穿于组织、人事等工作中

2. 战略计划与作业计划相比较，下列说法准确的是（　　）。
A. 战略计划的内容具有纲领性　　B. 战略计划的对象是组织全局
C. 战略计划具有短期性　　　　　D. 战略计划的风险性较高

3. 以下几项中，（　　）属于对备选方案进行评价的指标。
A. 收益　　　　　　　　　　　B. 成本
C. 期限　　　　　　　　　　　D. 风险

4. 目标管理在实施过程中存在一定的局限性，比如（　　）。
A. 目标制定较为困难　　　　　B. 目标制定与分解费时、费力
C. 受职工素质的影响较大　　　D. 目标的权变性较差

5. 群体决策与个人决策相比较而言，下列说法准确的是（　　）。
A. 群体决策中责任模糊　　　　B. 群体决策方案更容易被接受
C. 群体决策效率高　　　　　　D. 群体决策比个人决策的精确性强

6. 定性决策是决策者根据所掌握的信息，通过对事物运动规律的分析，在把握事物内在本质联系基础上进行决策的方法。主要的定性决策方法有（　　）。

计 划

    A. 德尔菲法   B. 头脑风暴法
    C. 盈亏平衡点法   D. 线性规划法

7. 战略管理的起点是环境分析，包括下列内容（　　）。
    A. 外部环境分析   B. 内部因素分析
    C. 自身能力分析   D. 对手能力分析

8. 美国学者迈克尔·波特认为，企业在市场竞争中可以采用的三种基本竞争战略是（　　）。
    A. 成本领先战略   B. 聚焦战略
    C. 差异化战略   D. 多角化战略

三、判断题

1. 与规则相比，政策具有很强的柔性和灵活性。（　　）
2. 可以把程序看成是由一系列规则组成的。（　　）
3. 对于例外事务，应当用规章制度等程序化决策来处理。（　　）
4. 在网络图中，时间最短的路线被称为关键路线，它决定了整个项目的工期。（　　）
5. 在环境迅速变化的时代，计划工作的价值降低了。（　　）
6. 企业流程再造理论（BPR）被称为"管理中的管理"。（　　）
7. 企业进行科技环境分析时，只需要关注现有技术状况即可。（　　）
8. 实施成本领先战略的企业数量要多于实行差异化战略的企业。（　　）
9. 在某些情况下，替代品的对企业的威胁甚至超过企业现有的竞争对手。（　　）
10. 紧缩性战略是一种具有长期思维的战略选择。（　　）

四、思考题

1. 如何理解决策遵循的是满意原则，而不是最优原则？
2. 行为决策理论的主要内容是什么？
3. 简述决策的过程。
4. 决策的类型有哪些？
4. 孔茨和韦里克的计划层次体系包括哪些内容？
5. 简述目标管理的过程。
6. 滚动计划法的基本思想是什么？
7. 网络计划技术有什么优点？
8. 简述迈克尔·波特的"五力分析"理论。
9. 企业的基本竞争战略有哪些？

五、案例分析

菲利普·莫里斯公司的战略

在20世纪50年代，当医生们把香烟与癌症联系在一起时，烟草公司就立即意识到，如果要正常生存下去，就必须采用新的战略。由于消费者和广告限制构成的威胁对企业十分强大，因而不能忽视，于是绝大多数著名的烟草制造商就开始寻求进行多种经营，进入新的市场领域的方法。

菲利普·莫里斯公司（Philip Morris Companies Inc.）是全球规模最大、获利最丰的烟草公司之一，它的主要产品——万宝路牌香烟风靡世界，强大的财力足可使它购买其他企业。

1959年，菲利普·莫里斯公司用1.3亿美元收购了米勒啤酒公司，米勒公司的经历是开发市场最为成功的例子之一。先前，啤酒行业都采用保守和陈旧的方法来开发市场，菲利普·莫里斯公司采用了与之不同的新方法，并附之以庞大的市场开发预算。它对原先米勒公司的产品结构进行了改造，淘汰了老式产品，而主要生产低度的高级啤酒和高度的低级啤酒，并加强广告宣传。结果，米勒牌啤酒获得巨大成功，在美国销售量仅次于巴德韦塞牌啤酒。接着，以米勒啤酒为基础，又生产出迎合各种顾客需要的莱特牌啤酒，这样就使菲利普公司的销售量和利润都大幅上升。

1978年，菲利普公司又购买了七喜饮料公司，并把原来含咖啡因的饮料改为无咖啡因饮料，随后又发展了一种无咖啡因的可乐饮料，并在广告上大量宣传这两种饮料，使其销售量飞速上升。1988年，菲利浦公司更是收购了卡夫食品，并成为全球第二大食品公司，旗下的麦斯威尔咖啡、奥利奥饼干、太平梳打饼干、趣多多、果珍等品牌享誉全球。

问题：
（1）菲利普·莫里斯公司战略调整的原因是什么？
（2）菲利普·莫里斯公司采用了哪些战略？

六、实战训练

目的：学院准备于一个月后进行一次校园歌手大赛，聘请你们团队进行该项比赛的策划，并要提交一份策划书。

要求：团队成员为4~6人；策划书中应包括活动主题、活动目的、活动内容、日程安排、活动预算、人员分工等内容。

第五章 组　织

学习目标

知识目标
- 理解并掌握组织的含义，充分认识组织在管理中的作用
- 理解组织职能、组织工作的原则
- 理解管理幅度及其与管理层次的关系
- 掌握组织结构的内容和组织结构的基本类型
- 掌握组织结构设计的程序与方法
- 理解并掌握组织的人员配备
- 了解组织结构变革的动力与程序

技能目标
- 能够读懂组织结构图
- 能够运用组织理论指导管理实践

 **案例导入**

在自然科学领域，石墨与钻石都是由碳原子构成的，构成要素一样，但两者的硬度和价值简直无法相提并论。钻石为什么会比石墨坚硬？钻石为什么比石墨值钱？造成它们之间差异的根本原因就是原子间晶体结构的不同：石墨的碳原子之间是"层状结构"，而钻石的碳原子之间是独特的"金刚石结构"。

在工程技术领域，性能同等优良的机器零件，由于组装的经验和水平不同，装出来的机器在性能上可能相差很大。

在军队，一队士兵，数量上没有变化，仅仅由于组织和列阵的不同，在战斗力上就会表现出质的差异。

那么，在经济组织里的情况怎样？

第一节 组织概述

组织职能在管理中有重要的地位,高效运行的组织取决于建立健全完善的组织管理系统。任何一种管理活动都是由多个部分、多个方面、多种因素相互联系、相互影响和相互作用的系统,这个系统和社会其他各种系统一样,必须有一个组织形式和组织结构。

一、组织的含义与作用

如果没有组织,管理活动就难以高效地进行。同时,如果组织结构不合理,也会导致管理任务难以圆满完成。也就是说,只有做好组织工作,才能使决策方案得以顺利实施,也才能保证计划和目标的实现。那么,究竟什么是组织呢?

(一)组织的含义

对于组织的概念,国外有关学者众说纷纭。其中最早的是由巴纳德提出的观点,他认为"组织就是两个或两个以上的人有意识协调活动的系统"。被誉为"管理过程理论"之父的法约尔,最早指出的管理五项职能,其中之一就是组织,并认为企业的组织职能主要包括:设计组织结构,确定相互关系,制定规章制度,以及招收、训练、评价职工等。其后,西方的理论学者对组织都下过不同的定义。伊兹尼把组织描述为"组织是一个有计划的单位,是为完成特定的目标而设计起来的";韦伯提出了"理想行政理论"的概念,把理性合法权利看作组织的基础和支柱;哈罗德·孔茨把组织定义为"正式的有意形成的职务结构或职位结构";波特、劳拉和哈克曼指出组织应包括五个基本要素:社会结构、目标方向、差别化的功能、合理协调和时间上的延续性;穆尼则强调组织是一种在一个协调的整体里,把具体的任务或职能联系起来的技术等等。由此可见,组织不仅是人的结合,而且是一个特定的体系,综合起来,我们可以把组织定义为:组织是由两个人以上的群体组成的有机体,是一个为了共同目标,内部成员形成一定的关系结构和共同规范力量的协调系统。

这个概念包括了以下几方面的含义:

(1)组织必须具有明确的共同目标。任何一个组织都要有一个共同的目标,目标是组织存在的前提,是组织活动的出发点和落脚点。组织之所以存在,只能是因为它执行一定的功能,否则就失去其存在的理由。而组织能够存在并发展下去,就是因为它有一定的目标。

(2)组织是实现目标的工具。组织目标是否能够实现,就要看组织内各要素之间的协调、配合程度,分工协作是由组织目标限定的,组织内部要设立必要的部门机构,对其活动中所需的资源进行合理配置,以保证其正常运转。一个组织为了达到目标,其中很重要的一个方面就是要看组织结构是否合理有效。

(3)组织包括不同层次的分工协作。组织内部必须有分工,而在分工之后,就要赋予各个部门及每个人相应的权力与责任，若想完成一项任务，必须具有完成该项任务的权力，同时又必须有相应的责任，以便实现目标。组织为达到目标和效率，就必须进行分工协作，把组织上下左右联系起来，形成一个有机的整体。

组织是人类社会最普遍、最常见的社会现象，政府机关、工厂、学校、医院等都是各类组织的表现形式。在现代社会生活中，组织是人们按照一定的目的、任务和形式编制起来的社会集团，组织不仅是社会的细胞、社会的基本单元，而且可以说是社会的基础。

现代组织学研究两大部分内容：一是静态组织结构学。主要研究组织原则、组织形式、组织效应，着重于结构合理、精干高效；二是动态组织行为学。主要研究如何考察评估人的能力，如何发挥人的作用，如何合理配置资源等。

（二）组织的作用

（1）组织是帮助人类社会超越自身个体发展能力的重要支撑。正如搬石头，个人的力量可能不够，为此就需要两个人或更多人的合作，于是组织就产生了。在规模较大的组织中，个人在其中起着一种类似有机体中细胞的作用。树木仅通过自己的成长不能形成的某种力量可以通过聚集与并列来实现，即可以形成森林取得挡风、固土等功效。由此可见组织可以克服个人力量的局限性；个人目标的实现程度取决于通过群体努力而得到的组织目标的实现程度。能够在一定程度上实现个人目标是一个人之所以愿意留在一个组织中的根本原因。

（2）组织是实现管理目标的重要保证。要创建一个有效的组织，只是集合一些人，分给他们职务是不够的。应该找到必要的人并把他们放在最能发挥作用的位置上。通过分工，充分发挥各人特长；通过协作，形成集团力量。

（3）组织是连接企业领导与职工、企业与环境的桥梁。企业实现有效领导的前提，是领导与职工的信息交流、情感交流。交流可使每个职工明确个人的权利与责任。组织成员能力互补、志同道合；一荣俱荣，一损俱损。

二、组织工作

（一）组织工作的含义

组织工作是指为了实现组织的共同目标而确定组织内各要素及其相互关系的活动过程，也就是设计一种组织结构，并使之运转的过程。组织将实现目标所必需进行的各项业务活动加以分类整合，并为各项业务活动划分出不同的层次、部门和岗位，将管理各部门活动所必需的职权授予各层次、各部门主管人员，以及规定组织结构中这些层次和这些部门的相互配合关系。只有使组织中的每个人了解自己在组织工作中应有的地位和他们之间的相互关系，才能有效地发挥他们在组织中的作用，保证组织目标的顺利实现。

（二）组织工作的特点

（1）组织工作是一个过程。组织工作是根据组织的目标，考虑组织内外部环境来建立和协调组织结构的过程。这个过程一般的步骤为：①确定组织目标；②对目标进行分解，拟定派生目标；③确认为实现目标所必需的各项业务工作并加以分类；④根据可利用的人力、物力及利用它们的最好方法来划分各种工作，由此形成部门；⑤将进行业务活动所必需的职权授予各部门的负责人，由此形成职务说明书，规定该职务的职责和权限；⑥通过职权关系和信息系统，把各部门的业务活动上下左右紧密地联系起来。通过组织系统图，来达到对组织的整体认识。

（2）组织工作是动态的。组织内外部环境的变化，都要求对组织结构进行调整以适应变化。组织工作不可能是一劳永逸的。

（3）组织工作要充分考虑非正式组织的影响。由于非正式组织对组织的目标有影响，组织工作必须考虑非正式组织的影响。这有助于在组织工作中设计与维持组织目标与非正式组织目标的平衡，避免对立，并在领导与指导时对非正式组织加以利用。

（三）组织工作的内容

根据上述组织工作的含义与特点，组织工作内容主要包括：
（1）根据组织目标，设计和建立与之相适应的组织结构和职位系统。
（2）确定职权分配，明确职权关系，合理授权。
（3）合理进行人员配备与人力资源管理。
（4）根据组织内部条件和外部环境的变化，适时进行组织协调与组织变革。

三、组织的要素与类型

（一）组织的要素

根据组织表现出的性质，我们可以把组织的构成要素确定为：组织环境、组织目的、管理主体和管理客体。这四个基本要素相互结合，相互作用，共同构成一个完整的组织。

（1）组织环境。组织环境是组织的必要构成要素。组织是一个开放系统，组织内部各层级、部门之间和组织与组织之间，每时每刻都在交流信息。任何组织都处于一定的环境中，并与环境发生着物质、能量或信息交换关系，脱离一定环境的组织是不存在的。组织是在不断与外界交流信息的过程中，得到发展和壮大的。所有管理者都必须高度重视环境因素，必须在不同程度上考虑到外部环境，如经济的、技术的、社会的、政治的和伦理的等等，使组织的内外要素互相协调。

（2）组织目的。组织目的也是一个组织的要素。所谓组织目的，就是组织所有者的共同愿望，是得到组织所有成员认同的。任何一个组织都有其存在的目的，建立一个组织，首先必须有目的，然后建立组织的目标，如果没有目的，组织就不可能建立。已有的组织如果失去了目的，这个组织也就名存实亡，而失去了存在的必要。企业组织的目的，就是向社会提供用户满意的商品和服务，从而为企业获得尽量多的利润。政府行政部门的目的是为了提高办公效率，更好地为广大市民服务。

（3）管理主体和管理客体。组织组成要素应当是相互作用的，或者说是耦合的。在组织中，这两个相互作用的要素是管理主体和管理客体。管理主体是指具有一定管理能力，拥有相应的权威和责任，从事现实管理活动的人或机构，也就是通常所说的管理者。管理客体是管理过程中在组织中所能预测、协调和控制的对象。

管理主体与管理客体之间的相互联系和相互作用构成了组织系统及其运动，这种联系和作用是通过组织这一形式而发生的。管理主体相当于组织的施控系统，管理客体相当于组织的受控系统。组织是管理主体与管理客体依据一定规律相互结合,具有特定功能和统一目标的有序系统。在管理的过程中,管理主体领导管理客体,管理客体实现组织的目的,而管理客体对管理主体又有反作用,管理主体根据管理客体的对组织目的的完成情况,从而调整管理主体的行为。它们通过这样的相互作用,形成了耦合系统,从而更好地实现组织的目的。

(二) 组织的类型

(1) 从组织的规模程度去分类,可分为小型的组织、中型的组织和大型的组织。比如,同是企业组织,就有小型企业、中型企业和大型企业;同是医院组织,就有个人诊所、小型医院和大型医院;同是行政组织,就有小单位、中等单位和大单位。按这个标准进行分类是具有普遍性的,不论何类组织都可以作这种划分。以组织规模划分组织类型,是对组织现象的表面认识。

(2) 按组织的社会职能分类,可分为文化性组织、经济性组织和政治性组织。文化性组织是一种人们之间相互沟通思想、联络感情,传递知识和文化的社会组织,各类学校、研究机关、艺术团体、图书馆、艺术馆、博物馆、展览馆、纪念馆、报刊出版单位、影视电台机关等都属于文化性组织。文化性组织一般不追求经济效益,属于非营利组织。而经济性组织是一种专门追求社会物质财富的社会组织,它存在于生产、交换、分配、消费等不同领域,工厂、工商企业、银行、财团、保险公司等社会组织都属于经济性组织。政治性组织是一种为了某个阶级的政治利益而服务的社会组织,国家的立法机关、司法机关、行政机关、政党、监狱、军队等都属于政治性组织。

(3) 按组织内部是否有正式分工关系分类,正式组织和非正式组织。如果一个社会组织内部存在着正式的组织任务分工、组织人员分工和正式的组织制度,那么它就属于正式组织。政府机关、军队、学校、工商企业等都属于正式组织。正式组织是社会中主要的组织形式,是人们研究和关注的重点;而如果一个社会组织的内部既没有确定的机构分工和任务分工,没有固定的成员,也没有正式的组织制度等,这种组织就属于非正式组织。非正式组织可以是一个独立的团体,比如学术沙龙、文化沙龙、业余俱乐部等,也可以是一种存在于正式组织之中的无名而有实的团体。这是一种事实上存在的社会组织,这种组织现在正日益受到重视。在一个正式组织的管理活动中,应特别注意非正式组织的影响作用。对这种组织现象的处理,将会影响到正式组织任务的完成和组织运行的效率。

拓展阅读

中国古代"组织"一词原指丝麻织成布帛。《辽史·食货志》上有"饬国人树桑麻,习组织"之说。有关组织活动的论述则更为古老,如《孙子兵法·势篇》有"凡治众如治寡,分数是也","斗众如斗寡,形名是也"。这里"众"、"寡"指组织形式,"治"、"斗"指组织方法。但是,人类对组织进行有系统的研究,则是从20世纪初开始的。现代学者认为,组织是由两个以上的人组成的,为实现共同目标,以一定形式加以编制的集合体。人类社会的组织活动,随着社会分工日益复杂,组织种类愈加繁多,如行政组织、工商企业组织、文化教育组织等。其中行政组织在社会中处于重要地位。

关于组织理论的内容，从20世纪初开始，大致经历了传统组织理论、行为科学组织理论和系统管理理论三个阶段。传统组织理论盛行于20世纪10~30年代。它着重分析组织的结构和组织管理的一般原则，研究内容主要涉及组织的目标、分工、协调、权力关系、责任、组织效率、授权、管理幅度和层次、集权和分权等。代表人物有：提出官僚制度理论的M·韦伯，提出行政程序理论的H·法约尔，提出科学管理理论的F·W·泰勒。尽管泰勒的科学管理主要适用于企业组织，但其组织管理思想深刻地影响了行政组织管理和行政理论的研究。此外，美国学者L·厄威克及时综合和传播了传统组织理论者的观点和主张，扩大了传统组织理论的影响。

（摘自百度百科词条）

第二节 组织设计

组织设计是一个动态的工作过程。科学进行组织设计，要根据组织设计的内在规律性有步骤地进行，才能取得良好效果。组织设计可能有三种情况：新建的组织需要进行组织结构设计；原有组织结构出现较大的问题或组织的目标发生变化，原有组织结构需要进行重新评价和设计；组织结构需要进行局部的调整和完善。

一、组织设计的概念

组织设计是以组织结构为核心的组织系统的整体设计工作，指管理者将组织内各要素进行合理组合，建立和实施一种特定组织结构的过程。组织设计是有效管理的必备手段之一，其实质是对管理人员的管理劳动进行横向和纵向的分工。

组织设计的任务是设计清晰的组织结构，规划和设计组织中各部门的职能和职权，确定组织中职能职权、参谋职权、直线职权的活动范围并编制职务说明书。组织设计是一个动态的工作过程，包含了众多的工作内容。企业组织设计包含六项主要内容：

（1）职能设计。职能设计是指企业的经营职能和管理职能的设计。企业作为一个经营单位，要根据其战略任务设计经营、管理职能。如果企业的有些职能不合理，那就需要进行调整，对其弱化或取消。

（2）框架设计。框架设计是企业组织设计的主要部分，运用较多。其内容简单来说就是纵向的分层次、横向的分部门。

（3）协调设计。协调设计是指协调方式的设计。框架设计主要研究分工，有分工就必须要有协作。协调方式的设计就是研究分工的各个层次、各个部门之间如何进行合理的协调、联系、配合，以保证其高效率的合作，发挥管理系统的整体效应。

（4）规范设计。规范设计就是管理规范的设计。管理规范就是企业的规章制度，它是管理的规范和准则。结构本身设计最后要落实、体现为规章制度。管理规范保证了各个层次、部门和岗位,按照统一的要求和标准进行配合和行动。

(5) 人员设计。人员设计就是管理人员的设计。企业结构本身设计和规范设计,都要以管理者为依托,并由管理者来执行。因此,按照组织设计的要求,必须进行人员设计,配备相应数量和质量的人员。

(6) 激励设计。激励设计就是设计激励制度,对管理人员进行激励,其中包括正激励和负激励。正激励包括工资、福利等,负激励包括各种约束机制,也就是所谓的奖惩制度。激励制度既有利于调动管理人员的积极性,也有利于防止一些不正当和不规范的行为。

二、组织设计的原则

(一) 任务与目标原则

企业组织设计的根本目的,是为实现企业的战略任务和经营目标服务的。这是一条最基本的原则。组织结构的全部设计工作必须以此作为出发点和归宿点,即企业任务、目标同组织结构之间是目的同手段的关系;衡量组织结构设计的优劣,要以是否有利于实现企业任务、目标作为最终的标准。从这一原则出发,当企业的任务、目标发生重大变化时,例如,从单纯生产型向生产经营型、从内向型向外向型转变时,组织结构必须作相应的调整和变革,以适应任务、目标变化的需要。又如,进行企业机构改革,必须明确要从任务和目标的要求出发,该增则增,该减则减,避免单纯地把精简机构作为改革的目的。

(二) 分工与协作原则

所谓分工与协作原则就是指在组织设计时,按照不同专业和性质进行合理的分工,并规定各个部门之间或部门内部的协调关系和配合方法。分工是指按照不同专业和性质将组织的任务和目标分成不同层次的部门或个人的单项任务或目标,并规定出完成各自任务或目标的手段和方式。分工是提高组织工作效率的基本手段,配备专业化的仪器设备。可以使每一个部门或个人专心从事某一方面的工作,增加熟练程度和技巧,协作是指规定各个部门之间或部门内部的协调关系和配合方法。组织是一个系统,作为其子系统的各个部门不可能相互脱离而独立运行,必须相互协调才能高效率地完成各自的任务,最终实现组织的总目标。分工与协作是相辅相成的,是提高组织运行效率的有效手段。

(三) 统一指挥原则

统一指挥原则就是指组织中每一个下级只能接受一个上级的指挥,并向这个上级负责。后来,人们又将这个原则发展为组织中每一个人只能接受同一个命令。如果有两个或两个以上领导人同时指挥,则必须在下达命令之前,进行相互沟通,达成一致意见后再下达命令,以免下级无所适从。统一指挥原则排除了组织中更高级别的主管或其他部门的主管越级指挥或越权发布命令的现象,有利于组织的政令统一、高效率的贯彻执行各项决策。但是,在实践中这一原则有时过于刻板,使组织缺乏必要的灵活性，同层次的不同部门之间的横向沟通困难，因此，在组织结构设计和沟通方式设计时应采取适当的措施予以弥补。

（四）权责对等原则

责权对等原则是指在赋予每一个职务责任的同时，必须赋予这个职务自主完成任务所需的权力，权力的大小需要和责任相适应。有责无权，无法保证完成所赋予的责任和任务，有权无责将会导致权力滥用，组织赋予每一个职务的权力不能太小，也不能太大，一定要与所赋予的职责相适应，这是组织设计时必须注意的问题。

（五）有效管理幅度原则

有效管理幅度是指一个管理者能够直接有效管理下属的人数。影响管理幅度的因素是多方面的，管理幅度会因组织或个人的差异而不同。管理幅度是同管理层次相互联系、相互制约的，二者成反比例的关系，即管理幅度越大，则管理的层次越少。由于管理幅度的大小影响和决定着组织的管理层次，以及主管人员的数量等一些重要的组织问题。所以，每一个管理者应根据不同情况并结合工作的性质以及被管理者的素质等特征来确定适合本组织的管理幅度，从而既能保证统一指挥，又有利于组织内信息的沟通。

（六）机构精简原则

所谓机构精简原则是指在能够保证组织业务活动正常开展的前提下，尽可能减少管理层次、简化部门机构，并配置少而精的主管人员。坚持这个原则的优点是非常明显的，第一个优点是组织精干，反应敏捷，协调工作量小，工作效率高；第二个优点是节省人员的费用和组织的管理费用。

（七）弹性结构原则

弹性结构原则就是指组织的部门结构、人员的职位和职责是可以随着实际需要而变动的，以便使组织能快速适应环境的变化。为了使职位保持弹性，应按任务和目标需要设立岗位，而不是按人设岗。人员的岗位职责要根据不同时期的组织目标和任务的特性进行调整。各级管理人员要定期更换，努力做到一专多能、一人多岗。还可以通过实行多种用工制度使人员富有弹性。

（八）集权与分权相平衡原则

集权与分权相平衡原则就是根据组织的实际需要来决定集权和分权的程度。集权是指组织的大部分决策权都集中在上层。分权是指将组织的决策权根据各个层次职务上的需要进行分配。集权和分权的程度完全是根据组织在不同时期、不同环境下为了完成组织目标的需要而决定的。例如，当组织的外部环境比较稳定时宜采用集权，当外部环境变化激烈时宜采用适当程度的分权；当组织规模较小时宜采用集权，当组织规模较大时宜采用适当程度的分权；集权和分权的程度没有固定的尺度，关键是组织的决策者要高瞻远瞩、审时度势，根据需要把握好这个程度。

(九) 稳定性和适应性相结合的原则

稳定性和适应性相结合原则要求组织设计时,既要保证组织在外部环境和企业任务发生变化时,能够继续有序地正常运转;同时又要保证组织在运转过程中,能够根据变化了的情况做出相应的变更,组织应具有一定的弹性和适应性。为此,需要在组织中建立明确的指挥系统、责权关系及规章制度;同时又要求选用一些具有较好适应性的组织形式和措施,使组织在变动的环境中,具有一种内在的自动调节机制。

三、组织设计的任务

组织设计的任务是设计清晰的组织结构,规划和设计组织中各部门的职能和职权,确定组织中职能职权、参谋职权、直线职权的活动范围并编制职务说明书。

组织结构是指组织的框架体系,是对完成组织目标的人员、工作、技能和信息所做的制度性安排。尽管组织结构日益复杂、类型演化越来越多,但任何一个组织结构都存在三个相互联系的问题:即职权如何划分;部门如何确立;管理层次如何划分。由于组织内外环境的变化影响着这三个相互关联的问题,使得组织结构的形式始终围绕这三个问题发展变化。因此,要进行组织结构的设计,首先要正确处理这三个问题。

纵向结构设计的结果是决策的层级化,即确定了由上到下的指挥链以及链上每一级的权责关系(有明确的方向性和连续性)。横向结构设计的结果是组织的部门化,即确定了每一部门的基本职能、每一位主管的控制幅度、部门划分的标准以及各部门之间的共所关系。

职务说明书要求明确该管理职务的工作内容、职责与权力,组织中该职务与其他职务之间的区别与联系,职务当事人所应具备的专业背景、知识结构、管理能力等基本条件。

四、组织设计的程序

一般来讲组织设计包括四项基本内容:工作划分;工作归类;管理层次;职权关系。这四项基本内容构成了设计组织结构的四个基本步骤,即一般程序,如图 5-1 所示。

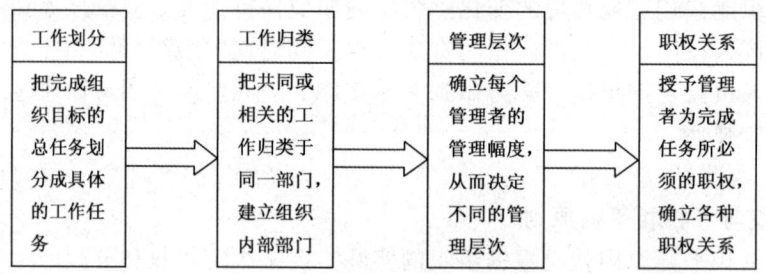

图 5-1 组织设计的一般程序

(一) 工作划分,确定具体目标

实现计划拟定的目标,是组织的总任务。工作划分应根据目标一致和效率优先的原则进行。作为管理者必须把这个总任务划分成许多具体的工作任务,使组织内的每个成员承担一部分。工作划分没有一个统一的标准，它是随组织任务不同，人员素质不同，所拥有的资源不同而不同的。

组织内的工作按其性质不同划分为两类：作业工作和管理工作。所谓作业工作，是以实际作业为主的工作。对这类工作的划分应注意的问题有：一是专业化考虑，在划分作业工作时必须发挥专业化的优点；二是考虑作业流程的要求，使作业划分既有分工又有协作；三是这类工作人员特别需要具备技术能力。管理工作是以管理为目标所配备的人员，从事配置物质资料、资金和选择工作方法为主的工作。对这类工作的划分应注意的问题有：一是这类工作人员特别需要具备的是管理能力；二是必须考虑管理费用成本，管理工作划分时要有成本、费用的约束。

(二) 工作归类，建立工作部门

在把总任务分成许多具体任务后，下一步工作就是将性质相同的或相近的工作进行归类合并，在组织内部建立职能各异的部门。在组织选择归类方法时，必须考虑这个组织的具体情况。例如：组织宗旨、战略目标、组织规模、地理位置、工作性质、外部环境、人员素质等等。以工作归类为基础建立部门的基本方法有：

（1）按产品建立划分部门。这种方法是按产品类别或产品系列对企业经营活动进行归类划分，特别是大型、复杂的组织按产品划分部门很重要。

（2）按生产顺序或设备类型建立划分部门。这种方法如按生产顺序，就是根据生产工艺特点把相同的工艺归类到一个部门。

（3）按企业的职能建立划分部门。这里的职能指的是具体的业务活动，这种方法把企业内相同或相似的业务活动归类到一个部门。例如生产部门、销售部门、人事部门、财务部门等。

（4）按地区建立划分部门。这种方法比较适应于在地理上较为分散的企业，也是一种比较普遍的方法。

(三) 确定管理幅度，划分管理层次

1. 管理幅度

所谓管理幅度，是指一个管理者能够直接地、有效地管理的下属人数。也就是要求一个管理者有一个"适度"的管理范围。这个"适度"如何确定，至今没有一个公认的客观标准。这是因为影响管理幅度的因素很多，所以对管理幅度的适度性就很难确定。

影响管理幅度确定的主要因素有：

（1）主管、部属能力的高低。凡能力强、精力充沛、经验丰富的优秀管理者，管理幅度可适当大些；反之，则相应减少。

（2）职务的性质。凡职务性质较繁杂，需要创造、创新力度大的，对外联系比较频繁的，管理幅度应小些；反之，管理幅度可增大。

（3）对业务部门、参谋人员的重视和利用程度。重视组织的作用，对于指挥、监督的调整能获得很大帮助，在这种情况下幅度可适当扩大。

（4）信息、交通传递方式的便捷程度。交通方便、信息传递灵便的，对于组织要素

转移和控制、调整、命令传达都非常有利，管理幅度应适当增大。

（5）组织内部制度完善状况。对部属活动成果有完善的会计、统计、信息反馈和评价的严格管理制度，可扩大管理幅度。

在确定管理幅度时，应具体问题具体分析。不能绝对地说管理幅度是大好，还是小好。管理幅度的大小是有条件的，同样层次的管理者，管理幅度是有差异的。但就一般情况来说，上层管理幅度以 4-8 人为宜，下层管理幅度以 8-15 人为宜。

2. 管理层次

管理幅度确立了，相应地也就决定了管理层次，也称组织层次。所谓管理层次，是指一个组织内部从最低层次的工作人员至最高组织主管之间的隶属关系数目。管理幅度与管理层次成反比关系。由于管理幅度的大小不同形成了两种形式的组织结构：一种是管理幅度窄，组织层次多的高长式组织结构；另一种是管理幅度宽，组织层次少的扁平式组织结构。

（1）高长式组织结构，如图 5-2 所示。在这种组织结构中每个管理人员领导的下属人数较少，层次多。高长式组织结构的优点是可以进行严密的控制和监督；使上下级之间联络迅速。缺点是容易造成上级过多地插手下级的工作；管理层次多，引起管理费用增加；最高层与最低层距离拉长，信息的传递缓慢，容易失真。

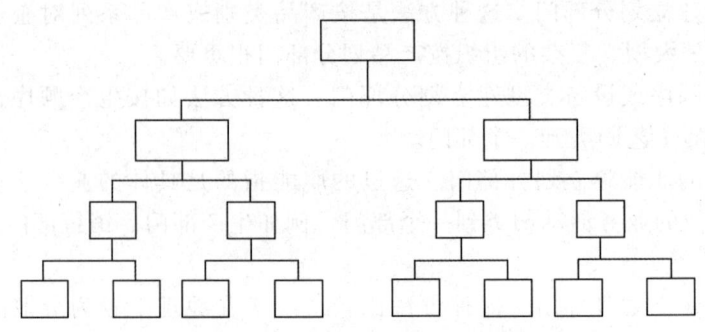

图 5-2 高长式 组织机构示意图

（2）扁平式组织结构，如图 5-3 所示。扁平式组织结构中管理人员管理幅度宽，层次少。其优点是由于管理层次少，组织机构精简、工作效率较高，管理费用也可大大节约。缺点是上级主管负担较重；容易出现失控的危险；组建要求较高，它要求管理者有良好素质，要求上级授权，要求制定明确的目标、计划和政策，还要求谨慎地选好下层人员。

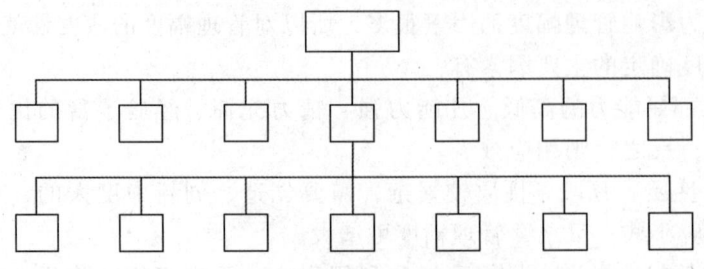

图 5-3 扁平式 组织机构示意图

高长式的组织结构与扁平式的组织结构各有其优缺点，一个组织采用何种结构形式应根据具体的情况决定。较为理想的组织结构应是管理幅度与管理层次趋于均衡，能以最低的管理成本完成组织的目标。

（四）实行授权，建立组织的职权关系

在组织内部各个部门和每个管理层次中，必须设置一系列的职位，每个职位配置合适的人选，每个人员具有与职位相称的职务，负有一定的责任和义务，并由组织授予完成工作、履行职责的权力，这就是授权。授权是组织设计的重要内容。

就一般组织而言，组织内的管理层次可分为决策层、管理层、指导层、监督层及执行层，每一层次都应有相应的工作目标和内容，当然也要授予各级管理者完成任务所必需的职务、责任和权力，从而建立组织内的职权关系。

1. 纵向职权关系，即上下级间的职权关系

这种职权关系是沿着组织内部管理层次由上而下建立的，形成了一条命令链来下达命令和执行决策。上下级间权力和责任的分配，关键在于授权程度。正确处理上下级间职权关系须注意的几点：(1) 明确职责的绝对性；(2) 职权和职责应该对等；(3) 授权要明确，授权更要彻底；(4) 保持良好的沟通。

2. 横向职权关系，即直线部门与参谋部门之间的职权关系

直线职权是一种等级式的职权，直线管理人员具有决策权与指挥权，可以向下级发布命令，下级必须执行。如企业总经理对分公司经理，学校校长对系主任。而参谋职权是一种顾问性质的职权，其作用主要是协助直线职权去完成组织目标。参谋人员一般具有专业知识，可以就自己职能范围内的事情向直线管理人员提出各种建议，但没有越过直线管理人员去命令下级的权力。

第三节 组织职权

职权，指职务范围以内的权力。职权是指管理职位所固有的发布命令和希望命令得到执行的一种权力。职权被视为是把组织紧密结合起来的粘结剂。职权可以向下委让给下属管理人员，授予他们一定的权力，同时规定他们在限定的范围内行使这种权力。

一、职权的形式

每一个管理职位都具有某种特定的、内在的权力，任职者可以从该职位的等级或头衔中获得这种权力。因此，职权与组织内的一定职位相关，是一种职位的权力，而与担任该职位管理者的个人特性无关，它与任职者没有任何直接的关系。

职权分为三种形式，即直线职权（Line Authority）、参谋职权（Staff Authority）、职能

职权（Functional Authority）。

1. 直线职权

直线职权是指给予一位管理者指挥其下属工作的权力，也就是通常所说的指挥权。显然，每一管理层的主管人员都具有这种职权，只不过每一管理层次的功能不同，其职权的大小及范围不同而已。

2. 参谋职权

所谓参谋职权是指管理者拥有某种特定的建议权或审核权，可以评价直线方面的活动情况，进而提出建议或提供服务。

3. 职能职权

职能职权是指参谋人员或某部门的主管人员所拥有的原属直线主管的那部分权力。在纯粹参谋的情形下，参谋人员所具有的仅仅是辅助性职权，并无指挥权。但是，随着管理活动的日益复杂，主管人员仅依靠参谋的建议还很难做出最后的决定，为了改善和提高管理效率，主管人员就可能将职权关系作某些变动，把一部分原属自己的直线职权授予参谋人员或某个部门的主管人员，这便产生了职能职权。

这三种职权是使组织活动朝向组织目标的不可分割的整体。直线职权意味着做出决策，发布命令并付诸实施；参谋职权则仅仅意味着协助和建议的权力；职能职权主要解决的是关于怎么做和何时做的问题，绝不能包揽直线的一切权力。

二、集权与分权

集权是指较多的权利和较重要的权力集中在组织的高层管理者手中；分权则表示较多的权利和较重要的权力被分散授予到组织的基层管理者手中。集权有利于集中统一指挥，使组织更容易协调一致和有效控制；但是另一方面，集权往往加重了高层领导者的工作负担，受时间和精力所限，影响决策的质量和效率。而且，不利于发挥下属的积极性和能动性。而分权的优缺点恰好与集权相反。

1. 集权与分权程度的主要标志

一般组织的集权或分权程度，往往根据各管理层次拥有的决策权的情况来确定：

（1）决策的频度与数目。组织中较低管理层次制定决策的频度或数目越大，分权越高；上层决策数目越多，集权就越高。

（2）决策的幅度。组织中较低管理层次制定决策的范围越广，涉及职能越多，分权越高；组织中较高管理层次制定决策的范围越宽，涉及职能越多，集权越高。

（3）决策的重要性。组织中较低管理层次制定决策只影响该部门的日常管理，而不影响该部门今后发展，分权越低，反之越高。

（4）对决策的控制程度。如果上级对下级的决策没有任何控制，分权越高；反之集权越高。

2. 影响集权与分权程度的主要因素

下列因素影响集权与分权程度：

（1）决策的代价。较重要、耗费较多的应由较高管理层做出，重大决策不宜授权。

（2）决策的影响面。影响面比较大的决策权应集中使用。

（3）组织的规模。组织规模大，决策数目多，宜于分权；反之，宜于集权。
（4）主管人员的素质与数量。素质高，经验足，数量足，可分权；反之，则应集权。
（5）控制技术的完善水平。控制技术比较完善的可以分权。
（6）环境影响。环境越不稳定，各层主管人员管理幅度越受限制，应当集权。

三、授权

所谓授权（Delegation of Authority）就是指上级将其分内的一部分职责和任务委托给下属去履行，同时授予下属完成者所必需的权力，使下属在一定的监督之下，有相当的自主权和行动权。在授权过程中应该注意区分以下问题：授权不同于代理职务，代理职务是平级关系，授权是上下级关系；授权不同于助理或秘书职务，助理或秘书的工作不承担责任，被授权者承担相应责任；授权不同于分工，分工中的各成员之间没有隶属关系，授权具有上下级关系；授权不同于分权，授权是上下级之间短期的权责授予关系，而分权是长期授权。

授权的基本依据是目标责任，要根据责任者承担的目标责任的大小授予一定的权力。在授权时还要遵循以下一些原则：

（1）相近原则。给下级直接授权，不要越级授权；应把权力授予最接近做出目标决策和执行的人员，使一旦发生问题，可立即做出反应。

（2）授要原则。指授给下级的权力应该是下级在实现目标中最需要的、比较重要的权力，能够解决实质性问题。

（3）明责授权。授权要以责任为前提，授权同时要明确其职责，使下级明确自己的责任范围和权限范围。

（4）动态原则。针对下级的不同环境条件、不同的目标责任及不同的时间，应该授予不同的权力。贯彻动态原则体现了从实际需要出发授权，具体可采取：单项授权，即只授予决策或处理某一问题的权力，问题解决后，权力即行收回；条件授权，即只在某一特定环境条件下，授予下级某种权力，环境条件改变了，权限也应随之改变；定时授权，即授予下级的某种权力有一定的时间期限，到期权力应该收回。

第四节 组织结构类型

企业的组织结构是全面反映组织内各要素及其相互关系的一种模式，是指表现组织各部分排列顺序、空间位置、聚集状态、联系方式以及各部门之间相互关系的一种模式。它是围绕着组织目标，结合组织的内部环境，将组织的各部分结合起来的框架。就本质而言，组织结构反映了组织成员之间的分工协作关系。组织结构是随着社会的发展而发展起来的，各类组织没有统一的优劣之分，不同的环境、不同的企业、不同的管理者，都将有不同的组织结构。

一、常见的组织结构类型

目前，企业组织结构的基本形式大致有以下几种。

（一）直线型组织结构

直线型组织结构又称简单结构，是组织发展初期的一种最早最简单的结构模式。它的特点是：指挥和管理的职能由企业的行政负责人自己执行，一个下属只接受一个上级的指挥。从最高层领导到基层一线人员，通过一条纵向的直接指挥链连接起来，上下级之间关系是直线关系，即命令与服从的关系，如图 5-4 所示。在这种组织结构中，每一级主管人员都不设参谋机构，向上级负责，直接指挥下级。

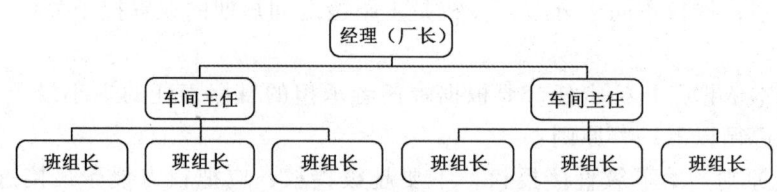

图 5-4 直线型组织结构

直线结构的优点是：结构简单，便于统一指挥；责任和权力比较明确，上下级关系清楚；组织灵活，管理人员少，管理成本低。直线结构的缺点是：如果企业规模大，高层管理人员管理幅度过宽，容易出现决策失误；权力过分集中，容易造成滥用职权。这种组织结构一般只适用于那些没有必要按职能实行专业化管理的小型企业，或现场作业管理。

（二）职能型组织结构

职能型组织结构是采用按职能实行专业化分工的管理办法，其特点是采用专业化分工的管理者代替直线制的全能管理者，在组织内部设立职能部门，每个职能部门机构在自己的业务范围内，有权向下级下达、命令和指示，直接指挥企业的生产经营活动，各级负责人除了服从上级行政领导的指挥外，还要服从上级职能部门在其专业领域的指挥，如图 5-5 所示。

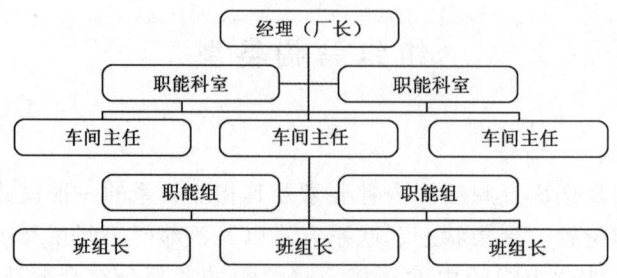

图 5-5 职能型组织结构

职能型组织结构的优点是：具有适应现代企业管理工作较复杂的专业分工需要，能够充分发挥职能机构的专业管理作用；可以弥补各级行政领导人员管理能力的不足。缺点是：由于实行多头领导，妨碍对企业生产经营活动的统一指挥，容易造成管理混乱；各职能部门往往都从各自的业务工作出发，不能很好地相互配合；组织中会因为追求职能目标而忽视全局利益；不利于明确划分直线领导人员和职能机构的职责和权限。在实践中，这种组织形式企业一般都不采用。

（三）直线职能制组织结构

直线职能制是把直线制和职能制结合起来形成的，它是对职能制的一种改进，是以直线制为基础，在各级行政领导下，设置相应的职能部门，即在保持直线制组织统一指挥的原则下，增加了参谋机构，如图5-6所示。

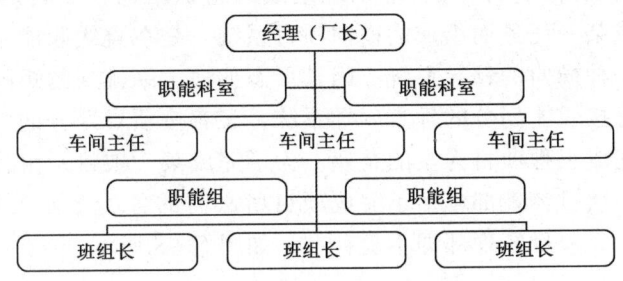

图5-6　直线职能制组织结构

直线职能制的优点是：既保证了集中的统一指挥，又能发挥各种专家业务管理的作用，适应企业管理比较复杂、细致的特点。缺点是：各职能部门自成体系，不重视信息的横向沟通，造成工作重复，加大了管理成本；如果授权职能部门权力过大，容易干扰直线指挥命令系统。目前，许多企业都采用这种组织形式。

（四）事业部制组织结构

事业部制是西方经济从自由资本主义过渡到垄断资本主义以后，在企业规模大型化、企业经营多样化、市场竞争激烈化的条件下，出现的一种分权式的组织形式。这种组织结构形式最初是美国通用汽车公司总裁斯隆于1924年提出的，因而也被称为"斯隆模型"，它是目前国内外大型企业普遍采用的一种组织形式。其主要特点是："集中决策，分散经营"，即在集权领导下实行分权管理。它把企业的生产经营活动，按产品和地区不同，建立不同的经营事业部，同时，每个经营事业部都是一个利润中心，在总公司的领导下，实行统一政策，分散经营，独立核算，自负盈亏，如图5-7所示。

事业部制组织结构的优点是：解决了直线职能制中责任不明的问题，有利于提高中层管理者的积极性和责任心；有利于总部集中精力从事长期规划，扩大外部联系，提高高层经营决策水平；有利于人力资源的开发和培养。缺点是：公司与各事业部的职能机构功能重复，造成资源浪费；各事业部缺乏有效的沟通，影响协调发展；管理费用高。

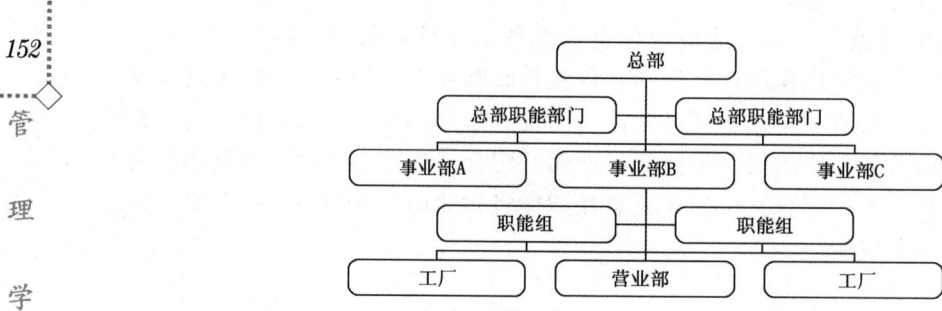

图 5-7 事业部制组织结构

（五）矩阵型组织结构

矩阵型组织结构是由纵横两套管理系统组成的组织结构，一套是纵向的职能领导系统，另一套是为完成某一任务而组成的横向项目系统。是在直线职能制垂直形态组织系统的基础上，再加上一种横向的领导系统，因其形态如横、纵排列的矩阵而得名。其特点是在组织结构上，既有按职能划分的垂直领导系统，又有按项目划分的横向领导系统。这种组织形式出现于以完成工程项目为主的企业。为了完成某一项目，由各职能部门抽调人员组成项目经理部，该项目经理部包括了完成项目所必需的各类专业人员；当项目完成后，各类人员另派用场，此项目经理部即不复存在，如图 5-8 所示。

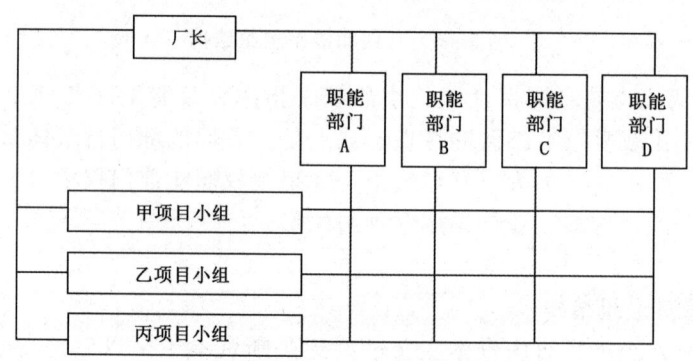

图 5-8 矩阵型组织结构

矩阵型结构的优点是：机构设置和人员安排机动灵活，适应性强；克服了各职能部门相互脱节、各自为政的现象，有利于协调条块关系；有利于提高组织内各项资源的利用率。缺点是：成员不固定在一个位置，稳定性差；人员受双重领导，权责不清，降低了组织的效率。

以上几种组织结构形式是较为常见的，随着组织内外经营环境的发展变化，企业的组织结构不断推陈出新，出现了许多新型的组织结构。新型组织结构的基本特点是强调快速、灵活和适应变化的能力。下面介绍当今最典型，也是最具影响力的新型企业组织结构。

二、现代新型企业组织结构

(一) 网络型组织结构

网络型组织结构是基于企业间长期业务协作关系而出现，因现代信息技术手段迅速发展而被广泛使用的一种新型组织结构。

网络型组织是由多个独立的个人、部门和企业为了共同的任务而组成的联合体，它的运行不靠传统的层级控制，而是在定义成员角色和各自任务的基础上通过密集的多边联系、互利和交互式的合作来完成共同追求的目标。它的基本构成要素是众多的节点和节点之间的相互关系，在网络型组织中，节点可以由个人、企业内的部门、企业或是它们的混合体组成，每个节点之间都以平等身份保持着互动式联系，如果某一项使命需要若干个节点的共同参与，那么它们之间的联系会有针对性地加强。密集的多边联系和充分的合作是网络式组织最主要的特点，而这也正是其与传统企业组织形式的最大区别所在。

网络型组织结构意味着企业将其许多主要职能分包给不同的公司，通过一个较小的总部组织来联合它们的行动，如图 5-9 所示。

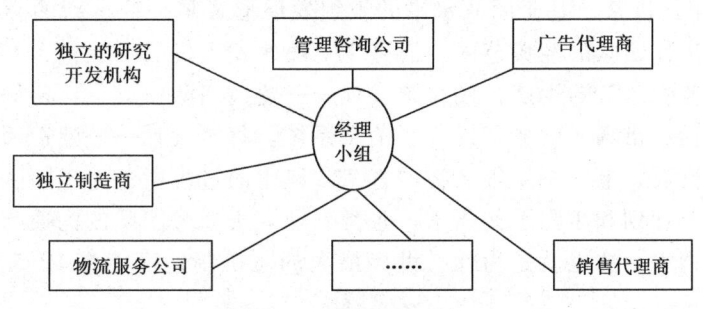

图 5-9 网络型组织结构

网络型组织可以被看成是一个核心的网络集成器，周围是外部专家网络，而不再是同一屋檐下的几间房子的模式。诸如财务、设计、制造和分销等服务从不同的外部组织获得。这些组织通过电子网络同总部相联系。网络结构的性质意味着分包商就如同建筑模块一样可以在必要时从系统中自由进出，可以随需求的变化增加或减少。它可以将精力集中于最擅长的部分，其他的进行资源外取。如耐克和锐步这样的企业之所以成功就是因为它们的核心力量集中于设计和市场方面，而将生产任务交给外部供应商。

网络组织的进一步发展是虚拟网络组织，它是一个持续进化的企业群，暂时联合起来寻找独特的机会或战略优势，目的达到后即解散。数据和信息在成员企业中通过网络实现共享。不过，与网络组织结构中控制分包商的核心组织不同，在虚拟网络中，每个独立的公司都暂时放弃一部分控制，而形成一个新的更大的组织系统。

网络结构的优点是：一是具有全球性竞争能力。网络组织即使规模很小，也可以是全球性的。网络组织可以在世界范围内获得资源，从而实现最优的品质和价格，并在全球范围内提供其产品和服务。二是劳动力的灵活性和挑战性。灵活性来自于可以按照需要购买所需服务，如工程和仓储，并在几个月之后改变这一切，而不被拥有工厂、设备和设施所拖累。组织可以不断地改变自身以适应新的产品和市场机会。对那些属于公司固有部分的员工来说，挑战性来源于更大的工作变动性和在精干的组织中工作而获得的工作满意度。另外，这一结构也许是所有组织结构中最精干的一种，因为它需要的管理者极少，不需要大批的参谋和管理人员。一个网络组织结构可能只有两到三层，而传统的组织可能要达到10层以上。网络组织结构的缺点是：一是缺乏实际控制。经理不控制全部操作，而必须依靠合同、合作、谈判和电子信息来运转一切。同时有可能损失组织的某些部分。如果一位承包商传递失误、退出或者是工厂出现重大事故，总部组织就可能被扰乱。由于必要的服务不在直接的管理控制之下，所以不确定性很高。二是员工的忠诚度可能很低。员工可能觉得他们能够被外包服务所取代，因而很难发展出有凝聚力的企业文化。人员流动可能比较频繁，因为员工和公司之间的感情联系很弱。为了应对变化的市场和产品，组织需要随时撤换员工以获得正确的技能组合。

（二）团队型组织

当今组织所处的环境充满变化无穷的挑战。它意味着组织要想在动态的环境中获得竞争优势，必须不断采取有效策略保持组织效能。

20世纪80年代以来，基于团队水平的组织发展形式是一种全新的尝试，工业巨头波音的举措开创了工作团队的经典范式。波音777喷气式飞机的发展包含着交叉机能团队的广泛运用。为了波音777的生产，成百个设计——建造团队形成了。他们的成员来自多元化机能领域，包括：市场、财务、设计、信息系统。每个设计——建造团队负责飞机特定部位，如尾部、机翼、电子系统等。在波音777诞生的过程中，由于团队的工作方式，各个职能部门对每个计划和步骤了如指掌；各类专业人士通过团队的沟通与协作，加快了整个设计、生产和销售。这也就是为什么世界最大的飞机制造商能在1995年推出新一代喷气式飞机的原因。

团队具有巨大的潜力。有资料显示，大约40%的组织利用并发展了工作团队的组织形式。以团队为基础的工作方式已取得了比任何人所预言的都要显著的经济效果。在通用电气公司、美国电话电报公司、惠普公司等国际知名企业中，团队已成为主要运作形式。事实表明，如果某种工作任务的完成需要多种技能、经验，那么团队通常比个人的效果更好。团队是组织提高运行效率的可行方式，它有助于组织更好地发挥雇员的才能。在多变的环境中，团队比传统的部门结构或其他形式的稳定性群体更灵活、反应更迅速。

团队型组织实际上是一种员工广泛参与企业管理的组织制度。跨职能团队是由来自不同职能部门、可相互信赖的、为解决共同问题而共同工作的员工组成。它的特点是团队成员仍向其职能部门报告，但同时也向团队报告，其中一个团队的成员是领导。

(1) 团队的含义。团队即是一种为了实现某种目标而由相互协作的个体组成的工作群体。具体而言，团队是一群人以任务为中心，互相合作，每个人都把自己的智慧、能力和力量贡献给正在从事的工作，团队体现出团结合作的特征。

(2) 团队建设原则。①确定团队规模。最好的团队规模一般较小。如果团队成员多于12人，就很难顺利开展工作。难以形成凝聚力、忠诚感和相互信任感，而这些却是高绩效团队不可或缺的。所以要控制在12人内。②完善成员技能。有效运作一个团队需要三种不同技能类型的成员：第一，需要具有技术专长的成员；第二，需要具有解决问题和决策技能；第三，需要善于聆听、反馈、解决冲突及人际关系技能的成员。③树立共同目标。有效团队具有大家共同追求的、有意义的目标。它能够为团队成员指引方向、提供推动力，让团队成员愿意为它贡献力量。④明确领导和结构。目标决定了团队最终要达到的结果。但高绩效团队还需要领导和结构来提供方向和焦点。如确定一种成员认同的方式就能保证团队在达到目标的手段方面团结一致。在团队中，对于谁做什么和保证所有的成员承担相同的工作负荷问题，团队成员必须取得一致意见。⑤建立绩效评估与激励体系。怎样才能使团队成员在集体和个人两个层次上都具有责任心呢？传统的以个人导向为基础的评估与奖酬体系必须有所变革才能充分衡量团队绩效。个人绩效评估、个人激励等与高绩效团队的开发是不同的。因此，除了根据个体的贡献进行评估和奖励之外，管理者还应考虑以群体为基础进行绩效评估、利润分享、小群体激励及其他方面的变革，来强化团队的进取精神和承诺。⑥培养相互信任精神。管理者和团队领导对于团队的信任具有重要影响。因此，管理人员和团队领导之间首先要建立起信任关系，然后才是团队成员之间的相互信任关系。

团队型组织结构的优点是：由于跨职能团队的存在，团队型组织能够保持一些职能结构的优势，如规模经济和深层次的培训，同时还可以从团队关系中受益。团队概念还可以使组织迅速适应客户需求和环境变化。由于决策不需经过高层同意，团队结构也加快了决策速度。团队组织的另一个重要优势在于提高士气。员工热心参与大项目而不是完成狭隘的部门任务。在团队式组织中，工作变得丰富，团队的建立使责权得到下放，需要的管理人员更少。团队型组织结构的缺点是：员工热心参与团队，但也会遭遇冲突和双重忠诚问题。跨职能团队和部门经理对队员提出的要求不同，参与多个团队的员工必须解决这些冲突，因而大量的时间花在会议上，因而增加了磨合时间。除非组织真的需要团队来应付复杂项目、适应环境、否则会造成生产效率损失。另外，团队可能会引起权力过度分散，原来作决策的部门经理在团队自行其是时会感到被忽视，队员们认识不到公司的全景，可能做出一些对团队有利但对公司整体不利的决策。

（三）学习型组织

所谓学习型组织，这是以共同愿景为基础，以团队学习为根本特征，对顾客负责的组织系统。学习型组织把学习的重要性提到了前所未有的重要地位，它强调的是组织的自我变革能力和对环境的适应能力。这是因为在以知识化为重要特征的当今社会，消费者的全球化、技术的突飞猛进、竞争对手日益增多，组织环境呈现出空前的复杂性和不确定性，因此创新能力成为企业持续发展的最重要的动力，而学习、获取、创新知识无疑是企业提高创新能力的最重要途径。正如彼得·圣吉所说的那样，唯一持久的竞争优势，就是具备比你的竞争对手学习得更快的能力。

怎样才能成为学习型组织呢？彼得·圣吉认为，企业的管理者和全体员工都必须经过五个方面的修炼：第一，自我超越。指突破极限的自我实现，或技巧的娴熟，自我超越的修炼是学习型组织的精神基础。第二，改善心智模式。心智模式就是人的心理素质和思维方式，它影响着一个人看世界和对待事物的态度，有时可能直接决定人的成功与否。第三，建立共同愿景。共同愿景有三个层次：个人愿景、团队愿景和组织愿景。第四，团队学习。团队学写是指通过组织成员之间互相学习、取长补短提高整体合作能力，并把个人能力汇成组织能力，使组织的集体智慧高于个人智慧的过程。第五，系统思考。系统思考要求人们运用系统的观点看待组织的发展。它引导人们从看局部到纵观整体，从看事物的表面到洞察其背后的真相，以及从静态的分析到认识各种因素的相互影响，进而寻找一种动态的平衡。

（四）发展型组织

发展型组织是美国学者杰瑞·W. 吉利（JerryW. Gilley）和安·梅坎尼克（AnnMaycunich）在学习型组织的基础上提出的一种更新型的企业组织。在他们的代表作《超越学习型组织》中认为，人力资源在实现组织战略中的重要程度，以及组织再造能力及提高竞争能力的愿望是衡量组织发展能力和组织形态最重要的两个指标。根据这两个指标，他们提出了企业组织演变的三种形态：传统型组织、学习型组织和发展型组织，并认为发展型组织是组织形态演变的最终形式。

发展型组织在接受学习型组织理论提出的学习是发展的先决条件这一观点的基础上，更进一步强调人力资源的重要性，认为组织存活并发展壮大的最佳途径是确保每位员工的全部潜能都充分发挥出来。发展型组织理论强调员工的发展型学习，即不仅要获取新知识、新能力，而且在工作中理解、转化、整合这些新知识和新技术，并能够分析、综合、评价绩效结果，促进自身的成长和再造能力。当每个员工都提高了自身的再造能力和绩效水平时，组织总的再造能力和绩效水平也就随这增强了。

在发展型组织中领导者的角色定位和领导模式与传统组织形式也具有很大进步，认为管理者必须从传统的控制者、监督者的角色转变为绩效教练的角色，发展型领导的首要原则就是公仆式的领导，他们不考虑自己的私利，全心帮助员工成长和发展。领导者行为应遵循以下10条原则：(1) 个人义务原则；(2) 信任原则；(3) 保护员工原则；(4) 员工自尊原则；(5) 绩效伙伴原则；(6) 组织绩效提高原则；(7) 有效沟通原则；(8) 组织连续性原则；(9) 全盘考虑原则；(10) 组织隶属原则。

发展型组织中组织结构的变化主要体现在其可塑性和自由流动方面，强调在人、部门和客户之间没有障碍，打破隔离人们的藩篱，因此组织结构更具有开放性和弹性。很显然，发展型组织倡导的组织结构提高了组织的适应性，更适合现代企业面临的复杂多变的经营环境。

拓展阅读

联合利华公司组织结构

英—荷联合利华是一家国际食品和家庭及个人卫生用品集团。该集团在1990年经过了彻底重组。在过去，联合利华时高度分权化的，各国的子公司均享有高度的自治权。在20世纪80年代后期和90年代初，公司开始引入新的创新和战略流程，同时清理其核心业务。然而，1996年启动的杰出绩效塑造计划也造成了公司结构的实质性改变。

直到 1996 年，由荷兰和英国的董事长以及他们的代表组成的一个特别委员会和一个包括职能、产品和地区经理的 15 人董事会一直独揽着公司的决策大权，整个结构是矩阵式的，其中产品协调人（经理）负有西欧和美国的利润责任，地区经理则负有其他地区的利润责任。责任经常是模糊不清的，根据一部分内部报告："我们需要明确的目标和角色：董事会使自己过多地卷入了运营，从而对战略领导造成了损害。"

杰出绩效塑造计划废除了特别委员会和地区经理这一层级，代之以一个 8 人（后变为 7 人）的董事会，由董事长加上职能和大类产品（即食品、家庭和个人卫生用品）的经理组成。向他们报告的是 13 位（后来是 12 位）负有明确盈利责任的业务集团总裁，后者在特定地区对其管理的产品类别负有完全的利润责任。全球战略领导被明确的至于执委会一级；运营绩效则是业务集团的直接责任。

在这种正式结构调整之后，国际协调是有许多正式和半正式的网络促成的。研究和发展有国际网络创新中心负责实施，其领导责任通常属于中心的专家而不是自动的属于英国或者荷兰的总部机构。产品和品牌网络——国际业务小组——在全球范围内协调品牌和营销。同时，职能网络也开展一系列计划以便就一些关键问题，如录用和组织效能，实现全球协调。所有这些网络均大大依赖于非正式的领导和社会过程，同时也依赖于电子邮件和内部网络可以方面投入的增加。是否参与这种协调在很大程度上是由业务集团而非公司总部确定并资助。

（资料来源：http://manage.org.cn）

第五节 人员配备

传统的观点一般把人员配备作为人事部门的工作，而现代的观点则认为，人员配备不但要包括选人、评人、育人，而且还包括如何使用人员，以及如何增强组织凝聚力来留住人员，这又同领导工作紧密联系起来。

一、人员配备概述

管理学中的人员配备，是指对主管人员进行恰当而有效地选拔、培训和考评，其目的是为了配备合适的人员去充实组织机构中所规定的各项职务，以保证组织活动的正常进行，进而实现组织的既定目标。

人员配备工作必须按照系统的方法来进行，即：组织目标和计划是组织结构设计的依据，现有的和预期的组织结构，决定了所需主管人员的数目和种类。通过对主管人员的需求分析，在征聘、选拔、安置和提升的过程中，利用外部的和内部的人才来源，同时还要对主管人员进行考核、训练和培养。适当的人员配备有助于做好指导与领导工作，同样，选拔优秀的主管人员也会促进控制工作。人员配备要求采取开放的系统方法，这种方法要在组织内部贯彻，反过来又和外部环境有关。组织内部因素应予以重视，没有适当的报酬，就不能保持吸引住优秀主管人员。外部环境也不容忽视，否则，就会阻碍组织正常发展。

（一）人员配备的作用

1. 人员配备是组织有效活动的保证

组织目标的确定为组织明确了工作方向，组织结构的建立为组织提供了实现目标的条件。但是，要真正实现组织目标，还要靠组织中最主要的因素——人，没有人的组织是没有任何活力、任何功能的静态结构，也就无从谈起指导与领导以及进行有效的控制。人是组织中蕴藏着极大潜在能力的最重要资源。

在组织的所有人员中，最重要的是那些主管人员。主管人员的基本任务是设计和维持一种环境，使身处其间的人们能在组织内一起工作，以完成预定的使命和目标。由此可见，主管人员在整个管理过程中起着举足轻重的作用，主管人员是组织活动取得成效的关键人物。因此，有效地为组织机构配备各级主管人员是组织活动取得成效的最好保证之一。大到国家一级的组织，小到一个具体的企事业单位，主管人员配备的恰当与否，都是与组织的兴衰存亡密切相关的。

2. 人员配备是组织发展的准备

人员配备的另一个重要性，是在复杂多变的环境中为从事组织活动所需要的主管人员做好准备。正如在计划工作中指出的，计划是针对未来的情况，而未来的情况具有不肯定性，未来的主管人员都必须能很好地面向社会，适应由于先进技术应用而产生的、不断增大的外部环境变化的影响及其对组织内部活动造成的复杂变化。因此，同其他管理职能一样，人员配备应有一个开放的系统方法，要着眼于未来，必须根据具体情况采取随机制宜的方法，对主管人员进行恰当而有效地选拔、培训和考评，以满足组织未来对主管人员的需要。

（二）人员配备的原则

1. 经济效益原则

组织人员配备计划的拟定要以组织需要为依据，以保证经济效益的提高为前提；它既不是盲目地扩大职工队伍，更不是单纯为了解决职工就业，而是为了保证组织效益的提高。

2. 任人唯贤原则

在人事选聘方面，大公无私，实事求是地发现人才，爱护人才，本着求贤若渴的精神，重视和使用确有真才实学的人。这是组织不断发展壮大，走向成功的关键。

3. 因事择人原则

因事择人就是员工的选聘应以职位的空缺和实际工作的需要为出发点，以职位对人员的实际要求为标准，选拔、录用各类人员。

4. 量才使用原则

量才使用是指根据人的能力和素质的不同，去安排不同要求的工作。从组织中人的角度来考虑，只有根据人的特点来安排工作，才能使人的潜能得到最充分的发挥，使人的工作热情得到最大限度的激发。如果学非所用、大材小用或小材大用，不仅会严重影响组织效率，也会造成人力资源计划的失效。

5. 程序化、规范化原则

员工的选拔必须遵循一定的标准和程序。科学合理地确定组织员工的选拔标准和聘任程序是组织聘任优秀人才的重要保证。只有严格按照规定的程序和标准办事，才能选聘到真正愿为组织的发展做出贡献的人才。

6. 用人所长原则

所谓用人所长，是指在用人时不能够求全责备，管理者应注重发挥人的长处。在现实中，由于人的知识、能力、个性发展是不平衡的，组织中的工作任务要求又具有多样性，因此，完全意义上的"通才"、"全才"是不存在的，即使存在，组织也不一定非要选择用这种"通才"，而应该选择最适合空缺职位要求的候选人。有效的管理就是要能够发挥人的长处，并使其弱点减少到最小。

7. 动态平衡原则

处在动态环境中的组织，是不断变革和发展的。组织对其成员的要求也是在不断变动的，当然，工作中人的能力和知识也是在不断地提高和丰富。因此，人与事的配合需要进行不断的协调平衡。所谓动态平衡，就是要使那些能力发展充分的人，去从事组织中更为重要的工作，同时也要使能力平平、不符合职位需要的人得到识别及合理的调整，最终实现人与职位、工作的动态平衡。

（三）人员配备的任务

人员配备是为每个岗位配备适当的人，也就是说，首先要满足组织的需要；同时，人员配备也是为每个人安排适当的工作，因此，要考虑满足组织成员的个人特点、爱好和需要。人员配备的任务可以从组织和个人这两个不同的角度去考察。

1. 人员配备应能满足组织的需要

（1）要通过人员配备使组织系统得以运转。设计合理的组织系统要能有效地运转，必须使机构中每个工作岗位都有适当的人去占据，使实现组织目标所必须进行的每项活动都有合格的人去完成，这是人员配备的基本任务。

（2）适应组织发展的需要。组织是一个动态系统。组织处在一个不断变化发展的社会经济环境中，组织的目标、战略需要经常根据环境的变化和组织的发展做出适当的调整，由目标和战略决定的组织结构不仅会发生质的变化，而且在部门和岗位的设置数量上也会出现相应的增减。因此，在根据当前的组织结构设置配备相应人员时，也要考虑到组织结构和岗位设置将来可能发生的变化，通过建立客观的考核体系和制度化的培养体系，来适应组织未来发展的需要。

（3）维持成员对组织的忠诚。人们总是力图获得最能发挥自己才能并能给自己带来最大利益的工作，而常用的方式就是通过流动和尝试不同的工作。流动对个人来说可能是重要的，它可以使人才自己通过不断的尝试，找到最合适自己的工作岗位。但是对组织来说，人才流动虽然能给组织带来新鲜的血液，但过高的流动率，尤其是优秀人才的外流，往往会影响组织的正常运转和持续发展。因此，在人员配备过程中，要注意通过轮岗、转岗或岗位的重新设计，为员工才能的充分发挥和实现个人的发展目标创造良好的条件，从而维持员工对组织的忠诚，稳定人心，留住人才。

2. 人员配备应考虑组织成员的需要

要做到人与事的最佳组合，人员配备必须能够充分发挥员工的才能，并使其自觉积极地履行好岗位职责，为实现组织目标而努力工作。为此，在人员配备过程中，要考虑到组织成员个人的才能特点、兴趣爱好和需要，做好以下两方面的工作。

（1）使每个人的知识和才能得到公正评价和运用。工作的要求与自身的能力是否相符，工作目标是否具有挑战性，工作内容是否符合兴趣爱好，是否"大材小用"从而使员工"怀才不遇"，或"小才大用"使员工"不堪重负"，这些都会在很大程度上影响人们在工作中的积极性、主动性，进而影响工作绩效。

（2）使每个人的知识和能力得以不断发展和提高。知识与技能的提高，不仅可以满足人们较高层次的心理需要，而且往往是通向职业生涯中职务晋升的阶梯。因此，在人员配备过程中，应使每个组织成员能看到这种机会和希望，从而稳定人心、提高工作绩效和适应组织发展需要。

（四）人员配备的工作内容

为了达到上述目标，在人员配备过程中，一般要进行以下几项工作。

1. 人力资源规划：确定人员需要的种类和数量

由于组织是发展着的，所需要设置的岗位和各岗位编制数也会随之发生变化。人力资源规划就是管理者为了确保在适当的时候，组织能够为所需要的岗位配备所需要的人员并使其能够有效地完成相应的岗位职责，而在事先所做的工作。人力资源规划主要包括三项任务：评价现有的人力资源配备情况；根据组织发展战略预估将来所需要的人力资源；制定满足未来人力资源需要的行动方案。通过人力资源规划，可以明确为了实现组织发展目标，在什么时候需要哪些人员、各需要多少，从而为人员的选配和培养奠定基础。

2. 招聘与甄选：选配合适人员

岗位设计和分析指出组织中需要具备哪些素质的人，而为了获得符合岗位要求的人，就必须对组织内外的候选人进行筛选，以做出合适的选择。为此就要进行招聘和甄选。

招聘是指组织按照一定的程序和方法招募具备岗位上岗素质要求的求职者担任相应岗位工作的系列活动。求职者可能来自组织内部，也可能来自组织外部，不管求职者来自哪里，为了招聘到合适的人员，都需要依据相应的岗位要求对求职者进行素质评价和选择。甄选是指依据既定的用人标准和岗位要求，对应聘者进行评价和选择，从而获得合格的上岗人员的活动。通过招聘与甄选，组织为相应的岗位配备合适人员。

3. 培训与考核：使人员适应组织发展需要

培训是指组织为了实现组织自身和员工个人的发展目标，有计划地对员工进行辅导和训练，使之认同组织理念、获得相应知识和技能以适应岗位要求的活动。组织处于不断的发展过程中，对于组织在发展中所产生的人力资源需求，除了以招聘方式从外部吸引合适人员加以补充外，更主要的是通过开发组织现有的人力资源来加以满足。人的思想的统一、技能的提高需要一定的时间过程，组织未来发展所需要的人员和技能需要在现在就加以培训，培训是组织开发现有的人力资源、提高员工的素质和同化外来人员的基本途径。同时，为员工提供学习机会，使其看到在组织中的发展前景，是组织维持组织成员对组织忠诚的一个重要方面，因此培训的最终目的既是为了适应组织发展的需要，也是为了实现员工个人的充分发展。

为了了解现有的员工是否仍然适应岗位要求，需要通过考核对组织现有的人力资源质量做出评估。所谓考核是指按照一定的方法及程序对现职人员的工作情况做出客观评价，从而为员工改进工作提供指导，为培训、奖惩和人事晋升提供客观依据。

通过不断的培训和考核，不仅为组织获得合适的人员提供了保障，而且促使员工随着组织的发展不断成长，从而始终保持人与事的动态最佳组合，最终达到组织发展和员工成长的双重目的。

二、管理人员的选聘

人是组织活动的关键资源。组织中的其他物力或财力资源需要通过人的积极组合和利用才能发挥效用。人在组织中的地位决定了人员配备在管理工作中的重要性。由于每一个具体的组织成员都是在一定的管理人员的领导和指挥下展开工作的，因此管理人员的选拔、培养和考评成为企业人力资源管理的核心。

（一）正确选任管理人员的重要作用

由于管理人员在组织中居于十分重要的地位，所以选任合适的管理人员对完成组织的任务，实现组织的目标有着十分重大的意义。

1. 正确地选任管理人员是实施管理的前提条件

管理是靠人来完成的，更确切地说是靠管理人员来完成的。没有管理人员的行动，管理活动就只是一个抽象、空洞的概念。可以说，管理和管理人员是一个问题的两个方面，是相辅相成的。

2. 正确地选任管理人员是提高组织管理效率的关键

管理效率的高低受制于两个关键因素：一是管理体制；二是管理人员的素质。当管理体制一定时，管理者素质的高低就是决定性因素。正确选任管理人员，就是要把高素质的人才选任到管理岗位上去，合理地使用他们。当然，还包括在使用中对他们进行培养、训练，不断提高他们的素质和能力。

3. 正确选任管理人员是保证组织长期稳定发展的关键

对一个组织来说，要想获得长期稳定的发展，没有一支稳定的、素质高、能力强，并且不断吐故纳新、吸收新鲜血液的管理者队伍是不可想象的。一般来说，组织的寿命是无限的，而人的生命是有限的。一个组织要想长期兴旺发达，必须保证拥有合格优秀的管理人员。对于一个组织来说，正确地选任管理人员，不断地获得优秀人才，又是不可回避的课题。

（二）管理人员需要量的确定

制定管理人员选配和培训计划，首先需要确定组织目前和未来的管理人员需要量。一般来说，计算管理人员的需要量，要考虑下述几个因素：

1. 组织现有的规模、机构和岗位

管理人员的配备首先是为了指导和协调组织活动的展开，因此首先需要参照组织结构系统图，根据管理职位的数量和种类，来确定企业每年平均需要的管理人员数量。

2. 管理人员的流动率

不管组织作了何种努力，在一个存在劳动力市场且市场机制发挥作用的环境中，总会出现组织内部管理人员外流的现象。此外，由于自然力的作用，组织中现有的管理队伍会因病老残退而减少。确定未来的管理人员需要量，要有计划对这些自然或非自然的管理人员减员进行补充。

3. 组织发展的需要

随着组织规模的不断发展，活动内容的日益复杂，管理工作量将会不断扩大，从而对管理人员的需要也会不断增加。因此，计划组织未来的管理人员队伍，还需预测和评估组织发展与业务扩充的要求。

综合考虑上述几种因素，便可大致确定未来若干年内组织需要的管理人员数量，从而为管理人员的选聘和培养提供依据。

（三）管理人员应具备的知识

1. 基本理论知识

指管理者应具备的关于哲学、政治学、经济学方面的知识。掌握这些知识，是正确地理解与掌握政府的方针政策的前提。

2. 文化科学基础知识

指作为管理者应具备的必要的语言、文学、历史、地理、数学、物理、化学、天文、生物、美学、社会科学、逻辑学等基础科学的知识。它们是形成一般的能力的基础。

3. 专业科技知识

指与管理或组织的目标任务相关的科学和技术知识。特别是专业知识管理者，可以不是专家，但必须是内行，外行领导内行是注定要失败的。

4. 管理科学知识

指管理者通过学习管理学掌握专门的管理科学知识。管理科学的范围十分广泛，除了管理学原理之外，还包括许多专门的管理理论，如管理心理学、组织行为学、人事管理学、领导科学、人才学等，都是当代广义的管理学的内容。当然，管理者应结合自己的工作性质，侧重掌握几门相关的管理学知识。

一个管理者要掌握必备的知识，必须靠平时的日积月累。活到老、学到老应是一个管理者学习的座右铭。对于一个管理者来说，通过脱产学习来丰富知识和提高水平是必要的。但这种机会总是有限的，最重要的是要靠管理者自觉地努力学习，扩大知识面，提高管理水平。

此外，管理者在学习过程中，应注意形成合理的知识结构。管理者是在为从事管理工作，提高管理能力学习各种必要的知识，不是为了在某一领域从事理论研究，这就要注意各种知识的比例性。形成什么样的知识结构最为合理呢？主要视管理者的工作性质而定。高层管理者知识面要广，所学的知识应尽可能多样丰富，所掌握的软科学方面的知识要广、要多；基层管理者则要求专业知识达到一定的深度。

（四）管理人员应具备的能力

管理学理论认为，一个合格的管理者应具备以下几个方面的能力：

1. 抽象思维能力

抽象思维能力又称观念能力，指管理者对管理活动及其相关关系进行分析、判断和概括的能力。管理者只有认清了事物发展的规律，才能提高管理效率；管理者只有在复杂的事物中能透过现象看本质，能在众多的矛盾中抓住决定事物性质和发展进程的主要矛盾和次要方面，能够运用逻辑思维方法，进行有效的归纳、概括、判断和表达，运用演绎和推理，举一反三，触类旁通，找出解决问题的办法，才能完成管理的目标任务。所以说，抽象思维能力是管理者的基本能力。

2. 决策能力

决策能力指管理者在众多的方案中作出正确选择，并使所择方案得以顺利贯彻实施的能力。管理者的基本职能就是决策。一个合格的管理者，必须具有较强的决策能力。正确的决策不能靠碰运气，需提高自己的决策能力。管理者除了要掌握必要的决策理论知识外，还要注意重视信息，善于思考分析；深谋远虑，要站得高，看得远；善于运用参谋、智囊集团；方法科学，要按照科学决策的程序和方法决策，提高决策的正确性。

3. 组织能力

指组织人力、物力、财力资源实施决策的能力，包括人事安排，分权授权，资源配置，指挥协调，计划控制等。

4. 人际关系能力

处理人际关系的能力指管理者必须具备的与上、下级和同级沟通、协调组织内外部各种关系的能力。管理者应能倾听各方面的意见，善于与组织内外的人员交往，沟通各方面的关系。对上级，能够争取帮助和支持；对下级，能够做到尊重、鼓励和信任，调动下级的积极性；对外，能够做到热情、公平、客观地对待一切人和事物；对内，要谦虚谨慎，有自知之明，能检点、约束自己。

5. 用人能力

管理的最重要的对象是人，实现管理目标的根本途径就是要充分调动人的积极性，所以作为一个合格的管理者，必须具备高超的用人能力。管理者要能够识别人才和发现人才，敢于提拔和使用人才，使自己的下级人尽其才，使各种人才相互合理搭配，充分发挥每一个人的长处和能力。能做到这一点，管理必然是高效率的。

6. 创新能力

管理的艺术性表明管理活动是一种创新性活动。管理者必须具有一定的创造性意识，能够在管理中不断地创新。一个合格的管理者，应能在实践中不断地进行总结，及时发现问题。

(五) 管理人员的来源

组织可从外部招聘或从内部提拔所需的管理人员。

1. 外部招聘

外部招聘是根据一定的标准和程序，从组织外部的众多候选人中选拔符合空缺职位工作要求的管理人员。

外部招聘管理人员具有以下优点：

(1) 被聘管理人员具有"外来优势"。所谓"外来优势"，主要是指被聘者没有"历史包袱"，组织内部成员（部下）只知其目前的工作能力和实绩，而对其历史、特别是职业生涯中的失败记录知之甚少。因此，如果他确有工作能力，那么便可迅速地打开局面。相反，如果从内部提升，部下可能对新上司在成长过程中的失败教训有着非常深刻的印象，从而可能影响后者大胆地放手工作。

(2) 有利于平息和缓和内部竞争者之间的紧张关系。组织中空缺的管理职位可能有好几个内部竞争者希望得到。每个人都希望有晋升的机会。如果员工发现自己的同事，特别是原来与自己处于同一层次具有同等能力的同事提升而自己未果时，就可能产生不满情绪，懈怠工作，不听管理，甚至拆台。从外部选聘可能使这些竞争者得到某种心理上的平衡，从而利于缓和他们之间的紧张关系。

(3) 能够为组织带来新鲜空气。来自外部的候选人可以为组织带来新的管理方法与经验。他们没有太多的框框束缚，工作起来可以放开手脚，从而给组织带来较多的创新机会。此外，由于他们新近加入组织，没有与上级或下属历史上的个人恩怨关系，从而在工作中可能很少顾忌复杂的人情网络。

外部招聘也有许多局限性，主要表现在：

(1) 外聘管理人员不熟悉组织的内部情况，同时也缺乏一定的人事基础，因此需要一段时期的适应才能进行有效的工作。

(2) 组织对应聘者的情况不能深入了解。虽然选聘时可借鉴一定的测试、评估方法，但一个人的能力是很难通过几次短暂的会晤、几次书面测试而得到正确反映的。被聘者的实际工作能力与选聘时的评估能力可能存在很大差距，因此组织可能聘用一些不符要求的管理人员。这种错误的选聘可能给组织造成极大的危害。

(3) 外聘管理人员的最大局限性莫过于对内部员工的打击。大多数员工都希望在组织中有不断发展的机会，都希望能够担任越来越重要的工作。如果组织经常从外部招聘管理人员，且形成制度和习惯，则会堵死内部员工的升迁之路，从而会挫伤他们的工作积极性，影响他们的士气。同时，有才华、有发展潜力的外部人才在了解到这种情况后也不敢应聘，因为一旦应聘，虽然在组织中工作的起点很高，但今后提升的希望却很小。

由于这些局限性，许多成功的企业强调不应轻易地外聘管理人员，而主张采用内部培养和提升的方法。

2. 内部提升

内部提升是指组织成员的能力增强并得到充分地证实后，被委以需要承担更大责任的

更高职务作为填补组织中由于发展或伤老病退而空缺的管理职务的主要方式,内部提升制度具有以下优点:

(1) 利于鼓舞士气、提高工作热情,调动组织成员的积极性。内部提升制度给每个人带来希望。每个组织成员都知道:只要在工作中不断提高能力、丰富知识,就有可能被分配担任更重要的工作。这种职业生涯中的个人发展对每个人都是非常重要的。职务提升的前提是要有空缺的管理岗位,而空缺的管理岗位的产生主要取决于组织的发展。只有组织发展了,个人才可能有更多的提升机会。因此,内部提升制度能更好地维持成员对组织的忠诚,使那些有发展潜力的员工能自觉地更积极地工作,以促进组织的发展,从而为自己创造更多的职务提升的机会。

(2) 有利于吸引外部人才。内部提升制度表面上是排斥外部人才、不利于吸收外部优秀的管理人员的。其实不然。真正有发展潜力的管理者知道,加入到这种组织中,担任管理职务的起点虽然比较低,有时甚至需要一切从头做起,但是凭借自己的知识和能力,可以花较少的时间便可熟悉基层的业务,从而能迅速地提升到较高的管理层次。由于内部提升制度也为新来者提供了美好的发展前景,因此外部的人才会乐意应聘到这样的组织中工作。

(3) 有利于保证选聘工作的正确性。已经在组织中工作若干时间的候选人,组织对其了解程度必然要高于外聘者。候选人在组织中工作的经历越长,组织越有可能对其作全面深入的考察和评估,从而使得选聘工作的正确程度可能越高。

(4) 有利于使被聘者迅速展开工作。管理人员能力的发挥要受到他们对组织文化、组织结构及其运行特点的了解。在内部成长提升上来的管理人员,由于熟悉组织中错综复杂的机构和人事关系,了解组织运行的特点,所以可以迅速地适应新的管理工作,工作起来要比外聘者显得得心应手,从而能迅速打开局面。

同外部招聘一样,内部提升制度也可能带来某些弊端。主要有:

(1) 引起同事的不满。在若干个内部候选人中提升一个管理人员,可能会使落选者产生不满情况,从而不利于被提拔者展开工作。避免这种现象的一个有效方法是不断改进管理人员考核制度和方法,正确地评价、分析、比较每一个内部候选人的条件,努力使组织得到最优秀的管理人员,并使每一个候选人都能体会到组织的选择是正确、公正的。

(2) 可能造成"近亲繁殖"的现象。从内部提升的管理人员往往喜欢模仿上级的管理方法。这虽然可使老一辈管理人员的优秀经验得到继承,但也有可能使不良作风得以发展,从而不利组织的管理创新,不利于管理水平的提高。要克服这种现象,必须加强对管理队伍的教育和培训工作,特别是要不断组织他们学习管理的新知识。此外,在评估候选人的管理能力时,必须注意对他们创新能力的考察。

(六) 管理人员的选聘程序

1. 发布招聘信息

当组织中出现需要填补的管理职位时,应根据职位所在的管理层次,建立相应的选聘工作委员会或小组。工作小组既可是组织中现有的人力资源管理部门,也可是由各方面代表组成的专门或临时性机构。

选聘工作机构要以相应的方式，通过适当的媒介，公布待聘职务的数量、性质以及对候选人的要求等信息，向企业内外公开"招标"，鼓励那些自认为符合条件的候选人应聘。

公开招聘是向组织内外公布招聘信息。半公开招聘是只对组织内部公布补充空缺位置的信息。内部选拔一般由人力资源管理部门主持，公开招聘可由人力资源管理部门负责全部工作，也可为此成立临时性的机构。选聘工作机构应通过适当的媒介，公布待聘职务的数量、待聘职务要求的条件、给予聘用者的待遇、报名时间等信息，达到广开"才源"的目的。

2. 初选

可以通过两种形式完成初选工作：

（1）对报名应聘者进行初步资格审查。对内部选拔人员，可根据日常对重点培养对象和管理人员的工作的业绩考核档案，由人力资源管理部门和领导初步决定候选人。外部招聘的，要根据回收的应聘者填写的表格资料进行资格审查，初步认定合乎招聘条件的候选人。

（2）面谈。这是一种直观的初步鉴定评价人员的形式。根据人力资源管理部门设定的谈话范围，目测候选人的仪表、举止、言谈，初步了解其语言表达能力、逻辑思维和思维敏捷的程度，以及知识的广度和对问题认识的深度。面谈可以比较直观地接触了解对方，形成初步印象。但需注意不要由第一印象产生偏见。

3. 对初选合格者的测定和考核

对初选合格者可以通过测验、竞聘演讲和答辩，以及实际能力考核等不同形式来测定和考核其综合素质。

（1）测验。这是通过考试和测试的方法评价候选人的智力、专业技术、适应性等基本水平和能力。对受聘者智力和必备条件进行测试，智力测验目的是衡量候选人的思维能力、记忆力、思想的灵敏度和观察复杂事物的能力等，以便日后委以更适当的工作。必备条件包括承担某项工作的人员应必备的知识、必备经验和必备技能。必备知识指应具备的文化知识和专业技术知识，这是工作人员必备条件的基础；必备经验是应具备的实际经验和操作能力，是必备条件的中心；必备技能是在上述两方面的基础上，特定工作环节的工作人员应具备的应变能力、创造革新能力和综合处理能力。

（2）竞聘演讲与答辩。这是知识与智力测验的补充。测验可能不足以完全反映一个人的基本素质，更不能表明一个人运用知识和智力的能力。发表竞聘演讲，介绍自己任职后的计划和打算，并就选聘工作人员或与会人员的提问进行答辩，可以为候选人提供充分展示才华、自我表现的机会。

（3）案例分析与候选人实际能力考核。竞聘演说使每个应聘者介绍了自己"准备怎么干"，使每个人表明了自己"知道如何干"。但是"知道干什么或怎么干"与"实际干什么或会怎么干"不是一回事。因此，在竞聘演说与答辩以后，还需对每个候选人的实际操作能力进行分析。测试和评估候选人分析问题和解决问题的能力，可借助"情景模拟"或称"案例分析"的方法。这种方法是将候选人置于一个模拟的工作情景中，运用多种评价技术来观测考察他的工作能力和应变能力，以判断他是否符合某项工作的要求。

4. 信息交流

在招聘和挑选工作中，应注意充分交流信息。交流信息有两个方面：企业向求职者提供有关公司和职位的情况，求职者向企业提供有关他们自己工作能力的情况。

某些企业和单位力图树立一个好的形象，强调个人得到发展和培养的机会，突出潜在的挑战，并指出提升的可能性。他们也会提供关于工资、福利待遇和工作岗位可靠程度的情况。这也可能做得过分，引起求职者不现实的向往。从长远看，这一做法可能有不好的副作用，人们容易对工作不满，人员大量流动或产生无法实现的梦想。当然，企业应该介绍自己有吸引力的好的方面，但应该实事求是地谈论机会的问题，并指出工作的局限性，甚至不利的方面。另一方面，管理部门应该启发应聘者客观地显示他们的知识、才能、能力、天赋、动机以及过去的业绩。

5. 选定管理人员

挑选管理者是从人选中选出一个最符合职位要求的人。挑选可能是为补充一个特定的空缺职位，也可能是为今后储备管理人员的需要。因此，我们可以区别使用补充组织职位的挑选方法或是安置方法。用挑选方法时，招聘申请人来补充需要相当特殊条件的职位；用安置方法时，对个人的优缺点加以评估，为他找到合适的职位或甚至专门设计一个新的职位。

提升是在本单位范围内从前任职位调到需要更多才能、担负更大责任的职位上去。一般，伴之而来的是更高的地位和更多的工资。提升可能是对工作表现突出的报偿，也可能是企业为了更好地使用个人的才能和能力。前文论述挑选的各个方面，一般也可应用于提升。

挑选时还有许多重要的因素要考虑。正如我们先前提出的，管理职位需要有技术上、概念上与人际上以及解决问题等方面的才能。因为一个人不可能具备全部所需要的能力，可能要挑选其他人来弥补其不足之处。例如，一个具有卓越的概念才能和设计才能的高级管理人员，可能需要得到有技术才能的人帮助。同样，一个具有较多营销和财务经历的管理人员，可能需要有一位经营方面的专家来帮助。

挑选管理人员时还必须考虑年龄问题。经常会发现公司内所有副总经理和中层管理人员都在同一年龄段的情况。这样就会产生几位在差不多层次的管理人员同时退休的情况。有计划地对劳动力进行规划，可以在组织结构范围内合理地分配不同年龄段的管理人员。

在上述各项工作的基础上，利用加权的方法，算出每个候选人知识、智力和能力的综合得分，并考虑到民意测验反映的受群众拥护的程度，根据待聘职务的性质，选择聘用既有工作能力，又被同事和部属广泛接受的管理人员。

（七）选聘应注意的问题

无论采用内升制还是实行外求制来选拔管理人员，都应注意如下几个问题：

1. 机会均等，公正、公平竞争

走上管理岗位是个人实现其价值的途径之一。组织在选任管理人员时，应机会均等，实行公平、公开的竞争。也只有这样，才能将组织中最优秀的人才，组织外最理想的人才选拔出来。如果带有偏见，教条地以资历、学历或其他标准划线，就可能失去理想的人选。

2. 用人所长

俗话说，寸有所长，尺有所短，人无完人。可以说世界上没有一个全才，人的能力大小，是否全面都是相对的。组织对于备选对象，应同决策一样，以"满意"标准来衡量，要看到其长处，发挥其长处。不然的话，就永远难以寻找到理想的管理人员了。

3. 大胆启用年轻人

在选任管理人员时，应大胆启用年轻人。因为新陈代谢是自然规律，每一个人都会衰老、死亡，每一个管理职位上的人员都必然更替。及时地培养，启用年轻人是保证管理得以顺利进行、工作平衡要求的前提条件。

拓展阅读

个人的气质类型

1. 气质的概述

气质是个体比较稳定的心理活动的动力特征。如情绪的强弱，思维的快慢，注意力集中时间的长短，注意力转移的难易，以及心理活动倾向于外部事物还是内心世界等等，都是气质特征的表现。它能够使管理者的全部心理活动都染上一种浓厚的色彩。气质具有稳定性。虽然在客观条件影响下，气质也会发生一定的变化，但是和其他心理特征相比，气质变化要缓慢得多。

2. 气质的种类

（1）属于胆汁质类型的管理者思维敏捷，工作热情，办事果断，雷厉风行，但也容易感情冲动，脾气暴躁，缺乏耐力。

（2）属于多血质类型的管理者机智敏锐，适应性强，能较快把握新事物；有很高的灵活性，善于交际，应变能力强；但往往注意力不稳定，兴趣容易转移，缺乏持续性。

（3）属于粘液质类型的管理者遇事沉着冷静，能很好克制自己的感情冲动；比较踏实，长于实干，不爱作空泛的清谈，善于忍耐，情绪不易外露，能很好克服困难，把事业坚持到底；但往往反应缓慢，稳定性有余而灵活性不足。

（4）属于抑郁质类型的管理者认真、一丝不苟，办事细心；善于觉察出别人不易觉察的细小事物；善于完成某项交办的具体任务，能克服困难，具有坚定性；但比较孤僻，行动迟缓，易优柔寡断。

三、管理人员的培训

在现代化大生产条件下，对任何一个组织来说，无论是管理人员，还是一般员工，都只有不断地学习、进步、充实和提高，才能适应组织内外环境日新月异的变化，才能胜任要求不断提高的各项工作。

管理人员的培训是人员配备职能中的一个重要方面。其目的是要提高组织中各级管理人员的素质，管理知识水平和管理能力，以适应管理工作的需要，从而保证组织目标的实现。管理人员是组织活动的主导力量，主管人员管理水平的高低，直接决定着组织活动的成败。因而应将对管理人员的培训工作看作是一项关系组织命运和前途的战略性工作来对待，作为组织的一项长期活动的内容。

（一）管理人员培训的内容

管理人员培训的基本内容不外乎三个部分：

1. 政治思想教育

一般说来，政治思想教育包括党和国家方针政策的学习，社会伦理道德、法律法规的学习及爱国主义思想教育等。其目的是要培养管理人员的政治素质，掌握和了解党和国家在某一时期的方针政策，遵纪守法，培养高尚的道德情操，树立远大的理想，从而端正组织活动的指导思想。

2. 管理业务知识

作为管理人员来说，没有广博的知识是难以搞好管理工作的，管理人员的层次越高，对管理业务知识的要求也就越高。管理人员要掌握一些必要的管理学知识——管理的基本原理，以及与组织业务活动相关的科学技术知识，在此基础上，各方面的知识面要尽可能地宽。因此组织在进行具体的培训时，应重点要求管理人员掌握管理的基本原理和方法，掌握与组织业务活动相关的必要的科学技术知识，同时，也要尽可能多地学习一些与以上相联系的其他知识。

3. 管理能力

管理能力包括管理技巧，都是管理知识运用到管理实践中的反映。管理是一门科学，也是一门艺术，具有很强的实践性。因此，管理能力的培训就是要让管理人员运用管理科学的基本原理和方法，提高在实际工作中认识问题、分析问题和解决问题的能力和技巧。但是不同管理层次的管理人员，由于他们的工作性质、职责和职权范围不同，因此所需的管理能力和技巧也不尽相同。所以，培训时还要注意根据层次的不同特点来进行。基层管理人员是第一线的管理人员，在他们的工作中，技术能力、沟通和人际关系的才能很重要。此外，他们大多以前没有系统学习过管理的基本理论，因此，对基层管理人员培训的重点应该是技术培训和管理基本理论及方法的学习。中层管理人员一般是由有若干年经验的基层管理人员提拔上来的，对于管理的基本理论不仅有所了解，而且也有成功的实践。此外，中层管理人员一般是部门负责人，他们有大量的信息沟通、人际交往、组织协调和决策等项工作要做，这些工作都要求有较高的领导艺术和管理技能。因此，中层管理人员培训的重点，应该是领导艺术和管理技能的提高。高层管理人员是处于组织最高领导层的管理人员，他们要照顾组织的全局，正确分析环境的变化，为组织未来的发展做出决策。为了做好这些工作，就需要有较高的战略分析和规划决策能力。因此，高层管理人员培训的重点是提高战略分析和规划决策能力。

（二）管理人员培训的方法

1. 理论培训

理论培训是提高管理人员理论水平的一种主要方法。虽然管理人员当中有些已经具备了一定的理论知识,但总还需要在深度和广度上接受进一步的培训。理论培训有助于提高受训者的理论水平,有助于他们了解管理理论的最新发展动态,有助于在实践中及时运用一些最新的管理理论和方法。

2. 职务轮换

职务轮换是使受训者在不同部门的不同管理岗位或非管理岗位上轮流工作,以使其全面了解整个组织的不同工作的内容,得到各种不同的经验,为今后在较高层次上任职打好基础。职务轮换包括非管理岗位的轮换和管理岗位间的轮换。

非管理岗位的轮换主要是在组织的基层一线进行的。目的在于使受训者了解组织最基层的各类业务活动;了解这些业务活动的基本特点、基本过程;了解基层非管理人员的工作情况和精神状态。这种轮换的时间一般不要求太长,参加轮换的人多为一些基层管理人员。它的优点是通过轮换,管理人员可以对组织的各类业务活动有所了解,密切同基层非管理人员的关系,为今后从事管理工作打下一定的基础。缺点是这种方法在时间上不易把握,时间长了费用太大,而且也会影响受训者的情绪;时间短了,犹如走马观花,不容易了解和把握各类业务活动的实质。

管理岗位的轮换是在组织的同一层次上的不同部门的职务上进行的。这种轮换的目的是要使将要提拔到较高层次的管理人员,在不同的职务上根据各部门的不同特点,学习实际的管理经验。这种方法不要求管理人员对部门的活动有很深的了解,而是强调他们全面管理技能的提高,使他们积累在不同管理部门的工作经验,以胜任较高层次上的管理工作。这种轮换的优点是可以开阔管理人员的视野,了解各部门的特点及其相应能力和实际的管理能力。缺点是这种轮换会影响各个部门的相对稳定性。

3. 提升

(1) 有计划的提升。这种方法有助于培养那些有发展前途的,将来拟提拔到更高一级职位上的管理人员。它是按照计划好的途径,使管理人员经过层层锻炼,从低层逐步提拔到高层。这种有计划的提升,不仅上级管理人员知道,而且受训者本人也知道,因此不仅有利于上级领导对下级进行有目的培养和观察,也有利于受训者积极地学习和掌握各种必备知识,为将来的工作打下较为扎实的基础。

(2) 临时提升。临时提升是指当某个管理人员因某些原因,例如度假、生病或因长期出差而出现职务空缺时,组织便指定某个有培养前途的下级管理人员代理其职务,这样,临时提升就既是一种培养的方法,同时对组织来说也是一种方便。代理者在代理期间做出决策和承担全部责任时所取得的经验是很宝贵的。与此相反,如果他们只是挂名,不做决策,不真正进行管理,那么在此期间能得到的锻炼就是很有限的。

(3) 设立副职或助理职务。副职的设立,是要让受训者和有经验的管理人员一道密切工作,后者对于受训人员的发展给予特别的注意。这种副职常常以助理等头衔出现。有些副职是暂时的,一旦完成培训任务,副职就被撤销,有些副职则是长期性的。无论是长期的,还是临时的,副职对于培训管理人员都是很有益处的。这种方法可以使配有副职的管理人员起到教员的作用,通过委派受训者一些任务,并给予具体的帮助和指导,由此培养他们的工作能力。而对受训者来说,这种方法又可以为他们提供实践机会,并观摩和学习现职管理人员分析问题、解决问题的能力和技巧。

（4）研讨会。研讨会是指各有关人员在一起对某些问题进行讲座或决策。通过举行研讨会，组织中的一些上层管理人员与受训者一道讨论各种重大问题，可以为他们提供一个机会，观察和学习上级管理人员在处理各类事务时所遵循的原则和具体如何解决各类问题，取得领导工作的经验。同时，也可以通过参与组织一些大政方针的讨论，了解和学习利用集体智慧来解决各种问题的方法。

做好管理人员培训工作应注意培训工作必须与组织目标相结合，培训内容要满足受训者的需求，学习是自愿的，缺乏主动的、带有强迫的培训无法达到应有的效果，培训方法可行、有效，理论与实践相结合，并且上级管理人员必须支持并参与培训工作。

四、管理人员的考评

管理人员的考评，即对管理人员的考核和评价，是人员配备工作的一项重要内容，也是整个组织管理体系中的一个重要的组成部分。考评是完善组织工作和协调管理人员职位的需要。通过考评可以了解一个管理人员的工作质量，在过去的工作中是否尽职尽责，是否称职，考评的结果还将影响对管理人员的继续奖励、培训和晋升等一系列组织问题。

（一）考评的要求

做好考评工作，明白对考评工作本身的要求很重要，因为它直接关系到考评结果的质量。考评的主要要求有：

1. 考评指标要客观

在考评内容的基础上需要设计一系列指标，才能具体地衡量管理人员在各方面的工作绩效。指标设计的重要标准之一就是客观。

2. 考评方法要可行

方法可行是指考评的方法要为人们所接受并能长期使用，这一点对考评是否能真正取得成效很重要。方法的可行与否，同方法本身的难易繁简有很大关系。

3. 考评时间要适当

因为组织内处于不同层次、不同职务的主管人员，他们的活动和要求，以及与上下左右的关系等等都不一样，因此，考评的时间也不可能相同。具体确定考评时间的长短，需要视其管理人员个人情况以及管理职位的相对重要性而定。由于管理的效果总是要经过一段较长的时间才能表现出来，如果时间太短，则两次考评结果可能没有什么差别，而时间太长，则既不利于纠正偏差，也不利于鼓励工作出色的管理人员。

4. 考评结果要反馈

考评的结果应该及时反馈给被考评者，这是为了使被考评者能够知道自己的优缺点，知道自己在哪些方面做得比较好，在哪些方面还有欠缺，以使其能在今后的工作中发扬长处，克服不足。此外，反馈也可促使被考评者通过别人的考评，对自己有一个正确的评价，例如自己有没有能力胜任工作？工作中出现漏洞和缺点，是由于自己知识和能力的欠缺所引起的，还是由于疏忽大意而引起的？如果是知识和能力的不足，能否通过培训来弥补？等等。

(二) 考评的内容

一般来说，为确定工作报酬提供依据的考评看重管理人员的现时表现，而为人事调整或组织培训而进行的考评则偏向能力和潜力的分析。然而，组织具体进行的人事考评，往往不是与一种目的有关，而是为一系列目的服务的。因此，考评的内容不能只侧重于某一方面，而应尽可能全面。

1. 贡献考评

贡献考评是指考核和评估管理人员在一定时期内担任某个职务的过程中对实现企业目标的贡献程度，即评价和对比组织要求某个管理职务及其所辖部门提供的贡献与该部门的实际贡献。

贡献往往是努力程度和能力强度的函数。因此，贡献考评可以作为决定管理人员报酬的主要依据。贡献评估需要注意两个问题：一是应尽可能把管理人员的个人努力和部门的成就区别开来，即力求在所辖部门的贡献或问题中辨识出有多大比重应归因于管理人员的努力。这项工作在实践中是非常困难的，但也是非常重要的。因为在个人提供的努力程度不变的情况下，外部完全有可能发生不可抗拒的、内部无能为力的但对内部的部门目标的实现起着重要的促进或阻滞作用的变化。在这种情况下，需要考察和分析的不是管理人员的表现和能力，而是组织机构的合理性。二是贡献考评既是对下属的考评，也是对上级的考评。贡献考评是考核和评价具体人员和部门对组织的贡献，往往是根据组织的要求来提供的。因此，只有在被考评时期开始以前，组织对每个部门和管理岗位的工作规定具体的目标和要求，考评才可以进行。否则，不仅使下级不能了解努力的方向，从而不能提供有效的贡献，而且使考评失去了客观的标准。在这种情况下，下级不能提供积极贡献的原因不在他们自己，而在上级。所以说，对下级贡献的考评也是对上级进行考评，考评上级组织下属工作的能力。

2. 能力考评

贡献虽然可以在一定程度上反映管理人员的工作能力，但能力的大小与贡献的多少并不存在着严格的一一对应关系。所以为了有效地指导企业的人事调整或培训发展计划，还须对管理人员的能力进行考评。

能力考评是指通过考察管理人员在一定时期内的管理工作，评估他们的现实能力和发展潜力，即分析他们是否符合现任职务所具备的要求，任现职后素质和能力是否有所提高，从而考查其是否具有担任更重要工作的能力。

根据对管理人员的工作要求进行能力考评，不仅具备方便可行、能够保证得到客观结论的好处，而且可以促使被考评者注重自己的日常工作，根据组织的期望注意改进和完善自己的管理方法和艺术，从而能起到促进管理能力发展的作用。

(三) 考评的方式

1. 自我考评

自我考评就是管理人员根据组织的要求定期对自己工作的各个方面进行评价。这种方式有利于管理人员自觉地培养和提高自己的政治素质、业务水平和管理能力，增强工作的责任感，其评价结果还可以用来作为上级对下级评价时的参考，从而减少被考评者对考评的不信任感。自我考评很容易受个性的强烈影响，此外被考评者由于担心上级考评不能客观地评价自己，因而会过多地谈论自己的成绩，而较少涉及自己的不足。一般而言，自我总结是自我考评方式常采用的一种形式。

2. 上级考评

这是对管理人员的考评中最常用的一种方式。一方面由于他是被考评者的直接上级，与被考评者的直接联系较多。因而能够从对被考评者的直接经常性的接触和观察中了解其各方面的状况；另一方面，作为上级来讲，一般比较理解考评的目的，熟悉考评的标准，而且责任心也比较强。这两方面结合起来，就使得上级考评一般能够对被考评者作出客观公正的评价。但上级考评有时也不免带有主观成分，需要尽可能克服主观判断。

3. 同事考评

同事考评，即与被考评者一起工作的同事对其进行评价。由于工作关系，同事之间是相互最了解的人。因此，同事考评的结果也较为客观可信，这种方式常用的形式是小组评议。但同事考评受人际关系的影响较大，容易出现"你好我好大家好"的现象，不能客观真实反映实际情况。

4. 下级考评

下级考评是从另一个角度对管理人员进行评价。即他们更熟悉被考评者的领导方式、领导作风和工作态度等第方面的情况，因而在这些方面的评价也是比较客观和准确的。我们常说的"民意测验"就是这种考核方式的一种具体形式。但有时可能出现下级由于怕被"穿小鞋"而不愿讲真话的现象。

在实际的考评工作中，通常综合利用上述方式，以做到对被考评者尽可能全方位的了解，从而能够做出更加客观符合实际的判断，真实地反映考评对象的实际工作绩效。

第六节 组织变革

现代组织理论认为，组织是一个开放的、复杂的、权变的系统。这种系统处于与多重环境、内部子系统发生动态的相互作用之中。在这样一个复杂多变的背景中，组织想要生存和发展，必须不断地进行变革，调整并完善其自身的结构和功能，以提高其灵活性和适应能力。

一、组织变革的概念

所谓组织变革，就是指组织依据外部环境和内部情况的变化，及时调整并完善其自身结构和功能，以提高其适应生存和发展需要的应变能力的过程。组织变革属于组织设计的范畴，是指对组织结构、组织关系、职权层次、指挥和信息系统所进行的调整和改变。

组织建立起来，是为实现管理目标服务的，当管理目标发生变化时，组织也需要通过变革自身来适应这种新的变化的要求。即使管理目标没有发生变化，但影响组织的外部环境和内部环境如果发生了变化，那么组织也必须对自身进行变革，才能保证管理目标的实现。因此，组织不是僵硬的、一成不变的。管理目标的变化，或者影响组织存在和管理目标实现的各种因素的变化，必然会带来组织模式、组织结构、组织关系等的相应变化，否则，就无法使管理目标得到实现。

组织的变革是绝对的，而组织的稳定是相对的。管理者如果极力维护组织的稳定就有可能导致组织的僵化，如果积极推进组织的变革，又有可能造成组织不稳定和人心涣散。管理者盲目地推行变革也同样会使组织消亡，甚至会使组织消亡得更快。这就要求管理者在推动组织变革时要非常谨慎，必须首先确定组织的变革已经是非常必要的，才能展开变革的进程。在组织的变革中，还需要有正确理论的指导，有计划、有步骤地进行。也就是说，必须根据未来发展可能出现的趋势，在科学预测的基础上，有计划、有步骤地对组织进行变革。只有这样才能使组织的变革获得成功，才能使组织得到生存和发展，反之则会使组织倒退或消亡。

二、组织变革的动因

从理论上说，当影响组织结构的因素发生变化时，组织就要进行相应的变革以适应这种变化。

（一）组织变革的内在动力

从组织内部看，引起组织变革的基本动力可以归结为以下几个方面：

1. 组织目标的选择和修正

组织目标的选择和修正决定着组织变革的方向，也影响着组织变革的范围。以下几种情形使组织对其目标进行选择和修正成为必要：（1）组织原定的目标已经实现或即将实现，需要寻求新的发展方向和新的目标，相应地要求组织进行调整和变革。（2）组织目标在实施过程中通过检查发现与原定的步骤、安排有差异，需要对原有目标进行修正。这种修正要求组织进行相应的调整和变革。（3）组织原定的目标无法实现时，需要及时转向去寻求新的发展方向和新的目标，便强烈要求组织按新的组织目标进行变革。

2. 技术的变革

技术系统是组织变革的重大推动力。机械化、自动化、计算机化对于组织有着广泛的影响。某种新技术的采用会导致生产组织的深刻变化、劳动生产率的大幅提高，并影响到组织结构和员工的心理状态。对于不稳定的动态的环境，技术的因素尤其显得重要。

3. 结构的改变

组织结构的改变主要是指对组织结构中的权责体系、部门体系等进行的调整。结构的改变通常与其他因素有关。当其他各方面处于相对稳定的状态时，是调整结构的好时机。结构改变最典型的是对现有的部门进行再划分或合并，这样往往会影响到整个组织体系。

4. 社会心理因素的变化

充分地利用组织中人的因素，是成功实现预定目标的重要保障，组织成员的动机、态度、行为等的改变，对于整个组织有重要影响。

5. 管理活动

管理也是组织变革的推动力之一。管理部门的工作是维持组织运转和进行组织变革的必要基础和条件。进行组织变革，需要管理部门根据客观情况，经过分析，做出高效率的决策，推动和指挥整个变革的进程。

6. 组织职能的发展

现代组织的职能与传统的组织职能相比有重大的发展，它日益强调组织的社会服务职能，而不把利润视作唯一目标。现代组织必须兼顾公众和社会的利益，对公众和社会负责。这种组织职能的转变迫使组织做出相应的调整和变革。

7. 其他因素的影响

组织内部的其他因素也会成为组织变革的动力。如领导者的领导作风，组织的价值观，组织的制度，组织的战略等的变化都会导致组织变革。

（二）组织变革的外在动力

引起组织变革的外在动力最主要是环境因素。环境可分为一般环境和特殊环境。一般环境是指对任何组织都有同样影响的环境因素，如技术、经济、法律、政策和文化等因素。特殊环境是指与某一组织有关的更为特殊的一些因素。现代组织所面临的环境要比以往任何时候都复杂多变。仅就企业组织而言，它所面临的环境就有很多重大的变化，以至于组织不得不根据这些变化而进行组织的重大变革。这些环境的重大变化，包括产品寿命周期缩短，对新产品的开发要求更高；市场日益动荡不定，组织对销售和市场部门的依赖日益加重；科学技术迅猛发展；复合的组织联系，工作的自动化；组织成员价值观念更新等等。组织环境的变化，使传统的组织结构和管理方式难以适应新的要求。因此，组织要不断地变革组织结构和管理方式，以适应组织环境中不断出现的新变化。组织结构的变革，可以增加组织对外部环境的适应能力，提高组织自身的生存和发展能力。

三、组织变革的目的与途径

有计划的组织变革就是一个组织试图有意地或有目的地对组织自身的现状施加影响。由于一个组织的管理部门不可能完全控制该组织的客观环境，所以必须不断地从组织内部进行变革，以使组织能更有效地应付新的挑战。组织变革的基本目的是：

1. 提高组织的环境适应能力

组织生存与发展首先需要适应环境的变化，因此，能否适应环境变化是判定组织生存能力的重要标志。适应环境变化，重要的是要从外部环境获得有关的信息，保持和提高企业运行的效率，组织变革就需要不断提高组织与外部环境信息沟通的能力，保持组织内外信息传播的流畅和准确。

2. 改变组织内部成员们的观念、态度、作风和行为方式

一个组织，除非其成员能以不同的方式处理彼此的关系以及他们与工作的关系，否则它就不可能改变其信息沟通方式和行为方式，以应付组织环境的变化，促进组织的成长。任何一项组织改革，无论是通过一项新的结构设计进行的，还是通过一项企业训练计划进

行的，其基本目的都是要使组织成员改变其行为，适应组织对环境变化做出的反应。

为了实现这两大目标，组织的变革应着重从以下三个方面着手：

（1）以组织结构为重点。这是一种通过组织结构的变革来实现组织的变革，它包括更动组织的部门或单位、改变职位及其责权范围、各部门之间关系的重新协调、调整管理幅度和管理层次以及向下授权等等。但是，在变革组织的具体操作中，可以着重通过报酬制度、工作表现的评价鉴定制度和控制指挥系统的变革来实现组织结构的变革。

（2）以任务和技术为重点。这方面的变革主要是指对各个部门或各个层次的工作任务进行重新组合，改革原有的工作流程。比如在企业组织中，重新构造作业流程，更新生产设备，采用新工艺新方法（如引进设备、新技术、提高机械化和计算机化程度等），进行技术革新挖潜，实行控制技术和生产进度等一套新的管理技术，提高生产效率和产品质量，以实现组织变革的目的。这方面的变革一般包括扩大工作范围、丰富工作内容、工作群体自治和工作岗位轮换等内容。

（3）以人为重点。人是一个企业组织中最宝贵的资源，人是实现组织所有变革的基础，无论是组织结构的变革，还是任务和技术的变革，都离不开人的作用，都是通过改变组织成员的观念和态度而实现的。以人为重点的变革主要包括观念与态度的变革（通过培训、教育和组织文化等来实现）、技术知识的变革（通过招聘、培训与发展教育来实现）、改变个人和群体的行为（主要通过奖惩和参与管理以及教育来进行）等。

四、组织设变革过程与程序

（一）组织变革的过程

虽然从动因上看有主动性变革和被动性变革。但就变革的过程而言，都贯穿着管理者的自觉性主动性，因为任何一项变革，都是通过管理者承担起来的，没有管理者的变革计划和变革方案，就不可能存在着变革的行动。有计划组织变革模型用以解释和指导如何发动、管理和稳定变革过程。组织变革包含解冻、变革、再冻结等三个步骤。

1. 解冻

这一步骤的焦点在于创设变革的动机。鼓励员工改变原有的行为模式和工作态度，采取新的适应组织战略发展的行为与态度。为了做到这一点，一方面，需要对旧的行为与态度加以否定；另一方面，要使干部员工认识到变革的紧迫性。可以采用比较评估的办法，把本单位的总体情况、经营指标和业绩水平与其他优秀单位或竞争对手加以一一比较，找出差距和解冻的依据，帮助干部员工"解冻"现有态度和行为，迫切要求变革，愿意接受新的工作模式。此外，应注意创造一种开放的氛围和心理上的安全感，减少变革的心理障碍，提高变革成功的信心。

2. 变革

变革是一个学习、认知的过程，它由获得新的概念和信息得以完成。变革需要给干部员工提供新信息、新行为模式和新的视角，指明变革方向，实施变革，进而形成新的行为和态度。这一步骤中，应该注意为新的工作态度和行为树立榜样，采用角色模范、导师指导、专家演讲、群体培训等多种途径。

3. 再冻结

在再冻结阶段，利用必要的强化手段使新的态度与行为固定下来，使组织变革处于稳定状态。为了确保组织变革的稳定性，需要注意使干部员工有机会尝试和检验新的态度与行为，并及时给予正面的强化；同时，加强群体变革行为的稳定性，促使形成稳定持久的群体行为规范。

五、组织变革的阻力及其管理

组织变革作为战略发展的重要途径，总是伴随着不确定性和风险，并且会遇到各种阻力。

（一）组织变革阻力

1. 组织因素

在组织变革中，组织惯性是形成变革阻力主要的因素。这是指组织在面临变革形势时表现得比较刻板、缺乏灵活性，难以适应环境的要求或者内部的变革需求。造成组织惯性的因素较多，例如，组织内部体制不顺、决策程序不良、职能焦点狭窄、层峰结构和陈旧文化等，都会使组织产生惯性。此外，组织文化和奖励制度等组织因素以及变革的时机也会影响组织变革的进程。

2. 群体因素

组织变革的阻力还会来自群体方面，研究表明，对组织变革形成阻力的群体因素主要有群体规范和群体内聚力等。群体规范具有层次性，边缘规范比较容易改变，而核心规范由于包含着群体的认同，难以变化。同样，内聚力很高的群体也往往不容易接受组织变革。当推动群体变革的力和抑制群体变革的力之间的平衡被打破时，也就形成了组织变革。不平衡状况"解冻"了原有模式，群体在新的、与以前不同的平衡水平上重新"冻结"。

3. 个体因素

人们往往会由于担心组织变革的后果而抵制变革。一是职业认同与安全感。在组织变革中，人们需要从熟悉、稳定和具有安全感的工作任务，转向不确定性较高的变革过程，其"职业认同"受到影响，产生对组织变革的抵制。二是地位与经济上的考虑。人们会感到变革影响他们在企业组织中的地位，或者担心变革会影响自己的收入。或者，由于个性特征、职业保障、信任关系、职业习惯等方面的原因，产生对于组织变革的抵制。

（二）组织变革的管理

管理心理学提出了若干有效的途径，以克服对于组织变革的抵制或阻力。

1. 参与和投入

研究表明，人们对某事的参与程度越大，就越会承担工作责任，支持工作的进程。因此，当有关人员能够参与有关变革的设计讨论时，参与会导致承诺，抵制变革的情况就显著减少。参与和投入方法在管理人员所得信息不充分或者岗位权力较弱时使用比较有效。但是，这种方法常常比较费时间，在变革计划不充分时，有一定风险。

2. 教育和沟通

加强教育和沟通，是克服组织变革阻力的有效途径。这种方法适用于信息缺乏和面对未知环境的情况。其实施比较花费时间。通过教育和沟通，分享情报资料，不仅带来相同的认识，而且在群体成员中形成一种感觉，即他们在计划变革中起着作用。他们会有一定的责任感。同时，在组织变革中加强培训和信息交流，对于成功实现组织变革是极为重要的。这既有利于及时实施变革的各个步骤，也使得决策者能够及时发现实施中产生的新问题、新情况，获得有效的反馈。这样才能随时排除变革过程中遇到的抵制和障碍。

3. 组织变革的时间和进程

即使不存在对变革的抵制，也需要时间来完成变革。干部员工需要时间去适应新的制度，排除障碍。如果领导觉得不耐烦，加快速度推行变革，对下级会产生一种受压迫感，产生以前没有过的抵制。因此，管理部门和领导者需要清楚地懂得人际关系影响着变革的速度。

4. 群体促进和支持

许多管理心理学家提出，运用"变革的群体动力学"，可以推动组织变革。这里包括创造强烈的群体归属感；设置群体共同目标，培养群体规范，建立关键成员威信，改变成员态度、价值观和行为等。这种方法在人们由于心理调整而产生抵制时使用比较有效。

第七节 组织文化

管理故事

有位学者在北非旅游途中，先后遇到三个工人在砌一堵墙，便问了他们一个同样的问题"你在干什么？"第一个人没好气地说："没看见吗？砌墙。"第二个人抬头笑了笑说："我们在盖一栋高楼。"第三个人边干边哼着歌曲，他的笑容很灿烂："我们正在建设一个新城市。"

10年后——第一个人在另外一个工地砌墙；第二个人坐在办公室中画图纸，他成了工程师；第三个人呢，是前两个人的老板。

由此可见，这三个人虽然在做同样的事情，却拥有完全不同的内心世界。最后导致完全不同的生活状态。

是什么原因导致干同样活的人对自己的工作有不一样的理解呢？原因在于他们不同的经历和处境所形成的价值取向的差异。而价值观正是要讨论的组织文化的精髓。

一、组织文化概述

(一) 组织文化界定

文化是一种社会现象,它伴随着社会物质生产的发展及生产方式的进步而不断发展。人类社会发展的各个阶段,都有与之相适应的社会文化,组织文化是一种微观社会文化。组织文化本质,是通过组织制度的严格执行衍生而成,制度上的强制或激励最终促使群体产生某一行为自觉,这一群体的行为自觉便组成了组织文化。

目前较为普遍的共识是组织文化是组织长期生产、经营、建设、发展过程中所形成的管理思想、管理方式、管理理论、群体意识以及与之相适应的思维方式和行为规范的总和,是组织领导层提倡、上下共同遵守的文化传统和不断革新的一套行为方式,它体现为组织价值观、经营理念和行为规范,渗透于组织的各个领域。其核心内容是组织价值观、组织精神、组织经营理念的培育,是组织职工思想道德风貌的提高。通过组织文化的建设实施,使组织人文素质得以优化,归根结底是推进组织竞争力的提高,促进组织经济效益的增长。

所以,我们把组织文化定义为:组织在长期的实践活动中所形成的并且为组织成员普遍认可和遵循的具有组织特色的价值观念、团队意识、行为规范和思维模式的总和。

(二) 组织文化的层次结构

一般认为,组织文化有三个层次结构,即潜层次、表层和显现层三层。

(1) 潜层次的精神层。这是组织文化中的核心和主体,是广大员工共同而潜在的意识形态,包括经营哲学、价值观念、组织精神、道德观念等。

经营哲学也称组织哲学,源于社会人文经济心理学的创新运用,是一个组织特有的从事生产经营和管理活动的方法论原则,它是指导组织行为的基础。例如,日本松下公司"讲求经济效益,重视生存的意志,事事谋求生存和发展",这就是它的战略决策哲学。

所谓价值观念,是人们基于某种功利性或道义性的追求而对人们(个人、组织)本身的存在、行为和行为结果进行评价的基本观点。

组织精神是指组织基于自身特定的性质、任务、宗旨、时代要求和发展方向,并经过精心培养而形成的组织成员群体的精神风貌。组织精神要通过组织全体职工有意识的实践活动体现出来。如北京西单商场的"求实、奋进"精神,体现了以求实为核心的价值观念和真诚守信、开拓奋进的经营作风。

道德观念是指调整该组织与其他组织之间、组织与顾客之间、组织内部职工之间关系的行为规范的总和。它是从伦理关系的角度,以善与恶、公与私、荣与辱、诚实与虚伪等道德范畴为标准来评价和规范组织。

(2) 表层的制度系统。它又称制度层,只体现某个具体组织的文化特色的各种规章制度、道德规范和员工行为准则的总和,也包括组织体内的分工协作关系的组织结构。它是组织文化核心层与显现层的中间层,是由虚体文化向实体文化转化的中介。组织制度是在生产经营实践活动中所形成的,对人的行为带有强制性,并能保障一定权利的各种规定。它是精神文化的表现形式,是物质文化实现的保证。组织制度作为职工行为规范的模式，使个人的活动得以合理进行，内外人际关系得以协调，员工的共同利益受到保护，从而使组织有序地组织起来为实现组织目标而努力。

（3）显现层的组织文化载体。它又称物质层，是指凝聚着组织文化抽象内容的物质体的外在显现，它既包括了组织整个物质和精神的活动过程、组织行为、组织体产出等外在表现形式，也包括了组织实体性的文化设备、设施等，如带有本组织色彩的工作环境、作业方式、图书馆、俱乐部等等。显现层是组织文化最直观的部分，也是人们最易于感知的部分。

（三）组织文化的构成要素

特雷斯·狄尔和阿伦·肯尼迪认为，组织文化由五个要素组成：（1）组织环境，是指组织的性质、经营方向、外部环境、社会形象、与外界的联系等方面，组织环境是塑造组织文化的重要条件。（2）价值观，是指组织内部成员对某个事件或某种行为好与坏、善与恶、正确与错误等一致的认识，统一的价值观是组织内部成员选择自己行为的标准。（3）英雄人物，是指组织文化的核心人物或组织文化的人格化，其作用就在于其给组织中其他员工提供可供仿效的榜样，英雄人物对组织文化的形成和强化起着极为重要的作用。（4）典礼与文化仪式，这包括世俗中的仪式（组织内部的有系统、有计划的日常例行事务）和世俗中的典礼（组织内部的各种表彰奖励活动、聚会以及文娱活动等），典礼与文化仪式可以把组织中所发生的某些事情戏剧化和形象化，来生动地宣传和体现组织的价值观，使组织文化"寓教于乐"。（5）文化网络，是指组织内部以故事、小道消息、机密、猜测等形式来传播消息的非正式渠道，它往往是由某种非正式的组织和人群组成，它所传递的信息往往能反映出组织员工的愿望和心声。

（四）组织文化的功能

组织文化不同于一般的社会文化，它在组织管理中发挥着重要功能，主要表现为以下方面。

（1）导向功能。组织文化对组织成员的价值与行为取向具有引导作用，通过组织共同价值观向个人价值观的渗透与内化，引导组织成员的行为和活动，使组织目标转化为员工的自觉行动。

（2）发展功能。实践证明，组织的兴旺发达与组织文化的自我完善密不可分。组织在发展过程中所形成的文化积淀，会随时间发展而更新和优化，组织文化的不断深化和完善，会推动组织本身的持续发展，从而形成一种良性循环。

（3）整合功能。组织文化通过培育组织成员的认同感和归属感，建立起员工与组织之间相互信任和依存的关系，使个人的思想、行为与整个组织有机地整合在一起，作出符合组织要求的行为选择，使组织形成相对稳固的文化氛围，凝聚成一股无形的合力，从而激发组织成员的主动性和创造性，为组织的共同目标而努力。

（4）激励功能。组织文化具有使组织成员从内心产生一种高昂情绪和奋发进取精神的效应。组织文化强调以人为中心的管理方法，它对人的激励不是一种外在的推动力而是一种内在的引导，它不是被动消极地满足人们对实现自身价值的心理需求，而是通过组织文化的塑造，使每个组织成员从内心深处产生为组织拼搏的献身精神。

（5）约束功能。组织文化对组织成员的思想、心理和行为具有约束和规范的作用。组织文化的约束不是制度式的硬约束，而是一种软约束，这种软约束表现为组织文化氛围、群体行为准则和道德规范。群体意识、社会舆论、共同的习俗和风尚等精神文化内容，造成强大的使个体行为从众化的群体心理压力和动力，使组织成员产生心理共鸣，继而产生行为上的自我控制。

（6）辐射功能。组织文化一旦形成较为固定的模式，将不仅在组织内发挥作用，对本组织员工产生影响，还会通过各种渠道对社会产生影响。一方面，组织文化的辐射功能有助于树立组织的公众形象；另一方面，组织文化对促进社会文化的发展也有很大影响，组织价值观、组织精神和组织伦理可向社会扩散，并为其他组织所借鉴、学习和采纳。

二、组织文化塑造

具体地说，塑造组织文化的途径可以采取以下步骤：

（一）选择组织的价值标准

组织价值观是组织文化的核心，选择正确的组织价值观是塑造良好的组织文化的主要战略问题。组织价值观要体现组织的基本宗旨和发展方向，并结合环境要求和本组织的特点予以选择。在进行组织价值观的选择时，要注意发挥员工的创造精神，听取员工的意见，经过自上而下和自下而上的多次反复，筛选出既符合本组织特点又能为组织员工认可和接纳的组织价值观和文化模式。

（二）强化员工的认同感

在选择并确立了组织价值观和组织文化模式后，应通过各种强化方法使这一基本认可的方案深入人心。主要强化方法有：（1）广泛宣传。利用一切宣传媒体，宣传组织文化的内容和要求，使之广为人知。（2）树立典型。榜样和英雄人物是组织文化的人格化身与形象缩影，能以其特有的感召力和影响力为组织成员提供可效仿的具体榜样。（3）培训教育。有目的的培训教育能使组织成员系统地接受组织的价值观并强化其认同感。

（三）提炼定格

在精心分析和全面归纳的基础上，把经过科学论证和实践检验的组织价值观、组织精神、组织伦理条理化、完善化、格式化，再经过必要的理论加工和文字处理，用精练的语言表述出来。

（四）巩固落实

为了成功塑造组织文化，必须对已提炼定格的组织文化加以巩固落实。主要做法有：（1）建立必要的制度保障。在组织文化尚未演变为全体员工的习惯行为之前，很难使每位组织成员都自觉地按照组织文化的标准和要求行事，即使在组织文化业已成熟的组织中，个别成员背离组织宗旨的行为也时有发生。因此，必须建立相应的规章制度，保证组织文化的巩固与落实。（2）组织领导者需率先垂范。领导者在塑造组织文化的过程中起着决定性的作用，其行为是一种无声的号召，将对广大员工产生强大的示范效应。

（五）丰富发展

任何一种组织文化都是特定历史的产物，在组织内外条件发生变化时，必须适时地丰富和发展组织文化，通过这个循环往复的过程使组织文化达到更高层次。

特别需要一提的是，在组织文化的塑造过程中，组织的创始人有着不可估量的影响。一个组织的文化往往反映了其创始人的思想和远见，IBM公司的创始人托马斯·沃森就是一例，他关于研究开发、产品质量、雇员着装、报酬政策的主张，至今仍体现在公司的日常经营中。除组织的创始人外，组织的高层管理者对组织文化的发展也具有重要影响作用，其主要职责是管理和控制组织文化，使其向具有创新意识的方向发展。

以上塑造组织文化的途径如图5-10所示。

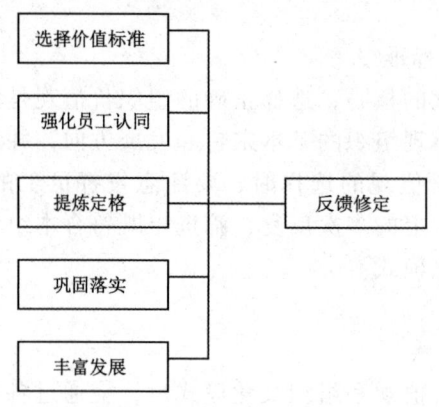

图5-10 组织文化的塑造途径

本章小结

组织职能是管理的主要职能之一。本章主要介绍了组织和组织工作，以及组织设计的原则、任务和程序；论述了组织职权及职权的形式、集权与分权和授权等内容；介绍了常见的组织机构类型：直线型组织结构、职能型组织结构、直线职能制、事业部制组织结构、矩阵型组织结构，并对网络型组织结构、团队型组织、学习型组织、发展型组织等现代新型企业组织结构进行了描述；阐述了人员配备的作用、原则、任务和工作内容，以及管理人员的选聘、培训和考评；论述了组织变革的动因、目的与途径及组织变革过程与程序，介绍了组织变革的阻力及其管理等内容；阐述了组织文化的概念，介绍了组织文化的结构层次、功能及塑造途径。

本章练习

一、单项选择题

1. 企业组织结构的本质是（ ）。
   A. 职工的分工合作关系　　　　B. 实现企业目标
   C. 职工的权责利关系　　　　　D. 一项管理职能

2. 组织结构设计的出发点和依据是（ ）。
   A. 权责利关系　　　　　　　　B. 一项管理职能
   C. 分工合作关系　　　　　　　D. 实现企业目标

3. 企业中体现企业目标所规定的成员之间职责的组织体系就是（ ）。
   A. 结构等级　　　　　　　　　B. 非正式组织
   C. 企业结构　　　　　　　　　D. 正式组织

4. 采取多种经营，向几个领域扩张的发展战略，这样的企业多采用（ ）的模式。
   A. 集权　　　　　　　　　　　B. 授权
   C. 均权　　　　　　　　　　　D. 分权

5. 若企业高层管理人员能力较强，则适于采用（ ）。
   A. 均权管理　　　　　　　　　B. 分权管理
   C. 集权管理　　　　　　　　　D. 不确定

6. 阳光广告公司是一家大型广告公司，业务包括广告策划、制作和发展。考虑到一个电视广告设计至少要经过创意、文案、导演、美工、音乐合成、制作等部门的合作才能完成，下列何种组织结构能最好的支撑阳光广告公司的业务要求？（ ）
   A. 直线制　　　　　　　　　　B. 职能制
   C. 矩阵制　　　　　　　　　　D. 事业部制

7. "政策管制集权化，业务运作分权化，企业的最高决策机构集中力量来制定公司的总目标和各项政策，下属部门在不违背公司总目标的前提下，可以自主处理日常事务。"这是对下列哪一种组织形式的描述（ ）。
   A. 直线职能制　　　　　　　　B. 矩阵制
   C. 事业部制　　　　　　　　　D. 直线制

8. 某酒店的组织结构呈金字塔状，越往上层：（ ）。
   A. 其管理难度与幅度都越小
   B. 其管理难度越小，而管理幅度则越大
   C. 其管理难度越大，而管理幅度则越小
   D. 其管理难度与幅度都越大

9. 汪力是一家民营企业的职员，他工作中经常接到来自上边的有时甚至相互冲突的两个命令。以下哪种说法指出了导致这一现象的最本质原因？（ ）
   A. 该公司在组织设计上采取了职能型结构

B. 该公司在组织运作中出现了越级指挥问题
C. 该公司的组织层次设计过多
D. 该公司组织运行中有意或无意地违背了统一指挥原则

10. 某大型证券公司将其所有活动组成了银行部、一级市场部、二级市场部、行政业务部等部门。其中，行政业务部下设有国内业务部和海外业务协调部。按公司高层管理部门的计划，公司将在今后5年内，在全国各大城市和亚洲、欧洲、北美洲设立证券业务分公司。由此可见(　　)。
A. 该公司目前采取的是职能型组织结构，5年后仍将维持这一结构
B. 该公司目前按地区原则组织活动，5年后改为按业务性质组织活动
C. 该公司现在采取职能及地区型组织结构，5年后将改为按国家安排业务活动
D. 该公司现在按业务性质组织活动，5年后将改为地区型组织结构

二、多项选择题

1. 下列关于组织层次与管理幅度关系论述中正确的是(　　)。
A. 高长式组织结构的管理幅度窄，组织层次多
B. 高长式组织结构的管理幅度窄，组织层次少
C. 扁平式组织结构的管理幅度宽，组织层次少
D. 扁平式组织结构的管理幅度窄，组织层次少

2. 事业部型结构的主要优点是(　　)。
A. 强调结果　　　　　　　　　　B. 有利于培养管理者
C. 避免活动和资源的重复配置　　D. 命令高度统一

3. 过分集权的弊端主要有(　　)。
A. 降低决策的速度　　　　　　　B. 降低决策的质量
C. 降低组织的适应能力　　　　　D. 降低组织成员的工作热情

4. 组织文化包括以下哪些层次(　　)。
A. 制度层　　　　　　　　　　　B. 精神层
C. 行为层　　　　　　　　　　　D. 物质层

5. 管理学上的组织的含义包括(　　)。
A. 组织有一个共同目标　　　　　B. 组织是动态的
C. 组织是一个过程　　　　　　　D. 组织是实现目标的一个过程

6. 组织设计的原则主要有(　　)。
A. 任务与目标原则　　　　　　　B. 分工与协作原则
C. 权责对等原则　　　　　　　　D. 统一指挥原则

三、判断题

1. 组织作为人的集合，就是简单的个人的加总。　　　　　　　　　　(　　)
2. 电影院的观众是拥有特定的共同目标的群体，可以说，他们是一个组织。(　　)
3. 发展中的组织要求分权，较完善的组织趋向于集权。　　　　　　(　　)

4. 管理幅度越大，需要的管理人员越多，管理人员之间的协调工作越难做。（　　）
5. 管理幅度总是越宽越好的，组织层次总是越少越好的。（　　）
6. 权力并非仅仅来源于职位。（　　）
7. 提倡较小的管理幅度以便对下级严格控制是未来发展的趋势。（　　）
8. 组织扁平化的最根本目的是通过削减冗员来降低管理费用。（　　）
9. 组织文化建设是一个短暂的过程。（　　）
10. 企业组织中，一些有共同情感和共同兴趣爱好的人组成的小团体被称作协作组织。（　　）

四、思考题

1. 简述组织设计的任务。
2. 什么是职能职权？职能职权的出现是否违背组织内部命令统一原则？
3. 组织结构的形式主要有哪些？
4. 组织文化塑造的途径有哪些？

五、案例分析题

1. 巴恩斯医院

下面这一事件发生在天气凉爽的10月的某一天，地点在圣路易斯的巴恩斯医院。

黛安娜·波兰斯基给医院的院长戴维斯博士打来电话，要求立即做出一项新的人事安排。从黛安娜的急切声音中，戴维斯能感觉得到发生了什么事。他告诉她马上过来见她。大约5分钟后，波兰斯基走进了戴维斯的办公室，递给他一封辞职信。

"戴维斯博士，我再也干不下去了，"她开始申述："我在产科当护士长已经四个月了，我简直干不下去了。我怎么能干得了这工作呢？我有两个上司，每个人都有不同的要求，都要求优先处理。要知道，我只是一个凡人。我已经尽最大的努力适应这种工作，但看来这是不可能的。让我给举个例子吧。请相信我，这是一件平平常常的事。像这样的事情，每天都在发生"。

"昨天早上7:45我来到办公室就发现桌上留了张纸条，是达纳·杰克逊（医院的主任护士）给我的。她告诉我，她上午10点钟需要一份床位利用情况报告，供她下午在向董事会作汇报时用。我知道，这样一份报告至少要花一个半小时才能写出来。30分钟以后，乔伊斯（黛安娜的直接主管，基层护士监督员）走进来问我为什么我的两位护士不在班上。我告诉她雷诺兹医生（外科主任）从我这要走了她们两位，说是急诊外科手术正缺人手，需要借用一下。我告诉她，我也反对过，但雷诺兹坚持说只能这么办。你猜，乔伊斯说什么？她叫我立即让这些护士回到产科部。她还说，一个小时以后，她会回来检查我是否把这事办好了！我跟你说，戴维斯博士，这种事情每天都发生好几次的。一家医院就只能这样运作吗？"

问题：

(1) 这家医院的正式指挥链是怎样的？有人越权行事了吗？
(2) 戴维斯博士能做些什么改进现状？

(3) "巴恩斯医院的结构并没有问题。问题在于,黛安娜·波兰斯基不是一个有效的监管者。"对此,你是赞同还是不赞同?提出你的理由。

(4) 波兰斯基如何才能更好地处理冲突?

2. 授权的障碍

B公司的李老板从某大企业挖来了精明强干的刘先生担任公司的总经理,并将公司的大小事务均交由刘先生全权处理。由于得到授权,刘先生便结合公司的特点和实际情况,对公司的经营模式和管理体制进行了大胆的变革,将公司原先的品牌经营模式转变为OEM(贴牌生产)服务模式,并提出了颇具创新意识的OEM改进方式,变被动的OEM服务为主动的OEM服务,得到众多客户的认同与支持。然而,当刘先生意欲更深入地推动企业的变革时,他发现,其实自己手中的权力十分有限,虽然李老板总是客客气气地对其进行鼓励,但刘先生的内心里却非常困惑,久而久之,刘先生的变革锐气便渐渐地消失了。

问题:

(1) 李老板在授权上的主要障碍是什么?
(2) 这种障碍的原因可能是什么?
(3) 你有什么好的建议?

六、实践训练

建立组织结构与公司制度

实训目标:

1. 培养组织结构的初步设计能力。
2. 培养制定制度规范的基本能力。

实训内容与要求:

1. 设置公司组织机构。运用所学知识,根据所设定的模拟公司的目标与业务需要,研究设置所需的模拟公司组织机构,并画出组织结构框图:

(1) "公司"建立的是何种组织结构形式。
(2) "公司"设置哪些机构或部门。
(3) "公司"的基本业务流程。

2. 建立公司的制度规范,包括公司的企业专项管理制度、部门(岗位)责任制和生产技术标准、生产技术规程等。

成果与检测:

1. 公司的组织系统图。
2. 公司的基本业务流程。
3. 公司的主要制度规范。
4. 班级组织一次交流,每家公司推荐2名成员介绍其起草的管理制度。
5. 由教师与学生为各公司和学生评估打分。

七、自我评估

你的权力倾向如何

观　　点		不赞同		两可	赞同	
		极不赞同	基本不赞同		基本赞同	极为赞同
1	与人打交道的最好方式是告诉他们想听的话	1	2	3	4	5
2	当你要某人为你做事时，最好说明这样要求的真实理由而不是似乎更好的理由	1	2	3	4	5
3	完全信任他人的人只会自找麻烦	1	2	3	4	5
4	不在这儿那儿走些捷径是很难走到前面的	1	2	3	4	5
5	可以万无一失地假定，所有的人都有邪恶的念头，只要动机得当，它就会暴露出来	1	2	3	4	5
6	一个人只能采取合乎道义的行动	1	2	3	4	5
7	大多数人本质上是好的、善良的	1	2	3	4	5
8	对撒谎决不能原谅	1	2	3	4	5
9	大多数人对父亲的死亡比对个人财产的丧失更容易忘却	1	2	3	4	5
10	一般而言，人们不强迫是不会卖力工作的	1	2	3	4	5

这项测试是用来计算你的马基雅维主义分数。为了求出你的得分，将问题1，2，4，5，9，10的得分加起来，而对其他4个问题，将得分反转，即5变成1，4变成2，2变成4，1变成5。然后合计10个问题的全部分数。美国的国民意见研究中心采用此法对美国成年人进行了测试，发现国民的平均得分为25分，采用马氏测试的研究结果表明，女性比男性更具有马氏倾向；老年人的马氏测试分数低于年轻人；马氏分数高的职业多是那些强调控制和操纵个人的职业，如管理者、律师、精神病医生和行为科学家。

第六章
领　导

知识目标

- 了解领导的含义与作用；掌握领导领导权力及应用
- 理解并掌握几种主要的领导特质理论、领导行为理论及领导权变理论
- 理解激励的概念与激励原理；了解人性假设理论；掌握激励的理论和方法
- 了解沟通的含义与过程；了解沟通中的障碍并能掌握改善障碍的方法

技能目标

- 培养提高领导有效性的能力；提升运用领导理论的能力
- 能够根据组织环境，运用激励理论和方法进行组织激励管理
- 能够站在管理者的角度，用组织沟通的基础知识初步分析和解决组织沟通中常见的问题

该选择谁做领导

谢丁是设在北京中关村电子一条街的一家电脑公司中分管人事工作的副总经理。公司董事会日前做出了"第二次创业"的战略决策，并据此将公司经营业务的重点从组装"杂牌"电脑转到创立自己"品牌"的方向上来。谢丁必须在这周内做出一项人事决定，挑选一个人担任公司新设业务部门的领导。他有三个候选人，他们都在公司里工作了一段

时间。

其中一位是李非,这小伙子年纪不大,但管理手下人挺有一套办法,所以谢丁平时就比较注意他。另一个原因是,李非的领导方式很像谢丁自己。谢本人是曾在部队从事过通信系统维护工作的退役军人,多年军队生活的训练使他养成了目前这种因为习惯了而很难改变的领导方式。但谢自己心里也明白,公司新设立的业务部门更需要能激发创造性的人。李非是外埠某大专院校电子计算机专业的专科毕业生,四年前独自到北京"闯世界",经过面试来到了公司工作。他的性格与言行让人感到,他是一个固执地坚持自己主意的、说一不二的、敢作敢为的人。

秦雯则是另一种性格的人。她通过自学获得了文科学士文凭。她为人友善,喜欢听取下属的意见,并通过前一段时间参加工商管理短训班的学习以及自己在实践中的总结、提高,形成了一种独特的领导方式。

对于第三个候选人彭英,谢丁没有给予多少考虑,因为彭似乎总是让他的下属做出所有决策,自己从没有勇气说出自己的主张。假如你是在谢丁身边工作多年的一位参谋人员。谢丁想让你从纯理性角度对该项人事决策作出分析。

问题:你该建议谢丁选择谁担任新设业务部门的领导?为什么?

第一节 领 导 概 述

一、领导的含义

管理学中的"领导"一词是指一种行为过程,管理学界对"领导"下过许多定义,如泰罗认为,领导是影响人们自动为实现团体目标而努力的一种行为;哈罗德·孔茨认为:"领导是一种影响力,它是影响人们心甘情愿地和满怀热情地为实现群体目标努力的艺术或过程。"他还认为:"领导是一种影响过程,即领导者和被领导者个人的作用和特定的环境相互作用的动态过程。"《中国企业管理百科全书》把领导定义为:"率领和引导任何组织在一定条件下实现一定目标的行为过程。"

以上的定义基本上都包含了"影响力"、"过程"、"达到目标"等核心内容,其中孔茨的定义更具代表性,我们认为,从管理学意义上来讲,领导的定义可概括为:领导是指领导者依靠影响力,指挥、带领、引导和鼓励被领导者或追随者,实现组织目标的活动和艺术。其基本含义包括以下几个方面:

(一)领导的本质是影响力

领导者拥有影响被领导者的能力或力量,它们既包括由组织赋予的职位权力,也包括领导者个人所具有的影响力。一个领导者如果一味地行使职权而忽视社会和情绪因素的作用力，就会使被领导者产生逃避和反抗行为。当一个领导者的职位权威不足以说服下属从事适当的活动时，领导是无效的。正是靠着影响力，领导者在组织或群体中实施领导行为，领导者凭借影响力获取组织或群体成员的信任并把组织或群体中的人吸引到他的周围来，因此，拥有个人影响力的人才能称得上是一位真正的领导者。

（二）领导是一个活动过程

领导是引导人们的行为过程，是对人们施加影响的过程，是领导者带领、引导和鼓舞下属去完成工作、实现目标的过程。同时领导还是一种艺术，领导过程中所面临的组织或群体的内外部环境是千变万化的，被领导者也是各种各样的，他们身份不同，教育、文化和经历背景不同，进入组织或群体的目的和需要不同，因此领导的过程是一种充满复杂因素和不确定因素的过程，越是高层次的领导行为，这种复杂性和不确定性就越高，所以领导行为中艺术的成分就越多。

（三）领导包含领导者和被领导者两个方面

领导者是指能够影响他人并拥有管理的制度权力、承担领导职责、实施领导过程的人。领导是领导者与被领导者的一种关系，如果没有被领导者，领导者将变成光杆司令，其领导关系也就不复存在。在领导过程中，下属都甘愿或屈从于领导者而接受领导者的指导。

（四）领导的目的是实现组织的目标

领导是要让人们情愿地、热心地为实现组织或群体的目标而努力，而非无奈地、勉强地为组织或群体的目标而工作，这体现了领导工作的水平，也是领导者追求的完美目标。不能为了领导而领导，不能为了体现领导的权威而领导。领导的根本目的在于影响下属为实现组织的目标而努力。

二、领导者风格类型

（一）按制度权力的集中与分散程度划分

1. 集权式领导者

所谓集权式领导者，就是指把管理的制度权力相对牢固地进行控制的领导者，由于管理的制度权力是由多种权力的细则构成的，如奖励权、强制权和收益的再分配权等，这就意味着对被领导者或下属而言，受控制的力度较大。

这种领导者的优势在于，通过完全的行政命令，管理的组织成本在其他条件不变的情况下，要低于在组织边界以外的交易成本。这对于组织在发展初期和组织面临复杂突发的变量时是有益处的。但是，长期将下属视为某种可控制的工具则不利于他们职业生涯的良性发展。

2. 民主式领导者

与集权式领导者形成鲜明对比的是民主式领导者。这种领导者的特征是向被领导者授权，鼓励下属的参与，并且主要依赖于其个人专长权和影响力影响下属。从管理学的角度看，这样的领导者通过对管理制度权力的分解，进一步激励下属的积极性，去实现组织的标。不过，这种权力的分散性会使得组织内部资源的流动速度减缓，因为权力的分散性一般会导致决策速度降低，进而增大组织内部的资源配置成本。但是，这种领导者给组织带来的好处也十分明显。通过激励下属的积极性，组织发展所需的知识，尤其是意会性或隐性知识，能够充分地积累和进化，员工的能力结构也会得到长足提高。因此，相对于集权式领导者，这种领导者更能为组织培育21世纪越来越需要的智力资本。

（二）按领导工作的侧重点不同划分

1. 事务型领导者

事务型领导者通过明确角色和任务要求而指导或激励下属向着既定的目标前进，并且尽量考虑和满足下属的社会需要，通过协作活动提高下属的生产率。他们对组织的管理职能推崇备至，对勤奋、谦和而且公正地把事情理顺、工作有条不紊地进行引以为豪。这种领导者重视非人格的绩效内容，如计划、日程和预算，对组织有使命感，并且严格遵守纪织的规范和价值观。

2. 战略型领导者

战略型领导者的特征是用战略性思维进行决策，战略型领导者是将领导的权力与全面调动组织的内、外资源相结合，实现组织长远目标，把组织的价值活动进行动态调整，在市场竞争中站稳脚跟的同时，积极竞争，抢占未来商机领域的制高点。战略型领导者一般是指组织的高层管理人员，尤其是首席行政长官（CEO）。其他战略型领导者还包括企业的董事会成员、高层管理团队和各事业部门的总经理。战略型领导者一般只有不可授权的决策责任。没有战略型领导者，无所谓战略的提出与实施。

（三）按创新方式划分

1. 魅力型领导者

魅力型领导者有着鼓励下属超越他们预期绩效水平的能力。他们的影响力来自以下几个方面：有能力陈述一种下属可以识别的、富有想象力的未来远景；有能力提炼出一种每个人都坚定不移赞同的组织价值观系统；信任下属并获取他们的信任回报；提升下属对新结果的意识；激励他们为了部门或组织利益而超越自身的利益。这种领导者不像事务型领导者那样看不到未来光明的远景，而是善于创造一种变革的氛围，热衷于提出新奇的富有洞察力的想法，把未来描绘成诱人的蓝图，并且还能用这样的想法去刺激、激励和推动其他人勤奋工作。此外这种领导者对下属具有某种感情号召力，可以鲜明地达成共识的观念，有未来眼光，而且能就此和下属沟通并激励下属。

2. 变革型领导者

变革型领导者鼓励下属为了组织的利益而超越自身的利益，并能对下属产生深远而不同寻常的影响，如美国自由软件公司的比尔·盖茨。这种领导者关心每个下属日常生活的发展需要，帮助下属用新观念分析老问题，进而改变他们对问题的看法，能够激励、唤醒和鼓励下属为达到组织或群体目标而付出加倍的努力。

三、领导与管理

管理故事

韩信点兵

司马迁《史记·淮阴侯传》记载：韩信是我国古代杰出的军事家，他作为统帅带领汉军打垮了楚霸王项羽强大的武装力量，为刘邦统一天下、建立汉朝立下了大功，因而被封为楚王。

汉高祖刘邦在位几年后，有人上书说韩信居功自傲、要谋反，刘邦对韩信早就有猜忌之心，为防止韩信造反，就设置圈套将韩信抓了起来。不久，刘邦又赦免了韩信，但是撤掉了他的王位，只给一个淮阴侯的封号。韩信知道刘邦妒才忌能，心中闷闷不乐，于是经常托病不去朝见皇帝。

刘邦反而经常找韩信谈话，议论各位将军才能的大小。一次，刘邦问韩信："像我这样的人，能带多少兵？"韩信说："您最多只能带十万人。"刘邦又问"那么您呢？"韩信答话："我带兵多多益善。"刘邦笑了，说："你带兵多多益善，怎么又会被我抓住呢？"韩信说："陛下虽然不能带更多的兵，但您却善于统帅和指挥将领们，所以我就被您抓住了。"

问题：本故事告诉我们领导者与管理者的差别是什么呢？

领导与管理之间既有联系又有区别。而领导者和管理者之间既有某些相似之处，也有较大的不同之处。

（一）领导与管理的联系

（1）领导活动和管理活动的开展都是以组织为基础的。领导活动需要有领导者与被领导者的参与，而管理活动也需要有管理者和被管理者的参与。如果没有组织，而只是单独的一个人，则不存在所谓的领导活动或管理活动。

（2）领导行为是管理行为之一。管理活动包括计划、组织、领导和控制等许多活动，领导活动只是组织中诸多管理活动中的一种。

（3）领导者和管理者在开展职能活动时，都要有一定的权力。管理者在履行管理职能时，需要有组织赋予的权力为基础。比如质量管理人员在检验产品的质量时，就要运用组织所赋予他的对质量进行"管理"的权力。同样，领导者在实施领导职能时也要有一定的权力，这种权力可能来自于组织，也可能来源于领导者个人，如个人魅力等。

（4）领导活动和管理活动在现实生活中，具有较强的复合性和相容性。领导和管理的界限并不总是很清晰的。在现实生活中，一个人可能既是领导者，又是管理者；他在从事管理工作的时候，也在担负着领导工作，例如，公司的首席执行官。

（二）领导与管理的区别

（1）领导活动与管理活动的侧重点不同。领导活动注重对组织内部各个组成部分进行整体性的计划、协调和控制,而管理则是一种技术性较强的工作,其目的在于提高某项工作的效率。

(2) 领导与管理的权力来源不完全一样。管理者是被任命的,他们拥有合法的权力进行奖励和处罚,其影响力来自于他们所在的职位所赋予的正式权力。领导者则可以是任命的,也可以是从一个群体中产生出来的,领导者可以不运用正式权力来影响他人的活动。比如非正式组织中最具影响力的人就是典型的例子:组织并没有赋予他们正式的管理职位和职权,他们也没有义务负责组织的计划和组织工作,但他们却能引导、激励,甚至命令自己的追随者。

(3) 领导者与管理者在组织中的角色不一样。领导者与被领导者之间是上级与下级的关系,而管理与被管理者之间是组织中分工不同的协作劳动关系。

(4) 领导者与管理者的素质要求也不尽相同。管理者通过周密的计划、严密的组织、严格的控制,来取得工作中的成效。而领导是对下属施加影响力的过程,领导者可能更多的是通过其个人的魅力与专长来影响追随者的行为,并使下属自觉地为实现组织的目标而努力。

四、领导的作用

领导工作包含与人的因素相关的活动内容,如激励、沟通、营造组织气氛和建设组织文化等内容。领导的作用具体包括:

1. 指挥作用

领导者应通过引导、指挥、指导或先导活动,帮助组织成员最大限度实现组织目标。在人们的集体活动中,需要有头脑清晰、胸怀全局,能高瞻远瞩、运筹帷幄的领导者帮助人们认清所处的环境和形势,指明活动的目标和达到目标的途径。领导者只有站在群众的前面,用自己的行动带领人们为实现组织目标而努力,才能真正起到指挥作用。

2. 协调作用

领导者应协调人们的关系和活动,迈向共同的目标。在许多人协同工作的集体活动中,即使有了明确的目标,也因各人的才能、理解能力、工作态度、进取精神、性格、作风、地位等不同,加上外部各种因素的干扰,人们之间在思想上发生各种分歧、行动上出现偏离目标的情况是不可能避免的。因此就需要领导者来协调人们之间的关系和活动,把大家团结起来,朝着共同的目标前进。

3. 激励作用

组织成员个人目标与组织目标不完全一致,领导活动的目的在于将其结合起来,调动组织中每个成员的积极性。在现代组织中,尽管大多数人都具有积极工作的愿望和热情,但是也未必能自动地长久保持下去。这是因为劳动是谋生的手段,人们需求的满足还受到种种限制。如果一个人的学习、工作和生活遇到了困难、挫折或不幸,某种物质的或精神的需要得不到满足,就必然会影响工作的热情。在复杂的社会生活中,组织的每一个员工都有各自不同的经历和遭遇,怎样才能使每一个员工都保持旺盛的工作热情、最大限度地调动他们的工作积极性呢?这就需要有通情达理、关心群众的领导者来为他们排忧解难、激发和鼓舞他们的斗志,发掘、充实和加强他们积极进取的动力。

4. 沟通作用

领导者是组织的各级首脑和联系人,在管理的各层次中起到上情下达、下情上述的作用。领导者通过沟通,协调好部门与部门、人和人之间的关系,使组织成员明确组织目标,更有效地完成组织目标。

5. 凝聚作用

组织是由组织成员组成的。领导需要引导、凝聚组织成员的工作热情和团队精神,通过激励、协调、沟通等调动组织成员的工作积极性,使其保持高昂的士气和认真的工作态度,和组织步调一致地实现组织目标。

6. 控制作用

领导的控制作用主要包括制度控制和创新控制。制度控制要求领导在明确组织目标后,制定并运用与之相适应的标准体系进行组织行为的过程控制。创新控制要求领导准确把握不断变化的内外部组织环境,不断地学习,并进行创新和改革,更有效地实现组织目标,保证组织相对稳定和持续发展。

古代的刘邦等人都是把上述领导作用发挥到极致而取得成功的典范。当今的领导者更应在组织活动中充分发挥以上领导作用,引导不同下属努力的朝向同一个目标,协调这些下属在不同时空的贡献,激发下属的工作热情,使他们在组织经营活动中保持高昂的积极性,这便是领导者在组织和率领下属为实现组织目标而努力工作的过程中必须发挥的具体作用。

第二节 领导权力与艺术

一、领导权力及运用

(一) 领导权力的构成

既然领导是一种影响力,那么,领导的这种影响力来自哪里?它由哪些内容组成?领导的影响力其实就是领导者的权力,这种权力是促使下级服从的一种力量。领导的权力和影响力主要来自两个方面:一个是职位权力;另一个是个人权力。

领导的职位权力是由于领导者在组织中所处的位置决定的,由上级或组织赋予的一种权力,这种权力随职务的变动而变动,有职就有权,无职就无权。人们对这种权力的服从是出于组织的压力而不得不服从这种权力。领导的个人权力不是由领导者在组织中所处的位置决定的,而是由于领导者自身的条件决定的,这些条件包括领导者的素质、能力、品德和行为表现。例如:一个善解人意的领导,一个可亲、可敬、可爱的领导,一个有良好工作能力和人际关系的领导,一个善于创造有利于工作环境的领导,一个能满足群众需求的领导,就具有很大的个人权力。这种权力不会随着职位的消失而消失,它对人的影响是发自内心的,是长远的,这种权力是伴人终身的,而且可以由自己决定,是不断增长的。

如果再细分，领导权力可以分为五种。

1. 惩罚权

惩罚权是指下级感到领导有能力惩罚他，使他产生痛苦、不安或不能满足某些需求。惩罚权是迫使下级服从的一种权力。

2. 奖励权

奖励权是指下级感到领导有能力奖励他，使他得到某种满足和需求。奖励权是通过用利益引诱下级服从的一种权力。

3. 法定权

法定权指组织内各领导所固有的合法的、法定的权力。它可以被看作是一个人的正式或官方明确规定的权威地位。是指领导具有组织的授权，对下级施加影响或使下级服从的一种权力，下级必须接受、服从领导。

4. 专长权

专长权是指下级认为领导者具有某种专门的知识、技能和特长，能够帮助他指明方向、排除困难，达到组织和个人的目标。这种权力主要来自下级对领导者的尊敬。

5. 感召权

感召权也称为模范权。这是与个人的品质、魅力、经历、背景等相关的权力，也被称为个人影响权。一个拥有独特的个人特质、超凡魅力和思想品德的人，会使你认同他、敬仰他、崇拜他，以至达到你要模仿他的行为和态度的地步，这样他对你就有了感召权。

前三种权力都是与职位有关的权力，统称为制度权、亦称行政性权力。这种权力是由上级和组织所赋予的，并由法律和制度明文规定。制度权不会因任职者的变动而变动，有职者就有制度权，无职者就无制度权。

后两种权力都与组织的职位无关，因此，也称为非职位权力。这种权力是由于领导者自身的某些特殊条件才具有的。这种来自个人的权力通常是在组织成员自愿接受的情况下产生影响力的，因而易于赢得组织成员发自内心的长时期的敬重和服从。

不同的权力对下级所产生的影响和效果以及个人的满意度是不同的。惩罚权虽然可以使下级基于恐惧而服从，但这种服从是表面的、暂时的，内心不一定受到影响。为了维持这种服从，领导必须时常监督下级是否按照他的要求去做，如果发现下级不遵守职业规范，为了维持恐惧，一定要加以惩罚，而监督与惩罚的成本是很昂贵的。

奖励权是采用奖励的办法来引起人们按照要求行为，其效果要比惩罚让人感到恐怖而服从好。它可以增加领导对下级的控制，也能引起满意并提高工作效率，但这种激励作用要视奖励的大小和公平性而定。奖励权容易引起本位主义，使下级缺乏整体和长远观念，过分使用这种权力容易形成人们对金钱和利益的依赖心理。

法定权是下级基于正式或官方明确规定的权威地位所引起的服从，拥有法定性权利的个人凭借与其职位、岗位相当的要求或主张，来施加其影响。但这种服从不能导致较高的工作水平和个人满意度。下级接受这种权力是因为只有这样才会得到领导者的赞扬、大家的接纳和认可，满足安全感和亲和力的要求。

专长权和感召权一般都能引起公开和私下的服从和内心的信服，从而其影响力也较持久。

（二）领导权力的获得

由于权力可以分为职位权力和个人权力，两者的获取方式就有所不同。那么，如何获得职位权力呢？西方的理论提供了这些基本观点：

（1）通过取得关键性的工作而获得职位权力。

（2）通过正常的晋升而获得职位权力。

（3）在克服危机中获得职位权力。

（4）通过上级的赏识和信任而获得职位权力。

如何获得个人权力呢？西方理论认为：

（1）通过人格感染力获得个人权力。

（2）通过自身专长的提升获得个人权力。

（3）通过感情和利益的投放而获得个人权力。

（4）通过特殊关系获得个人权力。

在组织体制科层化普遍存在的今天，一个领导者往往是以其对某一职位的占有作为前提的。但是掌握职权的人并不一定拥有权威，即职权并不是一个人成为优秀领导者的充分条件。因为职权只有在灵活的运用中才能产生权威并为下属所接受。

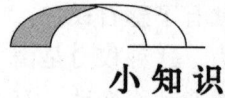

科 层 制

科层制又称理性官僚制或官僚制。是由德国社会学家马克斯·韦伯提出的，建立在其组织社会学的基础之上，体现了德国式的社会科学与美国式的工业主义的结合。

通常情况下，科层制指的是一种权力依职能和职位进行分工和分层，以规则为管理主体的组织体系和管理方式，也就是说，它既是一种组织结构，又是一种管理方式。

因此领导者拥有的权力，并不是赋予其社会优势地位的资源，权威从其本源上说来源于人民，领导者的身份从根本上说是服务者，而不是一个指挥者和革命者。我们平常所说的强制性不过是权力运用的消极形式而已，这种消极形式是保障领导活动能顺利展开的最后一道防线。从这一角度来说，如何使下属接受领导者的权威，就成为领导活动艺术化过程的一个组成部分。

（三）领导权力的运用

1. 权力的运用方式

取得权利以后，领导者如何运用权力呢？可以从不同角度划分权力的运用方式。

（1）从领导者自身的行为方式来看，领导者运用权力的方式有三种：说服、示范、命令。

说服是权力运用的一种常见形式，也是最符合领导者本职要求的运用形式。领导者在与外界和组织成员的互动过程以及领导集体内部的交往中，更多的是采用说服的形式。说服的成功与否在很大程度上有赖于领导者掌握的信息、技巧以及他的信誉和声望。谈判是说服的一种常见形式，它实际上是领导者和被领导者在沟通的基础上界定双方权利和义务的过程。

与说服相对应的是示范和命令。示范属于一种静止性的权力运用方式，它不具有说服所具备的扩展性；而命令则是一种强制性的权力运用方式，是不得不采取的一种形式，这一形式构成了领导活动得以展开的底线。一般来说，说服的效果要比命令好得多，因为组织成员内部都有自尊的需要。命令是一种体制性的结果，而说服则具有艺术化的特点。

（2）从被领导者所承受的结果来看，领导方式可以分为奖赏和惩罚两种。

奖赏是对组织目标的达成有贡献者给予一定的物质、精神的回报，实际上是领导权力运用过程中的一种激励机制。在物质奖励与精神奖励的基础上，晋升是一种富有激励功能的奖赏，它是领导者权力运用的一种积极形式。但是，奖赏不可多予，更不可随意给予。这是因为，奖赏泛滥会导致这一形式失去其积极意义。

惩罚是一种消极的权力运用形式，是领导者在事情失败之后所采取的一种补救性的领导方法。这是对阻碍完成组织目标的一种回报。同奖赏一样，惩罚也不可滥用，更不能随意采用，因为惩罚会给人带来一种精神上的痛苦和物质上的损失，会使人产生不满。当然，惩罚也和奖赏一样，也是领导过程中的一种激励措施，它具有"逆反激励"的某些特点，即通过惩罚提醒人们防止阻碍组织目标实现的恶性行为出现。总之，奖赏和惩罚都应该按照制度化了的规则进行，同时也要将它纳入组织成员的监督之下。

（3）在相当程度上，对权力的使用效果依赖于权力的来源和领导使用它的方式。在权力使用上有三种典型的使用效果：承诺、服从和抵制。

当下属认为领导的影响方式是合理而又合法的时候，其领导的效果就是承诺。这时下属心甘情愿地接受领导，并积极主动地开展工作。

对权力的另一个反应是服从，在这种情况下，尽管下属接受影响，服从要求，但这并不是个人的意愿上接受或情愿采纳要执行的命令，下属与领导者保持一致，只是他们不得不这样做。比如，领导做出某些规定下属并不满意，但又慑于领导权威，不得不服从。

第三种对权力的反应是抵制。在这种情况下，下属不同意这种影响的企图，积极或消极地进行抵制。这种情况也经常发生。当管理者不能满足员工的要求，强制员工做出一些事情的时候，员工就会对管理者的领导行为进行抵制。当员工对领导者的想法与决定采纳和服从时，领导者的权力才会增大，但是领导者也不能简单地依赖服从，简单的服从也可能带来一些灾难性的后果。

2. 权力的运用原则

领导者必须正确运用组织赋予的权力，才能进行有效的领导。为了正确运用权力，必须注意以下三个问题：

（1）慎重用权。作为企业某个部门的主管，领导者有着相当的人事、财务等经营管理权力。少数领导者头脑不够清醒，以为有了权就有了一切，往往自觉或不自觉地夸耀手中的权力，试图以此树立自己的权威。这样做的结果，通常只能招致同事的反感和群众的厌恶，损害自己的形象，降低自己的威信。所以成熟的领导者必须十分珍惜国家和人民赋予自己的权力，十分珍惜自己多年辛勤工作在群众中形成的权威，绝不可轻易地滥用权力。但是，当情况确实需要使用权力时，领导者又要当机立断、雷厉风行地使用权力来维护国家和人民的利益，而不应为了维护个人的私利患得患失，谨小慎微，优柔寡断，坐失时机，使国家和人民的利益遭受损失。

（2）公正用权。企业领导者运用权力的最重要原则是公正严明。领导者必须用自己的实际行动使部下相信，在他运用权力时一定能做到不分亲疏，不徇私情，不谋私利。只有如此，才能服从。一个领导者，在其所办的一百件事中，如果有一件事由于考虑顶头上司、老领导、老同学、老同乡、老朋友、老部下以及自己亲属子女的利害得失，未能秉公处理，就会在群众中造成不良影响，甚至丧失个人威信。在这种情况下，他的行政权威虽然未变，但其实际的指挥、协调和激励作用都大大削弱了。伴之而来的是牢骚怪话、扯皮推诿、组织涣散、营私舞弊等现象在企业的蔓延。所以，领导者必须充分认识公正用权的重要性。

（3）例外处理。规章制度是企业职工的行为准则，领导者必须维护规章制度的严肃性，但也有权进行例外处理。例外处理不是为了破坏规章制度，而正是为了使规章制度更加合理，更能得到职工的拥护和执行。但是，进行例外处理，必须有充分的正当理由，必须光明正大，并有助于树立正气，强化职工的"期望行为"。通过实施例外处理，要使职工知道领导者是通情达理的，同时又要使职工对领导者期望自己表现出何种行为产生明确的认识。

二、领导艺术

（一）领导艺术的特征

领导艺术，是指领导者在行使领导职能时，运用自己的智慧和经验，在领导活动中所表现出来的工作技能和技巧。在领导工作中，领导除了运用科学的领导方法外，还需要运用领导艺术，以充分发挥领导效能。根据领导艺术的含义，我们可以看出，领导艺术具有如下特征：

1. 经验性

领导艺术来自领导者在长期的工作中积累的知识、阅历和经验，是经验的总结和提炼。领导艺术常常带有一定的感情色彩，高超的领导艺术，具有吸引人、感染人的魅力。对于那些较稳定的并被实践反复证明的经验，通过总结并加以理论概括，又可以上升为科学。

2. 灵活性

领导艺术表现为领导者在思考和处理随机事件时，能针对实际情况，做出反应的一种能力和技巧。在现实经济生活中，企业生存和发展面临的环境复杂、影响因素众多、形势多变、随机性大，在许多情况下，没有现成的模式可循。领导艺术的运用，都是因事因时因地制宜。

3. 多样性

领导艺术的多样性是由领导者的素质和个人的特点决定的。不同领导者在处理类似问题时，往往会采用不同的方法和技巧；即使同一领导者在处理类似问题时，也会因环境、形势以及其他条件的变化而采用不同的解决方法。

4. 创造性

领导艺术构思独特，风格各异，凝聚着领导者的智慧、才华和创造力。领导者管理工作中实施领导艺术的过程，实际上就是一个不断开拓和不断创新的过程。

5. 技巧性

领导艺术表现为领导者巧妙、和谐地处理和解决问题的能力。领导者运用领导艺术的高低，一个重要的方面是看在解决实际问题中，运用技巧的娴熟程度。

6 实践性

领导艺术来自于领导者在实践中的体验和琢磨，同时领导艺术又必须运用到实践之中才能发挥其作用。

（二）领导艺术的内容

领导艺术内容繁多，概括起来，可分为四个方面：待人的艺术、授权的艺术、办事的艺术和管理时间的艺术。

1. 待人的艺术

领导者为了有效地行使领导职能，对企业职工施加影响，必须首先讲究待人的艺术。

（1）坦诚相见，一视同仁。领导者对企业的所有职工都应做到以诚相见，公正待人。领导者能否公正待人，直接关系到企业职工积极性的发挥，领导者在用人上，要任人唯贤，一心为公，而不能任人唯亲或论资排辈；在奖惩上，要严格规章制度，赏罚分明；在其他经济利益和荣誉上，也必须一视同仁，秉公办事。

（2）严于律己，宽以待人。领导要以身作则，高标准要求自己，做到言行一致，在工作中起好模范带头作用。为人楷模的领导者，往往会产生一种无声的命令，身教重于言教。对于下属则要容人之短，宽宏大量。对下属在工作上犯的错误，领导者应勇于承担责任，并真诚地帮助他们认识和改正错误。在下属受到外界侵犯或蒙受冤屈时，领导者要挺身而出，保护好下属。这样，企业的职工就会感受到自己有了安全感和归属感。

（3）尊重下属，信任下属。领导者要尊重下属的人格、意见、权利和劳动成果，使他们感受到在这样的领导下面工作，心情舒畅，并力求以实际行动对这样的尊重予以回报。同时，领导对下属的尊重，也能唤起下属对领导的尊重，有利于维护领导的权威，保证领导工作的顺利开展。在分工授权后，领导者对下属不要再三关照叮嘱，更不要随便插手干预，使下属感到你对他的能力有所怀疑。相反，领导者要用实际行动使下属感到你对他的信任。这样，下属就会主动加强同领导者的合作，增进相互之间的友谊和合作。

（4）善于与下属交谈，倾听他们的意见。领导者在实施指挥和协调的职能时，必须把自己的想法、感受和决策等信息传递给下属，才能影响下属的行为。同时，为了有效地领导，领导者也需要了解下属的反应、感受和困难。这种双向的信息交流对于上下级之间相互沟通、相互理解非常重要。交流信息可以通过正式的文件、报告、书信、会议、电话和非正式的面对面的会谈。其中面对面的个别交谈可以从下属获得更多、更详细的情况，因此，它是了解下属的最好方式。领导者要广泛听取和采纳下属的意见，切不可偏听偏信，带片面性；对于企业重大问题，尤其应采取民主方式，广纳下属意见，以避免或减少决策的失误。

（5）关心下属，以情感人。领导者不仅要信任下属，使他们发挥聪明才智，出色地完成自己的本职工作，而且还要在政治、思想、业务、生活等方面关心他们，要为下属提高思想业务水平创造条件，为他们的生活排忧解难，在经济利益和荣誉面前应首先想到下属。当企业取得成功时，对做出重要贡献的下属应给予鼓励和奖励。

（6）表扬有方，批评得法。表扬是调动积极性、协调上下关系的重要方法。领导者应重视表扬，善于表扬，给予下属精神上的鼓励。表扬应着眼于人的长处，不要求全；要针对人的行为，不要笼统地表扬个人；要实事求是，恰如其分，不要随意夸大和提高；表扬方式应灵活多样，因人而异。领导者还要正确运用批评的方法，以制止和纠正不良行为。批评要选择合适的时机，区别不同的对象，采用适当的方法；批评方式要运用恰当、准确、文明的语言；批评要掌握好度，适可而止；批评和鼓励、批评与思想工作要相结合。

阅读资料

领导艺术：聪明的首相

历史上很多成功的领导人都具有以情感人的艺术，19世纪英国首相狄斯雷利就是一例。有个军官一再请求狄斯雷利加封他为男爵。首相知道此人才能超群，也很想跟他搞好关系，但军官不够加封条件，因此狄斯雷利无法满足他的要求。一天首相把军官单独请到办公室，对他说："亲爱的朋友，很抱歉我不能给你男爵的封号，但我可以给你一件更好的东西。"狄斯雷利放低声音说："我会告诉所有人，我曾多次请你接受男爵的封号，但都被你拒绝了。"

消息传出，众人都称赞这位军官谦虚无私、淡泊名利，对他的礼遇和尊敬远超过任何一位男爵。军官由衷感激狄斯雷利，后来成了首相最忠实的伙伴和军事后盾。

首相的聪明就在于，他明白军官真正需要的不是一个男爵头衔，而是封爵之后的巨大荣耀。

---

2. 授权的艺术

领导者愿意授权的一个根本标志是他乐意给别人以机会发表意见。决策总是包含着某种决定权的，这就意味着，下属做出的决策不大可能完全和上级做出的决策相同。懂得如何授权的领导者必定不仅欢迎别人的意见，而且还会帮助别人按他们自己的独创性去完成任务。

领导者要想有效地授权，一定要乐意把决策的权利让给下属。有这样一位总经理，坚持要亲自批准所有的采购项目或所有工人、秘书的任命，而没有认识到这样做会占去他考虑更重要的决策时间与注意力。如果组织的领导把自己的注意力放到实现企业目标最有利的任务上，而把其他任务分配给下属，那么他就一定会对企业做出更大的贡献。

要实现真正的授权，还要允许别人犯错误。如果一个领导者经常地检查下属的工作以便确保他们永不出差错，就不可能实现真正的授权，正因为任何人都会犯错误，所以应该允许下属犯错误，错误的代价就是在人员培养中所付的学费。

有效的授权还包括领导者对下属的信任程度。因为授权就意味着上下级之间的信任。

领导者可能由于一些考虑而推延授权，例如下属的锻炼还不够；他们不善于处理人事问题；他们的判断力还不够等。这些考虑虽然是实在的，但上级还可以作另外的考虑，就是要么训练下属，要么挑选别的人来承担这一职责。然而，上级不信任下属大多数是因为他们不想放手，不会明智地授权，或不了解如何确定控制标准以确保恰当地利用职权。

当然，授权不等于放弃权利，授权是在上级领导认识到授权能确保企业或部门目标的实现时做出的选择。否则，授权就是一种失败。为了保证授权后企业的目标得以顺利实现，授权时应注意以下几点：

（1）根据预期的目标规定任务和授权。或者说为了有可能实现指定的目标而授权。

（2）根据所要完成的任务挑选人员。

（3）保持信息沟通渠道的畅通。

（4）建立适当的权力控制制度，即领导者在授权的同时还必须有确保职权得到恰当利用的方法，使授权不至于导致失权。

3. 办事的艺术

领导者的工作复杂纷繁，如不妥善处理，就会顾此失彼、事倍功半。这就需要讲究办事的艺术。

（1）抓大事，顾全局。领导者必须而且只能集中精力抓好企业的大事。领导的大事包括决策、用人、指挥、协调和激励等；这些大事应该由领导去做，但并不是说都应该由最高领导去做，而应分轻重缓急、主次先后，有些事可以授权下属各级领导去做。企业的最高领导应该只抓重中之重、急中之急的大事，而不应该不分巨细，事必躬亲，面面俱到。否则，不仅浪费了自己宝贵的时间和精力，而且还挫伤下属的积极性，不利于增加下属的责任感。当然，领导者在集中精力抓好大事的同时，还要照顾一般，搞好全局性的工作。

（2）重实干，戒空谈。领导者一定要"务实"、"求实"，讲求实干，少说多做。美国 T. J. 彼得斯等著《成功之路》一书将"贵在行动"列为美国出色企业的八项优秀品质之首。领导者应该是一位脚踏实地、埋头苦干的实干家，要清除一切形式主义、繁文缛节、文山会海等现象。

（3）排干扰，减负担。领导者在日常工作中常常会受到各种意外的干扰，对这些干扰应区别对待。对于有些干扰，如接受有助于提高企业影响力和树立良好形象的新闻采访，应加以重视，并亲自处理，但对另一些干扰，领导者应尽可能地排除，或交代给下属处理，从而减轻自己的负担，腾出更多时间来思索和筹划企业的发展问题，更好地发挥领导的职能作用。

（4）坚忍不拔，知难而进。市场经济是一种竞争经济，是一种优胜劣汰的经济。因此，在企业的发展过程中，不可能一帆风顺，会遇到各种各样的问题，有的甚至事关企业生存或企业发展方向的艰难问题摆在领导者面前，需要领导者做出决策。仅在现实生活中，常常是机遇与挑战并存，困难与希望同在。这就要求领导者正确对待困难与风险，勇于开拓，坚韧不拔，知难而进。不过，领导者要有胆有识，保持冷静头脑和理智的决断。因为，对有些重大问题，领导者一旦做出错误的决策，将直接对企业生存构成威胁。

(5) 居安思危，防患未然。企业即使处在顺境中发展，企业领导者也应居安思危，未雨绸缪，注意发现企业发展过程中隐含的一些不利因素，以便及早采取措施，防患于未然。古人说："居安思危，思则有备，有备无患。"因此，企业领导人必须高瞻远瞩，从顺境中预见日后可能出现的危机，早作难备，减轻或消除危机，确保企业持续、稳定发展。

(6) 精心准备，开好会议。会议是领导者重要的工作方式。通过会议可以交流信息，集思广益，加强沟通，协调关系。但要使会议富有成效，就必须讲求开会的艺术。在会前要认真准备会议材料，确定会议的中心议题和主要议题以及会议所要达到的效果；严肃会风，开短会，少开会；限定发言时间，避免离题发言和重复发言；要有议有决，重大问题实行民主表决；善于处置会议中出现的问题等等。

4. 管理时间的艺术

做任何事情都需要占用时间，创造一切财富也需要耗用时间。时间似乎是一种用之不竭的资源。但对个人来讲，时间又是一个常数，是一种特殊的、最稀有的和最宝贵的资源。因此，领导者应该特别珍惜时间、科学合理地利用时间，从而提高工作效率。

(1) 合理安排时间。这是要把完成的工作，按小时、天、周将先后时序安排好，然后按计划逐个完成。这就需要首先对自己的工作认真分析，如一天内或一周内，要做好哪几件事；哪些是每天做的固定工作，哪些是非固定工作；哪些工作花的时间多，哪些工作花的时间少等。其次，对工作的性质、类型和要求进行分析，区分主次轻重缓急并估计每项工作所需花费的时间。最后，将工作时间统一运筹，制订时间计划表，如表6-1所示。在计划执行过程中，还要灵活调度，并将实际消耗时间和预定时间比较，以便总结经验，为今后工作时间的合理安排提供依据。

表6-1　　　　　　　　　　领导者每周工作时间分配表

工作内容	每周工作小时数	时间使用方式
1. 了解经营活动情况，检查工作	5	每天1小时
2. 研究业务工作，进行决策	14	每次3-4小时
3. 与主要业务骨干交谈，了解他们的业务、工作、生活情况，并做思想工作	5	每次0.5-1小时
4. 处理企业与外部的重大业务关系	8	每次1-2小时
5. 处理企业内部各部门的重大业务关系	8	每次2-3小时
6. 参加社会活动（接待、开会）	6	每次1-2小时
7. 学习与思考	4	每次2小时

(2) 当日工作当日完成。领导者应该懂得把握"今天"的重要性，凡属于当天应该完成而又能够完成的工作任务，一定要在当天完成，不要拖延到次日，只有这样，才能抓紧时间，提高时间利用效率。另外，抓紧今天，也就意味着抓住了今天出现的机会，而机

会是转瞬即逝，不易再来的。

（3）充分利用时间。一是充分利用间隙时间。领导者每天都有可能会有一些零星的时间，如候车、会前等人等。充分利用这些零碎的间隙时间来处理一些需要的时间短、不甚重要的事务。二是要善于"挤"时间。如增加工作密度，加快工作节奏；开短会、说短话、写短文；简化办事程序和手续等。

（4）尽量避免"无效功"

领导者应对自己将要处理的工作进行逐项分析，从中确定哪些工作必须自己亲自处理，哪些工作可以授权下属处理。对于需要领导自己处理的事项，也应考虑何时、以何种方式进行处理，尽量避免"无效功"。

（5）提高开会效率。开会是交流传息的一种有效方式。领导离不开开会，但开会也要讲求艺术。企业领导者每年要开几百次会，但重视研究和掌握开会艺术的人却不多。有许多领导者整天沉沦于文山会海之中，似乎领导的职能就是开会、批文件，而开会是否解决了问题、效率如何，却全然不顾。只要开了会，该传达的传达了，该说的说了，就算尽到职责了。其实不解决问题的会有百害而无一利。开会要简明扼要，突出主题，讲求时间效率，节约领导者和与会者的宝贵时间。

领导者只有充分了解、娴熟地运用上述领导艺术，领导者才可能充分利用自身的良好素质，取得比较理想的领导效果。

第三节 领导理论

领导理论是研究领导有效性的理论，是管理学理论研究的热点之一。自20世纪40年代以来，西方组织行为学家、心理学家从不同角度，对领导问题进行了大量研究，研究的核心内容是影响领导有效性的因素以及如何提高领导的有效性。

一、领导特质理论

多年来，国内外许多管理学家、心理学家和行为学家一直试图通过调查研究寻找成功的领导者具备的一些共性的个人特质。各种研究，因为角度不同，得出的结果各有特色。下面简单介绍几种研究结果。

（一）拉尔夫·M. 斯托格第的领导者品格理论

拉尔夫·M. 斯托格第（Ralph M. Stogdill）通过查阅大量有关于领导素质的资料后，总结出领导者的品格，包括：

（1）五种身体特征，如精力、外貌、身高、年龄、体重等。

（2）两种社会性特征，如社会经济地位、学历等。

（3）四种智力与才干特征，如果断性、说话流利、知识广博、判断分析能力等。

（4）十六种个性特征，如适应性、进取心、热心、自信、独立性、外向、机警、支配、有主见、急性、慢性、见解独到、情绪稳定、作风民主、不随波逐流、智慧等。

（5）六种与任务有关的特征，如责任感、事业心、毅力、首创性、坚持、对人的关心等。

（6）九种社交特征，如能力、合作、声誉、人际关系、经验阅历、正直、诚实、权力的需要、与人共事的技巧等。

（二）诺斯科特·帕金森的领导者特质理论

诺斯科特·帕金森（N. Parkinson）总结出以下一些成功的领导者具备的特性：
（1）总是遵守时间。
（2）让下属充分施展才能，并通过良好的、恰如其分的管理，而不是靠硬干来达到目标。
（3）注意提高自身素质，也注意提高上司下级的素质，绝不姑息缺点。
（4）抓住关键，先做最重要的事，次要的事宁可不做。
（5）深知仓促决定容易出错。
（6）尽可能授权他人，使自己获得时间规划组织未来。

（三）德鲁克的领导者特质理论

美国管理学家德鲁克（P. Drucker）在《有效的管理者》一书中指出了五种有效领导者的特性，并指出它们是可以通过学习掌握的。这种五种特征包括：
（1）知道时间该花在什么地方，领导者支配时间常处于被动地位，所以有效的领导者都善于系统地安排与利用时间。
（2）致力于最终的贡献，他们不是为工作而工作，而是为成功而工作。
（3）重视发挥自己的、同事的、上级的和下级的长处。
（4）集中精力于关键领域，确立优先次序，做好最重要的和最基本的工作。
（5）能做出切实有效的决定。

领导特质理论是从领导者具有的品质出发进行研究的，并且每一种理论的看法又有所不同，所以领导特质理论在现实中并未获得很大的成功。但即便如此，这些理论研究也在一定程度上表明了领导的有效性与领导者本身的特性有着千丝万缕的关系，如领导者的才干、社交手段等，因此，对于培养领导者具有重要的作用。

（四）领导者素质

领导者是否具有不同于他人的特征或特质？或者说一个好的领导者应当具备哪些条件？要回答这些问题，实际上就是要确定领导者到底有没有必备的素质，如果有的话，到底是什么。

西方研究领导者素质的理论是"领导特质理论"，按照领导特质理论对领导特质来源所做的不同解释，可以分为传统特质理论和现代特质理论。传统特质理论认为领导者所具有的特质是由遗传决定的,是与生俱来的特质;而现代特质理论则认为领导者的特质是在实践中形成的,是可以通过教育来培养和改变的。结合我国的实际情况,优秀的领导者应当具备的条件包括思想素质、业务素质、管理技能和心理身体素质。

1. 思想素质

领导者应品行端正、响应政府政策、遵守社会法律法规和企业规章制度;有强烈的事业心、责任感和创业精神;有良好和思想作风和工作作风,能一心为企业服务,公正廉洁、以身作则、谦虚谨慎、戒骄戒躁、严于律己、实事求是、不弄虚作假;有勇于不断创新的胆识;有较高的情商,具有影响他人的魅力,发扬民主作风、平易近人、和蔼可亲;能密切联系群众,关心员工需求、与员工同甘共苦。

2. 业务素质

领导者应掌握现代企业管理的相关知识和技能,主要包括:

(1) 懂得市场经济的基本原理,掌握邓小平关于建设有中国特色的社会主义市场经济理论。

(2) 懂得管理的基本原理、方法和各种专业管理的基本知识,还要学习管理学、会计学、统计学、市场营销、财政金融和外贸等方面的知识,还要及时了解国内外管理科学的发展动态。

(3) 懂得生产技术和有关自然科学和技术科学的基本知识,掌握本行业的科研和技术发展方向和动态以及行业的发展和变化规律,了解本企业产品的结构原理、生产制造过程,熟悉产品的用途和性能。

(4) 懂得思想教育工作、心理学、人才学、行为科学以及社会学等方面的知识,以便能有效地激发员工士气,协调人际关系,充分调动员工的积极性和创造性。

(5) 能熟练运用计算机、信息管理系统和有关的系统网络,掌握现代管理的方法和手段,能及时地了解并处理有关的信息。

3. 管理技能

领导者不但应具备一定的业务素质,还应具备较高的管理和领导技能。

(1) 较强的分析、判断和概括能力。

(2) 科学的决策能力。

(3) 组织、指挥和控制能力。

(4) 沟通、协调企业内外各种关系的能力。

(5) 探索和创新的能力。

(6) 知人善任的能力。

4. 心理和身体素质

领导者要具备一定的心理素质和身体素质才能胜任领导职务。其中心理素质包括追求、意志、情感、风度和能力五个方面:

(1) 追求,指领导者应该有崇高的事业理想、坚定的信念、积极向上的价值观和强烈的社会责任感。

(2) 意志,指领导者应该有克服困难的巨大能力和百折不挠的坚持意志。

(3) 情感,指领导者在承担职位时能体现出热爱岗位、热情待人、乐观向上等积极情感，避免冷漠、虚伪、嫉妒等消极的情感。

（4）风度，指领导者应该具有宽容大度、机智幽默、高瞻远瞩等个人魅力。

（5）能力，指领导者应该具有高度的直觉能力、思维能力和创新能力等。

而领导者要对组织活动进行有效的协调和指挥，不但需要足够的心智，还需要具备强健的身体，才能有充沛的精力去完成高强度的工作。

资料链接

美国、日本企业对领导者的素质要求

顺序	日本		美国
	品德	能力	
1	使命感	思维能力	合作精神
2	责任感	规划能力	决策能力
3	依赖性	判断能力	组织能力
4	积极性	创造能力	授权能力
5	忠诚性	洞察能力	应变能力
6	进取心	劝说能力	勇于负责
7	忍耐性	对人理解能力	创新能力
8	公平性	解决问题能力	敢担风险
9	热情	培养下级能力	尊重他人
10	勇气	调动积极性能力	品德超人

二、领导行为理论

领导的行为理论将过去人们对于领导者的内在特征的研究转移到了外在行为上。这种理论认为，个人的行为方式对领导者来说是至关重要的。下面介绍几种典型的领导行为理论。

（一）库尔特·勒温的三种领导方式

美国心理学家库尔特·勒温（Kurt Lewin）通过试验研究不同的领导方式对下属群体行为的影响，根据领导者如何运用职权，认为领导者在领导过程中有三种领导方式：

1. 专制式领导方式

专制式的领导者独断专行，喜欢以权力和威望压制、命令下属听从；决策的制定由领导者一人完成；主要采取行政惩罚、强制的措施；与下属很少交流。这种领导行为的优点是：决策直接由领导者制定，再下达任务，因此，工作效率较高。缺点在于，下属在执行过程中会产生不满的情绪，并容易把这种情绪带到工作中，从而增加领导者的负担，导致工作效果较差。

2. 民主式领导方式

民主式领导者能够听取下属意见并采纳使用；能充分考虑到下属的具体情况；领导工作主要靠个人的威望，而不是手中的权力，在组织中深得大家的尊重。这种领导方式的优点是：领导者寻求与下属并肩作战，重视下属，认可下属的能力，甚至也考虑到下属各方面需要，允许下属参与制定决策，工作效果较好。缺点在于，因为决策的制定过程是大家参与的过程,导致工作效率相对低下。

3. 放任式领导方式

放任式领导者没有很好地进行工作计划,对手中的权力不关心,对工作进展不关注,对员工的工作态度和需求不重视。因此,造成了组织中自由散漫的工作氛围,变成了无组织、无纪律的管理。

勒温通过实验发现,这三种领导方式中,专制式领导方式导致工作成员间意见颇多,出现相互间不配合工作的情况,群体凝聚力不强,成员多以"我"为中心;民主式领导团体中,成员间关系融洽,大家对团体认可,对领导尊重,领导能发挥下属的主动性和积极性,成员多以"我们"为中心;放任式领导团体中成员大多各自为政,士气低落,情绪消极,效率最低。

(二) 双中心理论

密执安大学的研究由 R. 利克特（Rensis Likert）及其同事在 1947 年开始进行,该研究试图比较群体效率如何随领导者的行为变化而变化。这项研究的目的,是打算建立实现预期的绩效和满意水平的基本原理,以及有效的领导方式类型,结果发现了两种不同的领导方式。

一种是以工作为中心（即工作导向型）的领导行为。这种领导方式关心工作的过程和结果,并用密切监督和施加压力的办法来获得良好绩效、满意的工作期限和结果评估。对这种领导者而言,下属是实现目标或任务绩效的工具,而不是和他们一样有着情感和需要的人,群体任务的完成情况是领导行为的中心。

另一种领导方式是以员工为中心（即员工导向型）领导行为。这种领导方式表现为关心员工,并有意识地培养与高绩效的工作群体相关的人文因素,即重视人际关系。员工导向型领导者把他们的行为集中在对人员的监督,而不是对生产的提高上。他们关心员工的需要、晋级和职业生涯的发展。

密执安大学的研究人员发现,在以员工为中心（即员工导向型）的组织中,生产的数量要高于工作为中心（即工作导向型）组织的生产数量。另外,这两种群体的态度和行为也根本不同。在以员工为中心（即员工导向型）的生产单位中,员工的满意度高,离职率和缺勤率都较低。在工作为中心（即工作导向型）的生产单位中,产量虽然不低,但员工的满意度低,离职率和缺勤率都较高。在这种经验观察的基础上,密执安大学领导行为方式研究的结论是,员工导向的领导者与高的群体生产率和高满意度成正相关,而工作导向的领导者则与低的群体生产率和低满意度相关。

密执安大学的研究也称"双中心"理论。

(三) 领导行为连续统一体理论

美国管理学家坦南鲍姆（Robert Tannenbaum）和施密特（Warren H. Schmidt）认为,从以领导人员为中心到以下级人员为中心的领导方式之间存在着若干过渡形式的领导方式。由此,他们提出了"领导方式的连续统一体理论",如图 6-1 所示。

以领导为中心				以下级为中心		
领导者运用职权						下级享有的自由度
领导者自行决策并宣布	领导者对下级推销其决策	领导者作决策但允许提意见	领导者起草可修改的计划草案	领导者提出问题,征求意见后作决策	领导者规定界限,让集体共同决策	领导者允许下级在规定范围内自主决策

图 6-1 领导行为连续统一体

图 6-1 中列出了七种典型的领导方式:

(1) 领导者做出并宣布决策。领导者自己考虑问题,自己做出决策,然后向下宣布,要求下属执行。下属只能听从领导者的命令,而没有参与决策的机会。

(2) 领导者"销售"决策。领导者做出决策,然后说服下属接受他的决策,而不是简单地命令下属执行。

(3) 领导者提出计划并允许下属提出修改意见。领导者做出决策,为了让下属更好地了解他的用意并接受他的决策,因此,征求下属的意见。

(4) 领导者提出可以修改的暂定计划。在这种方式中,允许下属对决策发挥某些影响作用,但决策的主动权仍在领导者手中。

(5) 领导者提出问题,接受下属建议,再做出决策。在这种方式中,虽然确认问题和进行决策仍由领导者进行,但下属有建议权。下属可以在领导者提出问题后,提供各种解决问题的方案,领导者从中选择满意的方案,从而可以极大地提高下属的参与积极性。

(6) 领导者提出限定条件,并让集体共同决策。在这种方式中,领导者提出要解决的问题,并规定决策的限定条件,然后把决策权交给团体。

(7) 领导者允许下属在规定的界限内行使职权。在这种方式中,团体有极度的自由,行使一定的职权。领导者往往以普通成员的身份参加决策过程,并执行团体所做出的任何决定。

坦南鲍姆和施密特认为,上述方式孰优孰劣没有绝对的标准,应当根据具体情况考虑各种因素,选择适当的领导方式。适宜的领导方式取决于环境和个性。在这一连续统一体中可能影响领导方式的最重要的因素包括以下几方面:

(1) 对领导者的个性起作用的一些因素,如领导者的价值观体系、对下属的信任程度、对某些领导方式的偏好等。

(2) 下属所具有的可能影响领导者行为的因素,如责任心、经验和知识等。

(3) 环境因素,如组织的价值准则和传统、问题的性质、时间的压力等。

资料链接

彼得·莫斯的蔬菜管理

彼得·莫斯是一名生产和经营蔬菜的企业家。现在他已有 50 000 平方米的蔬菜温室大棚和一座毗邻的办公大楼,并且聘请了一批农业专家顾问。

莫斯雇用了一班专门搞蔬菜杂交品种的农艺专家,这个专家小组负责开发杂交品种蔬菜,并不断向莫斯提出新建议,如建议他开发菠生菜(菠菜与生菜杂交品种)、橡子萝卜瓜、橡子南瓜以及萝卜的杂交品种。特别是一种柠檬辣椒,是一种略带甜味和柠檬味的辣椒,他们的开发很受顾客欢迎。

莫斯热衷于使他的员工感到自身工作的价值。他希望通过让每个员工"参与管理"了解公司的现状,调动职工的积极性。他相信:这是维持员工兴趣和激励他们的最好办法。

开会时,彼得·莫斯要求员工务必准时到会,积极参与发表意见,并期望得到最有效的结果。

(四) 领导行为四分图理论

美国俄亥俄州立大学的研究人员弗莱西曼(E. A. Fleishman)和他的同事们也进行了关于领导方式的研究。他们把领导方式分为两个维度,关怀维度主要以关心人为中心,强调领导者对员工之间以及领导者与追随者之间的关系。领导者信任、尊重下属,关心下属的需要,下属有较多的自主权;定规维度主要以工作为中心,强调领导者通过构建任务、明确职责、建立群体之间的关系和沟通渠道,达到组织目标,领导者制定制度来引导和控制下属的行为。

通过研究表明,一个领导者的行为在每一种维度中可以出现很大的变化。由此,领导行为可以是这两个维度的任意组合,图 6-2 所示的领导行为四分图是表示 4 种不同的领导行为。

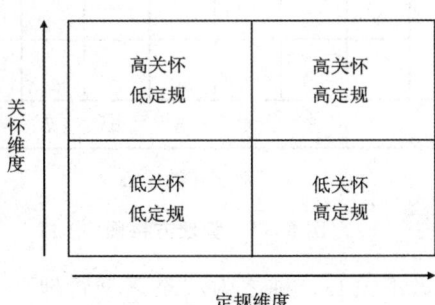

图 6-2 领导行为四分图

(1) 低关怀——低定规。这种行为对人和工作都不关心。领导者采取了放任的领导方式,因此,是一种不负责任的领导行为。

(2) 低关怀——高定规。这种行为对人不关心,但关心工作。这类领导者追求工作的完美，但忽视对员工的应有关怀。因此，是一种任务型的领导行为。

（3）高关怀——低定规。这种行为对人充分关心，但不关心工作。这是一种工作氛围轻松，但工作效率较低的领导行为。

（4）高关怀——高定规。这种行为既关心人，又关心工作。领导者制定出适合员工的工作制度，并且在执行过程，以高度的人文关怀为保证，关心和尊重下属，是一种理想的领导行为。

（五）管理方格理论

这是一种用方格图表示和研究领导方式的理论。美国行为科学家罗伯特·布莱克（Robert R. Blake）和简·莫顿（Jane S. Mouton）认为，在管理过程中，会出现一些极端方式，或以生产为中心，或以人为中心，或以强制的监督管理为主，或认为要相信人。为避免趋于极端，他们于1964年发表《管理方格》一书，提出了管理方格法，如图6-3所示。图中横坐标表示领导者关心工作，纵坐标表示领导者关心人，分别分成9等份，组成了81个小方格。以其中5种典型的组合为例，说明领导方式。

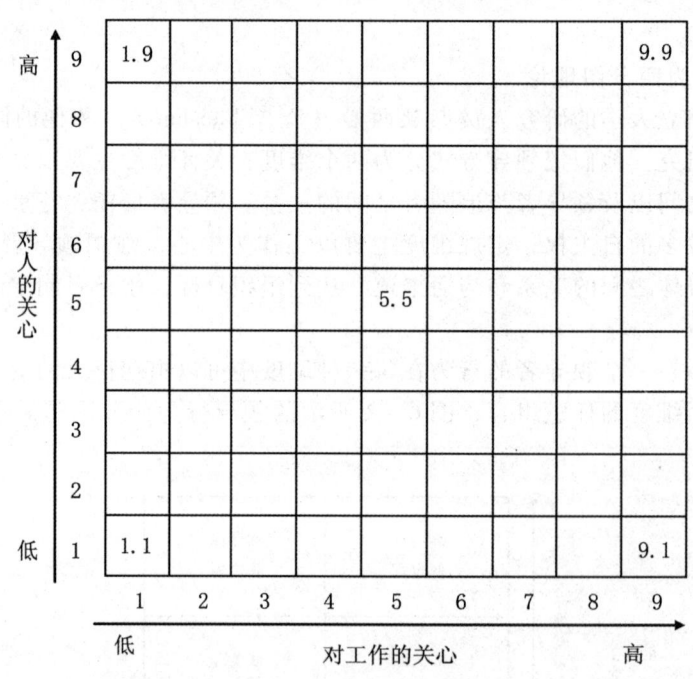

图6-3 管理方格图

1.1表示对人和工作都极不关心，称之为"贫乏型管理"。这类领导者讲究安稳度日，不喜承担责任，也缺乏与同事、下属的有效交流、沟通。

1.9表示对人相当关心，对工作的关心却不足，称之为"俱乐部型管理"。这类领导与下属关系融洽，并且能及时满足下属的要求，但忽略了对工作的关心，因此工作效果较差。

9.1表示对人不关心，但对工作要求严格，讲究效率，称之为"任务型管理"。这类领导者工作重心在于抓工作效率，但忽视了下属的需求。

5.5 表示对人和对工作的关心都较适中，称之为"中庸之道型管理"。领导能采取适当的激励方式来引导下属及时完成工作，但完成任务不突出。这类领导往往缺乏进取心，乐于维持现状。

9.9 表示对人和对工作都相当关心，称之为"理想型管理"。领导者充分关注下属的需求，并能合理安排工作任务，使组织的目标和个人的需求最理想、最有效地结合。

三、领导权变（情景）理论

权变理论是 20 世纪 70 年代形成的一种管理理论。权变理论认为，在领导方式方面不存在一种普遍适用的"最好的"或普遍不适用的"不好的"领导方式，要根据组织内外部条件权宜应变，以领导工作任务、行为特点以及领导者与下属的关系而定。具体地说，领导方式是领导者特征、追随者特征和环境的函数。用以下的公式来表示这种关系：

$S = f(L, F, E)$

在上式中，S 代表领导方式，L 代表领导者特征，F 代表追随者的特征，E 代表环境。下面介绍几种典型的权变理论。

（一）弗莱德·菲德勒的权变理论

美国心理学家弗莱德·菲德勒（Fred E. Fiedler）经过 15 年的研究，于 1967 年提出了菲德勒权变理论，又称为菲德勒权变模型。他认为，要按照领导者同成员的相互关系、工作结构（即对于工作明确规定的程度）、地位、权力来确定采取以人际关系为中心的领导方式或以工作为中心的领导方式。

1. 领导有效性的关键要素

菲德勒权变理论认为，领导的有效性取决于三种关键因素：

（1）任务结构，指下属对任务的明确程度和负责程度。任务越明确，下属越易操作，则领导者对工作质量就容易把握；反之，任务不明确，下属不知如何去做，则领导对于工作质量的控制就比较被动。

（2）职位权力，指领导者所拥有的正式权力的大小。领导者掌握的职位权力越明确、越大，则对下属的影响越大，领导环境越好；反之，则越差。

（3）领导者与下属的关系，指被领导者对领导者的信任、尊重和忠诚程度。下属越尊重、信任领导者，则领导者对下属的影响就越大；反之，则越小。

2. 菲德勒权变模型

菲德勒在以上三个因素的基础上，提出了领导权变模型。这个模型以"领导者——下属关系"、"任务结构"、"职位权力"三种基本情境因素上的强弱程度，组合为 8 种类型情境条件，如表 6-2 所示。他认为，三种条件都具备或基本具备，是有利的领导情境（情境 1、2、3）；三种条件都不具备，是不利的领导情境（情境 6、7、8）。面对非常有利和非常不利环境的领导者，宜采用任务中心型的领导方式；处在中间程度有利环境和中间程度不利环境的领导者，则宜采用人际关系型的领导方式。

表 6-2　　菲德勒模型

有效的领导方式	任务中心型				人际关系中心型			任务中心型
任务结构	明确		不明确		明确		不明确	
职位权力	强	弱	强	弱	强	弱	强	弱
领导者与下属的关系	好	好	好	好	差	差	差	差
情境类型	1	2	3	4	5	6	7	8
环境的有利程度	有利				中等		不利	

（二）罗伯特·豪斯的路径——目标理论

加拿大多伦多大学教授罗伯特·豪斯（Robert House）提出的路径——目标理论，是以期望概率模式以及对工作和对人的关心程度模式为依据，认为领导者的效率是以他能激励下属达到组织目标，并在工作中得到满足的能力来衡量的。该理论认为，领导者的工作是帮助下属达到他们的目标，并提供必要的指导和支持，以确保各自的目标与群体或组织的总体目标一致。"路径——目标"的概念来自于这样的观念，即有效领导者能够明确指出实现工作目标的方式来帮助下属，并为他们清除各种障碍和危险，从而使下属的相关工作容易进行。根据路径——目标理论，领导者的行为被下属接受的程度，取决于下属是将这种行为视为获得当前满足的源泉，还是作为获得未来满足的手段。为此，豪斯确定了四种领导行为：

（1）指示式。领导者让下属知道他对他们的期望是什么，以及他们完成工作的时间安排，并对如何完成任务给予具体指导。

（2）支持式。领导者十分友善，表现出对下属需要的关怀。

（3）参与式。领导与下属共同磋商，并在决策之前充分考虑他们的建议。

（4）成就导向式。领导者设定富有挑战性的目标，并期望下属发挥出自己的最佳水平。

与菲德勒的领导方式理论不同的是，豪斯认为领导者是灵活的，可以根据不同的情景表现出不同的领导方式，其中的权变因素主要有两方面：环境因素，包括任务结构、正式权力组织、工作群体等；下属的个人特点，如控制点、经验和知觉能力。环境因素和下属个人特点决定着领导行为类型的选择。这一理论指出，当环境因素与领导者行为不相符或领导者行为与下属特点不一致时，效果均不佳。

（三）领导生命周期理论

领导生命周期理论是由美国管理学者保罗·赫塞（Paul Hersey）和肯尼斯·布兰查德（Kenneth Blanchard）提出的。他们认为，领导者在选择合适的领导方式之前，必须考虑被领导者素质特征,这样才能使所采取的领导行为产生应有的效能。即领导行为在确定是任务绩效还是维持行为更重要之前应当考虑的因素——成熟度,并以此发展为领导方式生命周期理论。这一理论把下属的成熟度作为关键的情景因素,认为依据下属的成熟度水平选择正确的领导方式,决定着领导者的成功。

下属成熟程度反映被领导者在执行某一特定任务时承担起指导自己行动责任的能力和意愿。它包括工作成熟度和心理成熟度。工作成熟度是下属完成任务时具有的相关技能和技术知识水平。心理成熟度是下属的自信心和自尊心。高成熟度的下属既有能力又有信心做好某件工作。成熟度可以划分为低、中(中等偏低、中等偏高)和高这三个程度,与此相对应,能够取得成功的、合适而有效的领导行为也就表现出不同的方式、风格或形态,如图6-4所示。

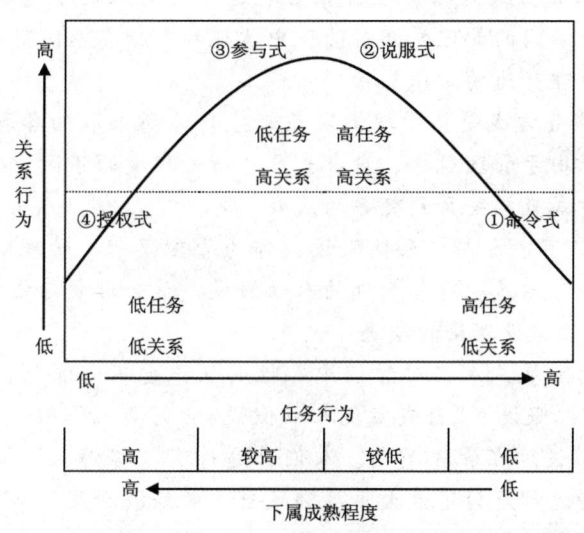

图6-4　领导方式生命周期曲线图

(1) 命令式。这是一种高任务与低关系组合的领导行为,适用于下属成熟程度很低的情形,即被领导者既无能力也无意愿承担责任。这时,领导者需要为被领导者确定工作任务,并以下命令的方式告诉他们做什么,怎么做,何时何地做。

(2) 说服式。这是一种高任务与高关系组合的领导方式,适用于下属成熟程度中等偏低(较低)的情形。这时,由于被领导者虽有意愿承担责任但缺乏应有的能力,所以需要领导者对其工作任务做出决策,但在决策下达过程中宜采取说服的方式让被领导者了解所做出的决策,并在决策任务执行中给予大力的支持和帮助,使其高度热诚又充满信心地产生预期的行动。

(3) 参与式。这是一种低任务与高关系组合的领导方式,适用于被领导者有能力但不愿意承担责任的中等偏高(较高)成熟程度的情形。这时需要让被领导者参与做出决策,领导者则从中给予支持和帮助,而不给予过多的指示和约束。

(4) 授权式。这是一种低任务与低关系组合的领导方式,只能适用于被领导者既有能力也有意愿承担责任的高度成熟的情形。领导者既不下达指令,也不给予支持,而是让被领导者自己决定和控制整个工作过程,领导者只起监督的作用。

总之，随着下属从不成熟逐渐向成熟过渡，领导行为应当按着命令式、说服式、参与式和授权式方向逐步推移和权变。因为这种趋势类似于产品寿命周期曲线的变化，所以这种权变领导理论被称为领导生命周期理论。

和菲德勒的权变理论相比，领导方式生命周期理论更容易理解和直观。但它只针对了下属的特征，而没有包括领导行为的其他情景特征。因此，这种领导方式的情景理论算不上完善，但它对于深化领导者和下属之间的研究，具有重要的基础作用。

阅读资料

人性假设与领导方式

（一）人性假设与领导方式

1. 人性假设。人性假设是指管理者在管理过程中对人的本质属性的基本看法。从管理学的角度研究，不同的管理学派对管理中体现的人性有不同观点。人性的假设问题是一切管理思想和管理行为的认识基础。

2. 领导方式。领导方式是指管理者实施领导行为所采取的各具特色的基本方式与风格。不同管理者，由于管理观念、自身素质、所处环境的不同，领导方式有很大的差别。而不同的领导方式直接关系到领导的成效。

3. 人性假设决定领导方式。人性假设，作为管理思想、管理观念的认识基础，直接决定着管理者的领导方式。有什么样的人性假设，就会形成与之相适应的领导方式。

（二）管理中人性假设理论的演进

随着管理实践的发展，人们对管理中人性的认识也不断深化，先后经历了"经济人"假设、"社会人"假设、"自我实现人"假设、"复杂人"假设等阶段。

1. "经济人"假设。在管理早期，人们普遍持有"经济人"观念。"经济人"观念认为，人的一切行为都是为了最大限度满足自己的经济利益。人天生厌恶劳动，不愿负责任，一般人的个人目标与组织目标相矛盾。

与"经济人"假设这种人性观相适应，管理者采取一种注重物质刺激，并实行严格监督控制的领导方式。

2. "社会人"假设。以霍桑试验为转折，在管理中，从"经济人"假设转变为"社会人"假设。"社会人"观点认为，人是社会人，调动人工作积极性最重要的因素不是物质利益，而是工作中人的社会心理需要的满足程度。职工的"士气"是提高生产率最重要的因素。因此，要重视人际关系的协调，重视非正式组织作用，鼓励职工参与管理。

与"社会人"假设这种人性观相适应，管理上采取一种重视人际关系，满足社会心理需要，鼓舞员工士气的领导方式。

3. "自我实现人"假设。随着管理实践的进一步发展，行为科学的盛行，在管理界出现了"自我实现人"的人性观。"自我实现人"的观点认为，人特别注重自身社会价值，以自我实现为最高需要，而且人的自我实现需要时没有止境的。

与"自我实现人"假设这种人性观相适应，管理者采用一种注重对工作本身的满意，鼓励贡献，实行自我控制的领导方式。

4. "复杂人"假设。"经济人"、"社会人"及"自我实现人"的观念,都从某一角度反映了人的一些本质属性,具有其合理性。但是,任何人都不可能是单纯具有某一方面属性的,而且也会因人、随条件不同而不同。于是,提出了"复杂人"假设。这个观点认为,人是复杂的,其需要时多种多样的,并会受到环境等多重因素的影响。

与"复杂人"假设这种人性观相适应,管理者综合考虑经济、社会、自我实现等多种需要,按现代管理观念,对员工实行科学管理,采用系统的、权变的管理方式。

5. 领导方式的权变观。人是"复杂"的,有多种需要的;但不同的人,其需要结构差异又是很大的,其行为会因时、因地、因条件的不同而不同。因此,对不同的群体与个人,对同一个人所处不同的环境与条件,管理的方式均应有所不同。有效的管理者,应在系统分析的基础上,因人、因事、因时、因地制宜,灵活采取更为适宜的领导方式。

第四节 激 励

一、认知人性

(一) 四种人性假设

在上节中已介绍了人性假设与领导方式,这里仅简要介绍人性假设与激励:

(1) 经济人假设。经济人假设认为人的行为动机就是为满足自己的私利,工作是为了得到经济报酬,追求个人利益的最大化。与之相应,激励的主要手段就是"胡萝卜加大棒",即运用奖励和惩罚"两手",来激发员工产生领导者和组织所要求的行为。

(2) 社会人假设。社会人假设认为个人不是单纯地追求金钱收入的,他们还追求人与人之间的友情、安全感、归属感等方面的心理欲望和社会需要。与之对应的,领导者应该关心和体贴员工,重视员工之间的社会交往关系,通过培养和形成员工的归属感来调动人的积极性,以此来提高生产率。

(3) 自我实现人假设。自我实现人假设认为人是自我激励、自我指导和自我控制的,要求提高和发展自己的能力并充分发挥个人的潜能。这样,领导者就应当把人作为宝贵的资源来看待,通过提供富有挑战性的工作使人的个性不断成熟并体验到工作的内在激励。

(4) 复杂人假设。复杂人假设认为现实组织中存在着各种各样的人,不同的人以及同一个人在不同的场合会有不同的动机和需要。相应的,激励的措施也应该力图多样、变化,并根据具体的人灵活机动地采取合适的激励办法。

（二）X—Y 理论

美国哈佛大学和麻省理工学院长期从事心理学教学和研究工作的道格拉斯·麦格雷戈，在其1957年发表的《管理理论X或Y的抉择——企业的人性面》一文中提出了著名的"X—Y理论"。麦格雷戈认为，管理者对员工有两种不同的看法：一是"性本恶"；二是"性本善"。相应地他们就会采取两种不相同的管理办法。他将这两种不同的人性假设概括为"X理论"和"Y理论"。（相关内容已在第三章中详细介绍，这里不再赘述）

拓展活动

共度好时光

材料：小卡片

目的：

1. 让每个学生都对别人做出正面评价。
2. 巧妙地引导学生认识他人的优点。

程序：

1. 把上课的同学分成若干个两人小组。
2. 告诉同学们，每个人都需要别人的认可和正面评价，请他们关注搭档的任何优点或长处。
3. 关注思考后，请每个人在下面三个选项中至少选择一项，告诉他的搭档：
   （1）一个特别漂亮的身体器官。
   （2）一两项非常迷人的个性特征。
   （3）一两项出众的才能或本领。

听到你的搭档对你的评价后，自己的心理感觉有哪些变化？

二、激励概述

（一）激励概念

激励，从词义中理解，是激发鼓励之意；从管理的角度理解，主要是指激发人的动机，使人有一股内在动力，朝向所期望的目标前进的心理活动过程。在管理学的一般教科书中，激励通常是和动机连在一起的。美国管理学家罗宾斯把动机定义为个体通过高水平的努力而实现组织目标的愿望，而这种努力又能满足个体的某些需要。因此，无论是激励还是动机，都包含三个关键要素：努力、组织目标和需要。一般而言，动机是指诱发、活跃、推动并指导和引导行为指向一定目标的心理过程。所以激励就是调动人们的积极性，即创造满足下属各种需要的条件，激发其动机，使之产生实现组织目标的特定行为的过程。激励的目的在于充分发挥人的能动作用，提高组织的经济效益和社会效益。

企业的经济效益和社会效益取决于企业生产力要素的构成及其发挥程度的高低，企业生产力要素中最重要的因素是劳动者，而劳动者的生产力能发挥出多大程度则取决于他们的积极性。因此，激励是调动员工积极性的主要手段。美国哈佛大学的教授威廉·詹姆士研究发现，在缺乏激励的环境中，人们只发挥出 20%～30% 的能力，在良好的激励的环境中，同样的人员却可发挥出 80%～90% 的能力。可以看出，激发员工的积极性是企业发展的源泉。其次，激励是提高企业员工素质的有力杠杆。提高企业员工的素质主要是采取培训和激励的方法。

阅读资料

警觉性实验

1963 年英国心理学家奥格登进行了"警觉性实验"，试验是在选定人数相等的四个组中间进行的，方法是选定某一光源的发光强度，记录试验者辨别光照轻度变化的感觉，从而测定其警觉性。四个组给予如下条件：A 组为控制组，没有任何激励，只告诉他们试验的要求和方法；B 组为奖惩组，对觉察的正确和错误给予奖励和惩罚：每看对一次，奖励 5 分钱，看错一次，则罚款 1 角；C 组为个人竞赛组，告诉他们：你们这组的成员是经过挑选出来的，被认为是具有较强观察能力的，现需要试验哪一位的觉察能力最强；D 组为集体竞赛组，告诉他们：你们这组要同另一组比赛，看哪个组的成绩好。

试验结果如下：

警觉性试验的结果

组别	施加的条件	误差次数	名次
A	不施加任何措施	24	4
B	奖惩	11	2
C	个人竞赛	8	1
D	集体竞赛	14	3

（二）激励的原理

行为科学认为，人的行为是由动机决定的，而动机则是由需要引起的。当人们有了某种需要且未得到满足之前，就会处在一种不安和紧张状态之中，从而成为干某件事的内在驱动力。心理学上把这种驱动力叫作动机。动机产生以后，人们就会寻找能够满足需要的目标，而一旦目标确定，就会进行满足需要的活动。活动的结果如果未使需要得到满足，则会出现三种情况：或目标不变，重新努力；或降低目标要求，即降低要求得到满足的档次；或再变更目标，从事别种活动，以满足相同或类似的需要。如果活动的结果使作为活动原动力的需要得到满足，则人们往往会被自己的成功所鼓舞，产生新的需要和动机，确定新的目标，进行新的活动。因此，从需要到目标，人的行为过程是一个周而复始不断进行、不断升华的循环。这个循环可用图 6-5 来简单概括。

上述分析表明：需要是人类行为的基础；不同的需要在不同的条件下会诱发出不同的行为；本期行为的结果会使人们产生新的需要，从而影响下期行为。领导者要正确地引导人们的行为，必须做到：（1）分析需要的类型和特点；（2）研究需要是如何影响人的行

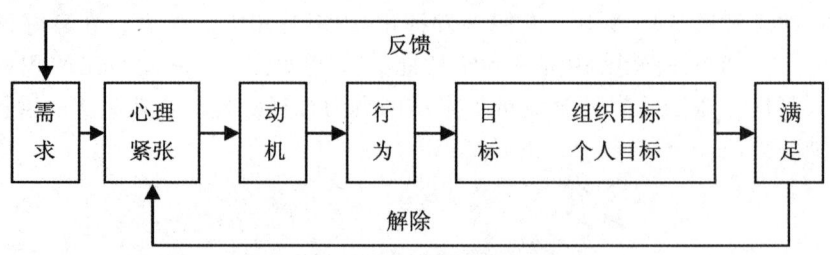

图 6-5 人的行为过程图

为的,以及影响程庭是如何决定的;(3)探索如何正确评价人们的行为结果、并据此予以公正的报酬,以使人们保持积极行为,或改正消极、不合理的行为。

三、激励理论

20世纪20年代末梅奥的霍桑实验开创了行为科学研究的先河。从此,许多管理学家、心理学家和社会学家们从不同角度研究了如何激励人的问题,并提出了相应的激励理论。通常,我们把各种激励理论归纳划分为四大类,即内容型激励理论、过程型激励理论、行为改造型激励理论和综合型激励理论。

(一)内容型激励理论

这类激励理论,根据对人性的理解,着重突出激励对象的未满足的需要类型和性质,有两种思路。一种是从社会文化的系统出发,对人的需要进行分类,通过提供一种未满足的需要的框架,寻求管理对象的激励效率,称之为需要层次论;另一种是从组织范围角度出发,把人的需要具体化为员工切实关心的问题,称之为双因素理论。这两种激励理论形成于20世纪50年代。另外还有与强调需要相关的成就需求理论和 ERG 理论。

1. 需要层次论

需要层次理论是由美国社会心理学家亚伯拉罕·马斯洛(Abraham Maslow)提出来的。马斯洛在深化了包括霍桑试验在内的其他关于激励对象的行为科学研究,通过对需要的分类,找出对人进行激励的途径,即激励可以看成是对具体的社会系统中未满足的需要进行刺激的行为过程。

马斯洛的需要层次论有两个基本出发点。一个基本论点是人是有需要的动物,其需要取决于它已经得到了什么,还缺少什么,只有尚未满足的需要才能够影响行为。换言之,已经得到满足的需要不再起激励作用。另一个基本论点是人的需要都有层次,某一层需要得到满足后,另一层需要才出现。

在这两个论点的基础上,马斯洛认为,在特定的时刻,人的一切需要如果都未能得到满足,那么满足最主要的需要就比满足其他需要更迫切。只有前面的需要得到充分的满足后,后面的需要才显示出其激励作用。

为此,马斯洛认为,每个人都有五个层次的需要:生理的需要、安全的需要、社交或情感的需要、尊重的需要、自我实现的需要。如图 6-6 所示。

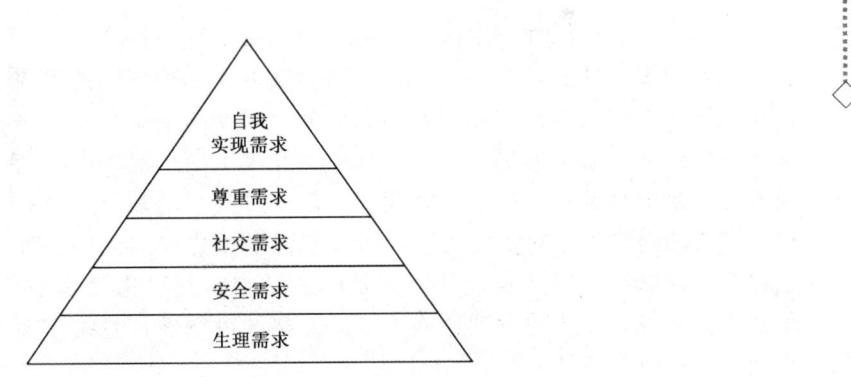

图6-6 五种需要层次结构

（1）生理的需要。是任何动物都有的需要，只是不同的动物这种需要的表现形式不同而已。对人类来说，这是最基本的需要，如衣、食、住、行等。所以，在经济欠发达的社会，必须首先研究并满足这方面的需要。

（2）安全的需要。是保护自己免受身体和情感伤害的需要。它又可以分为两类：一类是现在的安全的需要，另一类是对未来的安全的需要。即，一方面要求自己现在的社会生活的各个方面均能有所保证，另一方面，希望未来生活能有所保障。

（3）社交的需要。包括友谊、爱情、归属及接纳方面的需要。这主要产生于人的社会性。马斯洛认为，人是一种社会动物，人们的生活和工作都不是孤立地进行的，这已由20世纪30年代的行为科学研究所证明。这说明，人们希望在一种被接受或属于的情况下工作，属于某一群体，而不希望在社会中成为离群的孤鸟。

（4）尊重的需要。分为内部尊重和外部尊重。内部尊重因素包括自尊、自主和成就感；外部尊重因素包括地位、认可和关注或者说受人尊重。自尊是指在自己取得成功时有一种自豪感，它是驱使人们奋发向上的推动力。受人尊重，是指当自己做出贡献时能得到他人的承认。

（5）自我实现的需要。包括成长与发展、发挥自身潜能、实现理想的需要。这是一种追求个人能力的内聚力。这种需要一般表现在两个方面：一是胜任感方面，有这种需要的人力图控制事物或环境，而不是等事物被动地发生与发展；二是成就感方面，对有这种需要的人来说，工作的乐趣在于成果和成功，他们需要知道自己工作的结果，成功后的喜悦要远比其他任何报酬都重要。

马斯洛还将这五种需要划分为高低两级。生理的需要和安全的需要称为较低级需要，而社交需要、尊重需要与自我实现需要称为较高级的需要。高级需要是从内部使人得到满足，低级需要则主要是从外部使人得到满足。马斯洛的需要层次论会自然得到这样的结论，在物质丰富的条件下，几乎所有员工的低级需要都得到了满足。

马斯洛的理论特别得到了实践中的管理者的普遍认可，这主要归功于该理论简单明了、易于理解、具有内在的逻辑性。但是，正是由于这种简捷性，也提出了一些问题，如这样的分类方法是否科学等。其中，一个突出的问题，就是这种需要层次是绝对的高低还是相对的高低？马斯洛理论在逻辑上对此没有回答。事实上，高低的需要被满足，是一种相对的过程。我国管理学者从这一问题出发，对马斯洛的需要本身进行了讨论，认为人类需要实际上具有多样性、层次性、潜在性和可变性等特征。

需要的多样性，是指一个人在不同时期可有多种不同的需要，即使在同一时期，也可存在着好几种程度不同、作用不同的需要。需要的层次性，应是相对排列，而不是绝对由低到高排列的，需要的层次应该由其迫切性来决定。对于不同的人在不同时期，感受到最强烈的需要类型是不一样的。因此，有多少种类型的需要，就有多少种层次不同的需要结构。需要的潜在性，是决定需要是否迫切的原因之一。人的一生中可能存在多种需要，而且许多是以潜在的形式存在的。只是到了一定时刻，由于客观环境和主观条件发生了变化，人们才发现，才感觉到这些需要。需要的可变性，是指需要的迫切性，从而需要的层次结构是可以改变的。

因此，管理者可以根据五种基本需要对员工的多种需要加以归类和确认，然后针对未满足的或正在追求的需要提供诱因，进行激励；同时也应更加注意高层次需要的激励作用。

阅读资料

《不知足》

清人胡澹庵编辑的《解人颐》一书中收录了一首《不知足》诗，来看看是不是和马斯洛的需要层次论有异曲同工之妙？

终日奔波只为饥，方才一饱便思衣。
衣食两般皆具足，又想娇容美貌妻。
娶得美妻生下子，恨无田地少根基。
买到田园多广阔，出入无船少马骑。
槽头扣了骡和马，叹无官职被人欺。
县丞主簿还嫌小，又要朝中挂紫衣。
做了皇帝求仙术，更想登天跨鹤飞。
若要世人心理足，除是南柯一梦西。

---

2. 双因素理论

双因素激励理论是由美国心理学家弗雷德里克·赫兹伯格（Frederick Herzberg）于20世纪50年代后期提出的。这一理论的研究重点，是组织中个人与工作的关系问题。赫兹伯格试图证明，个人对工作的态度在很大程度上决定着任务的成功与失败。为此，他在50年代后期，在匹兹堡地区的11个工商业机构中，向近2 000名工程师和会计师进行了调查。在调查中，他用所设计的诸多有关个人与工作关系的问题，要求受访者在具体情景下详细描述他们认为工作中特别满意或特别不满意的方面。最后，通过对调查结果的综合分析，赫兹伯格发现，引起人们不满意的因素往往是一些工作的外在因素，大多同他们的工作条件和环境有关，而能给人们带来满意的因素，通常都是工作内在的，是由工作本身所决定的。

由此，赫兹伯格提出，影响人们行为的因素主要有两类：保健因素和激励因素。保健因素是那些与人们的不满情绪有关的因素，如公司的政策、管理和监督、人际关系、工作条件等。保健因素处理不好，会引发对工作不满情绪的产生，处理得好，可以预防或消除这种不满。但这类因素并不能对员工起激励的作用，只能起到保持人的积极性、维持工作现状的作用。所以保健因素又称为"维持因素"。激励因素是指那些与人们的满意情绪有关的因素。与激励因素有关的工作处理得好，能够使人们产生满意情绪，如果处理不当，其不利效果顶多只是没有满意情绪，而不会导致不满。他认为，激励因素主要包括这些内容：工作表现机会和工作带来的愉快，工作上的成就感，由于良好的工作成绩而得到的奖励，对未来发展的期望，职务上的责任感。这两类因素与员工对工作的满意程度之间的关系，如表 6-3 所示。

表 6-3　　　　　　　　　　　　保健因素与激励因素

保健因素（工作环境）	激励因素（工作本身）
薪金	工作本身
管理方式	赏识
地位	进步
安全	成长的可能性
工作环境	责任
政策与行政管理	成就
人际关系	

赫兹伯格双因素激励理论的重要意义在于它把传统的满意——不满意（认为满意的对立面是不满意）的观点进行了拆解，认为传统的观点中存在双重的连续体：满意的对立面是没有满意，而不是不满意；同样，不满意的对立面是没有不满意，而不是满意。这种理论对企业管理的基本启示是：要调动和维持员工的积极性，首先要注意保健因素，以防止不满情绪的产生。但更重要的是要利用激励因素去激发员工的工作热情，努力工作，创造奋发向上的局面，因为只有激励因素才会增加员工的工作满意感。

不过，正如马斯洛的需要层次论在讨论激励的内容时有固有的缺陷一样，赫兹伯格的双因素理论也有欠完善之处。像在研究对象、研究方法、研究方法的可靠性以及满意度的评价标准这些方面，赫兹伯格这一理论都存在不足。另外，赫兹伯格讨论的是员工满意度与劳动生产率之间存在的一定关系，但他所用的研究方法只考察了满意度，并没有涉及劳动生产率。

3. 成就需要理论

成就需要理论是由美国心理学家麦克莱兰（D. C. Maclelland）提出的，他认为人的基本需要有三种，即成就需要、权力需要和社交需要。这一研究是值得重视的。因为，任何一个组织及每一个部门都代表了实现某些目标而集结在一起的工作群体。所有这三种动力，对管理工作都有特别的关系。

（1）权力的需要。麦克莱兰发现，具有较高权力欲的人对施加影响和控制表现出极大的关心。这样的人一般寻求领导者的地位，他们十分健谈、好争辩、直率、头脑冷静、善于提出要求、喜欢讲演、爱教训人。

（2）社交的需要。极需社交的人通常从友爱中得到快乐，并总是设法避免因被某个团体拒之门外带来的痛苦。作为个人，他们往往保持一种融洽的社会关系，与周围的人保持亲密无间和相互谅解，随时准备安慰和帮助危难中的伙伴，并喜欢与他们保持友善的关系。

（3）成就的需要。极需要成就的人，对成功有一种强烈的要求，同样也强烈担心失败。他们愿意接受挑战，为自己树立具有一定难度的（但不是不能达到的）目标。对待风险采取一定的现实主义态度，宁愿承担所做工作的个人责任，对他们正在进行的工作情况，希望得到明确而又迅速的反馈。他们一般喜欢表现自己。麦克莱兰的研究表明，对主管人员来说，成就需要比较强烈。

因此，这种理论常常应用于对主管人员的激励。他还认为，成就需要可以通过培养来提高。他指出，一个组织的成败，与它们具有高成就需要的人数有关。

对企业管理的启示：成就需要理论对于我们把握管理人的高层次需要具有积极的参考意义。麦克利兰认为在对员工实施激励时需要考虑这三种需要的强烈程度，以便提供能够满足这些需要的激励措施。

一是成就动机高的个人应在其工作中提供个人的责任感、承担适度的风险并且及时得到工作情况的反馈。

二是选择高的权力需要者作为企业的管理者，从而提高管理的有效性。

三是根据员工的社交需要特征来安排工作，提高工作效率。

阅读资料

高成就需要者的特征

乐于设置自己的目标，并承担风险。

采取适中程度的风险措施，即既敢于冒风险，又能以现实的态度对待风险；要求及时得到工作的信息反馈。他们喜欢那些在达到目标的过程中能得到及时和明确反馈信息的职业和工作。

注重内在激励。他们会从工作的完成中得到很大的满足，而不单纯追求物质报酬。

4. ERG 理论

ERG 理论是由美国耶鲁大学组织行为学教授奥德弗（Clayton Alderfer）提出的，即生存（existence）、相互关系（relatedness）、成长（grouth）需要理论。这是奥德弗根据试验和研究于 20 世纪 70 年代提出的一种内容型激励理论。他的这一理论系统阐述了一个关于需要类型的新模式，可以说发展了马斯洛和赫茨伯格的理论。

（1）ERG 理论的主要内容。奥德弗认为把人类需要适当加以归类是必要的，而且在较低层次需要和较高层次需要之间要有基本区别。

生存需要，是指全部的生理和物质需要。这一类需要大体上同马斯洛"需要层次论"中的生理的需要和部分安全的需要相对应。

相互关系的需要，是指人与人之间相互关系、联系的需要，它同马斯洛需要层次论中的部分安全的需要、社交的需要、部分尊重的需要相对应。

成长的需要，是指一种要求得到提高和发展的内在欲望。它不仅强调充分发挥个人的潜能、有所作为和成就，还包括发展新能力的需要。它同马斯洛需要层次论中部分尊重的需要和自我实现的需要相对应，如图 6-7 所示。

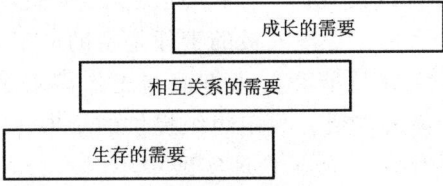

图 6-7　奥德弗 ERG 需要层次

显然，奥德弗对需要的这种归类，同马斯洛和赫茨伯格的方式是相似的，只是他把需要归为三种，并认为它们之间没有严格的界限。

（2）ERG 理论的主要观点。①各个层次的需要得到地越少，则这种需要越为人们所渴望；②较低层次的需要越是得到较多的满足，对较高层次需要就越渴望。这点属于需要层次的"满足——上升"趋势；③较高层次需要一再遭受挫折，得不到满足，人们则会重新追求较低层次需要。这点属于需要层次的"挫折——倒退"趋势。

这一规律在管理中很有启发意义。在管理实践中，员工之所以追求低层需要，也许是由于管理者的决策未给员工提供能满足较高层需要的环境和条件所致。奥德弗的这一观点是对激励理论的最大贡献。

总的来说，激励的内容理论突出了人们根本上的心理需要，并认为正是这些需要，激励人们采取行动。需要层次论、双因素理论、激励需求理论和 ERG 理论，都有助于管理人员理解是什么在激励人们。所以，管理人员可以设计工作去满足需要，并付诸适当的工作行为。

（二）过程型激励理论

激励的过程理论试图说明员工面对激励措施，如何选择行为方式去满足他们的需要，以及确定其行为方式的选择是否成功。

1. 期望理论

期望理论是美国心理学家弗鲁姆（V. H. Vroom）于 1964 年在他的《工作与激励》一书中提出的。相比较而言，对激励问题进行比较全面研究的，是激励过程的期望理论。弗鲁姆通过考察人们的努力行为与其所获得的最终奖酬之间的因果关系，来说明激励的过程。

期望理论的基本观点是：人们在预期他们的行动将会有助于达到某个目标的情况下，才会被充分激励起来去做某些事情以达到这个目标。他认为，任何时候，一个人从事某一行动的动力，是由他的行动的全部结果（或积极或消极的）的期望值乘以那个人预期这种结果将会达到所要求目标的程度决定的。换言之，他认为，激励是一个人某一行动的期望价值和那个人认为将会达到其目标的概率的乘积，用公式表示为：

激励力 = 期望值 × 效价

在这里，激励力是指激励水平的高低，它表明动机的强烈程度；效价是指一个人对某一目标（奖酬）的重视程度与评价高低，即主观认为奖酬价值大小；期望值是指一个人对自己的行为能否导致所想得到的工作绩效和可能性。从公式上可以看出，当一个人对达到某一目标漠不关心时，那效价是零。而当一个人宁可不要达到这一目标时，那就是负的效价，结果当然是毫无动力。同样,期望值如果是零或负值时,一个人也就无任何动力去达到某一目标。

期望理论对管理者的启示是,管理人员的责任是帮助员工满足需要,同时实现组织目标。管理者必须尽力发现员工在技能和能力方面与工作需求之间的对称性。为了提高激励,管理者可以明确员工个体的需要,界定组织提供的结果,并确保每个员工有能力和条件(时间和设备)得到这些结果。企业管理实践中不时有公司在组织内部设置提高员工积极性的激励性条款或措施。如为员工提供担任多种任务角色的机会,激发他们完成工作和提高所得的主观能动性。通常,要达到使工作的分配出现所希望的激励效果,根据期望理论,应使工作的能力要求略高于执行者的实际能力,即执行者的实际能力略低于(既不太低、又不太高)工作的要求。

因此,为了激励职工,主管人员应当一方面提高职工对某一成果的偏好程度,另一方面帮助职工实现其期望值,即提高期望值的概率。

2. 公平理论

公平理论是美国心理学家亚当斯(J. S. Adams)根据社会心理学中的认知失调理论于 1965 年提出的。这一理论是侧重于研究工资报酬分配的合理性、公平性对职工生产积极性和工作态度影响的一种激励理论。

> **知识链接**
>
> **认知失调理论**
>
> 认知失调理论是由美国社会心理学家费斯廷格提出的。是指个体认识到自己的态度之间或者态度与行为之间存在着矛盾。在费斯廷格看来,所谓的认知失调是指由于做了一项与态度不一致的行为而引发的不舒服的感觉,比如你本来想帮助你的朋友,实际上却帮了倒忙。费斯廷格认为,在一般情况下,人们的态度与行为是一致的,如你和你喜欢的人一起郊游或不理睬与你有过节的另一个人。但有时候态度与行为也会出现不一致,比如尽管你很不喜欢你的上司夸夸其谈,但为了怕他报复你而恭维他。

公平理论认为,职工的生产积极性不仅受其所得的绝对报酬的影响,而且还要受到相对报酬的影响。一般来说,职工在得到自己的劳动报酬后会进行两个比较:一是把自己现在所付出的劳动和所得的报酬与自己过去的劳动和所得的报酬进行个人历史的比较;二是把自己付出的劳动和所得的报酬与他人付出的劳动和得到的报酬进行社会的比较。如果经过比较两种比值是相等的,人们便会产全公平感;如果两种比值不相等,就会产生不公平感。

"他人"包括在本组织中从事相似工作的其他人以及别的组织中与自己能力相当的同类人,包括朋友、同事、学生甚至自己的配偶等。"制度"是指组织中的工资政策与程序以及这种制度的运作。"自我"是指自己在工作中付出与所得的比率。

对某项工作的付出,包括教育、经验、努力水平和能力等。通过工作获得的所得或报酬,包括工资、表彰、信念和升职等。

亚当斯的公平公式可表示为:

$$\frac{自己现在所得报酬}{自己现在付出的劳动} = \frac{自己过去所得报酬}{自己过去付出的劳动}$$

$$\frac{自己所得报酬}{自己付出的劳动} = \frac{他人所得报酬}{他人付出的劳动}$$

根据亚当斯的公平理论，当人们面临不公平，尤其是由于自己所得与付出的比值偏低而引起的不公平时，他们在心理上将会产生紧张、不安和不平衡，在行为上将会采取下列方式以减小自己心理上的不公平感。

（1）通过自我解释，达到自我安慰，以消除内心的不公平感。

（2）采取一定的行为，努力改变别人的收支状况。或者减少其所得量，或者增加其付出量。

（3）采取一定的行为，努力改变自己的收支状况。或者向领导要求增加报酬，或者"给多少钱，干多少活"，减少劳动支出。

（4）改变比较或参照对象，以获得主观上的公平感。即换一个人进行比较，虽然"比上不足"，但"比下有余"。

（5）摆脱目前的分配关系，要求调离工作单位，或者发牢骚、泄怨气，制造人际矛盾，甚至放弃工作。

公平理论的运用：

尽管公平理论的基本观点是普遍存在的，但在实际运用中很难把握。因为个人的主观判断对此有很大的影响，人们总是倾向于过高估计自己的投入，而过低估计自己所得的报酬，对别人的投入和所得报酬的估计则与此相反。因此，管理者在运用该理论时应当更多地注意实际工作绩效与报酬之间的合理性，除了制订公平的奖酬体系外，还要及时体察员工的不公平心理，并认真分析、教育员工正确认识、对待自己和他人的投入和报酬，树立正确的比较观，避免人为的、主观的因素造成的不公平感。

（三）行为改造型激励理论

与前面介绍的内容型和过程型激励理论不同，行为改造型激励理论是把个人看作"黑箱"，试图避免涉及人的复杂心理过程而只讨论人的行为，研究某一种行为及其结果对以后行为的影响。这种理论观点主张对激励进行针对性的刺激，只看员工的行为及其结果之间的关系，而不是突出激励的内容和过程。

1. 强化理论

强化理论是由美国心理学家斯金纳（B. F. Skinner）在巴甫洛夫"条件反射"理论的基础上提出的，也称"操作条件反射"理论。该理论认为人的行为是其所受刺激的函数。如果这种刺激对他有利，则这种行为就会重复出现；若对他不利，则这种行为就会减弱直至消失。因此管理要采取各种强化方式，以使人们的行为符合组织的目标。根据强化的性质和目的，强化可以分为以下两种类型：

（1）正强化。所谓正强化，就是奖励那些符合组织目标的行为，以使这些行为得到进一步加强，从而有利于组织目标的实现。正强化的刺激物不仅包含奖金等物质奖励，还包含表扬、提升、改善工作关系等等精神奖励。为了使强化达到预期的效果，还必须注意实施不同的强化方式。有的正强化是连续的、固定的正强化，譬如对每一次符合组织目标的行为都给予强化，或每隔一段固定的时间给予一定数量的强化。尽管这种强化有及时刺激、立竿见影的效果，但久而久之，人们就会对这种正强化有越来越高的期望，或者认为这种正强化是理所应当的。管理者要么不断加强这种正强化，否则其作用会减弱甚至不再起到刺激行为的作用。另一种正强化的方式是间断的、时间和数量都不固定的正强化，管理者根据组织的需要和个人行为在工作中的反映，不定期、不定量实施强化，使每次强化都能起到较大的效果。实践证明，后一种正强化更有利于组织目标的实现。

（2）负强化。所谓负强化即惩罚，就是当员工出现那些不符合组织目标的行为时，采取惩罚的办法，迫使这些行为少发生或不再发生。与正强化是鼓励所希望的行为更多地出现并维持下去不同，惩罚是力图使所不希望的行为逐渐削弱，甚至完全消失。惩罚的手段也包括经济方面的，如减薪、扣发奖金或处以罚款，以及非经济方面的，如批评、处分、降级、撤职或免除其他可能得到的好处等等。根据所发生行为的性质及严重程度不同，惩罚可以间隔地或者连续地进行。相对于间隔性惩罚是间隔一段固定或不固定的时间或者某种行为发生了固定或不固定的次数才进行惩罚处理，连续性惩罚则是每次发生所不希望的行为都及时地予以惩罚处理，这样可消除人们的侥幸心理，减少直至完全消除这种行为重复出现的可能性。

强化理论认为，管理者影响和改变员工的行为应将重点放在积极的强化而不是简单的惩罚上，惩罚虽然在表面上会产生较快的效果，但其作用通常仅是暂时的，而且对员工的心理易产生不良的副作用。因此，两种行为强化方式应该配合起来使用。

强化理论的不足之处，在于它忽视了诸如目标、期望、需要等个体要素，而仅仅注重当人们采取某种行动时会带来什么样的后果，但强化并不是员工工作积极性存在差异的唯一解释。

管理故事

训练师训练海豚

训练师开始训练海豚跳出水面的方式是先等它自己跳出水面，当它做出这样的动作时，训练师就会给它一条鱼作为奖励，后面只要海豚每做出跳出水面的动作，训练师就必然会给它一条鱼作为奖励。这样次数多了以后，海豚的脑神经便会使"跳出水面"和"给它鱼"产生关联；为了得到鱼吃的奖赏，这只海豚便会不时跳出水面。相对于训练师来说，海豚的这种行为正是他所要的，而当海豚跳出水面便给它鱼吃，则在于刺激它，让它一而再再而三地跳出水面。

当海豚已经学会了跳出水面后，训练师便不再每一次喂它鱼，而要等它跳得比较高时才喂它鱼，随之训练师便慢慢地提高海豚跳的高度来喂鱼，之所以要这么做乃是为了不让海豚养成认为只要跳出水面便有鱼吃的习惯。当海豚已经能够跳到训练师所希望的高度后，训练师就又不再每一次都给它鱼吃，而是在它第二次跳或第五次跳之后喂它鱼。这么做的用意是要让海豚不确知哪一次会有鱼吃，除非它有最佳的表现时才会有奖赏。那么每一次它在跳时便会竭尽全力。

2. 归因论

归因论是由美国心理学家凯利（Harold H. Kelley）等人提出来的。目前，归因理论的研究着重在两个方面：一个方面是把行为归结为外部原因还是内部原因；另一个方面是人们获得成功或遭受失败的归因倾向。而人们的行为获得成功还是遭受失败可以归因于四个要素，即努力、能力、任务难度、机遇。这四个因素可以按以下三个方面来划分：（1）内因或外因：努力和能力属于内因，任务难度和机遇属于外因；（2）稳定性：能力和任务难度属于稳定因素，努力和机遇属于不稳定因素；（3）可控性：努力是可控因素；能力在一定条件下是不可控因素，但人们可以提高自己的能力，这种意义上的能力又是可控的；任务难度和机遇是不可控的。

人们把成功和失败归因于何种因素，对以后的工作态度和积极性有很大影响。例如，把成功归因于内部原因，会使人感到满意和自豪，归因于外部原因，会使人感到幸运和感激；把失败归因于稳定因素，会降低以后工作的积极性，归因于不稳定因素，可能提高以后的工作积极性，等等。

归因理论有助于主管人员了解下属的归因倾向，以便正确指导和训练正确的归因倾向，调动下属的积极性。

（四）综合型激励理论

波特—劳勒综合激励模型是由美国心理学家莱曼·波特和爱德华·劳勒在1968年的《管理态度和成绩》一书中首先提出来的。它是在期望理论的基础上引申出的一个更为实际更为完善的激励模式。

波特和劳勒以工作绩效为核心，对与绩效有关联的许多因素进行了一系列相关性研究，并在此基础上提出了一个综合激励模型。如图6-8所示，图中涉及10种因素，分别由图中10个方框表示，实线表示因素间的因果关系，虚线表示反馈回路。

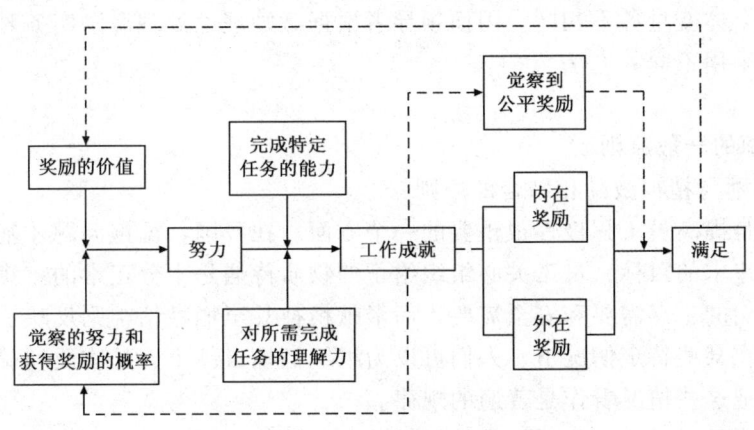

图6-8 综合激励模型

在该模式中，突出了四个变量，即努力程度、工作成果绩效、奖励和满意感之间的有机联系，把整个激励过程（特别是期望理论和公平理论）联结为一个有机的整体。

从图6-8中我们可以归纳出该模式的五个基本点：

（1）个人是否努力以及努力的程度不仅仅取决于奖励的价值，而且还受到个人觉察出来的努力和受到奖励概率的影响。个人觉察出来的努力，是指其认为需要或者应当付出的努力。受到奖励的概率，是指其对于付出努力之后得到奖励可能性的期望值。很显然，过去的经验、实际绩效以及奖励的价值将对此产生影响。如果个人有较确切的把握完成任务或者曾经完成过并获得相当价值奖励的话，那么他将乐意付出相当的或者更高程度的努力。

（2）个人实际能达到的绩效不仅仅取决于其努力程度，还受到个人能力的大小以及对任务了解和理解程度深浅的影响。特别是对于比较复杂的任务（如高难技术工作或者管理工作），个人能力以及对此项任务的理解较之其实际付出的努力对所能达到绩效的影响更大。

（3）个人所应得到的奖励应当以其实际达到的工作绩效为价值标准，尽量剔除主观评估因素。要使个人看到，只有努力完成了组织的任务或者达到目标时才会受到精神上和物质上的奖励。不应先有奖励，后有努力和成果，而应当先有努力的结果，再给予相应的奖励。这样，奖励才能成为激励个人努力达到织织目标地有效刺激物。

（4）个人对于所受到的奖励是否满意以及满意的程度如何，取决于受激励者对所获奖励公平性的感觉。如果受激励者感到不公平，则会导致不满意。

（5）个人是否满意以及满意的程度将会反馈到其完成下一个任务的努力过程中。满意会导致进一步的努力，而不满意则会导致努力程度的降低甚至离开工作岗位。

综上所述，波特—劳勒综合激励模型是对激励系统比较全面的和恰当的描述，它告诉我们，激励与绩效之间并不是简单的因果关系。要使激励能产生预期的效果，就必须考虑奖励内容、奖励制度、组织分工、目标设置和公平考核等一系列的综合性因素，并注意个人满意程度在努力中的反馈。

四、激励实务

所有的激励理论都是一般而言的，而每个员工都有自己的特性，他们的需求、个性、期望、目标等个体变量各不相同。因而领导者根据激励理论处理激励实务时，应该针对员工的不同特点采用不同的方法。

（一）激励的一般原则

1. 物质激励与精神激励相结合的原则

物质激励是提高员工积极性很重要的一个方面。在我国，温饱问题才基本解决，奔小康正是许多人追求的目标，员工关心组织给予的物质待遇是十分正常的。我们可以把物质利益理解为人们的生存需要和安全需要，而奉献精神甚至牺牲精神则反映了人们高级的自我实现需要。在某些特定情况下，人们可以为组织牺牲自己个人的物质利益、不计较个人得失，但不能把这些情况看作是普遍的规律。

当然仅有物质激励显然是不够的。根据马斯洛的需要层次论，物质是人们较低层次的需要，当这一层次需要得到相对满足后，人们就会重视其他方面的需要，总希望得到社会和组织的尊重、重视和认可。譬如，公司对员工的公开表扬、授予各种荣誉证书（如优秀员工）、给予某种职位、让其承担重要岗位和责任、对其工作和生活给予各种关心和照顾，这些措施对员工来说，都是重要的激励方式。

总之，考虑到我国社会主义市场经济的特定历史条件、政治方向、经济基础、文化传统的制约，任何一个组织都要将物质激励与精神激励有机结合起来，既要反对"唯精神主义",也要反对"拜金主义"。只有这样,才能取得最大的激励效果。

阅读资料

通用电气公司员工激励六原则

通用电气仔细研究了奖金发放中的利与弊,建立起合理的奖金制度。它遵循以下原则:

1. 发放奖金的条件,明确告诉每个工程师、会计师、流水线工人等员工的具体责、权、利。

2. 合理评估制度。全面评估当事人。通用电气使用了360级评估法,员工不仅由上级严格评估,还同时由平级和下级来评估,最后综合考虑。打破由于领导说好就好而滋生巴结讨好上司的现象,更全面地、立体地看待员工业绩。

3. 及时奖励。迟到的奖励简直比没有奖金还令人沮丧,因为拖沓滞后的奖励让员工觉得公司对自己业绩的承认很勉强,容易被挫伤积极性,奖金的激励作用无法正常发挥。通用公司虽然管理阶层庞大,但资金发放不需要层层审批,好让员工及时得到奖金,使他们感到自己的细微成绩都被公司所熟悉了解,更有成就感。

4. 广泛传播奖励信息,改变把奖金看作个人隐私的陈旧观念。当公司奖励某个有功人员时,广泛的宣传不仅让他更有成就感,而且可以激励其他人,使这种获奖示范效应传递到公司每个角落,激发他人努力工作的欲望。

5. 割断奖金与权利之间的"脐带"。通用电气废除奖金多寡与职位高低联系的旧做法,使奖金的发放与职位高低脱离,给人们更多地不需提高职位而增加报酬的机会,让奖金真正起到奖励先进的作用,也防止高层领导放松工作、不劳而获的官僚作风。

6. 奖励可逆性。不把奖金固定化,否则员工会把奖金看作理所当然,"奖金"也就沦为一种"额外工资"了,起不到奖励作用,通用电气根据员工表现的变化随时调整奖金数额,让员工有成就感,更有危机感,从而鞭策员工做好本职工作,长期不懈。

通用电气的奖金原则不仅包含物质奖励,还包括精神激励的成分,而且更侧重后者。强大的物质刺激和精神鼓舞推动全体员工不断上进。

2. 正激励与负激励相结合的原则

正激励指的是用某种正面的结果。譬如,认可、赞赏、增加工资、提升或创造一种令人满意的环境等,以表示对员工的奖励和肯定。而负激励指的是对员工不良的行为或业绩,采用某种负面的结果。譬如,批评、扣发或少发工资、降级、处分等等,来表示对员工的惩罚或批评。

在实际的管理工作中,应该将正激励与负激励相结合,实行所谓"奖惩结合"、"奖罚分明"、"批评与教育结合"的制度。因此,对于员工好的工作成绩和行为要及时给予表扬,使之得到大家的认可,从而继续发扬下去。对于有破坏性倾向等不良的行为,必须严格管理,按企业的制度进行查处,这样就避免再次发生,做到"防患于未然"。总之,只有从正负两个相反的角度同时对员工的工作和行为进行评价和反馈,才能使他们不断提高自己。

3. 内在激励与外在激励相结合的原则

传统的激励办法是以各种物质刺激和精神刺激为手段,根据员工的绩效给予一定的工资、奖金、福利、提升机会以及各种形式的表扬、认可和荣誉等。这些激励都与工作本身并不直接相关,只是作为对于员工付出劳动的补偿,因而称为外在激励。它对人的激励作用是有限的,而人们"对工作本身的兴趣以及从中得到的快乐"才对人具有根本性的激励作用,这就是内在激励的概念,它包括人们对工作本身的兴趣、工作对人的挑战性、工作中体会到的责任感和成就感、人从工作本身体会到的价值和意义等等,都是对人更直接的激励。这些激励属于工作本身,可以激发人们内在的积极性,因而称为内在激励。

因此,我们应该将外在激励与内在激励有机地结合起来。当然,在我国经济和社会发展的现阶段,对很多人来说,工作还是重要的谋生手段,外在激励仍然是很重要的。人们很难完全根据自然的需要来选择工作。但不管怎么说,企业还是应该最大限度地进行内在激励,从而取得最大的激励效果。

4. 按需激励的原则

对经济发展水平不同的国家或同一个国家处在不同的时期,人们对生理、安全、归属、尊重和自我实现的需要是不同的。同样,在一个组织中,因为年龄、个性、性别、职位、经历、教育程度等各方面的不同,员工对不同方面的需要都会有差别。同一个人,由于时间和位置的变化,各方面的需要也在变化。因此,动态地掌握员工需要的变化,并根据这些变化制订相应的激励措施,这一直是管理者面临的重要问题。这就是按需要激励原则。要做到这一点,需要考虑以下几个方面:

第一,要根据不同的需要理论,开发测试员工需要的方法和工具。测试方法包括问卷测试、投射法测试等。组织要定期地对员工的需要进行调查,并就员工的年龄、性别、职务、地位、教育程度等找出各类人员需要的特点。

第二,要在组织内建立多种多样满足员工不同需要的方法。这包括两个方面的含义:(1)不同层次的需要都有具体的措施对应。以马斯洛的需要层次论为例,对员工的生理、安全、归属、尊重和自我实现的需要组织都应有相应的措施;(2)对同一层次的需要,要有不同的选项,使员工有挑选的余地。

第三,实施报酬制度时,真正建立员工可以选择的制度。近年来国外推行的自助餐式的福利制度就是适应员工具体要求的一种典型的奖酬办法。它可以让员工根据自身的需要,从公司所提供的报酬项目中,选择自己想要的。

5. 组织目标与个人目标相结合的原则

员工之所以能从组织中得到其所需,是因为组织目标的实现。也就是说,个人投入自身的资源给组织,使组织的目标得以实现,员工再从中实现个人的目标。所以,组织目标和个人目标是相互依存的。从激励的角度来说,就是要贯彻组织目标与个人目标相结合的原则。

要贯彻组织目标与个人目标相结合的原则,必须真正建立组织目标和个人目标的正相关关系。组织战略目标的制订,必须根据市场情况、顾客需求、技术发展等来正确制订,使组织提供的产品和服务能得到社会的承认,实现组织的目标和价值。员工看到了这一点,就会看到实现自身目标的希望。另外,更重要的一方面是要让员工看到,组织在实现其目标的过程中,个人也在不断地向自身的目标前进。我们要强调,在制订激励制度时,应该建立组织目标和个人目标的正相关关系,让所有的员工都看到组织目标实现了,自身的目标也就达到了。达到这一点对人的激励作用将是巨大的、长远的。

要贯彻组织目标与个人目标相结合的原则,除了要建立组织目标和个人目标的正相关关系外,还要建立"赏罚分明"的制度,让每一个员工看到,只要自己为组织的目标做出了贡献,就会得到回报,自身的目标就能实现。因此,建立量化考核制度、提高奖励制度的公开性、透明度,就能使员工抛弃各种顾虑,将所有的精力和能量集中在工作上,有利于组织目标和个人目标的实现。

6. 严格管理与思想政治工作相结合的原则

严格管理包括两个方面的含义:第一,严格管理是指组织对于员工的工作方法(如各种操作规程)、工作标准(如成本、质量、效率)以及其他工作制度等方面实行严格控制,完全按规定办事,对任何人一视同仁。第二,在评价员工的工作绩效和行为、对员工实施奖励、惩罚或提升时,一切照章办事,赏罚分明,而不考虑任何人情面子,真正实行"能者上、平者让、庸者下"。

所谓思想工作,一方面是指企业在制订各种严格管理标准并据以对员工进行考核的时候,要通过双向沟通让员工理解企业这样做的理由,只有这样,才能真正使员工从心理上接受这些严格管理方法。另一方面,思想工作强调在对员工进行评价、管理、奖惩和提升的过程中,要考虑员工的心理需要、加强沟通、倾听员工的所思所想、关心员工的切身利益、采用各种形式使员工保持良好的情绪。

因此,实践中,管理者在实行严格管理的同时,应该及时做好有关员工的思想工作,让他们理解企业的意图和难处。从而使员工以更高的热情去工作,为企业目标的实现做出自己的贡献。

(二)激励的方法

1. 物质利益激励的方法

物质需要是人类最基本的利益需要,以物质利益为诱因对员工进行物质利益关系的调整,来激发员工的内在动机,满足其物质需求,调动员工的积极性。具体方法有以下几种。

(1)奖酬激励。利用增加工资、奖金以及各种形式的福利津贴和实物奖励等,来激发员工的工作热情。虽然对于生活水平较高的国家或地区的人们来说,物质激励的作用越来越小,但对于我国相当一部分收入水平较低的群体来说,物质刺激仍然是一种必要的激励手段。物质激励必须遵循以下客观要求。

第一,物质激励机制的设计要为实现组织目标服务。也就是说,奖酬的形式、奖酬多少、与贡献挂钩的办法、奖酬发放的形式等,都要有助于促进工作任务的完成和工作质量与工作效率的提高。

第二,物质激励要确定适度的刺激量。在实际工作中,确定物质刺激量的大小,要根据组织对物质的承受能力和被激励者的期望值多少来合理地确定,过大或过小,都对组织目标实现不利。既要有选择地实行重奖,以此引起轰动和奖励效应,又要防止不适当的无限扩大刺激量,招致员工产生不公平心理。

第三，物质激励要同其他激励方式结合使用。单纯采用物质刺激，会导致金钱万能思想意识的产生，对组织目标的实现产生不利的结果。

（2）物质上的关心帮助。管理者对待下属在生活上给予关心照顾，是激励的有效形式。当员工生活上遇到困难时，管理者要积极主动地去为他排忧解难，并给予物质上的帮助，不但使员工获得物质上的利益，从而使员工获得尊重和归属感上的满足，从而产生报恩心理，工作积极性提高。

（3）经济处罚。当员工违纪或工作违规，破坏组织目标实现时，在经济上对员工进行处罚，是一种管理上的负强化，属于一种特殊形式的激励方式。运用这种方式必须有可靠的事实根据和政策依据，令其心服口服；处罚的刺激量和方式更得当，同时要注意做好思想工作，变消极因索为积极因素，这样才能真正起到激励的作用。

管理故事

九头牛的故事——神奇的心理暗示

在很久以前的一个部落，有一个传统：那里的青年人想结婚，先要学会捕捉牛的技术。捉了足够的牛，作为聘礼，送给女家，才可以成家立室。最少的聘礼是一头牛，最高是九头牛。这个部落酋长有两个女儿。有一天，一个青年走到酋长的面前，说爱上他的大女儿，愿意以九头牛作为聘礼迎娶她，酋长听了之后，大吃一惊，忙说："九头牛的价值太高了，大女儿不值，不如改娶小女儿吧，小女儿值九头牛。"可是这位青年坚持要娶酋长的大女儿，酋长终于答应了他，这件事轰动了整个部落。

一年后的一天，酋长经过这位青年的家，看见他家正举行晚会，一大群人围成圆圈，正欣赏一位美丽的女郎载歌载舞。酋长十分奇怪，去问那位青年这个女郎是什么人？怎么酋长会不认识呢？年轻人回答："她就是酋长您的大女儿啊！"

年轻人以"九头牛"的价值对待他迎娶回来的妻子，同时酋长的大女儿也确信自己的价值是最高的"九头牛"的时候，她便发生了脱胎换骨的变化。

2. 社会心理激励的方法

管理者运用社会心理学的方法原理，刺激员工的社会心理需要，以激发其动机的方式与手段，即为社会心理激励。它主要是以人的社会心理因素作为激励的诱因，具体方式有以下几种。

（1）目标激励。目标激励足以目标为诱因，通过设定明确的目标，使员工了解努力的方向，从而自觉地表现出组织所期望的行为，以此激发动机，调动员工工作积极性的方式。

可用以激励的目标有三类：工作目标、个人成长目标和个人生活目标。管理者应通过设置和选择适当的目标，告知员工一个明确的努力方向。

目标是行为的先导，员工的行为是围绕设定的目标进行的。因此，在工作实践中，一是要尽可能增大目标的效价，使员工明确目标的实现会给社会和个人带来较大的利益；二是要增加目标的可行性，目标设定要科学合理，具有可操作性，使员工明确目标通过努力是能够实现的,以激励员工的自信心。

(2) 情感激励。情感激励是以情感作为激励的诱因,通过对下属的关怀,建立良好的感情纽带,从而激发员工的积极性。

现代人对社会交往的需要和感情的需要是强烈的,如果管理者能经常关心下属,向下属交心,建立知心朋友关系,在下属遇到危难时,及时排忧解难,就会得到下属积极的回应,这种回应很大程度上表现在努力工作上。所以情感激励已成为现代管理实践中极为重要的激励方法。

情感激励含有以下主要内容。一是在上下级之间建立融洽和谐的关系,增加管理者的亲和力;二是尽力促进下级和部门之间关系的协调与融洽,尽可能满足正式组织和非正式组织各成员之间社会交往的需要;三是营造健康的、愉快的、积极向上的人际关系环境,打造和谐团队,满足组织成员归属感需要。

(3) 强化激励。强化激励是通过对员工某种行为的肯定或否定的评价,以得到某种有利行为重复出现或不利行为消退的目的。如表扬、奖金、提升和培训等奖赏,就是通过正强化使员工的优良行为得到发扬;而批评、降级等处罚,就是通过负强化使员工的不良行为得以消退,从而对员工进行工作激励。

运用表扬与批评进行强化激励的时候,要讲究艺术和效果,坚持以表扬为主、批评为辅的原则,取得更好的激励效果。

(4) 民主参与激励。民主参与激励是以让员工参与管理及决策为诱因,激发员工的积极性和创造性。员工参与管理,有利于满足他们的尊重需要,也有利于集中群众意见,保证决策的科学性与正确性。

在管理实践中,要注意做到建立健全员工参与管理机制,增强民主管理意识;要适当授权于下级,使他们实实在在地参与决策和管理的全过程;要有效利用多种民主参与形式,鼓励员工全员参与、全程参与管理和决策,最大限度地开发员工的潜能,调动其积极性和创造性。

(5) 榜样激励。榜样激励是通过树立表彰先进典型来激发员工的工作积极性和创造性,使组织形成一种积极向上,你追我赶的工作氛围。

运用榜样激励主要包括以下两方面内容:一是先进典型的榜样激励。管理者要善于发现和总结先进事迹和先进人物,培养并树立榜样,及时宣传并认真组织群众向榜样学习,以榜样的真实感人事迹来激励员工和感动员工。二是管理者自身的榜样激励。管理者在工作、学习和生活中的模范带头作用,无疑会对员工产生激励和影响。因此,要求员工做到的,首先自己要能做到。管理者应身先士卒,率先垂范,严格要求自己,信守诺言,以影响和带动下级。

(6) 尊重与支持激励。尊重与支持激励是管理者充分信任、鼓励员工,尽力为员工提供工作条件和工作指导,以满足其尊重需要,激发其工作热情。

管理者与员工之间,只存在着管理层次和职权的差别,彼此之间都是平等的。因此要充分尊重员工对工作、学习和生活的态度及选择,特别是尊重其人格,使员工始终获得受到尊重的心理体验。

管理者要尽力满足员工的成就感。要创造条件,支持和鼓励员工实现自己的工作目标，追求事业的成功，满足其自我实现的需要。

管理者要为员工提供成长和发展的机会，并支持员工加强自我管理、自我控制、自我学习、自我发展和自我成功的实现。

(7) 教育激励。这是指通过教育方式与手段激发动机、调动下级积极性的方式，具体包括：①政治教育。例如，通过世界观教育、爱国主义教育、敬业爱岗教育等，提高下级的觉悟，激发他们的政治热情和工作积极性。②思想工作。要通过个别沟通、谈心等多种方式，做深入细致的思想工作，以收到好的激励效果。

3. 工作激励的方法

双因素理论告诉我们，对人员有效的激励因素是员工满意于自己的工作。因此，管理者在分配工作时，要尽量考虑到员工的特长和爱好，使人尽其才、才尽其用；同时，对工作的要求应富有创造性和挑战性，千方百计使员工对自己的工作满意、有兴趣、有信心。

管理实践中，要实现工作激励，主要有以下几种途径：

(1) 工作丰富化。让员工参与一些具有较高技术或管理含量的工作，提高工作层次，使员工获得成就感的满足。如将部分管理工作交给员工，使员工也成为管理者；让员工参与管理决策的全过程；对员工进行业务技能培训；让员工承担一些具有挑战性的工作任务等。

(2) 工作扩大化。管理者通过设计和调整工作思路及工作层次，增加工作内涵，丰富工作内容，克服工作的单调乏味和简单重复，减少工作的枯燥感，增加工作的趣味性，以吸引员工、激励员工。如兼职作业，增加工作种类；使员工前向、后向地接管其他环节的工作；对员工的工作岗位定期进行轮换；增加工作的技术难度等，都是重要的激励手段。

(3) 工作的竞争性。争强好胜是人们的普遍心理状况，它是由人们谋求实现自我价值、重视自我实现需要所决定的。因此管理者结合工作任务，组织各种形式的竞赛，鼓励各种形式的正当竞争，就会极大地激发员工的热情、工作兴趣、克服困难的勇气和力量。但是在实践工作中必须注意的是：竞争竞赛要公平、公正、合理；要有完善的程序和标准；要有明确的目标和要求，并加以正确引导；结果要有公正明确的评价和相应的奖励。

(4) 工作的完善性与自主性。管理者应根据工作的性质与需要，并结合员工的特点，尽可能把工作划分成较为完整的单元后，再分配给员工，使每位员工所承担的正作任务都是完整的，员工在工作完成之后，就能获得一种强烈的成就感。因此，人们都愿意在工作实践中承担完整的工作任务。

同时，出于自尊和自我实现的需要心理，人们都希望能独立自主地完成工作任务，这样，工作成果就完全归自己所拥有。没有人愿意在别人的指使或强制下被迫工作。管理者要通过目标管理等方式，明确目标和任务，提出规范与标准，适当授权给员工，让员工独立自主地工作，以此来满足员工工作自主性的心理需求，调动员工的积极性。

(5) 工作的适应性与挑战性。研究表明，科学合理的人与事的配合，是有效激励的重要手段。根据工作的性质和特点，使工作安排与员工的条件和特长相吻合，能充分发挥其优势，员工满意度就会增强。因此管理者要用人之所长，避人之所短，对工作及人员要进行科学调配与重组，实现人与事的最佳配合，有利于调动员工积极性。

同时，人们都愿意承担和从事重要的工作任务，并对具有创造性、挑战性的工作感兴趣，它反映了人们追求自我价值实现、渴望获得别人尊重的心理状态。因此，管理者布置工作时，应向员工强调工作的重要意义，适时增加工作的技术难度，以激发员工对工作的高度重视和全身心投入，提高工作质量和工作效率。

（三）当代若干激励实务

进入20世纪90年代以来，西方企业在多种激励理论的基础上，提出了一些形式新颖的激励计划，竭力改善企业员工的满意度和绩效，值得参考。这些计划主要包括绩效工资、分红、员工持股、总奖金、知识工资和灵活的工作日程等。

1. 绩效工资

企业突出绩效工资意味着员工是根据他的绩效贡献而得到奖励的，因此这种工资一般又称为奖励工资。它实际上是激励的期望理论和强化理论的逻辑结果，因为增加工资是和工作行为挂钩的。通用汽车公司就曾大力推行这种激励计划。公司管理层在取消员工的年度生活补贴后，建立了一种绩效工资制度，通过长工资刺激员工的工作任务。公司管理层分别对员工人数的上限10%、上中部25%、中部55%和下限10%强化工资差别。

2. 分红

分红是员工和管理人员在特定的单位中，当单位绩效打破预先确定的绩效目标时，接受奖金的一项激励计划。这些绩效目标可以是细化了的劳动生产率、成本、质量、顾客服务或者利润。和绩效工资不同的是，分红鼓励协调和团队工作，因为全体员工都对经营单位的利益在做贡献。绝大多数公司都采用了某种精确的指定绩效目标和奖金的核算方法。

3. 员工持股计划

员工持股计划给予员工部分企业的股权，允许他们分享改进的利润绩效。相对而言，员工持股计划在小企业的管理中比较流行，但也有像宝洁公司（P&G）这样的大企业在采用这种激励计划。员工持股计划实际上是公司以放弃股权的代价来提高生产率水平。绝大多数企业管理者发现这种激励形式的效果很不错。员工持股计划使得员工们更加努力工作，因为他们是所有者，要分担企业的盈亏。但要使这种激励计划有效进行，管理人员必须向员工提供全面的公司财务资料，赋予他们参加主要决策的权力，以及给予他们包括选举董事会成员在内的投票权。

4. 总奖金

总奖金是以绩效为基础的一次性现金支付计划。单独的现金支付旨在提高激励的效价。这种计划在员工感到他们的奖金真正反映了公司的繁荣时才有效，不然，效果适得其反。

5. 知识工资

知识工资是指一个员工的工资随着他能够完成的任务的数量增加而增加。知识工资增加了公司的灵活性和效率，因为公司需要的做工作的人会越来越少。但要贯彻这项计划，公司必须有一套高度发达的员工评估程序，必须明确工作岗位，这样工资才可能随着新工作的增加而增加。

6. 灵活的工作日程

灵活的工作日程主要指取消对员工固定的每周五日上班、每日工作八小时工作制的限制。修改的内容包括执行四日工作制、灵活的时间及轮流工作。

执行四日工作制就是每周工作四天，每天 10 小时，而不是五日工作制中的每天从上午 8 点到下午 5 点的 8 个小时。这一激励目的，是满足员工想得到更多闲暇时间的需要。灵活的时间就是让员工自己选择工作日程。轮流工作是让两个或两个以上的人共同从事某一项 40 小时工作周的工作。这一激励计划意味着公司同意使用兼职员工，这很大程度是为了满足带小孩的母亲的需要，同时又消除了员工因长期从事某种工作而导致的枯燥和单调。

上述这些激励计划，一个最明显的优势，是企业增强了对熟练员工的组织吸引力，最终有效降低了对这种员工的市场搜寻成本和培训成本。在 20 世纪 90 年代的企业经营中，员工的知识积累日益成为企业重要的竞争优势，对员工的管理要从知识管理的高度把握。

第五节 沟 通

中医理论讲"痛则不通，通则不痛"，人体某一部位经络不通畅局部就会疼痛，疏通经络后就不痛了。一个组织如果沟通不畅，则必然产生一系列问题，从而有碍于组织目标的实现。管理问题在很大程度上就是沟通问题，80% 的管理问题实际上就是由于沟通不畅所至。从根本上说，沟通是关于如何使领导方式和激励行为保持一致的问题，是领导者和被领导者之间不断回旋的过程，它是让组织成员之间取得共同的理解和认识的一种方法。因此，把沟通问题研究作为组织、领导管理的一个基本方面，显然是十分必要的。管理者应提高沟通水平，通过与下属进行畅通的沟通，提高管理的效果。

一、沟通的概念

对于什么是沟通，学者们有各自的看法：美国主管人员训练协会把沟通解释成人们进行的思想或情况交流，以此取得彼此的了解、信任及良好的人际关系。达夫特和马西克认为，沟通是指两个或者两个以上的人交流并理解信息的过程，其目的常常是为了激励或者影响人的行为。纽曼和萨伊认为，沟通是在两个或更多的人之间进行的事实、思想、意见和情感等方面的交流。巴纳德认为信息沟通是将一个组织内的人联系在一起以达到共同的目的的一种手段。

基于以上的看法，我们认为，沟通是指可理解的信息或思想在两个或两个以上人群中的传递或交换的过程，目的是激励或影响人的行为。

二、沟通的要素

沟通应包括以下要素：

（1）信息发送者：负责做有意识有目的的文字或语言的传递者，如发言人、建议人、发令人等。

（2）沟通渠道：信息传递应有一定的媒介与路线，以便传播与散布，如收发室、公告处、广播电台等。

（3）所期待的反应：信息的反馈。

（4）信息接收者：消息、命令、报告及任何沟通程式的接收者。

（5）沟通的程式：如命令、规则、通知、报告、公函、手册、备忘录等。

（6）沟通中的噪声：信息的沟通中出现的各种妨碍因素。

三、沟通的作用

沟通对管理者履行职能有以下作用：

（1）搜集信息。管理者对组织外部环境变化的了解，以及内部有关信息的掌握，都是靠沟通来获得的。

（2）影响和改变别人的态度与行为。管理者为了执行某个决策，或推行某项变革，必须说服、激励和领导别人，以影响和改变别人的态度和行为，博得上级的支持和下属的合作，而为了做到这一点，就必须通过有效沟通。

（3）改善人际关系。沟通不仅可以增进彼此之间的了解，而且由于它能表达人的感情，促进彼此之间的同情和共鸣，所以，还有助于解除人们内心的紧张，使人们心情舒畅，从而改善人与人之间的关系。

四、沟通的过程

从表面上看，沟通就是传递信息的过程。但是实际上，管理学意义上的沟通是一个复杂的过程。这种复杂过程可以用图6-9简要反映出来。

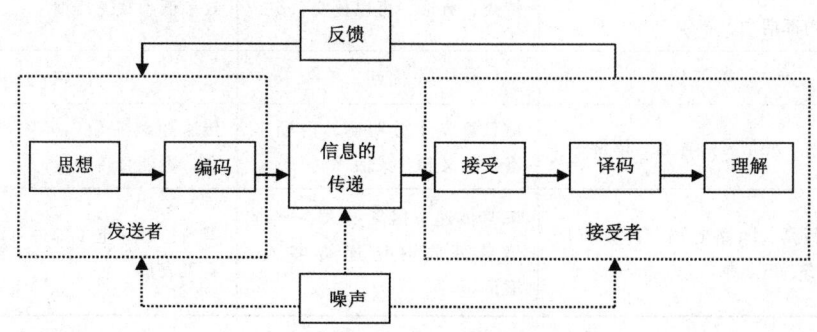

图6-9　沟通的基本过程

上述过程中包含了沟通所必须具备的四个基本要素：发送者、接收者、传递渠道和所传递的内容。对该过程中各环节的进一步说明如下：

(1) 形成思想。信息发送者发出信息是因为由于某种原因希望接收者了解某些事情，因此，自己首先需要明确要进行沟通的信息内容。

(2) 编码。发送者对信息的编码方式是多种多样的，例如口头语言、书面语言、计算机语言、面部表情、手势等。

(3) 渠道。信息传递的渠道或媒介也很多，例如书面报告、备忘录、交谈、电子计算机、电话、电报、电视等。各种渠道互有利弊，要进行有效的沟通，应注意选择适当的渠道。

(4) 译码。译码就是把信息译回为思想。只有在发送者和接收者对信息符号的含义都有相同或近似的理解时，才可能出现正确的沟通。除非接收者理解了信息的含义，否则沟通就不算完成。

(5) 噪声。沟通会受到"噪声"的影响。所谓噪声，是指一切（无论是发送者、传递者或接收者发出的）妨碍沟通的因素。

(6) 反馈。反馈就是把所收到的或所理解的信息在返送到发送者那里。为了检验沟通的效能，反馈是必不可少的。图6-9中的反馈构成了信息的双向沟通。

五、沟通的类别

沟通的类别依划分的标准不同而不同。

（一）按照方法划分

按照方法划分，沟通可分为口头沟通、书面沟通、非语言沟通和电子媒介沟通等。这些沟通方式的比较如表6-4所示。

表6-4　　　　　　　　　　各种沟通方式的比较

沟通方式	举例	优点	缺点
口头	交谈、讲座、讨论会、电话	快速传递、快速反馈、信息量大	传递中经过层次愈多信息失真愈严重、核实越困难
书面	报告、备忘录、信件、文件、内部期刊、布告	持久、有形，可以核实	效率低、缺乏反馈
沟通方式	举例	优点	缺点
非语言	声、光信号、体态、语调	信息意义十分明确，内涵丰富，含义隐含灵活	传递距离有限、界限模糊，只能意会，不能言传
电子媒介	传真、闭路电视、计算机网络、电子邮件（E-mail）	快速传递、信息量大、一份信息可同时传递给多人、廉价	单向传递，电子邮件可以交流，但看不见表情

（二）按照组织系统划分

按照组织系统，沟通可分为正式沟通和非正式沟通。

1. 正式沟通

正式沟通指通过正式组织所规定的渠道进行信息传递和交流。正式沟通依其信息流向分为下行沟通、上行沟通、横向沟通和斜向沟通，如图6-10所示。

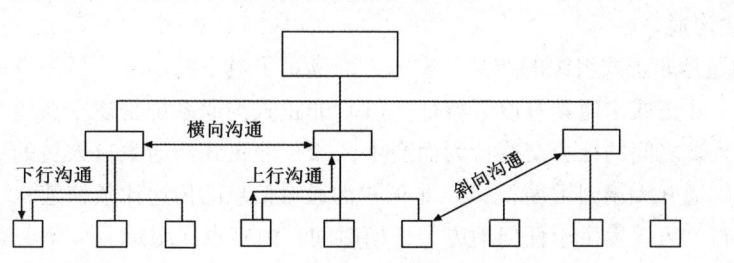

图6-10 组织的正式沟通渠道

（1）下行沟通。即自上而下的沟通。这是在传统组织内最主要的沟通流向。一般以命令方式传达上级组织或其上级所决定的政策、计划、规定之类的信息，有时颁发某些资料供下属使用等等。

这种沟通可以起到非常重要的作用：一是帮助管理者执行目标；二是使各阶层的工作人员对其工作能够满意与改进；三是增强员工的合作意识，使员工了解、赞同并支持管理者所处的地位；四是有助于管理者的决策和控制，减少信息的曲解与误传。

但是，这种沟通也存在许多缺陷：一是易于形成一种"权力气氛"，因而影响士气。二是对部属是一种沉重的负担，原因是沿组织层次而下的信息，受影响人数的增多，具有扩大作用。三是由于曲解、误解或搁置等因素，沿线而下的信息将不免逐步损失。

（2）上行沟通。即自下而上的沟通。是指下级人员以报告或建议等方式，对上级的意见反映。除此以外，许多机构还采取某些措施以鼓励向上沟通，例如意见箱、建议制度以及由组织举办的征求意见座谈会或态度调查等等。有时某些上层主管采取所谓"门户开放"政策，使下属人员可以不经组织层次向上报告。

这种沟通有以下作用：一是给下属提供参与机会，为管理者做出较好的决定提供依据，同时，下属也能从中获得自尊，更乐意接受管理者下达的命令。二是可以从中发现下属是否已经了解上级的原意。三是可以鼓励下属发表有价值的意见，同时，员工直接、坦诚地向上级说出心中想法，可以使他在紧张情绪和所受压力上获得一种解脱。否则，他们不是批评管理层以求发泄，就是失去工作兴趣和工作效率。但是据研究，这种沟通也不是很有效的，而且由于当事人的利害关系，往往使沟通信息发生与事实不符或压缩的情形。

（3）横向沟通。即平行沟通，主要是指同一层次、不同业务部门之间的沟通。在正式沟通系统内，一般机会并不多，若采用委员会和举行会议方式，往往所费时间人力甚多，而达到沟通的效果并不很大。因此，组织为顺利进行其工作，必须依赖非正式沟通以辅助正式沟通的不足。

（4）斜向沟通。是指不属于同一组织层次上的单位或个人之间的沟通。在直线部门和幕僚部门之间，倘若幕僚人员拥有职能职权，便经常有斜向沟通发生。在直线部门与直线部门之间，如果其中某一部门的人员拥有职能职权，也会有斜向沟通。

正式沟通的优点是：沟通效果好，比较严肃，约束力强，易于保密，可以使信息沟通保持权威性。重要的消息和文件的传达，组织的决策等，一般都采取这种方式。其缺点在于，因为依靠正式组织系统层层传递，所以很刻板，沟通速度很慢，此外也存在着信息失真或扭曲的可能。

2. 非正式沟通

非正式沟通是非正式组织的产品。它一方面满足了员工的需求；另一方面也补充了正式沟通系统的不足。非正式沟通具有以下特征：（1）非正式沟通系统是建立在组织成员的社会关系上，也就是由人员之间的社会交往行为而产生；（2）非正式沟通来自人员的工作专长及爱好闲谈的习惯，其沟通并无规则可循；（3）非正式沟通对信息的传递比较快速；（4）非正式沟通大多在无意中进行，可以发生于任何地方，任何时间，内容也无限定。

许多管理者认为，非正式沟通会起消极作用。但是，美国有些管理学家认为，它是沟通系统的一个正常组成部分。非正式沟通的存在，说明人们希望能在正式渠道之外获得更多的有关工作、公司、同事等的信息，同时又能更好地满足组织成员间的社交和其他需要，增进他们的满意程度。

表 6-5 比较了这两种沟通的优缺点。

表 6-5　　　　　　　　　　　正式沟通和非正式沟通比较

沟通方式	优点	缺点
正式沟通	沟通效果好，比较严肃、慎重，约束力强，易于保密，可以使信息沟通保持权威性	依靠组织层层传递，较刻板，沟通速度慢，存在信息失真和扭曲的可能
非正式沟通	沟通形式灵活多样，直接明了，沟通速度快，效率较高，容易及时了解到正式沟通难以提供的"内幕消息"，可以满足组织成员的心理需要	难控制，传递的信息不确切，容易失真，可能导致小集团、小圈子，影响组织的凝聚力和稳定

（三）按照功能划分

按照功能划分，沟通可以分为工具式沟通和感情式沟通。工具式沟通指发送者将信息、知识、想法、要求传达给接受者，目的是影响和改变接受者的行为。感情式沟通指沟通双方表达情感，获得对方精神上的同情和谅解，最终改善相互之间的人际关系。

（四）按照是否进行反馈划分

按照是否进行反馈，沟通可分为单向沟通和双向沟通。一般来说，单向沟通指没有反馈的信息传递。双向沟通指有反馈的信息传递，是发送者和接受者相互之间进行信息交流的沟通。表 6-6 比较了这两种沟通的优缺点。

表 6-6　　　　　　　　　　　单向沟通与双向沟通的比较

因素	结果
时间	双向沟通比单项沟通需要更多的时间
信息和理解的准确程度	在双向沟通中，接受者理解信息和发送者意图的准确程度大大提高

因素	结果
接受者和发送者的置信程度	在双向沟通中，接受者和发送者都比较相信自己对信息的理解
满意	接受者比较满意双向沟通 发送者比较满意单向沟通
噪音	由于与问题无关的信息交易进入沟通过程，双向沟通的噪音比单向沟通要大得多

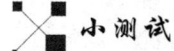小测试

请回想一下你在赞美或批评你的部下时是否有以下的行为？

你常常赞美你的部下吗？
你对他们的赞美是发自内心的吗？
你能针对部下的具体行为及时加以赞美吗？
你喜欢当众赞美或批评你的部下吗？
当部下不在场的时候，你还会赞美他吗？
你常常因为害怕影响与部下的关系而不愿当面批评他吗？
你的批评常常令你的部下难堪吗？
你在批评部下的时候能做到对事不对人吗？

参考答案：
是；是；是；否；是；否；否；是

如果你的答案正确率在 80% 以上，那么恭喜你，你已经很好地掌握了赞美和批评部下的方法，你和他们的沟通应该是很融洽的；如果你的答案正确率在 50% 以下，那么我们建议你应认真地学习以下内容，以改善你与部下之间的沟通效果。

六、沟通的方法

沟通方法是指在沟通过程中所采取的具体方式与手段。沟通的方法多种多样，既有对外的沟通方法，如广告、谈判、公关等，也有对内的沟通方法，如批示、汇报、个别访谈和会议等。在管理过程中最经常使用的沟通方法主要有以下几种：

（一）发布指示

指示是上级对下级指导工作时常用的一种沟通方法，它具有强制性与权威性。通常它由上级发布，由下级服从并执行，同时指示中明确规定了上下级之间的关系以及各自的职责。如果上级不能正确地向下级下达命令、发布指示，则会导致下级在工作中无所适从，上级也很难树立权威；如果下级不服从指示或不恰当地执行了指示，那么上级的指示会失去作用，同时下级的职责也将难以维持。为了避免这种情况的出现，就要求上级在发布指示之前必须进行调查研究，征求各方面的意见，并对下级进行必要的指导，这样才能保证

上级的指示正确并使下级能够贯彻执行。

> **阅读资料**
>
> "便笺式"管理
>
> 　　通用电气公司董事长杰克·韦尔奇最擅长的沟通方式就是提起笔来写便笺。他写的便笺，有给直接负责人的，也有给小时工的，无一不语气亲切而发自内心，蕴含了无比强大的影响力。
>
> 　　写这些便笺就是为了鼓励、激发和要求行动。韦尔奇通过便笺表明他对员工的关怀，使员工感到他们之间已从单纯的领导与下属的关系升华为人与人之间的关系。这种非正式沟通，实在是最有效的沟通。

（二）请示汇报

请示是下级向上级表达想法和要求的一种常用的沟通方法，它可采用书面与口头两种方式。如果要求上级给予支持的事项较为复杂，且涉及的部门较多，一般采用书面请示的形式；如果要求上级给予支持的事项较为简单，且不需经繁杂与严谨的手续和程序就可以解决的，则可以采用口头请示的形式。

汇报是下级在执行上级指示及日常工作任务的过程中，将其所遇到的困难与问题、工作的进展等情况向上级反映并提出下一步设想的一种沟通方式。汇报通常也可以分为书面汇报与口头汇报两种。如果所碰到的问题需要经过上级批示或需要两个以上部门的协调才能加以解决的，一般采用书面汇报的形式；如果只是向上级反映工作进度的，可采用口头汇报的形式；如果是带有总结性质及规划意向的，为了突出其严肃性与权威性，通常采用书面汇报与口头汇报相结合的沟通方式，如年度工作总结及工作计划，经常采用的就是书面汇报与口头汇报相结合的沟通方法。

（三）召开会议

人与人之间的沟通是人们思想、情感的交流，开会就是给人与人的沟通提供交流的场所和机会。会议的种类很多，包括日常例会、研讨会、论证会、总结会、表彰会、座谈会等。随着科技的迅猛发展，人们的沟通方式越来越多，现在人们可以通过 E-mail（电子邮件）、多媒体等多种形式进行沟通，但是，群体沟通即会议这种方式，是任何其他沟通方式都无法替代的。因为这种方式最直接、最直观，这种方式最符合人类原始的沟通习惯。当然必须强调的是，虽然会议是管理沟通的重要方法，但绝不能完全依赖这种方法。

（四）个别访谈

个别访谈是组织内部为了收集信息或了解工作进展情况而向员工进行访问谈话的沟通方式。这种沟通方式能够拉近组织成员之间的情感距离。由于它是一对一、面对面的直接沟通，因而能够有效地消除人们沟通中的心理压力，所获得的信息可信性也相对较强。在这种情况下，人们往往更愿意表露自己的真实想法，提出不便于在公众场合提出的问题，因而有助于领导者掌握下属的思想动态。

（五）内部沟通制度

要搞好组织内部沟通，除了要掌握组织内部人际关系类型、了解各种沟通模式之外，还必须具备一套系统的、完善的沟通制度，这样才能取得最佳的沟通效果，使组织走上科学化、程序化、规范化的道路。内部沟通制度主要包括员工建议制度、领导接待来访制度、例会制度等。组织应根据本组织实际情况制订相应的沟通制度，并把沟通制度落到实处，切实贯彻执行。为此，应注意以下几点：第一，必须有专人负责实施沟通制度。第二，及时反馈信息。"有去无回"的信息会挫伤员工的积极性，使组织沟通失去真诚的协作。第三，适当的奖励。这是保证职工积极参与沟通的重要措施。

（六）内部刊物

内部刊物主要是以组织内部员工为读者对象的刊物，主要有报纸、杂志、电子读物等形式，内容包括时事通讯、组织消息、文化艺术、体育娱乐等。内部刊物一般是定期或不定期发行，我国许多企业的内部刊物大多以免费赠阅的方式发行。内部刊物是组织内部沟通的重要手段之一，相关人员必须掌握为组织内部刊物写作、编辑、摄影、设计的有关知识和技能，不断提高内部刊物的质量。

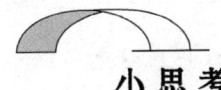
小思考

除了本书介绍的沟通的常用方法之外，你认为还有哪些沟通的方法和形式？

七、沟通的障碍与克服

（一）沟通的障碍

在沟通的过程中，由于存在着外界干扰以及其他种种原因，信息往往丢失或被曲解，使得信息的传递不能发挥正常的作用。这些影响沟通的各种因素，就是沟通的障碍。

从沟通的过程来看，沟通的障碍主要有以下几个方面：

1. 信息发送方面的障碍

有效的沟通首先要求信息发送者能将心中的想法以合适的语言加以编码，使之成为可传递的信息。这一编码过程的质量如何会极大地影响到信息沟通的总体效果水平。具体说有四个因素限制着信息发送者生成高质量的编码信息：

（1）表达能力不强。信息发送者如果口齿不清、词不达意或字体模糊，就难以把信息完整、准确地表达出来；如果使用方言、口语，会使接收者无法理解或误解。这种情况在不同民族、不同国籍的人员之间的交流中非常明显。

（2）信息传递不全。发送者有时缩减信息，使信息变得模糊不全。

（3）信息传送不及时或不适时。不按时、适时传送信息，都会给接收者对信息的接收造成一定的困难。

（4）知识、业务水平、背景及经验的局限。任何人都无法传递自己不知道或不熟悉的东西。信息发送者在特定问题上所掌握的知识范围影响着所传递信息的质量。如果信息发送者与信息接收者在知识和经验方面的水平悬殊，传送者认为沟通的内容很简单，不考虑对方，仅在自己的知识和经验范围内进行沟通，就会造成接收者对收到的信息理解不了。

（5）社会文化系统。社会文化系统会通过对信息发送者的地位与威信、信仰与价值观的作用而影响到信息沟通行为。比如，在"报喜不报忧"现象盛行的社会文化环境中，个体就可能对所传递的信息进行有意识的过滤、选择，从而造成沟通信息的失真。

> **拓展阅读**
>
> **提高信息发送者编码能力的原则**
>
> （1）恰当。认真选择所要运用的词语、符号和手势以便使信息有意义并且效果显著。
>
> （2）简洁。将信息用尽可能简单的语言表达出来，减少那些你用来表达想法和感受的词语、符号和手势。
>
> （3）组织化。将信息排成一个系列以便于理解。在讲解一个信息时，一定要完成一点之后再开始下一点。
>
> （4）重复。要将所表达信息的要点至少重复两次。重复在口头沟通中尤其重要，因为所说的话第一次发出后可能没有被清晰地听到或没有被完全理解。
>
> （5）强调。对信息的必要方面或关键点进行强调，让信息变得清晰并且避免不必要的详细解释。在口头沟通中，通过改变你说话的语调、停顿、打手势或者使用恰当的面部表情来强调意义重大之处。在书面沟通中，通过在关键句型、词组或者词语下划线或者用斜体字来达到强调的目的。

2. 信息传递中的障碍

信息传递需要通过合适的通道并以某种特定的网络连接方式来进行。信息传递中技术的障碍时常存在。比如，在对公众发表演讲时，扩音器出现问题，或者演讲者突然声音嘶哑或失音，这些无疑会对沟通效果产生重大影响。同样，在书面沟通及电子沟通过程中，用以传递信息的媒介物和支持性装置也都有发生故障的可能性。除了通道本身所可能存在的问题外，在经由多环节通道连接而进行的沟通中，沟通网络中的每一个环节实际都对信息起了某种筛选和过滤作用，这样，信息沟通经过的环节越多，失真的程度就越严重。

信息沟通通道和网络的技术性障碍确实是客观存在和在一定程度上难以避免的，但是鉴于这些通道和网络是沟通者预先选定和建设的，因而其中潜存的沟通障碍又是在相当程度上可以预防和改变的。换句话说，技术性障碍也夹杂着人为的因素。再者，特定的信息通道和网络有其特定的用途及适用场合，沟通者在选择或者使用时可能会出现失当或失误，从而影响沟通的效果。举个极端的例子，如果大厦起火，使用备忘录方式传递这一信息,沟通的问题可想而知。古代周天子为博褒姒一笑,不惜点燃烽火台以娱之,结果导致烽火台作为传递敌情信息快道的功用减弱。这些都是人为因素所引起的信息传递中的障碍。此外,信息传递时机和地点选择的不合适,也与沟通者的人为因素有关。

3. 信息接收方面的障碍

信息传递到接收方,并不等于接收者就会接受和理解该信息。接收者需要将其收到的信息中所包含的符号,通过解码过程而译成自己可理解的语言形式。这一解码过程,同编码过程一样,也受到个体自身的技能、知识、态度和社会文化背景的影响。从技能方面来看,如果说信息发送者应该擅长说或写,则接受者应该擅长于听或读,并具有相应的逻辑推理能力,在需要反馈的时候能够善于把自己的问题表达出来反馈给信息发送者。在知识方面,信息接受者是否具有信息发送者编码时所认定或设定具有的知识水平,这也妨碍着沟通的默契。态度上,先入为主、怀有成见、缺乏信任、紧张、嫉妒或恐惧等情绪,都会影响到信息接收效果。另外,社会文化系统同样也左右着处于其中的个体对沟通信息的理解。例如,在权力、地位差距很大的组织中,上下级之间的信息沟通就经常容易出现失真。在分工过度的组织中,不同部门人员间的沟通就面临更大的障碍。

(二) 有效沟通的实现

从上述的沟通障碍看,只要采取适当的行动方式将这些沟通障碍有效消除,就能实现管理的有效沟通。因而,无论是对组织中沟通还是组织间沟通,有效沟通的实现取决于对沟通技能的开发和改进。克服沟通中的障碍一般有以下准则:

1. 明确沟通的重要性,正确对待沟通

管理人员十分重视计划、组织、领导和控制,对沟通常有疏忽,认为信息的上传下达有了组织系统就可以了,对非正式沟通中的"小道消息"常常采取压制的态度。上述种种现象都表明沟通没有得到应有的重视,重新确立沟通的地位是刻不容缓的事情。

2. 培养"听"的艺术

对管理人员来说,"听"绝不是轻而易举的事情。"听"不进去一般有下列三种表现:(1) 根本不"听";(2) 只"听"一部分;(3) 不正确地"听"。如何才能较好地"听"呢?表6-7列出了一些要点。

表6-7　　　　　　　　　　　　　　"听"的艺术

要:	不要:
表现出兴趣	争辩
全神贯注	打断
该沉默时必须沉默	从事与谈话无关的活动
选择安静的地方	过快地或提前做出判断
留适当的时间用于辩论	草率地给出结论
注意非语言的暗示	让别人的情绪直接影响你
当你没有听清楚时,轻易疑问的方式重复一遍	
当你发觉遗漏时,直截了当地问	

> **知识链接**
>
> **倾听是管理者成功的首要条件**
>
> 　　成功的管理者大多是善于倾听的人。美国企业家亚科卡（Iacocca）曾对管理者的倾听有过精辟的论述："我只盼望找到一所能够教导人们怎样听别人讲话的学院。一位优秀的管理人员需要听到的至少与他所需要说的一样多，许多人不能理解沟通是双方面的。"他认为管理者必须鼓励人们积极贡献，使他们能发挥最大的干劲。虽然你不可能接受每一项建议，但你必须对每一项建议做出反应，否则，你将听不到任何好的想法。他总结说："假如你要发动人们为你工作，你就一定要好好听别人讲话，一家蹩脚的公司和一家高明的公司之间的区别就在于此。作为一名管理人员，使我感到最满足的莫过于看到某个企业内被公认为一般的或者平庸的人，因为管理者倾听了他遇到的问题而发挥出了他应有的作用"。从这些经验之谈中我们可以了解，倾听是管理者成功的首要条件。

　　3. 创造一个相互信任，有利于沟通的小环境

　　经理人员不仅要获得下属的信任，而且要得到上级和同僚们的信任。他们必须明白，信任不是人为的或天上掉下来的，而是诚心诚意争取来的。

　　4. 缩短信息传递链，拓宽沟通渠道，保证信息的畅通无阻和完整性

　　信息传递链过长，减慢了流通速度并造成信息失真，这是人所共知的事实。减少组织机构重叠、层次过多，确实是必须要做的事情。此外，在利用正式沟通渠道的同时，可开辟高级管理人员至低级管理人员的非正式的沟通渠道，以便于信息的传递。

　　5. 建立特别委员会，定期加强上下级的沟通

　　特别委员会由管理人员和第一线的工人组成，定期相互讨论各种问题。国外的特别委员会通常每年碰头两至六次，并且会前有正式的会议议题，会后公开讨论结果。会中如有问题不能解决，可上报高级管理人员。

　　6. 职工代表大会

　　每年一度的职工代表大会为厂长经理汇报工作提供了良机。厂长经理将就企业过去一年取得的成绩、存在的问题以及未来的发展等重大问题通报全体员工，而职工也可以就自己所关心的问题与厂长经理进行面对面的沟通和交流。

　　7. 非管理工作组

　　当企业发生重大问题，引起上下关注时，管理人员可以授命组成非管理工作组。该工作组由一部分管理人员和一部分职工自愿参加，利用一定的工作时间，调查企业的问题，并向最高主管部门汇报。最高管理阶层也要定期公布他们的报告，就某些重大问题或"热点"问题在全企业范围内进行沟通。

　　8. 加强平行沟通，促进横向交流

　　一般说来，企业内部的沟通以与命令链相符的垂直沟通居多。部门间、工作小组间的横向交流较少，而平行沟通却能加强横向的合作。具体说来，可以定期举行由各部门负责人参加的工作会议，其主题是允许他们相互汇报本部门的工作、对其他部门的要求等等，

以便强化横向合作。

本章小结

领导是指领导者依靠影响力，指挥、带领、引导和鼓励被领导者或追随者，实现组织目标的活动和艺术。领导者个人素质包括政治思想素质、业务知识素质、工作能力素质、身体健康素质、心理素质等。领导权力包括惩罚权、奖励权、法定权、专长权、感召权；领导在运用权力时要遵循慎重用权、公正用权和例外处理三个原则。领导艺术的内容繁多，概括起来，可分为四个方面：待人的艺术、授权的艺术、办事的艺术和管理时间的艺术。

本章主要介绍了领导特质理论、领导行为理论、领导权变（情景）理论。领导特质理论研究寻找成功的领导者具备的一些共性的个人特质；领导的行为理论认为，个人的行为方式对领导者来说是至关重要的；领导权变（情景）理论认为，采取什么样的领导方式，要根据组织内外部条件权宜应变，以领导工作任务、行为特点以及领导者与下属的关系而定。

激励就是调动人们的积极性，即创造满足下属各种需要的条件，激发其动机，使之产生实现组织目标的特定行为的过程。为此，领导者要着实了解员工的需要和动机是什么，并通过一定的激励手段和激励过程使其个人需要的满足与组织目标的达成能同时得到实现。西方有关的激励理论主要可归纳为以下四种类型：内容型激励理论着重研究如何激发人的工作动机的因素，包括马斯洛的需要层次理论、赫茨伯格的双因素理论、麦克莱兰的成就需要理论；过程型激励理论着重研究从动机的产生到采取行动的心理过程，包括弗鲁姆的期望理论、亚当斯的公平理论；行为改造激励理论着重研究如何改造和转化人的行为，变消极行为为积极行为，包括强化理论、归因理论。综合激励模型是对激励系统比较全面的和恰当的描述，它告诉我们，要使激励能产生预期的效果，就必须考虑奖励内容、奖励制度、组织分工、目标设置和公平考核等一系列的综合性因素，并注意个人满意程度在努力中的反馈。有效的激励，必须通过适当的激励方式与手段来实现。按照激励中诱因的内容和性质，可将激励的方式与手段大致划分物质激励、精神激励和工作激励。

沟通是指可理解的信息或思想在两个或两个以上人群中的传递或交换的过程，目的是激励或影响人的行为。信息沟通过程的各步骤、各要素都可能对有效信息沟通构成某种障碍或不利的影响。根据信息发送者与接收者在组织中所处的位置以及信息传递和流通的方向不同，信息沟通可分为下行沟通、上行沟通、横向或平行沟通、斜向沟通几种形式。沟通方法主要有以下几种：发布指示、请示汇报、召开会议、个别访谈、内部沟通制度、内部刊物。

第六章
领 导

本章练习

一、选择题

1. ( )是一种影响力,它是影响人们心甘情愿地和满怀热情地为实现群体目标努力的艺术或过程。
   A. 管理　　　　　　　　　　　　B. 领导
   C. 组织　　　　　　　　　　　　D. 激励

2. 领导行为理论的研究重点是( )。
   A. 领导行为　　　　　　　　　　B. 领导环境
   C. 领导者品质　　　　　　　　　D. 领导绩效

3. 管理方格论中,表示领导者只重视任务效果而不重视下属的发展和士气的是( )。
   A. 俱乐部型管理　　　　　　　　B. 中庸之道型管理
   C. 贫乏型管理　　　　　　　　　D. 任务型管理

4. 情景理论将下属的成熟程度作为领导选择正确的领导风格的重要依据,领导者提供极少的指导和支持的领导风格被称为( )。
   A. 命令(高任务—低关系)　　　　B. 说服(高任务—高关系)
   C. 参与(低任务—高关系)　　　　D. 授权(低任务—低关系)

5. 通过领导活动调动组织成员的积极性,使其以高昂的士气自觉为组织做出贡献的活动,被称为( )。
   A. 领导的沟通协调作用　　　　　B. 领导的指挥引导作用
   C. 领导的激励鼓舞作用　　　　　D. 领导的决策判断作用

6. ( )认为各种领导方式都可能在一定环境内有效,这种环境是多种外部与内部因素的综合作用体。
   A. 路径—目标理论　　　　　　　B. 四分图理论
   C. 权变理论　　　　　　　　　　D. 管理方格论

7. 俄亥俄州立大学的研究人员对领导方式的研究发现,( )的领导者一般更能使下属达到高绩效和高满意度。
   A. 高关怀—高定规　　　　　　　B. 高关怀—低定规
   C. 低关怀—高定规　　　　　　　D. 低关怀—低定规

8. 曹雪芹虽食不果腹,仍然坚持《红楼梦》的创作,是出于其( )。
   A. 自尊需要　　　　　　　　　　B. 情感需要
   C. 自我实现的需要　　　　　　　D. 以上都不是

9. 比较马斯洛的需求层次理论和赫兹伯格的双因素理论,马斯洛提出的五种需求中,属于保健因素的是( )。

A. 生理和自尊的需要 B. 生理、安全和自我实现的需要
C. 生理、安全和社交的需要 D. 安全和自我表现实现的需要

10. 当人们认为自己的报酬与劳动之比，与他人的报酬与劳动之比是相等的，这时就会有较大的激励作用，这种理论称为（ ）。
   A. 双因素理论 B. 期望理论
   C. 公平理论 D. 强化理论

11. 中国有些国有企业引入奖金机制的目的是发挥奖金的激励作用，但现在许多企业的奖金已经成为工资的一部分，奖金变成了保健因素。这说明（ ）。
   A. 双因素理论在中国不怎么适用
   B. 保健和激励因素的具体内容在不同国家是不一样的
   C. 防止激励因素向保健因素转化是管理者的重要责任
   D. 将奖金设计成为激励因素本身就是错误的

12. 根据弗鲁姆的期望理论公式，一般说来，效价越高，期望值越大，激励的水平就越（ ）。
   A. 高 B. 低
   C. 一般 D. 不能确定

13. 某公司改善了小李的工作条件，小李的积极性和主动性并没有提高，不久小李接到了一项具有挑战性的任务，他工作特别卖力，这可运用哪一种激励理论来解释？（ ）
   A. 期望理论 B. 双因素理论
   C. 公平理论 D. 强化理论

14. 根据强化理论，职工努力工作是为了避免不希望得到的结果，这就是（ ）。
   A. 自然消退 B. 惩罚
   C. 消极强化 D. 积极强化

15. 在组织中，下级向上级提出自己的意见和建议被称为（ ）。
   A. 下行沟通 B. 上行沟通
   C. 横向沟通 D. 斜向沟通

16. 下列说法不正确的是（ ）。
   A. 双向沟通比单向沟通需要更多的时间
   B. 接受者比较满意于单向沟通，发送者比较满意于双向沟通
   C. 双向沟通的噪音比单向沟通要大得多
   D. 在双向沟通中，接受者和发送者都比较相信自己对信息的理解

17. 沟通的目的是（ ）。
   A. 促进变革 B. 联络
   C. 实现目标 D. 管理

18. 沟通带有强制性，比较规范、约束力强的沟通渠道是（ ）。
   A. 正式沟通渠道 B. 非正式沟通渠道
   C. 语言沟通渠道 D. 非语言沟通渠道

19. 某保险公司 X 分公司为开发一项新业务,从不同部门抽调若干员工组建了一个项目团队,为激励他们高度热情地投身于新工作,你认为选择哪一种沟通媒介最合适?(　　)
   A. 电子邮件　　　　　　　　　　　B. 电话
   C. 面谈　　　　　　　　　　　　　D. 简报

20. 沟通是关于如何使(　　)保持一致的问题。
   A. 领导方式和激励行为　　　　　　B. 领导方式和组织结构
   C. 绩效考核和激励行为　　　　　　D. 绩效考核和组织结构

二、多项选择题

1. 双因素理论将以下哪些内容看作激励因素(　　)。
   A. 责任感　　　　　　　　　　　　B. 人际关系
   C. 工作条件　　　　　　　　　　　D. 报酬
   E. 晋升

2. 作为领导者,在履行领导职能时,必须遵循以下原则(　　)。
   A. 组织目的的明确原则　　　　　　B. 目标一致原则
   C. 统一指挥原则　　　　　　　　　D. 沟通联络原则
   E. 激励原则

3. 费德勒在领导方式测评的基础上,将领导工作所面临的环境状况具体分解为以下情境因素(　　)。
   A. 制度现状　　　　　　　　　　　B. 职位权力
   C. 任务构成　　　　　　　　　　　D. 下属素质
   E. 上下级关系

4. 组织中领导的作用为(　　)。
   A. 沟通协调作用　　　　　　　　　B. 指挥引导作用
   C. 维持秩序作用　　　　　　　　　D. 激励鼓励作用
   E. 监视控制作用

5. 组织中最普遍使用的沟通方式包括(　　)。
   A. 口头沟通　　　　　　　　　　　B. 书面沟通
   C. 布告期刊　　　　　　　　　　　D. 非语言沟通
   E. 电子媒介

三、判断题

1. 领导在管理活动中处于首要地位。(　　)

2. 领导是指引和影响个体、群体或组织来完成所期望目标的各种活动过程。(　　)

3. 菲德勒模型强调领导风格是固定不变的,提高领导者的有效性只有替换领导者以适应环境和改变情景以适应领导者两条途径。(　　)

4. 路径——目标领导理论是依据下属的成熟水平选择正确的领导风格的权变理论。
（　　）
5. 表彰和奖励能起到激励的作用，批评和惩罚不能起到激励的作用。（　　）
6. 双因素理论认为如果缺乏保健因素，则员工会不满；但具有保健因素则不会导致满意，而是没有不满。（　　）
7. 实践证明正强化比负强化更有激励效果。（　　）
8. 动机是激励的起点和基础。（　　）
9. 管理学中的沟通特指人与人的沟通。（　　）
10. 对非正式沟通中的"小道消息"应当采取压制的态度。（　　）
11. 沟通可以影响和改变别人的态度与行为。（　　）
12. 非正式沟通可以起到传递正式沟通的功能的作用。（　　）

四、思考题

1. 领导拥有哪些权力？
2. 领导者和管理者的区别是什么？
3. 试述双中心理论、管理方格理论的主要内容和各自特点。
4. 领导艺术包含哪些内容？
5. 有关人性的假设有哪些？
6. 结合实例谈谈激励与行为之间的关系。
7. 简述需要层次理论的基本内容。
8. 简述双因素理论的基本内容。
9. 简述期望理论的基本内容。
10. 简述公平理论的内容。
11. 常用的激励方法有哪些？
12. 简述沟通的过程。
13. 沟通的类别有哪些？
14. 比较单向沟通和双向沟通的优缺点。
15. 如何实现有效沟通？

五、案例分析题

案例1　柳传志重夺"中国最具影响力的商界领袖"头名

2010年《财富》（中文版）最新公布了"中国最具影响力的25位商界领袖"。柳传志、张瑞敏、马化腾、任正非、王石、李书福、王传福等25位中国知名的国有和民营企业家获选为"中国最具影响力的商界领袖"。

当年上榜的人士与上年最大的不同在于，许多第一代创业家又回来了。最著名的回归者是柳传志，这位66岁的老人在金融危机之后再次出山，担任联想集团董事局主席。当时，争议之声四起，更多的人是担心重新出山会毁了他的半世英名。一年多时间过去了，事实上这位传奇式的企业家做得相当出色。

第六章

领　导

柳传志认为，领导的过程就是争取追随者的过程。振臂一呼，应者云集的领导能力绝不是一个领导职位就能赋予的，没有追随者的领导剩下的只是职权威慑的空壳。

柳传志争取追随者的第一步是"行得正"。"在公司里面，我对他们要求挺严格，大家还都信我。甚至离开公司想自己发展的人，也不会出去说联想不好。这其中，我觉得有一点很重要，就是决不搞宗派，决不给自己谋私利，对人处事还要公正。今天我把他训了一通，明天当他发现其他人犯了错误也一样挨训的时候，他就不会感到委屈。"

争取追随者，以身作则、身先士卒很重要，"创业的时候，我没高报酬，我怎么吸引别人呢？就凭着我多干，能力强，拿得少，来吸引住更多的志同道合的老同志"。

"要部下信你，还要有具体办法，通过实践证明你的办法是对的。我跟下级交往，事情怎么决定有三个原则：同事提出的想法，我自己想不清楚，在这种情况下，一定按照人家的想法做；当我和同事都有看法，分不清谁对谁错，发生争执的时候，我采取的办法是，按你说的做，但是，我要把我的忠告告诉你，最后要找后账，成与否要有个总结。你对了，表扬你，承认你对，我再反思我当初为什么要那么做。你错了，你得给我说明白当初为什么不按我说的做，我的话，你为什么不认真考虑；第三种情况是，当我把事想清楚了，我就坚决地按照我想的做。"

"第二种情形很重要，首先，不独断专行，尊重人家意见，但是要找后账。其次，是取信于领导，取信于用户和合作者，取信于员工。说到的事情一定要做到，要不然，你就别说。另外，公司立的规矩一定要不管不顾地坚持。比如公司开会迟到罚站的规矩。传了十几年了，传下来不容易，因为不断地来新人，谁信这个。"在领导方式方面，柳传志认为，当企业小的时候，或者刚开始做一件全新的事的时候，一定要身先士卒，那个时候，领导是演员，要上蹿下跳自己去演。但是当公司上了一定规模以后，一定要退下来。"要做大事，非得退下来，用人去做。如果我一直身先士卒，就没有今天的联想了，我现在已经退到了制片人的角色。包括主持策划，都是由年轻人自己搞，杨元庆他们自己的事，由他主持策划，我只是谈谈未来的方向"。

思考题：

柳传志赢得下属追随的关键因素是什么？结合案例说明领导者拥有追随者的重要意义。

案例2　赵副厂长该怎么办

赵副厂长是某汽车零件制造厂分管生产的副厂长。一个月前，他为了搞好生产，掌握第一手资料，就到第一车间甲班去蹲点调查。一个星期后，他发现工人劳动积极性不高，主要原因是奖金太低，所以每天产量多的工人生产二十几只零件，少的生产十几只零件。

赵副厂长和厂长等负责人商量后，决定搞个定额奖励试点，每天每人以生产20只零件为标准，超过20只零件后，每生产一只零件奖励0.5元。这样，全班二十三个人都超额完成任务，最少的每天生产29只零件，最多的每天生产42只零件，这样一来，工人的奖金额大大超过了工资，使其他班、其他车间的工人十分不满。

现在又修改了奖励标准，每天超过30只零件后，每生产一只零件奖励0.5元，这样一来，全班平均生产每天只维护在33只左右，最多的人不超过35只，赵副厂长观察后发现，工人并没有全力生产，离下班还有一个半小时左右，只要30只任务已完成了，他们就开始休息了。他不知道如何进一步来调动工人的积极性了。

思考题：

1. 赵副厂长在激励员工时有哪些不妥之处，该如何改正？
2. 如果你是赵副厂长，该如何处理这个问题？
3. 结合这个案例，运用所学理论，为工厂设计一个较为系统的激励计划？

六、实践训练

实训目的：通过测评，加深对领导者所需具有的特质和行为方式的了解；有意识地培养自身的领导才能。

实训内容：独立完成测评表。

实训要求：说明领导行为的特点；采取全班交流的方式巩固所学的领导理论。

实训考核：通过自我测评，找出存在的问题，写出心得。对担任领导工作的准备程度测评。

说明：对下列描述，按照你同意的程度，标出相应的分数：分数 1 表示非常不同意；分数 2 表示不同意；分数 3 表示中立；分数 4 表示同意；分数 5 表示非常同意

1. 我乐意人们向我征求意见和建议　　　　　　　　1　2　3　4　5
2. 我总是鼓舞其他人　　　　　　　　　　　　　　1　2　3　4　5
3. 向人们提出一些关于其工作的有刺激性的问题是一种好的行为方式

　　　　　　　　　　　　　　　　　　　　　　　1　2　3　4　5
4. 称赞别人对我来说是件容易的事情　　　　　　　1　2　3　4　5
5. 即使在我情绪不好时，我也喜欢让大家开心　　　1　2　3　4　5
6. 我的团队取得的成就比我个人的荣誉更重要　　　1　2　3　4　5
7. 许多人模仿我的观点　　　　　　　　　　　　　1　2　3　4　5
8. 建立团队精神对我来说很重要　　　　　　　　　1　2　3　4　5
9. 我喜欢指导其他团队成员　　　　　　　　　　　1　2　3　4　5
10. 承认其他人的成就对我来说很重要　　　　　　1　2　3　4　5
11. 我乐于招待来访者，即使他打断了我的工作　　1　2　3　4　5
12. 代表我的团队到外面去参加活动，对我来说是一件有意思的事　1　2　3　4　5
13. 我的团队成员的问题就是我的问题　　　　　　1　2　3　4　5
14. 解决冲突是我乐于做的事情　　　　　　　　　1　2　3　4　5
15. 我愿意与组织中另一个部门合作，即使我不同意其团队成员的观点

　　　　　　　　　　　　　　　　　　　　　　　1　2　3　4　5
16. 我在工作中总会想出一些新点子　　　　　　　1　2　3　4　5
17. 只要有机会我就喜欢与人讨价还价　　　　　　1　2　3　4　5
18. 当我讲话时，团队成员都在听　　　　　　　　1　2　3　4　5
19. 在我的一生中，有多次被人邀请去领导一项活动　1　2　3　4　5
20. 我总是一个令人信服的人　　　　　　　　　　1　2　3　4　5

　　　　　　　　　　　　　　　　　　　　　　　总分：

解释：将每一项所得分数相加，得到总分

90～100 分　　　　　　　对担任领导有充分的准备
60～89 分　　　　　　　　对担任领导有中等程度的准备
40～59 分　　　　　　　　对担任领导有些不适应
39 分或更低　　　　　　　对担任领导没有什么准备

如果你已经是一个成功的领导者，但得分很低，请别在意这个得分。如果你得分很低，而且还不是一个领导者，或现在的领导效果不太好，请认真研究这些问题，考虑改变自己的态度和行为，使每项的得分能达到 4 分或 5 分。

第七章
控 制

知识目标
- 理解控制的含义
- 了解掌握控制的各种类型和特点
- 掌握控制的过程和方法

技能目标
- 了解各种控制方法
- 具有能够根据组织活动具体的控制需要选择适当的控制方法的能力

苏南机械有限公司

苏南机械有限公司是江南的一家拥有3000多名职工的国有企业,主要生产金属切削机床。公司建立于解放初期,当初只是一个几十人的小厂,从小到大经历了几十年的风雨,为国家做出过很大的贡献。在20世纪80年代,公司取得了一系列令人羡慕的殊荣。经主管局、市有关部门及国家有关部委的考核,公司各项指标均达到了规定的要求,而光荣地评为国家一级企业;厂里的当家产品,质量很好,获得了国家银质奖。随着外贸改革,逐渐打破了国家对外贸的垄断,除了外贸公司有权从事外贸外,有关部门经考察挑选了一部分有经营外贸潜力的国有大、中型企业,赋予它们外贸自主权,让它们直接进入国际市场,从事外贸业务。公司就是在这种形势下,得到了上级有关部门的青睐,获得外贸自营权。

进入21世纪,企业上上下下都感到日子吃紧,虽然经过转制,工厂改制成了公司,但资金问题日益突出,一方面公司受"三角债"的困扰,另一方面产品积压严重,销售不畅。为此公司领导多次专题研究销售工作,大部分人都认为,公司的产品销售不动,常常竞争不过一些三资企业和乡镇企业，问题不在产品质量，而主要是在销售部门的工作上。因此，近几年公司对销售工作做了几次大的改革，先是打破了只有公司销售部门独家对外进行销售的格局，赋予各分厂（即原来的各车间）进行对外销售的权力，还另外组建了几个销售门市部，从而形成一种竞争的局面，利用多方力量来推动销售工作，公司下达包括价格浮动幅度在内的一些指标来加以控制。与此同时，公司对原来的销售科进行了充实调整工作，把销售科改为销售处。以后又改为销售部，现在正式改为销售公司。在人员上也做了调整，抽调了一批有一定技术、各方表现均不错的同志充实进销售公司。从事销售工作的人员增加了不少，销售的口子也由原来一个变成了十几个。当初人们担心，这样会造成混乱，但由于公司通过一些指标加以控制，所以基本上没有出现这种情况，但是销售工作不景气状况却没有根本改变，这是近年来一直困扰公司领导的一大问题。与此同时，公司的外销业务有了长足的发展。当初公司从事外销工作的一共只有五六个人，是销售科内的一个外销组，后来公司获得了外贸自主权，公司决定成立进出口部事外销工作，人员也从原来的几个发展到了今天的30个：除12个人在外销仓库，其余18人有5个外销员，5个货源员，其他人从事单证、商检、海关、船运、后勤等各项工作。公司专门抽调了老王担任进出口部经理。老王今年50岁，一直担任车间、科室的主要领导，是公司有名的实力派人物。在王经理的带领下，进出口部的业绩令人瞩目：2006年达到了450万美元，2007年达到500万美元，2008年计划为650万美元，1到9月份已达到了500多万美元，看来完成预定的计划是不成问题的。成绩是显著的，但问题矛盾也不少。进出口部成立以来，有三件事一直困扰着，一是外销产品中，本公司产品一直上不去。公司每年下达指标，要求进出口部出口本单位的产品，如2008年的指标是650万美元的外销量，其中本公司的产品应达350万美元。公司的理由是：内销有困难，进出口部要为公司挑担子，虽然做公司产品没多大利润，但这关系到全公司3000人的吃饭问题。因此，进出口部只得接这项任务，王经理再将指标分解给外销员，即每人做70万美元的本公司产品，可结果总是完不成。王经理和外销部都反映，完不成的责任不在进出口部，因为订单来了，本公司分厂不能及时交货，价格也有问题，所以只能让其他厂去做，进出口部做定购，这样既控制价格、质量，又能及时交货。说穿了，做本公司的产品，进出口部门要去求分厂，而做外购是人家求进出口部，好处也就不言而喻了。公司对进出口部完成不了本公司产品的出口任务一直有意见，进出口部门与各分厂的关系也搞得很僵，而且矛盾还在发展之中。二是内部奖金的问题。近几年，公司对工资奖金的发放也作了些改革，公司负责发工资，奖金的额度控制，但具体如何发放，由各部门自行确定。这一来王经理就要与公司谈判奖金额度，但这仍是项艰难的讨价还价工作，好在王经理经验丰富，为进出口部门争取到了较好的奖金额度。对王经理来说，更难的是有了奖金额度，如何进行内部分配。开始的时候，王经理采用基本平均的分配方式，理由是：进出口部的成绩是一起做的，缺少了哪个人的努力都不行，虽然各人干的工作不一样，贡献也不同，但工资里已有所体现，因为现在的工资主要实施的是岗位工资制，仓库工人的工资大约只有其他员工工资的一半，差距已经拉开了，而奖金发放的标准主要看大家在各自的岗位上是不是在努力工作，如果大家都在努力工作，那么就拿一样的奖金。这样做引起了一部分人，特别是外销员工的不满，他们认为这是平均主义在奖金分配上的反映，奖金是分配中的一个组成部分，而且随着公司的发展，这一块在收入中占比重会越来越大，工资在收入中占的份额在下降，因此奖金分配若搞平均主义，那么大锅饭弊病就无法根除。王经理想想也有道理，经过反复考虑，他决定拉开奖金分配的差距。

王经理将外销员和与之相配合的货源员的奖金与他们的创利结合在一起，这样各种人员所得的奖金数额差距拉大了，最高的和最低的有时相差10~20倍，当然拿得少的人不满意了；他们认为外销员拿得那么多，这不公平，好事都是他们的，要么出国、参加广交会等，已经获得了很多好处，现在奖金又拿那么多，我们拿得少，以后我们少干点，看看他们如何能完成那些订单。这些反映传到王经理的耳中了，据说有人还到公司总经理那儿去告状了。王经感到右也不是，左也不是，到底该怎么办呢？三是外销员队伍的稳定问题。近几年已有几位外销员跳了槽，而且跳出去的人据说都"发"了，有的已开公司做贸易，有的跳到别的外贸公司，因为他们是业务熟手，手中又有客户，所以都享有很高待遇。这又影响了现在的外销员。公司虽然在工资、奖金上向外销员作了倾斜，但他们比跳槽的收入还差一大截，因此总有些人心不定，有的已在公开扬言要走，王经理也听到了些消息，说是有的人已在外面悄悄干上了。面对这样的状况，王经理心里万分着急，他知道，培养一个好的外销员不容易，走掉一个外销员，就会带走一批生意。他深知问题的严重，也想了好多办法，想留住人心，比如搞些活动，加强沟通等，但在有些人身上收效甚微。该怎么办呢？

第一节 控制概述

在计划的实施过程中，实际执行情况与计划所要求的标准之间常常会存在一定的偏差，为保证有效地执行计划，就需要建立完善组织的控制系统，强化组织的控制职能。由于各种原因，组织运行过程中经常出现矛盾和冲突，这就需要通过控制来加以解决。控制是重要的管理职能。

一、控制的含义

亨利西斯克指出："如果计划重来不需要修改，而且是在一个全能的领导人的指导之下，有一个完全均衡的组织完好无缺的来执行的，那就没有控制的必要了。"然而，这种理想状态是不可能成为企业管理的现实的。无论计划制订的如何周密，由于各种各样的原因，人们在执行计划的活动中总是会或多或少出现与计划不一致的现象。可见，管理中的计划、组织、领导等其他职能，必须伴随有效的控制职能，才能真正发挥作用。控制职能是组织中各个层次的管理者必须承担的主要职责。

所谓控制，就是按既定计划、标准和方法对工作进行对照检查，发现偏差，分析原因，进行纠正，以确保组织目标实现的过程。

这一定义可以从下面几层含义进行理解：

（1）控制是管理过程的一个阶段，它是使系统以一种比较可靠的、可信的、经济的方式进行运转。从实质上讲，控制必须同检查、核对或验证联系起来，这样才有可能使控制根据计划过程事先确定的标准来衡量实际的工作。

（2）控制是一个发现问题、分析问题、解决问题的全过程。组织开展业务活动，由于受外部环境、内部条件变化和人的认识问题、解决问题能力的限制，实际执行结果与预定目标完全一致的情况是不多的。因此，对管理者来讲，重要的不是工作有无偏差，而是是否能及时发现偏差，或通过对进行中的工作深入了解，预测到潜在的偏差。发现偏差，才能进而找到造成偏差的原因、环节和责任者，采取针对性措施纠正偏差。

（3）控制的根本目的，在于保证组织活动过程和实际结果与计划内容及计划目标一致，最终保证组织目标的实现。

二、控制的特征

（一）控制具有整体性

控制需要把整个组织的活动作为一个整体来看待，使各方面的控制协调一致，达到整体优化。控制的整体性包括多重含义：一是指控制是组织全体成员的职责，完成计划是组织全体成员的共同责任，参与控制是全体成员共同的任务；二是指控制的对象是组织的各个方面，包括各层次、各部门、各单位的工作，以及组织生产经营的各个不同阶段等。组织各个方面的协调平衡需要对组织的各个方面进行有效的控制。

（二）控制具有动态性

控制是动态演化的控制，它不同于机器设备系统中的自动控制，这种控制是高度程序化的，具有固定的特征。控制是在有机的社会组织中进行的，外部环境和内部条件都在不断地发生着变化，从而决定了控制的动态性，以提高控制的适应性和有效性。

（三）控制具有目的性和反馈性

控制的意义就在于使组织活动朝着计划目标前进，因此控制具有明确的目的性特征。控制无论是着眼于纠正执行中的偏差还是适应环境的变化，都紧紧地围绕组织的目标进行，受到一定目标的指引，服务于达成组织特定目标的需要。而控制的这种目的性要得以实现，离不开信息反馈。没有信息反馈，就没有了赖以判断对错的对象和依据。控制系统中的信息是通过管理信息系统来实现的。

（四）控制具有人本性

控制不可忽视其中的人性方面因素。人是组织各项活动的执行者，组织中的各项活动都要靠人来完成。归根结底，控制是对人的控制，同时本身又必须由人来执行。这就要求我们充分注意到人才是控制的关键。既要使人遵守控制的准则，又要努力使控制符合人的特性。控制不仅仅是监督，更为重要的是指导和帮助，使人在被动接受控制的同时，还能充分理解控制的必要性与方法，从而端正自身态度，提高工作与自控能力。

（五）控制具有创新性

控制不等于管、卡、压。控制不仅要保证计划完成，并且还要促进管理创新。实施控制过程要通过控制活动调动受控者的积极性，这是现代控制的特点。如在预算控制中实行弹性预算就是这种控制思想的体现，特别是在具有良好反馈机制的控制系统中，施控者通过接收受控者的反馈，不仅可及时了解计划执行的状况，纠正计划执行中出现的偏差，而且还可以从反馈中受到启发，激发创新。

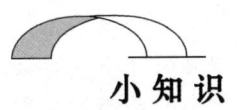

小 知 识

斯蒂芬·P. 罗宾斯

斯蒂芬·P. 罗宾斯（Stephen P. Robbins）是美国著名的管理学教授，组织行为学的权威，他在亚里桑纳大学获得博士学位。曾就职于壳牌石油公司和雷诺金属公司。有着丰富的实践经验，并先后在布拉斯加大学、协和大学、巴尔的摩大学、南伊利诺伊大学、圣迭戈大学任教。

罗宾斯博士兴趣广泛，尤其在组织冲突、权力和政治，以及开发有效的人际关系技能等方面成就突出。他的研究兴趣集中在组织中的冲突、权威、政治以及有效人际关系技能的开发方面。

他把大量的时间用在撰写管理教科书上。他的著作包括：《管理学》（第五版）、《管理学基础》、《组织行为学精要》（第四版）、《人际技能培训》（第二版）、《组织理论》（第三版）、《今天的管理》、《成功主管培训手册》等。他的管理学教材被美国斯坦福大学等上千所大学和学院采纳为核心教材，同时还被英国、加拿大、澳大利亚、新西兰以及斯堪的那维亚地区、拉丁美洲、亚洲、欧洲等地的上百所大学所采用。

在教学和写作之余，罗宾斯博士经常参加教师田径比赛。从1993年进入50岁以后，他创造了几项室内和室外的世界速跑纪录，他还赢得过世界退役军人运动会100米、200米和400米金牌。1995年，罗宾斯博士被美国田径协会教师田径委员会命名为当年40岁以上级别的"杰出田径先生"。

三、控制的作用

控制工作的重要性就是保证组织活动与计划一致，以实现组织的目标。任何组织都需要控制。具体讲，控制为组织提供适应环境变化、限制偏差累计、处理组织内部复杂局面、降低组织的成本和减少损失等提供了有效的途径。控制的这些基本作用体现出控制的目的所在。

（一）组织适应环境的重要保障

一个组织要想生存发展，就必须适应环境。任何组织的计划都是在确定计划前提条件的基础上制定的。在计划的实施过程中，组织内外环境会不断地发生变化，而且在制定计划时所确定的前提条件也不可能十分精确，这就使得原有计划不再适应变化了的环境。通过控制活动，管理者可以及时了解环境变化对计划执行的影响程度和原因，从而采取有效的调整行动，使得组织与环境相适应。

如果管理者能够建立起目标并即刻将其实现，那么就不需要进行控制。事实上，制订目标之后到目标实现之前，总是有一段时间。在这段时间内，组织内部和周围环境会有许多变化发生。这些变化的因素不仅会干扰目标的实现，甚至可能导致对计划目标本身进行修改。因此，构建有效的控制系统，以便帮助管理者预测和确定这些变化，并对由此带来的机会和威胁做出反应，就是十分必要的。

（二）提高管理水平、限制偏差积累的有效手段

在组织活动过程中，不可避免地会出现一些差错和失误。小的差错和失误并不一定会立即给组织带来严重的损害，然而随着时间的推移和差错量的不断积累，小的差错就会逐渐放大成为大的问题，甚至演化到非常严重的状态。对组织活动采取必要的控制，就可以及时的发现尚处于萌芽状态的错误，在分析的基础上采取相应的纠偏措施，从而使组织活动中的问题得到解决。因此，控制工作是提高组织管理水平、限制偏差积累的有效手段。

工作中出现偏差在很大程度上是不能完全避免的，关键是要能够及时地获取偏差的信息，采取及时有效的矫正措施。

（三）强化成员责任心、减少组织资源损失的重要手段

要使组织成员尽职尽责，切实地负起责任来，就必须让他们知道他们的职责是什么，他们的绩效如何评价和考核，以及在评价的绩效标准是什么。通过控制工作，可以不断地对下级的工作进行评估，给其造成持续不断的压力和连续不断地激励，从而使其更好地负起责任来，高效地完成所承担的任务。

组织内部的复杂局面使得授权成为必要。但是，现实中许多管理者发现他们难以授权，原因是怕下属将他们负责的事情做错。然而，如果管理者建立起有效的控制系统，由它给管理者提供有关下属绩效的信息，那么管理者对授权的担心就会减轻，并使组织内的复杂局面变得井然有序。

同时，如前所述，如果组织拥有高效完善的控制系统，即使出现错误，也能够及时发现，就可避免大的失误，把损失减低到最低程度，把组织达到目标的各方面成本降低到最低限度。

四、控制的基本原则

无效的控制会导致计划的无效和组织的无效。要真正发挥控制职能的作用，建立一个有效的控制系统，首先必须要坚持一些基本原则。

（一）控制的重点原则

控制的过程可以说是发现和纠正偏差的过程。在控制过程中不仅要注意偏差，而且要注意出现偏差的具体事项，不可能对工作中所有的事项进行控制，而只能针对关键的事项，当这些事项的偏差超过了一定限度，足以影响到目标的实现时就必须予以纠正。事实证明，要想对工作或活动的全过程进行完全控制几乎是不可能的，也是没有必要的。因

此，应抓住活动过程中的关键和重点进行局部的和重点的控制，这就是所谓的重点原则。

控制作为一种管理职能，它为组织目标服务，良好的控制必须有明确的目的，不能为控制而控制。无论什么性质的工作往往都有多个目标，但总有一两个是最为关键的，管理者要在这众多目标中，选择出关键的、反映工作总体需要的控制目标加以控制。

（二）控制的及时性原则

高效率的控制系统，要求能迅速发现问题并及时采取纠正偏差的措施。一方面要求及时准确地提供所需的信息，避免时过境迁，使控制失去应有的效果；另一方面要估计可能发生的问题，使所采取的措施与发生的偏差相适应，即纠正偏差措施的安排应有一定的预见性。

（三）控制的灵活性原则

任何控制对象和控制过程都受众多因素影响的，这些因素的变化使预测总会存在着一定的误差，因此所控制的对象和过程也不可能完全按照所设计的控制目标发展。控制的灵活性原则就是要求制定多种应付变化的方案，并采用多种灵活的控制方式和方法来达到控制的目的。控制应保证在发生某些未能预测到的事件时，如环境突变、计划疏忽、计划失败等状况，控制仍然有效。因此控制要有弹性和替代方案。

（四）控制的经济性原则

控制是一项需要投入大量的人力、物力、财力等资源的活动。当采取一项控制活动的耗费大于其所能带来的效果时，这种控制活动就是不经济的。因此在进行控制时必须坚持经济性原则。控制的经济性原则要求：一是实行有选择的控制，全面的控制不仅是不必要的，也是不可能的。要正确和有重点选择控制点，控制点太多会不经济，太少会失去控制。二是努力降低控制的耗费并提高控制效果。

（五）控制的可操作性原则

控制工作的落实就是纠正偏差措施的实际贯彻。因此，这些措施必须具有可操作性，即这些措施必须是可以投入实际运作的，而且在经济上是合理的、在技术上是可行的。具有可操作性的控制才可能取得实际效果。

第二节　控制的类型和内容

一、控制的类型

在组织中，由于控制的内容、性质、范围不同，控制工作可以根据不同的标准，划分为不同的类型。了解控制的各种类型及其分类标准，对于我们在管理实践中，根据实际情况选择合适的控制类型，从而达到有效控制是非常有帮助的。

本书按两种控制标准划分控制类型：一是根据控制点位置的不同，划分为的前馈控制、现场控制和反馈控制；二是根据主管工作人员改进工作的手段不同，划分为的间接控制和直接控制。

（一）前馈控制、现场控制和反馈控制

控制实质上是"信息反馈"过程，根据反馈信息采取纠正措施，无疑会存在"时间延迟"，这不利于实现控制的目的，为了克服这个问题，人们寻求采用实时信息，乃至超前性的预测信息，实施控制。这样纠正措施可以在组织运行过程的不同阶段来实现，相应地出现了不同的控制模式。这三种类型的控制之间的关系如图7-1所示。

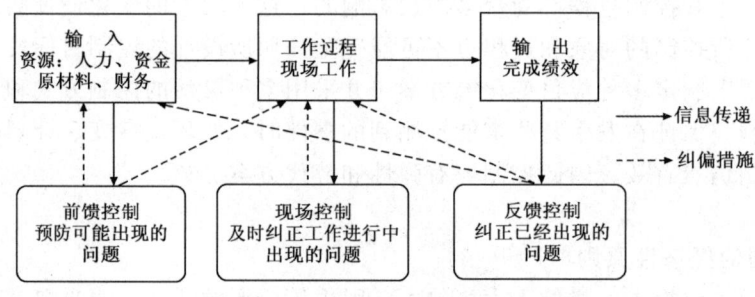

图7-1 三种控制类型的关系

1. 前馈控制

前馈控制（Feed forward Control），也称预先控制或事前控制，是指管理人员在工作正式开始前对工作中可能产生的偏差进行预测和估计并采取预防措施的控制。前馈控制的控制作用发生在行动之前，其特点是将注意力放在行动的输入端上，使得一开始就能将问题的隐患排除，"防患于未然"。如麦当劳在莫斯科开设第一家分店时，它派去了公司质量控制专家，帮助俄罗斯农民学习种植高质量马铃薯的技术，派面包师去传授烤制高质量面包的方法。因为麦当劳不管它的地理位置在哪里，都非常强调产品质量，它通过这种方式希望莫斯科的奶酪汉堡包的味道与在美国康涅狄格州哈特福德的一样。再比如，工厂在需求高峰来临之前，已添置机器，安排人员，加大了生产力，以防供不应求；公司在预计到产品需求量下跌之前就开始准备开发新产品上市等，这些都属于前馈控制。

前馈控制的优点表现在：首先，相对事后纠偏来讲，前馈控制的效果正是管理者追求的目标，能避免预期问题的出现，可以"防患于未然"，以避免事后控制对已铸成的差错无能为力的弊端；其次，前馈控制是在工作开始之前，针对某项计划行动所依赖的条件进行控制，不针对具体人员，因而不易造成面对面的冲突，易于被员工接受并付诸实施。

但是，由于未来的不确定性，要实现切实的前馈控制不是一件容易的事。它需要掌握及时和准确的信息，并要求管理人员能充分了解前馈控制因素和计划工作的影响关系。具体地说，要进行有效可行的前馈控制，必须满足以下几个必要条件：

（1）必须对计划和控制系统进行透彻、仔细的分析，确定重要的输入变量。

（2）必须为这个系统建立清晰的前馈控制的系统模型。

（3）必须要确保这个模型的动态性，定期检查模型以便了解已确定的输入变量及其相互关系是否仍能反映实际情况。

（4）必须经常搜集系统输入量的数据并输入控制系统。

（5）必须定期评估实际输入量和计划输入量之间的差异，并评估这些差异对预期最终结果的影响。

（6）必须采取行动，不但应指出问题，还应采取措施来解决它们。

从现实来看，要做到这些是十分困难的，因此，组织也必须依靠其他方式的控制。

2. 现场控制

现场控制（Concurrent Control）是指在工作正在进行中所施予的控制，也称为同步控制或者同期控制。其控制作用发生在行动之中，即与工作过程同时进行。其特点是在行动过程中，一旦发生偏差，马上予以纠正；它需要主管人员亲自深入现场，因此它主要为基层管理者所采用。其目的就是要保证本次活动尽可能地少发生偏差，改进本次而非下次活动的质量。在计划的实施过程中，大量的管理控制工作，尤其是基础的管理控制工作都属于这种类型。现场控制的实质是进行实时控制，而进行实时控制的关键条件在于计算机等网络、通信技术的发展使得实时通信成为可能，更进一步扩大了该控制的适用范围。如一些航空公司把飞机班次、旅行地点和日期输入计算机，从而对机舱座位的利用情况实施实时控制。再如一些超市实行计算机联网，能将商品的库存信息马上反映到供应商那里，以及时得到货源的补充；一些医院能进行远程手术，在手术中通过信息网络将病人的各项生理指标传送给异地的专家小组，使得专家小组能够控制手术的进行；等等。

现场控制通常包括两项职能：一是指导，即对下属的工作方法和程序等进行指导；二是监督，确保下属完成任务。在现场控制中，由于需要管理者及时完成包括比较、分析、纠正偏差等完整的控制工作，所以，虽然控制的标准是计划工作确定的行动目标、政策、规范和制度等，但控制的有效性取决于现场管理者的个人素质、作风、指导方式以及下属对这些指导的理解程度，其中管理者的"言传身教"具有很大的作用。

同时，现场控制也同样存在很多不足。首先，运用这种控制方式容易受到管理者的时间、精力和业务水平的制约。管理者不能时时事事都进行现场控制，只能偶尔或在关键项目上使用这种控制方式；其次，现场控制的应用范围受到一定限制。一般来说，对于简单劳动或标准化程度很高的工作，这类工作便于计量，较易进行现场控制，而对一些难以计量的工作就很难进行现场控制；再次，容易在控制者与被控制者之间形成对立情绪，伤害被控制者的工作积极性。

上述三种控制方式互为前提，互相补充。在现实中，很少有组织只采取唯一的控制类型，而是综合使用三种控制，对各种资源的输入、转换和输出进行全面的和全过程的控制，以提高效率。

3. 反馈控制

反馈控制（Feedback Control），又称事后控制，是一种最主要、也是最传统的控制方式，指在工作结束或行为发生之后进行的控制。这种控制把注意力主要集中于工作或行为的结果上，通过对已形成的结果进行测量、比较和分析，发现偏差情况，依此采取措施，对今后的活动进行纠正。如企业根据业绩对管理人员实施的奖惩，企业发现不合格产品后应追究当事人的责任并且制定防范再次出现质量事故的新规章，发现产品销路不畅而相应做出减产、转产或加强促销的决定等，这些都属于反馈控制。

反馈控制的过程首先从预期和实际工作成效的比较开始，指出偏差并分析其原因，然后制定出纠正的计划并进行纠正，纠正的结果将可以改进下一次的实际工作的成效或者将改变对下次工作成效的预期。可见，在评定工作成效与采取纠正措施之间有着很多的重要环节，每个环节的工作质量，都对反馈控制的最终成果有着重大的影响。

反馈控制的对象可以是行动的最终结果，如企业的产量、销售额、利润等；也可以是行动过程中的中间结果，如新产品样机、工序质量、产品库存等。前者可称为端部反馈，后者称为局部反馈。

反馈控制的优点有：一是在周期性重复活动中，可以避免下一次活动发生类似的问题；二是可以消除偏差对后续活动过程的影响，如产品在出厂前进行最终的质量检验，剔除不合格品，可避免这些产品流入市场后对品牌信誉和顾客使用所造成的不利影响；三是人们可以总结经验教训，了解工作失误的原因，为下一轮工作的正确开展提供依据；四是反馈控制可以提供员工奖惩的依据。因此，在实际工作中，反馈控制得到了相当广泛的应用。

但反馈控制存在明显的弊端，就是它只能在事后发挥作用，对已经发生的对组织可能有的危害无能为力，它的作用只是类似于"亡羊补牢"；而且在反馈控制中，偏差发生和发现并得到纠正之间有很长一段时滞，这必然对偏差纠正的效果产生很大的影响。例如营销部门可能在8月份的报表中发现了上一季度中分销渠道存在的一些问题，需要采取纠正措施，但是这是2个月以前的问题，现在究竟有何发展呢？这些都无从知晓，这必然要影响到控制的效果。虽然在日常管理活动中反馈控制仍然是管理者采用最多的控制形式，但是，由于它存在着上述缺陷，在一般情况下管理者应该优先采用其余两种控制形式。

小 练 习

人们常说，身体是"三分治七分养"，对于这件事：
A. 反馈控制比前馈控制重要　　　　　　B. 现场控制比反馈控制重要
C. 反馈控制比现场控制重要　　　　　　D. 前馈控制比反馈控制重要

（二）直接控制和间接控制

根据控制的手段不同，可分为直接控制和间接控制。

1. 直接控制

直接控制是相对于间接控制而言的，它是着眼于培养更好的管理人员，使他们能熟练地应用管理的概念、技术和原理，能以系统的观点来进行或改善他们的管理工作，从而防止出现因管理不善而造成的不良结果。直接控制也称预防性控制。

直接控制主要通过提高管理人员的素质进行控制。直接控制的理论依据是建立在如下假设基础上的：

（1）合格的管理人员所犯的错误相对较少。所谓"合格"就是指他们熟练地运用管理概念、原理和技术，能以系统的观点来进行管理工作。

（2）管理工作的成效是可以计量的。在计量管理工作成效时，管理的概念、原理、方法是一些有用的判断标准。

（3）管理人员能够发现正在出现的或潜在的问题，并果断采取有效措施予以纠正的基本原理的应用情况是可以评价的。

直接控制有以下一些优点：

（1）在对个人分配任务时能有较大的准确性；同时，为使主管人员合格，对他们经常不断地进行评价，也必定会揭露出工作中存在的缺点；并为消除这些缺点进行专门训练提供依据。

（2）直接控制可以使主管人员主动地采取纠正措施。直接控制关注的核心是管理者，鼓励管理者用自我控制的办法进行控制。由于在评价过程中会揭露出工作中存在的缺点，因而也会促使主管人员努力去确定他们应负的职责并自觉地纠正错误。

（3）直接控制还可以获得良好的心理效果。管理人员的素质提高后，他们的威信也会得到提高，下属对他们的信任和支持也会增加，这样就有利于整个计划目标顺利实现。

（4）由于提高了管理人员的素质，减少了偏差的发生，也就有可能减轻间接控制造成的负担，节约经费开支。

但需值得注意的是，采用直接控制方法是有条件的，管理者必须对管理的原理、方法、职能以及管理的哲理有充分理解，这就需要管理人员要采取各种途径进行学习，不断提高自己的管理水平。

2. 间接控制

间接控制是着眼于发现工作偏差，分析产生的原因，并追究个人责任使之改进未来的工作的一种控制。它是一种典型的事后纠偏控制方式。

间接控制是基于这样一些事实为依据的：人们常常会犯错误，或常常没有察觉到哪些将要出现的问题，因而未能及时采取适当的纠正或预防措施。因此，有效的方法是根据计划标准来对比实际结果，从对比中发现偏差，并进一步追查造成偏差的原因和有关人员的责任，之后予以纠正。

运用间接控制好处是，对于因管理人员缺乏知识经验和技能所造成的偏差，一方面通过此控制方式帮助他们纠正；另一方面还可以帮助他们总结经验教训，增加他们的知识和技能，提高他们的管理水平。

当然，间接控制也存在着许多缺陷，最明显的是当出现偏差造成损失后才采取措施，因此，它的费用支出是比较大的。

二、控制的内容

美国管理学家斯蒂芬·罗宾斯将控制的内容按照控制的对象，归纳为对人员、财务、作业、信息和组织绩效5个方面的控制。

（一）对人员的控制

管理者是通过他人的工作来实现其目标的，为了实现组织的目标，管理者必须依靠其下属员工。因此保证员工按照管理者制定的工作方式和预定的计划去做非常重要。为了做到这一点，就必须对人员进行控制。直接巡视是对人员控制最常用的方法。它是指在日常工作中，管理者通过观察员工的工作，发现问题并马上进行纠正。例如，当一位监工发现某员工的机器操作有误时，就当时指明其错误，并指明正确的操作方法。另一种有效的方法是对员工进行系统化的评估，这是一种正规的控制方法。通过评估，对绩效好的予以奖励，使其维持或加强良好的表现；对绩效差的管理者就采取相应的措施，纠正出现的行为偏差。

（二）对财务的控制

为保证企业获取利润，维持企业的正常运作，必须要进行财务控制。这主要包括审核各期的财务报表，以保证一定的现金存量，保证债务的负担不致过重，保证各项资产都得到有效的利用等。预算是最常用的财务控制衡量标准，也是一种有效的控制工具。

（三）对作业的控制

一个组织的成功，在很大程度上取决于它在生产产品或提供服务的能力上的效率和效果。组织提供的产品或服务的质量在很大程度上是由组织中的作业质量决定的。所谓作业，就是指从劳动力、原材料等资源到最终产品和服务的转换过程。而作业控制就是通过对作业过程的控制，来评价并提高作业的效率和效果，从而提高组织提供的产品或服务的质量。典型的作业控制包括：监督生产活动以保证其按计划进行，即生产控制；评价购买能力，以尽可能低的价格提供所需的质量和数量的原材料，即原材料购买控制；监督组织的产品或服务的质量，以保证满足预定的标准，即质量控制；保证所有的设备得到良好的维护，即设备管理控制。

（四）对信息的控制

随着人类步入信息社会，信息在组织运行中的地位越来越高，不精确的、不完整的、不及时的信息会大大降低组织效率。因此，在现代组织中对信息的控制显得尤为重要。对信息的控制就是要建立一个管理信息系统，使它能在正确的时间，以正确的数量，为正确的人提供正确的数据信息。管理信息系统是一个由人、计算机结合的对管理信息进行收集、传递、存储、加工、维护和使用的系统。它以大容量数据库为支撑、以数据处理为基础、从系统的观点出发，把分散的信息组织成比较完整的信息系统，大大提高了信息处理的效率，也提高了管理水平。

（五）对组织绩效的控制

组织绩效是组织上层管理者的控制对象，组织目标的达成与否都从这里反映出来。无论是组织内部的人员，还是组织外部的人员和组织，如证券分析人员、潜在的投资者、贷款银行、供应商及政府部门都十分关注组织的绩效。因此，为了维持或改进一个组织的整体效果，管理者应该关心控制。但是一个组织的效果很难用一个单一的指标来衡量，生产率、产量、市场占有率、员工福利、组织的成长性等都可能成为衡量指标，关键是看组织的目标取向，即要根据组织完成目标的实际情况并按照目标所设置的标准来衡量组织绩效。

第三节 控制的过程

无论是在什么类型的组织中，无论控制对象是人，还是财和物，管理控制的基本过程都可划分为三个步骤：确立标准，衡量绩效，采取纠偏措施。管理控制的工作过程如图7-2所示。

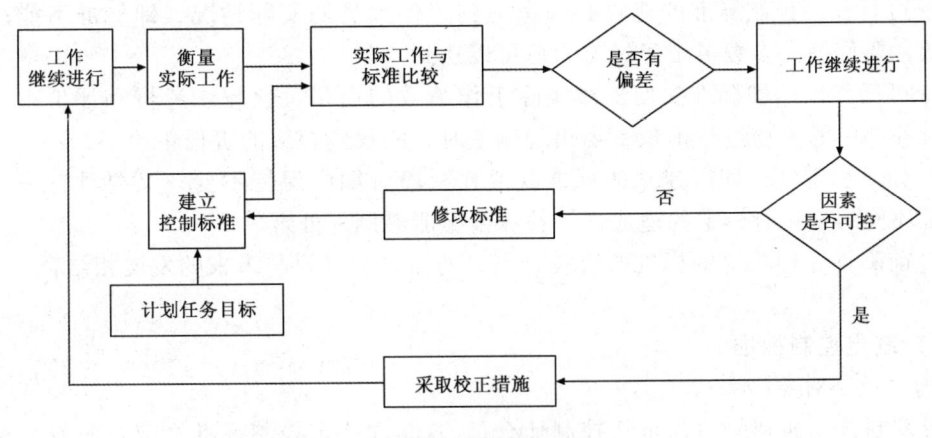

图7-2 控制的过程

一、确立标准

一般来说，计划目标并不可能直接地用作控制的标准。组织中的计划是各种各样的，而各种计划在详尽程度上又各不相同，同时主管人员往往不能注意到计划的每一个细节，如果直接用计划作为控制标准并对全部计划内容进行控制，就会因这种标准的实际无效而导致控制工作的随意性和盲目性。因此，需要将制定专门的控制标准作为管理控制过程的开始。

（一）标准的含义

所谓标准，是一种作为模式或规范而建立起来的测量单位或具体的尺度，是从整个计划方案中选出的对工作成效进行评价的关键指标。标准的设立应当具有权威性。最理想的标准是以可考核的目标直接作为标准,但更多的情况则往往需要将某个计划目标分解为一系列的标准,如将利润率目标分解为产量、销售额、制造成本、销售费用等。

1. 标准的控制作用

(1) 为执行提供明确的规范和指标,使计划在执行者心中具体明确,以便按标准行动。

(2) 为监测实际执行情况是否正常提供判别标准,以便及时发现问题。

2. 控制标准的基本要求

要确立合理的控制标准,必须满足以下要求。

(1) 简明性。即对标准的量值、单位和可允许的偏差范围要有明确的说明,对标准的表述要通俗易懂,便于理解和把握。

(2) 适用性。建立的标准要有利于组织目标的实现,要对每一项工作的衡量都明确规定具体的时间幅度和具体的衡量内容等要求,以便能准确地反映组织活动的状态。

(3) 一致性。建立的标准应尽可能地体现协调一致、公平合理的原则。管理控制工作覆盖组织活动的各个方面,制定出来的各项控制标准应该彼此协调,不可相互冲突。同时,控制标准应在所规定的范围内保持公平性。

(4) 可行性。控制标准的建立必须考虑到工作人员的实际情况,即标准不能过高也不能过低,要使绝大多数员工经过努力后可以达到。

(5) 可操作性。即标准要便于对实际工作绩效的衡量、比较、考核和评价;要使控制便于对各部门的工作进行衡量,当出现偏差时,能找到相应的责任单位。

(6) 相对稳定性。即所建立的标准既要在一段时期内保持不变,又要具有一定的弹性,能对环境的变化有一定的适应性,特殊情况能够例外处理。

(7) 前瞻性。即建立的标准既要符合现时的需要,又要与未来的发展相结合。

(二) 制定控制标准

1. 确立控制对象

进行控制首先遇到的问题是"控制什么",这是在决定控制标准之前首先要妥善解决的问题。组织活动的成果应该优先作为管理控制工作必须考虑的重点,基于此,管理者需要明确分析组织活动想要实现什么样的目标,提出详细规定组织中各层次、各部门人员应取得什么样的工作成果的完整目标体系。按照该目标体系的要求,管理者就可以对有关成果的完成情况进行考核和控制。

然而,对活动成果的考核评价仅是一种事后控制。为了使组织实现预期的活动成果具有可靠的保障,从理想的角度看,管理者必须对所有影响组织实现目标成果的因素都进行控制。但这种全面控制往往是不现实的,也是缺乏经济性的。从组织有限资源的经济合理使用以及管理人员的工作精力和能力等现实情况出发,管理控制中更通常的做法是:选择那些对实现组织目标成果有重大影响的因素进行重点控制,这样,为了确保管理控制取得预期的成效,管理者在选择控制对象时就必须对影响组织目标成果实现的各种要素进行科学的分析研究,然后从中选择出重点的要素作为控制对象。影响组织目标成果实现的主要因素如下:

（1）环境特点及其发展趋势。组织在特定时期的管理活动是根据决策者对经营环境的认识和预测来计划和安排的。如果预期的市场环境变化没有出现，或者企业外部环境发生了某种无法预料和无法抗拒的变化，那么，原来计划的活动就可能无法继续进行，从而难以为组织带来预期的结果。因此，制定计划是应将所依据的对经营环境的认识、把握的各种因素作为控制对象，列出"正常"与"非正常"环境的具体测量指标或标准。

（2）资源投入。组织成果是通过对一定资源的加工转换而得到的。没有或缺乏这些资源，组织的经营活动就会成为无源之水、无本之木。投入的资源如何，不仅会影响到组织活动能否按期限、数量、质量和品种的要求完成经营任务指标，而且在获取资源的成本费用方面也会影响到经营活动的经济效果指标。因此，必须对资源投入进行控制，使之在各方面都符合预期经营成果的要求。

（3）活动过程。输入到生产经营中的各种资源不可能不经过任何加工处理就自动转换成产品。组织的经营成果是组织活动过程转化的结果，是通过全体员工在不同时间和空间上利用一定技术和设备对不同资源进行不同内容的加工劳动而最终达到的。企业员工的工作质量和数量是决定经营成果的重要因素，因此，必须使企业员工的活动符合计划和预期结果的要求。为此，必须建立员工的工作规范，明确各部门、各单位、各人员在各个时期的阶段成果指标，以便于对他们的活动进行切实有效的控制。

2. 选择关键控制点

重点控制对象确定下来后，还必须具体选定控制的关键点，才能够制定控制标准。比如啤酒酿造企业中，啤酒质量是控制的一个重点对象。尽管影响啤酒质量的因素很多，但只要抓住了水的质量、酿造温度和酿造时间，就能保证啤酒的质量。基于此，企业就要对这些关键控制点制定出明确的控制标准。俗话说，"牵牛要牵牛鼻子"，企业控制住了关键点，实际上也就控制了全局。

对关键控制点的选择，一般应统筹考虑如下三个方面因素。

（1）影响整个工作运行过程的重要操作与事项，它们当然是管理者应该予以关注的领域。

（2）能在重大损失出现之前显示出差异的事项。这意味着，并不是所有的重要问题都作为控制的关键点。通常情况下，管理者应该选择那些易于检测出偏差的环节进行控制，这样才有可能对问题做出及时、灵敏的反应。

（3）若干能反映组织主要绩效水平的时间与空间分布均衡的控制点，因为关键控制点数量的选择应足以使管理者对组织总体状况形成一个比较全面的把握。

良好的控制来源于关键控制点的准确选择，因而这种选择或决策的能力也就成为判断管理者控制工作水平的一个重要标准。

3. 制定控制标准内容

控制标准制定中最为简单的情况是，可以把计划过程中形成的可考核目标直接作为控制标准，但现实中更多的情况往往是需要通过一些科学的方法将某一计划目标分解为一系列具体可操作的控制标准。

控制标准可分为如下几类：

（1）实物标准。这是非货币衡量的标准，在耗用原材料、雇用劳力、提供服务及生产产品等操作层中运用。例如单位产品工时数、货运吨公里数、轴承的硬度、纤维的强度等，它们可以反映数量，也可以反映品质。

（2）成本标准。这是货币衡量的标准，像实物标准一样，也适用于操作层。这些标准以货币价值形式表示经营费用。如每小时的人工成本，每百元销售额的销售费用等。

（3）资本标准。即以货币形式衡量实物。这些标准与投资于公司的资本有关而与经营成本无关，所以它们主要是同资产负债表有关，而同损益表无关，对于一笔新的投资和总体控制而言，使用最为广泛的标准就是投资报酬率。

（4）收益标准。收益标准就是以货币衡量的销售额。如企业每销售一件产品的收入，在一定市场范围内的人均销售额等。尽管在评估计划的执行绩效时难免会运用一些主观判断，但还是可以运用时间和其他因素作为客观标准。

（5）计划标准。计划标准就是以管理者编制的计划质量作为衡量标准，如计划的完成时间、可行性程度及实际执行情况的吻合程度等。

（6）无形标准。这是指难以确定的既不能以实物又不能以货币来衡量的标准。如广告计划是否满足长期目标、员工潜力的发挥、员工的忠诚度及一项公关活动计划受欢迎的程度等。对这些问题建立清晰的定量和定性标准存在很大困难，只能反复试验、设想判断，必要时甚至以纯粹的预感为依据。

（7）指标标准。这是以可以考核的数量或质量目标作为标准。在工商企业中，目前的趋势是要在各级管理部门建立一个指标标准的整体网络，以实施有效控制。

制定控制标准常用的方法有三种：

（1）统计方法，相应的标准称为统计标准。它是根据企业的历史数字或者对比同类企业的水平，运用统一的方法来确定企业经营各方面工作的标准。制定该类标准所使用的数据可以是来自本企业的历史数据，也可能是来自其他企业的统计数据。常用于拟订与企业的经营活动和经济效益有关的标准。

（2）经验估计法，相应的标准称为经验标准。现实中，并不是所有工作的质量和成果都能用统计数据来表示的，也不是所有的企业活动都保存着历史统计数据。对于新近从事的工作或者缺乏统计资料的工作，企业可以根据有经验的管理人员或对该工作熟悉的人员凭借经验、判断和评估来为之建立标准。

（3）工程方法，相应的标准称为工程标准。指以标准的技术参数和实测的数据为基础制定的标准。这种方法主要用于生产定额标准的制定上。比如，机器的产出标准是其设计者计算出来的在正常情况下被使用的最大产出量等。严格地说，工程标准也是一种用统计方法制定的控制标准。

标准的制定是全部控制工作的第一步，一个周密完善的标准体系是整个控制工作的质量保证。

二、衡量绩效

（一）通过衡量成效，检验标准的客观性和有效性

衡量工作成效是以预定的标准为依据来进行的，这就出现了一个问题：偏差到底是执行中出现的问题还是标准本身存在的问题呢？如果是前者，当然需要纠正；如果是后者，

则要修正和更新预定的标准,这样,利用预定标准去检查各部门、各阶段和每个人工作的过程同时也是对标准的客观性和有效性进行检验的过程。

检验标准的客观性和有效性,是要分析对标准执行情况的测量能否取得符合控制需要的信息。在为控制对象确定标准时,人们可能只考虑了一些次要的非本质因素,或只重视了一些表面的因素,因此,利用既定的标准去检查人们的工作,有时候并不能够达到有效控制的目的。衡量过程中的检验就是要辨别并剔除那些不能为有效控制提供信息及容易产生误导作用的不适宜标准,以便根据控制对象的本质特征制定出科学合理的控制标准。

(二)确定适宜的衡量方式

(1) 衡量的项目。衡量什么是衡量工作中最为重要的方面。管理者应该针对决定实际工作成效好坏的重要特征项进行衡量。但实际中容易出现一种趋向,即侧重于衡量那些易衡量的项目,而忽视那些不易衡量、较不明显但实际相当重要的项目。实绩衡量应该围绕构成好绩效的重要特征项来进行,而不能够偏向那些易衡量的项目。

(2) 衡量的方法。管理者可通过亲自观察、利用报表和报告、抽样调查等几种方法来获得实际工作绩效方面的资料和信息。应当看到,组织中常存在一些无法直接衡量的工作,衡量其好坏有时可通过某些现象做出推断。比如,从员工的合理化建议增多或许可推断企业的民主化管理有所加强,员工工作热情下降现象增多可推断出也许管理工作存有不当之处等。在衡量实际工作成效过程中必须多种方法结合使用,以确保所获取信息的质量。

(3) 衡量的频度。即衡量成效的次数或频率,通俗地说就是间隔多长时间衡量一次成效,是每时、每日、每周,还是每月、每季度或者每年;是定期的衡量,还是不定期的衡量。对不同的衡量项目,衡量的频度可能不一样。有效的控制要求确定适宜的衡量频度。对控制对象或者要素的衡量频度过高,不仅会增加控制的费用,而且还会引起有关人员的不满,影响他们的工作态度,从而对组织目标的实现产生负面影响。但是衡量和检查的次数过少,则有可能造成许多重大的偏差不能被及时发现,不能及时采取纠正措施,从而影响组织目标和计划的完成。

(4) 衡量的主体。衡量实际工作成效的人是工作者本人,还是同一层级的其他人员,抑或是上级主管人员或职能部门的人员?衡量实绩的主体不一样,控制工作的类型也就形成了差别。例如,目标管理之所以被称为是一种"自我控制"方法,就是因为工作的执行者同时成为工作成果的衡量者和控制者。相比之下,由上级主管或职能人员进行的衡量和控制则是一种加强的、非自主的控制。衡量的主体不同,会对控制效果和控制方式都产生影响。

(三)建立有效的信息反馈系统

对实际工作情况进行衡量的目的是为控制提供有用的信息,为纠正偏差提供依据。然而,并不是所有衡量实绩的工作都直接由负责制定纠偏措施的主管人员或部门进行,这样就有必要建立有效的信息反馈系统,使反映实际工作情况的信息既能迅速地搜集上来,又能适时地传递给恰当的主管人员,并且能够将纠偏指令迅速地传达到有关人员以便对问题做出处置。

三、纠正偏差

对实际工作成效加以衡量后,下一步就应该将衡量结果与标准进行对比。"比较"这一步骤决定了实际工作成效与标准之间的差异程度。在所有的活动中,都可以预料到会存在一定的偏差,所以虽然已经确定了参照标准值,但在比较时还需要确定可接受的偏差范围。凡是在这一范围之内的,便认为偏差是可以接受的;而应该引起管理者关注的是那些超过这一范围的、显著的偏差。

如果出现显著的、较大的偏差,就要分析造成偏差的原因并采取矫正措施;如果没有偏差,则应首先分析控制标准是否有足够的先进性。在认定标准水平合适的情况下,将之作为成功经验予以分析总结并用于指导今后的或其他方面的工作。偏差的原因可能比较复杂,必须花大力气找出真正原因。切忌头痛医头、脚痛医脚。对偏差原因判断不准确,纠偏措施就会无的放矢,不可能奏效。查明原因后,纠偏工作可能涉及一些主要的管理职能,如重订计划、修改目标、调整组织机构、改善领导方式等,纠偏的具体操作体现了管理活动是一个完整的统一体。

在采取纠偏行动前,管理人员应记住,某项工作产生偏离标准的原因是多种多样的。并非所有偏离标准的情况均需采取纠偏行动,有时需要个人的判断。假如一个员工偶尔迟到了 15 分钟,当经理了解迟到是不得已发生的,而原谅了他,也属正常。

通常产生偏差的原因主要有:因标准本身是基于错误的假设和预测,从而使该标准无法达成;从事该项工作的员工不能胜任此项工作,或由于没有给予适当的指令;和该项工作有关的其他工作发生了问题,从而使得从事该项工作的员工玩忽职守。

因此,采取纠偏行动的第一步是分析事实,以确定产生偏差的原因。只有对问题做出彻底的分析后,管理人员才能采取适当的纠偏行动。

接下来,管理人员则需决定采取何种补救措施,以便在将来得到较好的结果。通常纠偏行动可以分别采取两种不同的措施:一种为立即执行的临时措施(应急措施),另一种是永久性的根治措施。

解决急性问题,多是为了维持现状,而要打破现状,就必须解决根本问题。急性问题的影响是显而易见的,故容易被人们发现、承认和解决。但人们往往只注意解决急性问题而忽视解决大量存在的根本问题。这是因为人们对其存在已经习以为常,以至适应了它的存在,不可能发现或者即使是已经发现了也不愿意承认和解决由于根本问题所带来的对组织素质的影响。而要使控制工作真正起作用,就要像医生治病一样,标本兼治,重点解决根本问题,虽然它需要一定的时间和过程。

对于某些"症状",可能迅速地、直接地影响组织正常活动的"急性问题",多数应立即采取行动。例如,某一特殊规格的部件一周后要交货,否则其他部门会受其影响而出现停工待料。一旦该部件的加工出现了问题,此时不应考虑追究什么人的责任问题,而是必须按计划如期完成任务。凭借管理者的权力,一般可采取以下行动:要求工人加班加点;增添人手和设备;派专人负责指导完成;请求个人努力抓紧;短期"突击"。如仍不能解决,只得重新设计程序,变更整个生产线等。

第四节 控制方法

要对整个组织活动进行全面的控制,并达到预期的控制效果,必须借助各种有效的控制技术与方法。控制的技术与方法有多种,本节中主要介绍预算控制、会计控制、审计控制、人事管理控制和全面质量管理等主要的控制技术与方法。

一、预算控制方法

预算就是用数字编制未来某一个时期的计划,也就是用财务预算(如财务预算与投资预算)或非财务预算(如生产预算)来表明预期的结果。预算是一种主要的控制手段。编制预算实际上就是控制过程的第一步拟定标准。由于预算是以数量化的方式来表明管理工作的标准,从而本身就有可考核性,因而有利于根据标准来评定工作的成效,找出偏差,并采取纠正措施,消除偏差。无疑,编制预算能使确定目标和拟定标准的计划工作得到改进。当为组织的各个职能部门都编制了预算时,就为协调组织的活动提供了基础。同时,由于对预期结果的偏离将更容易被查明和评定,预算也为控制工作中的纠正措施奠定了基础。

(一) 预算的作用

组织管理中最基本、最为广泛运用的一种控制方法就是预算控制方法。预算具有的控制作用表现在以下一些方面:

(1) 便于管理者了解和控制组织的财务状况。预算通常规划和说明了资金的来源及分配计划,掌握了预算状态,就能有效地控制组织的资金、财务状态。又由于预算是用货币来表示的,这为衡量和比较各项活动的完成情况提供了一个清晰的标准,从而使管理者可通过预算的执行情况把握组织的整体情况。

(2) 有助于管理者合理配置资源和控制组织中各项活动的开展。组织中各项活动的开展,几乎没有不与资金打交道的。资金作为一种重要的杠杆,调节着各项活动的轻重缓急及其规模大小。预算范围内的资金收支活动,由于得到人力物力的支持而得以进行;没有列入预算的活动,由于没有资金来源,也就难以开展活动。因此,管理者可通过预算,合理配置资源,保证重点项目的完成,并控制各项活动的开展。

(3) 有助于对管理者和各部门的工作进行评价。由于预算为各项活动确定了投入产出标准,可以根据预算的执行情况,来评价各部门的工作成果。同时,预算还可控制各级管理人员的职权,明确他们各自应承担的责任,做到责、权、利的落实,达到有效控制的目的。

(4) 可以使管理者在财务上做到精打细算,杜绝铺张浪费的不良现象,有效地控制和降低成本，提高效益。

（二）预算的种类

对于不同的组织而言，其预算会各不相同，即使同一个组织内部的不同部门，也会有各种各样的预算。归纳起来，预算可分为以下几种基本类型：

1. 收支预算

收支预算又称营业预算，是指组织在预算期内以货币单位表示的收入和经营费用支出的计划预算，其中收入预算应考虑到可能的各方面的收入。但最基本的收入还是销售收入或财政拨款。由于组织的收入预算是组织支出预算和盈利预算的基础，所以应尽可能准确地估计各项收入的数量和时间。各组织费用支出项目往往比组织收入项目多且杂，如企业的经营费用预算科目可能像会计科目表中的费用分类一样多，如材料费、管理费、水电费、人工费、差旅费、招待费等。在支出预算时，各种可能产生的费用开支均应尽可能地充分考虑，并适当安排一些不可预见费，以应付一些额外的开支。

2. 实物量预算

实物量预算又称非货币预算，是指以实物量的预算作为货币量收支预算的补充和认证。由于以货币量表示的收支预算会受商品价格波动的影响，因而常常会造成收支预算与实物量投入产出计划的不一致，所以许多预算用实物单位来表示，比用货币单位表示更好。普遍运用实物单位的预算有：直接工时数、台数、原材料数量、面积、体积、重量、生产量和场地面积等。

3. 投资预算

投资预算又称资本支出预算，是对企业的固定资产的购置、扩建、改造更新等，在可行性研究的基础上编制的预算。它具体反映在何时进行投资、投资多少、资金从何处取得、何时可获得收益、每年的现金净流量为多少、需要多少时间回收全部投资等。由于投资的资金来源往往是企业的制约因素之一，而对厂房和设备等固定资产的投资又往往需要很长时间才能回收。因此，投资预算应当力求和企业的战略及长期计划紧密联系在一起。

4. 现金预算

现金是指现实的、可随时使用的资金。组织中有些用货币量表示的资金，实际上处于实物形态并不能自由使用；也有些资金只是挂在账上，而在实际上并没有到手，这些资金均非现金，它们虽然也是组织的资产，但不能像现金那样自由使用。拥有一定的现金以偿付到期的债务是组织生存的首要条件。现金预算，就是要估算计划期可能提供的现金和所需要的现金，以求得平衡。它是以收入和支出预算中的基本数据为基础编制的。

5. 负债预算

负债经营是组织保持财务收支平衡的重要措施，包括向银行贷款、社会集资、发行股票等。负债预算要考虑一定时期的资产、债务和资本账户的状况，预计筹资方式、途径和数量以及还款时间、方式和能力，防止"资不抵债"是负债预算的重要任务。负债预算通过各部门和各项目的分预算汇总在一起，表明如果组织的各种业务活动达到预先规定的标准，在财务期末组织资产与负债会呈何种状况。另外，通过将本期预算与上期实际发生的资产负债情况进行对比，还可发现组织的财务状况可能会发生哪些不利变化，从而指导事前控制。

6. 总预算

总预算是一种对预算期的最后一天（通常是会计年度的结尾时）的财务状况的预测，是由组织中各种预算综合而成的。总预算包括预计的资产负债表和资产损益表。资产负债表预测资产、债务和权益，表达了组织财产的具体情况；资产损益表预计收入、支出及利润，表达了组织的经营状况和成果。总预算中还需附有编制预算所必需的有关数据和资料，以及可能会出现的情况分析。总预算的编制要以组织目标和计划为依据。

（三）预算编制的程序

预算编制的程序一般包括以下几个步骤：

（1）组织下属各职能部门制定本部门的预算方案，呈交给归口负责人审批。

（2）各归口负责人对所属部门的预算草案进行综合平衡，并制定本系统的总预算草案。

（3）各系统将其预算草案呈交预算领导小组。

（4）预算领导小组审查各系统预算草案，并进行综合平衡。

（5）预算领导小组与最高决策人磋商，拟定出整个组织的预算方案。

（6）预算领导小组将整个组织的预算方案提交最高领导层审批之后下发各部门执行。

（四）预算的优点与缺点

（1）预算的优点表现在如下几个方面：

①预算方法的最大优点是它使用一个单一的共同指标"货币"来表明多种不同的活动和事情。例如，电视广告、煤炭吨数以及债务保险等都可以用成本及收益在预算中反映出来。货币语言有其局限性，但是它却适于进行总结和比较。与企业、政府甚至于军事部门管理中的任何其他衡量手段相比，货币指标更能被应用在广泛的工作范围上。

②预算方法使用的是现有的记录和系统。为了进行税款申报、财政报告以及内部管理，必须保持精细的会计记录。在进行预算时就利用这一记录，而不是另用一套新记录。有关过去情况的数字很可能早已有了，可能会附加一些新的核算或报告，但是基本的情报系统已经存在而且很易于利用。

③预算直接涉及企业的中心目标之一获取利润。预算内所列的都是将影响到所记录的利润或亏损的东西。因此，通过预算中受到控制的项目很容易追溯利润目标。

④激励有效的管理实践活动。作为对其他有效管理活动的激励因素，预算常常具有重大作用。这些活动的管理人员在没有预算的情况下也可能做出明智选择，但是采用了预算控制可能赋予这些活动以活力。

（2）预算工作中同时也存在着一些使预算控制失效的危险倾向，预算的缺点主要表现在以下几个方面：

①预算过繁。由于对细微的支出也作了琐细的规定，致使主管人员连管理自己部门所必要的自由都丧失了，所以预算究竟应当细微到什么程度，必须联系授权的程度进行认真酌定。过细过繁的预算等于使授权名存实亡。

②预算目标取代了企业目标。在这种情况下，主管人员只是热衷于使自己部门的费用

尽量不超过预算的规定，但却忘记了自己的首要职责是千方百计地去实现企业的目标。

③预算工作中经常可以见到的另一种潜在危险是效能低下。预算有一种因循守旧的倾向，过去所花费的某些费用，可以成为今天预算同样一笔费用的依据。

此外，主管人员常常知道在预算的层层审批中，原来申请的金额多半会被削减，因此，申报者往往将预算费用的申请金额有意扩大，甚至远远大于实际需要。于是，必须采取一些更有效的管理方法来扭转这种倾向，否则预算很可能会变成掩盖懒散、效率低下的主管人员的保护伞。

二、会计控制方法

会计控制是管理控制中的一个综合性控制方法，具有从价值角度进行综合性管理的特点。它同组织中的各个部门、各项活动都有着紧密的联系，并渗透到组织活动的全过程。会计控制主要包括控制的目标、主要内容和主要控制措施等。

（一）确定控制目标和主要内容

在一个组织中，会计控制的主要目标和主要内容是资金的控制。它主要包括以下几点：

（1）资金收支计划。资金收支计划主要是按年、季、月编制货币资金收支计划，规定收支项目和收支总额，作为组织资金平衡和调度的依据。

（2）收入控制。收入控制主要是保证所有收入的资金来源清楚、数额无误、账账相符、账物相符、及时入账。

（3）支出控制。资金的支出必须有合法的凭证，有严密的授权，有完备的签字批准和支付手续。

（4）库存资金控制。对库存资金要定期或不定期地进行盘点核对，并要指定专人盘点核对。

（二）采取适当的控制措施

（1）建立控制机构。要根据组织的具体情况设置必要的管理机构，使会计记录和资料合法、完整和准确。

（2）明确的职责分工。组织中的各级管理者，只能按照所授予的权限和规定的标准办事。既不能超越权限，也不能推卸责任。采取这些措施后，可以在组织的各类经济业务发生时就加以控制。实行内部牵制制度。内部牵制制度是在资金、凭证的转移传递过程中，建立牵制手续，防止错误和弊端的发生，保证资金的安全和凭证的正确传递。

（3）建立会计稽核制度。会计稽核的目的，是通过对财务成本计划和财务收支的审查，以及对会计凭证和账表的复核，及时发现会计中存在的问题，以便及时采取纠正措施。

（4）业务处理程序制度化。这项控制措施是把企业中与财务及会计有关的重要业务，按照会计核算和控制的要求，规定标准的处理程序，以防止财产物资的浪费和损失，使组织内部各部门之间在处理各项经济业务时，应有条不紊、协调配合、相互制约、提高效率。

管理故事

扁鹊的医术

管理过程一个重要的内容之一,就是反馈,反馈有利于对事情最新进展情况的掌握,及时掌握情况并采取相应的控制措施。而反馈的信息传达有的时候是存在误差的,由于信息沟通的渠道以及沟通双方理解力存在着的客观差异使得一些沟通天然存在着某种误差。

来看一个名医扁鹊的故事。

魏文王问名医扁鹊说:"你们家兄弟三人,都精于医术,到底哪一位最好呢?"

扁鹊答:"长兄最好,中兄次之,我最差。"

文王再问:"那么为什么你最出名呢?"

扁鹊答:"长兄治病,是治病于病情发作之前。由于一般人不知道他事先能铲除病因,所以他的名气无法传出去;中兄治病,是治病于病情初起时。一般人以为他只能治轻微的小病,所以他的名气只及本乡里。而我是治病于病情严重之时。一般人都看到我在经脉上穿针管放血、在皮肤上敷药等大手术,所以以为我的医术高明,名气因此响遍全国。"

很多人的管理心得是:事后控制不如事中控制,事中控制不如事前控制,可惜大多数的事业经营者均未能体会到这一点,等到错误的决策造成了重大的损失后才寻求弥补。而往往是即使请来了名气很大的"空降兵",结果于事无补。

三、审计控制方法

审计是常用的一种控制方法,是对反映组织的资金运动过程及其结果的会计记录及财务报表进行审核、鉴定,以判断其真实性和可靠性,从而为控制和决策提供依据。它主要包括财务审计、业务审计和管理审计三种形式。

(一) 财务审计

财务审计是以财务活动为中心内容,以检查并核实账目、凭证、财物、债务以及结算关系等客观事物为手段,以判断财务报表中所列出的综合的会计事项是否正确无误,报表本身是否可以依赖为目的的控制方法。通过这种审计还可以判明财务活动是否符合财经政策和法令。财务审计一般分为外部财务审计和内部财务审计。

1. 外部财务审计

外部财务审计是由非本组织成员的外部专门审计机构和审计人员,如国家审计部门、公共审计师事务所对本组织的财务程序和财务经济往来进行有目的的综合检查审核。现在许多国家都规定,企业的年度财务报告必须经过持有有关合格证书的会计师的审查并签署意见,说明企业所提交的财务报告是否遵守国家所颁发的有关会计制度。严格地说,这种审计已不是管理控制职能所指的控制了,因为它不是企业内部的一种管理活动。

2. 内部财务审计

这是由本组织系统内部的财务人员所负责开展的财务审计活动。其目的也和外部财务审计的目的相同，即保证组织系统的财务报表能准确、真实地反映组织的财务状况。

（二）业务审计

业务审计是内部财务审计的扩展，其审计的范围包括财务、生产、市场、人事等方面。这种审计可以由本组织聘请外部独立的咨询机构和专家来进行。

（三）管理审计

管理审计是业务审计的进一步发展，是检查一个单位或部门管理工作的好坏，评价人力、物力和财力的组织及利用的有效性。其目的在于通过改进管理工作来提高经济效益。审计范围包括审计结构、计划方法、预算和资源分配、管理决策、科研与开发、市场、内部控制、管理信息系统等。管理审计的目的是要明确组织的优势和劣势，全面改善组织的管理工作。

审计是一项原则性很强的工作，为保证审计的有效性，必须坚持如下原则：

(1) 政策原则。审计工作必须符合国家的方针政策。
(2) 独立原则。审计监督部门应能独立行使职权，不受任何干涉。
(3) 客观原则。审计一定要实事求是地进行，客观地做出评价和结论。
(4) 公正原则。审计工作必须站在客观的角度上，不偏不倚，公正地进行判断。
(5) 经常性原则。审计工作应经常化，制度化。
(6) 群众性原则。审计工作应依靠群众来开展。

四、人事管理控制方法

控制工作从根本上说是对人的控制，其他几方面的控制也要靠人去实现和推行。从本质上讲，人事方面的控制主要集中在对组织内人力资源的管理上，具体有人事比率和人事考评管理两大方面的控制。

（一）人事比率的控制

人事比率的控制，即分析组织内各种人员的比率，如管理人员与职工的比率，后勤服务人员与生产工人的比率，正式职工与临时工的比率，以及人员流动率和旷工缺勤率等是否维持在合理的水平上，以便采取调整和控制措施。例如，反映调离和调进单位的职工占职工总数比例的人员流动率，如果太高，会影响职工队伍的稳定和增加培训费用；但如果人员长期不调动，也会使组织缺少新的活力。因此流动率需要控制在一定的限度内。

（二）人事考评管理的控制

它主要是对管理人员和一般职工在工作中的成绩、能力和态度做出客观公正的考核、评价和分析鉴定，这既有利于激励原来表现好的员工继续保持和发扬下去，也有利于原来表现差的员工向着好的方向转化和发展。人员考评工作需要格外注意衡量标准的合理和具体。对一个人工作表现好坏的鉴定不能光看到某个方面。有些人可能规规矩矩上班，老老实实做人，但一事无成。另一些人虽然能力很强，但没有在工作中很好地发挥出来。一个人究竟会为组织做出多大的贡献，取决于其努力程度和能力强弱的共同作用，同时还与个人之外的其他因素，如同事的合作、上级的支持和各种环境条件等有关，所以在考评员工表现时需要订立全面合理的标准。另外，考评标准还要具体便于测量和考核，这样才能达到公正、公平的效果。

五、全面质量管理方法

全面质量管理也是进行控制的一种重要方法。全面质量管理，是一个组织以质量为中心以全员参与为基础，目的在于通过让顾客满意和本组织所有成员及社会受益而达到长期成功的管理途径。

（一）全面质量管理的内容

（1）实行全员管理。由于分工的不同，一般一个组织内部所有部门及其人员大致可划分为3个层次，即领导决策层、组织协调层（或管理层）和执行层（或基层）。所谓全员管理，就是上述3个层次的所有部门、所有人员都参加到质量管理中来，人人做好本职工作，个个关心工作质量，形成一个质量管理的有机整体。

（2）实行全过程管理。全过程管理就是对工作的整个过程、所有环节自始至终的管理，如商业零售企业，则应包括售前服务、售中服务（销售服务）和售后服务3个环节。商业服务的质量问题常常表现为售中阶段，而决定售中服务质量的关键往往是在售前就存在的。为了搞好售中的服务工作，必须在售前做好准备，给售中服务打好基础。而对售中服务工作的不足，也需要通过售后服务给予完善和补充。因此，商业零售企业要保证服务质量，不仅要做好服务中的质量管理，还要做好售前的准备过程和售后延续过程的质量管理，也就是对商品流转所形成的全过程各个环节加以管理，形成一个综合性的质量管理体系。

（3）实行全因素的管理。所谓全因素管理，就是在全面分析影响质量的各种因素基础上，找出主要因素，采取有效措施加以严格控制和管理，努力预防质量事故的发生，使优等质量长期坚持下去。质量管理的好坏，受到许多因素的影响与制约。例如，影响企业服务质量的因素主要有以下几种：员工素质、基础设施、劳动条件、分配制度、组织机构、人际关系和社会影响、生活福利、企业形象等。

（二）全面质量管理的特点

（1）质量管理的全面性。质量管理的全面性主要体现在以下三个方面：一是质量的含义不仅包括产品质量，而且也包括各项工作质量，即不仅要保证产品质量，还要保证低消耗、低成本、按期交货、服务质量等，要以工作质量来保证产品质量；二是产品质量的好坏，涉及企业的所有部门和所有人员，只有依靠企业全体员工参加，才能使质量管理建立在坚实、可靠的基础上；三是产品质量是经过生产的全过程一步一步形成的。因此，包括从产品研究、开发、设计、制造一直到产品出厂以及销售服务等，所有环节都要实行严格的管理。

（2）质量管理的服务性。在质量管理中，把一切为用户服务作为根本宗旨。首先，企业生产的产品应以用户的要求为最高标准；其次，要重视销售服务质量，"产品出厂，服务上门"；此外，树立"下一道工序就是用户"的观点，把对用户高度负责的精神贯穿到生产过程中去。

（3）质量管理的预防性。质量管理的预防性主要体现在：把检查的重点由"事后把关"转到"事先控制"；把管理的重点由"产品质量管理"转到"工序质量管理"；建立科学的质量管理体系和质量保证体系。

（4）质量管理的科学性。一切用数据和一切用事实说话。质量管理除了采用统计方法外，还有市场调查法，适合于综合管理的工业工程（IE）法、成本分析用的价值分析（VA）法以及电子计算机法、运筹学（OR）法、系统工程法、PDCA循环管理法等，其中PDCA循环管理法是全面质量管理最基本的方法。

六、其他控制方法

除上述介绍的几种控制方法外，常用的控制方法还有多种，目标管理、网络计划技术、生产控制等。总之，控制的方法是多种多样的，在具体的实际控制中，要根据被控制对象的性质特点以控制者本身的经验和习惯选择合适的控制方法。

本章小结

控制是一次管理循环过程的终点，同时又是新一轮管理循环活动的起点，在现代管理活动中具有重要的作用。

根据不同的标准，控制工作可以分为不同的类型。

控制的基本过程包括三个主要步骤：制定控制标准，衡量与鉴定执行情况，采取纠正偏差措施。控制工作就是这样一个运用控制手段，将实际工作效果与控制标准相比较，找出差距，分析原因，修正标准或者改进工作的过程。

本章练习

一、单项选择题

1. 根据控制的时间控制可以分为（　　）。
   A. 事先控制　　　　　　　　B. 集中控制
   C. 现场控制　　　　　　　　D. 事后控制

2. 根据控制的程度控制可以分为几类（　　）。
   A. 集中控制　　　　　　　　B. 现场控制
   C. 事后控制　　　　　　　　D. 分散控制

3. 按控制的手段可以把控制划分为几类（　　）。
   A. 直接控制　　　　　　　　B. 质量控制
   C. 间接控制　　　　　　　　D. 预算控制

4. 按其所发生的专业领域进行分类，控制可以分为（   ）。
   A. 进度控制   B. 质量控制
   C. 现场控制   D. 预算控制
5. 控制的主要方法有（   ）。
   A. 预算控制   B. 会计控制
   C. 审计控制   D. 人事控制

二、多项选择题

1. 下列属于控制手段的是（   ）。
   A. 生产线终端检测   B. 宣讲员工行为规范
   C. 期中考试   D. 走动式管理
2. 以下哪几项是有效控制的要求（   ）。
   A. 应确立客观标准   B. 应具有灵活性
   C. 应有纠正措施   D. 应面向未来
3. 一般来说，企业可以使用的建立标准的方法有（   ）。
   A. 统计性标准   B. 根据评估建立标准
   C. 工程标准   D. 工业标准
4. 为了保证纠偏措施的针对性和有效性，必须在制定和实施纠偏措施的过程中注意（   ）。
   A. 找出偏差产生的主要原因   B. 确定纠偏措施的实施对象
   C. 消除人们对纠偏措施的疑虑   D. 选择恰当的纠偏措施
5. 预定计划或标准的调整是由于（   ）。
   A. 原先的计划或标准定得不科学，在执行过程中发现了问题
   B. 由于客观环境发生了预料不到的变化，原先的计划或标准不再适应
   C. 受到员工抵制，不接受
   D. 高层管理者的要求

三、判断题

1. 控制只能是一个组织在一项活动正式开始之后才能进行。（   ）
2. 质量控制就是以质量标准为衡量依据来检验产品质量。（   ）
3. 控制是一项重要的管理职能，它实际上就是处理组织中的人际关系。（   ）
4. 纠正偏差使得控制过程得以完整，并将控制与管理的其他职能互相联结。（   ）
5. 考虑到企业在生产经营过程中经常可能遇到某种突发的、无力抗拒的变化，控制应当是弹性的。（   ）

四、思考题

1. 一个组织的控制系统主要由哪几种要素构成？
2. 在控制的过程中必须坚持哪几项原则？

第七章 控 制

3. 控制的基本过程主要包括哪几个环节？

五、案例分析

客户服务质量控制

美国某信用卡公司的卡片分部认识到高质量客户服务是多么重要。客户服务不仅影响公司信誉，也和公司利润息息相关。比如，一张信用卡每早到客户手中一天，公司可获得33美分的额外销售收入，这样一年下来，公司将有140万美元的净利润，及时地将新办理的和更换的信用卡送到客户手中是客户服务质量的一个重要方面，但这远远不够。

决定对客户服务质量进行控制来反映其重要性的想法，最初是由卡片分部的一个地区副总裁凯西·帕克提出来的。她说，"一段时间以来，我们对传统的评价客户服务的方法不大满意。向管理部门提交的报告有偏差，因为它们很少包括有问题但没有抱怨的客户，或那些只是勉强满意公司服务的客户。"她相信，真正衡量客户服务的标准必须基于和反映持卡人的见解。这就意味着要对公司控制程序进行彻底检查。第一项工作就是确定用户对公司的期望。对抱怨信件的分析指出了客户服务的三个重要特点：及时性、准确性和反应灵敏性。持卡者希望准时收到账单、快速处理地址变动、采取行动解决抱怨。

了解了客户期望，公司质量保证人员开始建立控制客户服务质量的标准。所建立的180多个标准反映了诸如申请处理、信用卡发行、账单查询反应及账户服务费代理等服务项目的可接受的服务质量。这些标准都基于用户所期望的服务的及时性、准确性和反应灵敏性上。同时也考虑了其他一些因素。

除了客户见解，服务质量标准还反映了公司竞争性、能力和一些经济因素。比如：一些标准因竞争引入，一些标准受组织现行处理能力影响，另一些标准反应了经济上的能力。考虑了每一个因素后，适当的标准就成型了，所以开始实施控制服务质量的计划。

计划实施效果很好，比如处理信用卡申请的时间由35天降到15天，更换信用卡从15天降到2天，回答用户查询时间从16天降到10天。这些改进给公司带来的潜在利润是巨大的。例如，办理新卡和更换旧卡省的时间会给公司带来1750万美元的额外收入。另外，如果用户能及时收到信用卡，他们就不会使用竞争者的卡片了。

该质量控制计划潜在的收入和利润对公司还有其他的益处，该计划使整个公司都注重客户期望。各部门都以自己的客户服务记录为骄傲。而且每个雇员都对改进客户服务做出了贡献，使员工士气大增。每个雇员在为客户服务时，都认为自己是公司的一部分，是公司的代表。

信用卡部客户服务质量控制计划的成功，使公司其他部门纷纷效仿。无疑，它对该公司的贡献将是非常巨大的。

思考题：

(1) 你对案例中提到的公司面临的问题是怎么看的？

(2) 王经理该如何对外销员实施有效的控制？

(3) 你对困扰王经理的三大问题是怎么看的？你若是王经理该如何处理这三大难题？

六、实践训练

拓展学习——库存控制

任务：走访一个超市，了解他们是如何进行库存管理的。

要求：写出一份目标超市库存管理的办法说明；搜集资料，自学库存控制的相关知识，分析目标超市库存管理方法的优缺点。

第八章 创 新

学习目标

知识目标
- 了解创新的必要性及创新的内容
- 明确创新的主体
- 理解创新的方式和途径
- 掌握创新管理的过程

技能目标
- 理解创新管理的实施方法
- 了解战略创新的方法

案例导入

案例一　联想分拆

2001年3月,联想集团宣布联想电脑、神州数码战略分拆进入到资本分拆的最后阶段,同年6月,神州数码在香港上市。

分拆之后,联想电脑由杨元庆接过帅旗,继承自有品牌,主攻PC、硬件生产销售;神州数码则由郭为领军,另创品牌,主营系统集成、代理产品分销、网络产品制造。至此,联想接班人问题以喜剧方式尘埃落定,深孚众望的双少帅一个握有联想现在,一个开创联想未来。曾经长期困扰中国企业的接班人问题,在联想老帅柳传志的世事洞明的眼光下,一笑而过。

案例二　教授心系学员,创立好赖网

2007年3月29日中午13时许,郝新军教授和赖伟民教授于北京大学资源大厦一楼上岛咖啡厅坐而论道。席间,赖教授感叹:最近承担的教学任务太重,难有时间进行课题研究,更难有时间深入企业实地调研。郝教授曰:同感!同感!尤甚者,无法一一解答全国学员的学习疑问和管理问题,甚憾!郝教授进而设想:我俩的全国学员以企业高管者居

多，数量几近十万。可否合办一个学员联谊会之类的组织，集中解答学员问题，促进学员交流联谊。此语一出，赖教授拍案而起：good idea！办一个网站，不仅服务学员，还能成为现代管理领域的学习、研讨、交流平台。郝教授亦两眼放光：太好了！就以我俩的姓氏"郝""赖"为名，叫"好赖网"吧！于是，好赖网 www.okbad.org 诞生了！

案例三　希望集团卖鹌鹑而做饲料，再做金融投资

刘氏兄弟的发展轨迹，就是脱壳、再脱壳的过程。

20世纪80年代初，刘氏兄弟以1000元人民币起家，回村孵鸡、孵鹌鹑。随后数年，刘氏兄弟成为全国的鹌鹑大王，但刘氏兄弟在鹌鹑养殖事业顶峰时，看到危机。于是，把鹌鹑宰杀或送人。成功地开发出希望牌高档猪饲料，并很快占领成都市场。1998年，刘氏兄弟在饲料行业达到顶峰，随后进行资产重组，分别成立了大陆希望集团、东方希望集团、新希望集团、华西希望集团，各自在相关领域发展。东方希望移居上海后，刘永行开始频频出手参股金融机构，目前，东方希望在光大银行、民生银行、民生保险、深圳海达保险经纪人公司和上海光明乳业等项目上都持有一定股份，总投资超过2亿。

第一节

创 新 概 述

一、创新的含义

创新是一种思想及在这种思想指导下的实践，是一种原则及在这种原则指导下的具体活动。美国经济学家熊彼特在其《经济发展理论》一书中首次提出了创新的概念。他认为，创新是对"生产要素的重新组合"，具体来说，包括以下5个方面：第一，生产一种新产品，也就是消费者还不熟悉的产品，或是已有产品的一种新用途和新特性；第二，采用一种新的生产方法，也就是在有关的制造部门中未曾采用的方法，这种方法不一定非要建立在科学新发现的基础上，它可以是以新的商业方式来处理某种产品；第三，开辟一个新的市场，就是使产品进以前不曾进入的市场，不管这个市场以前是否存在过；第四，获得一种原材料或半成品的新的供给来源，不管这种来源是已经存在的还是第一次创造出来的；第五，实现一种新的企业组织形式，例如建立一种垄断地位，或打破一种垄断地位。

后来，许多研究者也对创新进行了定义，有代表性的定义有以下几种。第一，创新是开发一种新事物的过程。这一过程从发现潜在的需要开始，经历新事物的技术可行性的检验，到新事物的广泛应用为止。创新之所以被描述为是一个创造性过程，是因为它产生了某种新的事物。第二，创新是运用知识或相关信息创造和引进某种有用的新事物的过程。第三，创新是对一个组织或相关环境的新变化的接受。第四，创新是指新事物本身，具体说来就是指被相关使用部门认定的任何一种新的思想、新的实践或新的制造物。第五，创新是由新思想转化到具体行动的过程。

由此可见，创新概念所包含的范围很广，涉及许多方面。比如，有的东西之所以被称作创新，是因为它提高了工作效率或巩固了企业的竞争地位；有的是因为它改善了人们的生活质量；有的是因为它对经济具有根本性的提高。但值得注意的是，创新并不一定是全新的东西，旧的东西以新的形式出现或以新的方式结合也是创新（注意：创新不一定就是全新的东西）。我们说，创新是生产要素的重新组合，其目的是获取潜在的利润。

一、创新的特征

（一）创新的不确定性

1. 市场的不确定性

主要是不易预测市场未来需求的变化，外界因素如经济环境、消费者的偏好都会对市场变化产生影响。当出现根本性创新时，市场方向无从确定，也就无法确定需求。计算机刚出现时，有人估计全美国只有几十台的需求，这显然同实际情况相差万里。市场不确定性的来源，还可能是不知道如何将潜在的需要融入创新产品中去，以及未来产品如何变化以反映用户的需要。当存在创新竞争者时，市场的不确定性还指创新企业能否在市场竞争中战胜对手。

2. 技术的不确定性

主要是如何用技术来体现、表达市场中消费者需要的特征；能否设计并制造出可以满足市场需要的产品和工艺。有不少产品构思，按其设计的产品要么无法制造，要么制造成本太高，因此这种构思和产品都没有什么商业价值。新技术与现行技术系统之间的不一致性也是一个重要的不确定性来源。

3. 战略的不确定性

主要是针对重大技术创新和重大投资项目而言。它指一种技术创新的出现使已有投资与技能过时的不确定性，即难以判断它对创新竞争基础和性质的影响程度，以及面临新技术潜在的重大变化时企业如何进行组织适应与投资决策。当重大技术创新出现时，战略不确定性常常因严重的战略性决策失误导致产业竞争领先地位的交替。

（二）创新的保护性和破坏性

不同创新对企业产生影响的范围、程度和性质是不同的。两个极端的情况是：保护性的和破坏性的。具有保护性的创新会提高企业现有技术能力的价值和可应用性。创新的破坏性则表现在使企业现有的技能和资产遭到毁坏，新的产品或工艺技术会使企业现有的资源、技能和知识只能低劣地满足市场的需要，或者根本无法满足要求，从而降低现有能力的价值，在极端情况下，会使其完全过时。

（三）创新的必然性和偶然性

必然性是由管理的不可复制性产生的。管理的不可复制性本身就必然要求管理创新，从泰罗制管理到丰田生产方式，再到现代流行的CIMS、虚拟系统、电子商务、网络营销等，可以说任何一种管理的模式、方法都是随着时代的发展和许多科学技术的进步而产生的管理创新。很多情况下，创新是在大量的实验、调研、严谨思考的背景下产生的。然而，另一种创新方式对今天的管理人员来说也是丝毫不能忽视的：那就是偶然。就像牛顿从苹果落地而发现万有引力定律一样，一些偶然的事件可以引发创新。

（四）创新的被排斥性

创新活动常常受到来自各方面的排斥、压力和抵制。习惯于原有生活方式和思维方式的人们往往不欢迎任何改动和变革。形象地说，创新恐惧症已成为现代组织——企业、学校、政府的一种通病。在一种特定的社会环境中，对于那些公司最高管理层的人们，这里存在着无数条理由来使他们希望这个环境能够延续下去。因为在这种情况下，没有麻烦，没有威胁，也没有紧迫感，一切都显得平平稳稳。不过，这也意味着任何一项新产品的创新就其本质而言，都是一场推进创新力量和排斥、抵制创新力量之间的你争我夺。而管理者所面临的挑战就是如何在这些力量中间保持平衡。另一方面，我们应该对华而不实的或仅仅是象征意义的新产品的创新，以及与组织战略目标不相一致的新产品持抵制态度，这种抵制不应受到阻挠。

（五）创新的复杂性

有人说，创新过程就像一条链条。认为只要增加上游的基础研究的投入就可以直接增加下游的新技术、新产品的产出。但在实际经济活动中，创新有许多的起因和知识来源，可以在研究、开发、市场化和扩散等任何阶段发生。创新是诸多因素之间一系列复杂的、综合的相互渗透和共同作用的结果，创新不是一个独立的事件，而是由许多小事组成的一个螺旋式上升的轨迹，是一个复杂的系统过程。

（六）创新的时效性

企业创新一般总是从产品创新开始的。一种新的市场需求总是表现为产品需求，因而，在创新初期，企业的创新活动主要是产品创新。一旦新产品被市场接受，随之而来的企业将把注意力集中在过程创新上，其目的是降低生产成本，改进品质，提高生产效率。当产品创新和过程创新进行到一定程度时，企业的创新注意力会逐渐转移到市场营销创新上，目的是提高产品的市场占有率。在这些创新重点的不同时间段上，还会伴随着必要的组织创新。当新产品投放市场一定时间后又会被更新的产品所替代，这种替代也使得创新具有时效性。新产品被更新的产品所替代的原因可能有两方面：一是消费者的偏好发生了变化；二是生产产品的技术得到了更新。正是因为创新具有时效性，所以在进行创新决策时，要考虑三个问题：消费者对创新产品需求的持续时间，该产品被其他产品替代的可能性，创新所处的时期。

（七）创新的动态性

事物是发展变化的，不仅组织的外部环境和内部环境在不断发生变化，而且组织的创新能力也要不断积累、不断提高，决定创新能力的创新要素也都要进行动态调整。从企业间的竞争来看，随着企业创新的扩散，企业竞争优势将会消失，这就要不断推动新的一轮又一轮的创新，以便不断确立企业的竞争优势。因此，创新绝不是静止的，而是动态的。

不同时期组织的创新内容、方式、水平是不同的。从企业发展的总趋势看，前一时期低水平的创新，总是要被后一个时期高水平的创新所替代。创新活动的不断开发和创新水平的不断提高，正是推动企业发展的动力。

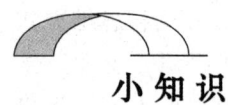

小知识

管理效益：自主创新的优势

自主创新主要是依靠自己的力量来完成，其优势可以归结为：

1. 可以独享技术优势（别人利用时要缴纳一定的专利费）。
2. 延迟别人的追赶时间，持久保持行业的领先地位，保持自己在市场上的领先声誉。
3. 利用滞后的时间差来获得高额垄断利润。
4. 当这种技术成为行业标准时，创新者可以依靠出卖这种标准获得利润。

二、创新的基本内容

组织在运行中的创新要涉及许多方面，以企业为例，主要从以下几个方面来讲述管理创新的内容。

（一）目标创新

企业是在一定的经济环境中从事经营活动的，特定的环境要求企业按照特定的方式提供特定的产品。一旦环境发生变化，要求企业的生产方向、经营目标以及企业在生产过程中与其他社会经济组织的关系进行相应的调整。在新的经济背景中，企业的目标必须调整为通过满足社会需要来获取利润。至于企业在各个时期的具体的经营目标，则更需要适时地根据市场环境和消费需求的特点及变化趋势加以整合，每一次调整都是一种创新。

（二）技术创新

至今国内外尚未对技术创新形成一个严格的定义，但多数比较一致的观点是：当一种新思想和非连续的技术活动，经过一段时间后，发展到实际和成功商业应用的程序，就是技术创新。

所以说技术创新是以其构思新颖和成功商业实现为特征的有意义的非连续事件。简单地讲，技术创新就是技术变为商品并在市场上销售得以实现其价值，从而获得经济效益的过程和行为。

技术水平是反映企业经营实力的一个重要标志，企业要在激烈的市场竞争中处于主动地位，就必须顺应甚至引导社会技术进步的方面，不断地进行技术创新。由于一定的技术都是通过一定的物质载体和利用这些载体的方法来体现的。因此，企业的技术创新主要表现在要素创新、要素组合方法创新以及产品创新。

1. 要素创新与要素组合方法创新

要素创新包括材料创新、设备创新两个方面；要素组合方法创新包括生产工艺和生产过程的时空组织两个方面。

2. 产品创新

生产过程中各种要素组合的结果是形成企业向社会贡献的产品。企业是通过生产和提供产品来求得社会承认、证明其存在的价值，也是通过销售产品来补偿生产消耗、取得盈余，实现其社会存在的。产品创新包括许多内容，这里主要分析物质产品本身的创新，物质产品创新主要包括品种和产品结构的创新。

（1）品种创新要求企业根据市场需要的变化，根据消费者偏好的转移，及时地调整企业的生产方向和生产结构，不断开发出用户欢迎的适销对路的产品。

（2）产品结构的创新，在于不改变原有品种的基本性能，对现在生产的各种产品进行改进和改造，找出更加合理的产品结构，使其生产成本更低、性能更完善、使用更安全，从而更具市场竞争力。

产品创新是企业技术创新的核心内容，它既受制于技术创新的各个方面，又影响技术创新效果的发挥：新的产品、产品的新的结构，往往要求企业利用新的机器设备和新的工艺方法；而新设备、新工艺的运用又为产品的创新提供了更优越的物质条件。

（三）制度创新

制度创新从社会经济角度来分析是企业各成员间正式关系的调整和变革，制度是组织运行方式的原则规定，它主要包括产权制度、经营制度、管理制度。

1. 产权制度

产权制度是决定企业其他制度的根本性制度，它规定着企业最重要的生产要素的所有者对企业的权利、利益和责任。不同的时期，企业各种生产要素的相对重要性是不一样的。在主流经济学的分析中，生产资料是企业生产的首要因素，因此产权制度主要是指企业生产资料的所有制。目前存在两大生产资料所有制：私有制和公有制（或更准确地说是社会成员共同所有的"共有制"），这两种所有制在实践中都不是纯粹的。企业制度是以产权制度为基础和核心的企业组织和管理制度。企业产权制度的创新也应朝寻求生产资料的社会成员"个人所有"与"共同所有"的最适度组合的方向发展。企业制度创新是指在国内企业中建立适应社会主义市场经济的资源配置机制，使其面向市场，成为自主经营、自负盈亏、自我发展的微观经济主体。

2. 经营制度

经营制度是有关经营权的归属及其行使条件、范围、限制等方面的原则规定。它表明企业的经营方式，确定谁是经营者，谁来行使企业生产资料的占有权、使用权和处置权，谁来确定企业的生产方向、生产内容、生产形式，谁来保证企业生产资料的完整性及其增值，谁来向企业生产资料的所有者负责以及负何种责任。经营制度的创新应是不断寻求企业生产资料最有效利用的方式。

3. 管理制度

管理制度是行使经营权、组织企业日常经营的各种具体规则的总称，包括对材料、设备、人员及资金等各种要素的取得和使用的规定。在管理制度的众多内容中，分配制度是极重要的内容之一。分配制度涉及如何正确地衡量成员对组织的贡献并在此基础上如何提供足以维持这种贡献的报酬。由于劳动者是企业诸要素中的决定性因素,因此提供合理的报酬以激发劳动者的工作热情对企业的经营就有着非常重要的意义。分配制度的创新在于不断地追求和实现报酬与贡献的更高层次上的平衡。

产权制度、经营制度、管理制度这三者之间的关系是错综复杂的(实践中相邻的两种制度之间的划分甚至很难界定)。一般说,一定的产权制度决定相应的经营制度。但是,在产权制度不变的情况下,企业具体的经营方式可以不断进行调整;同样,在经营制度不变时,具体的管理规则和方法也可以不断改进。而管理制度的改进一旦发展到一定程度,则会要求经营制度作相应的调整;经营制度的不断调整,则必然会引起产权制度的革命。因此,反过来,管理制度的变化会反作用于经营制度;经营制度的变化会反作用于产权制度。

企业制度创新的方向是不断调整和优化企业所有者、经营者、劳动者三者之间的关系,使各个方面的权力和利益得到充分的体现,使组织的各种成员的作用得到充分的发挥。

> **拓展阅读**
>
> **管理箴言**
>
> 自主创新要求创新主体有强大的经济实力、雄厚的研发能力和大量的成果积累,在技术上要求具有领先优势,起点和要求较高。因此,如果你拥有雄厚的实力,自主创新是有效的途径。
>
> 合作创新相对来说,起点和要求较低。如果你实力比较弱,合作创新是一种有效的途径。

(四) 组织机构和结构的创新

企业组织的正常运行,既要求具有符合企业及其环境特点的运行制度,又要求具有与之相应的运行载体,即合理的组织形式。因此,企业制度创新必然要求组织形式的变革和发展。

从组织理论的角度来考虑,企业系统是由不同的成员担任的不同职务和岗位的结合体。这个结合体可以从结构和机构这两个不同层次去考察。所谓机构是指企业在构建组织时,根据一定的标准,将那些类似的或为实现同一目标有密切关系的职务或岗位归并到一起,形成不同的管理部门。它主要涉及管理劳动的横向分工的问题,即把对企业生产经营业务的管理活动分成不同部门的任务;而结构则与各管理部门之间,特别是与不同层次的管理部门之间的关系有关,它主要涉及管理劳动的纵向分工问题,即所谓的集权和分权(管理权力的集中或分散)问题。不同的机构设置,要求不同的结构形式;组织机构完全相同,但机构之间的关系不一样,也会形成不同的结构形式。

由于机构设置和结构的形成要受到企业活动的内容、特点、规模、环境等因素的影响,因此不同的企业,有不同的组织形式;同一企业,在不同的时期,随着经营活动的变化,也要求组织的机构和结构不断调整。组织创新的目的在于通过更合理地调整组织分工与组织层次的关系,提高管理的效率。

（五）环境创新

环境是企业经营的土壤，同时也制约着企业的经营。企业与环境的关系，不是单纯地去适应，而是在适应的同时去改造、去引导，甚至去创造。环境创新不是指企业为适应外界变化而调整内部结构或活动，而是指通过企业积极的创新活动去改造环境，去引导环境朝着有利于企业经营的方向变化。例如，通过企业的公关活动，影响社区政府政策的制定；通过企业的技术创新，影响社会技术进步的方向等。就企业来说，环境创新的主要内容是市场创新。

市场创新主要是指通过企业的活动去引导消费，创造需求。成功的企业经营不仅要适应消费者已经意识到的市场需求，而且要去开发和满足消费者自己可能还没有意识到的需求。新产品的开发往往被认为是企业创造市场需求的主要途径。其实，市场创新的更多内容是通过企业的营销活动来进行的，即在产品的材料、结构、性能不变的前提下，或通过市场的物理转移，或通过揭示产品新的使用价值，来寻找新用户，或通过广告宣传等促销工作，来赋予产品使用价值在人们心理上的新认识，影响人们对某种消费行为的社会评价，从而诱发和强化消费者的购买动机，增加产品的销售量。

（六）战略管理创新

如果说制度创新是管理创新的根本的话，那么战略管理创新则是管理创新的统帅。在经济全球化、全球信息化及知识经济飞速发展的形势下，企业处于复杂、多变、激烈的竞争中，过去在静态竞争环境下的战略理论已经过时了。当前，客户要求变得更加苛刻，静态竞争已变成动态竞争，变化成为唯一不变的事情。如今在战略上创新变革已成为企业永续经营的重要生存法则，企业战略创新正是基于环境挑战所做出的一种反应，战略创新理论已成为企业战略管理前沿性的重点研究领域，企业正处于战略创新的热潮中。

战略管理创新包括企业核心竞争力的培育、动态竞争战略、企业持续增长战略、超竞争环境下的企业战略、企业战略的执行等。

第二节　创新主体与创新过程

一、创新的主体

创新包括新思想、新发明的产生，产品的设计、生产、营销和市场化等一系列活动，涉及的社会组织很多，政府、独立科研机构、高等学校、科技领域的协会及研究会、经济领域的行业协会，以及法律、信息、培训及各个专业领域的中介机构等组成的创新系统部门。而在整个创新系统中，企业才是真正的创新主体。

创 新

首先,企业作为创新主体不仅是创新活动的投资和研发主体,更是创新成果的应用主体。企业更接近市场需求,更容易判断创新成果的有效性。

其次,企业是实施新生产要素组合的社会组织,而其他社会组织只是由于社会分工不同,在创新中提供不同阶段所需要的各种要素和各种所需要的专业服务,或者是政策法律与社会环境。

当然,企业作为创新主体但并不是说企业在研究开发过程中一定要独自进行。在经济全球化背景下,针对企业技术创新的高投入和高风险特点,决定了企业在创新过程中合作的必要性。合作创新有利于降低研发成本和市场进入成本,分散风险,降低新产品开发和商业化的周期,弥补资金、技术、人力资源等的不足。目前企业创新合作方式也日益多样化,有分包、许可证交易、合作、战略联盟、合资企业和网络合作等。

中共十六届五中全会关于制定"十一五"规划的建议提出:"建立以企业为主体、市场为导向、产学研相结合的技术创新体系,形成自主创新的基本体制架构。"胡锦涛同志在全国科学技术大会上做了进一步的阐述,明确指出"要使企业真正成为研究开发投入的主体、技术创新活动的主体和创新成果应用的主体,全面提高企业的自主创新能力"。

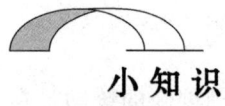

小知识

创新战略制定建议

在创新战略制定的过程中,一方面必须考虑领域的选择,因为有些领域充满新奇、意外、复杂,而另外一些是熟悉、简单、安定和安全。企业在中长期发展中可以选择不熟悉、高技术或复杂技术及竞争的领域运作;另一方面还需要考虑利益相关者的期望,如客户要求提供物超所值的产品,工会要求工作的安全性、高收入、良好的工作环境等。

二、创新的方式

根据创新成果资源的来源,创新的方式可分为原始性创新、改进性创新和模仿性创新。

(一) 原始性创新

原始性创新是创新度最高的一种创新活动。其基本特征是这种创新有潜力,具有首创性。它是提出一种新理论或者是制造出一种全新的产品或提供一种全新的服务等方面的一种全新性活动。

在目前的竞争格局下,原始性创新显得尤为重要。每一次原始性创新活动都会对社会引起广泛的示范效应。对原始性创新企业来说,可以开辟新的市场领域,提高市场竞争力,因为拥有知识产权并对运用此项技术的企业收取专利费,从而获得高额利润。对于处于市场领先地位的企业来说,要想保持自己的市场领先的地位,就必须不断进行原始性创新。

当然,原始性创新风险较大,投入不菲,由于市场需求、市场环境和生产技术等各方面的影响，而且还需要开辟全新的市场，前期需要较高投入，风险较大。但高收益必然面临高风险，进行原始性创新时一定要考虑各种因素的影响，选择适当的时机和方式，争取尽可能的成功。

（二）改进性创新

改进性创新是对已有的创新进行改造和再改造。它是充分利用自己的优势，对他人或自己的原始性创新进行改造，从而使这种创新更适应市场，推动市场的不断发展壮大，属于一种中等程度的创新活动。

对现有创新进行改造是改进性创新的基本特征。改造者不必率先进行创新，只需对原创者进行改造，因此改进性创新所承担的风险和成本较低，而获利却相当乐观。诚然，原创是重要的，但改进也是必需的。如微软的操作系统，就是在一代产品的基础上不停地进行改进，奠定了它在操作系统独一无二的垄断地位。

（三）模仿性创新

模仿性创新是指创新主体通过学习模仿率先创新者的方法，引进、购买或破译率先者的核心技术和技术机密，并以此为基础进行改进的做法。它是创新程度最低的一种创新活动，它最基本的特征是模仿性。

模仿性创新具有投入少、风险低、市场适应性强的特点。因此，一些研发能力较弱的中小企业在起步阶段基本上采用这种模式。但是由于模仿性创新是对原创的仿制，在技术上往往处于从属地位，特别是在知识产权保护日益加强的情况下，模仿者面临着市场壁垒和技术壁垒的双重制约。虽然前期投入较少，但是采用别人的标准往往需要交一定的专利费，这对模仿者来说是一个不小的负担。

总之，在制定创新策略时，不同的企业应该选择一个不同的创新方式，进行适度创新。所谓适度，一方面是适应市场需求，另一方面是适应本企业的创新条件。只有这样，创新者才能充分发挥和利用本企业的优势，尽可能减少创新的风险，提高创新的效果，促进企业的发展。

三、创新的过程

要有效地组织系统的创新活动，就必须研究和揭示创新过程的规律。创新是对旧事物的否定，是对新事物的探索。对旧事物的否定，创新必定要突破原先的制度，破坏原先的秩序，必须不遵守原先的章程；对新事物的探索，创新者只能在不断的尝试中去寻找新的程序、新的方法，在最终的成果取得之前，可能要经历无数次反复、无数次失败。就创新的总体来说，它们依循一定的步骤和程序。

总结众多成功企业的经验，成功的创新要经历"寻找机会、提出构思、迅速行动、坚持不懈"这样几个阶段的努力。

（一）寻找机会

创新是对原有秩序的破坏。原有秩序之所以要打破，是因为其内部存在着或出现了某种不协调的现象。这些不协调对系统的发展提供了有利的机会或造成了某种不利的威胁。创新活动正是从发现和利用旧秩序内部的这些不协调现象开始的。不协调为创新提供了契机。

旧秩序中的不协调既可存在于系统的内部，也可产生于对系统有影响的外部。就系统的外部说，有可能成为创新契机的变化主要有以下几点：

（1）技术的变化，从而可能影响企业资源的获取，生产设备和产品的技术水平。

（2）人口的变化，从而可能影响劳动市场的供给和产品销售市场的需求。

（3）宏观经济环境的变化。迅速增长的经济背景可能给企业带来不断扩大的市场，而整个国民经济的萧条则可能降低企业产品需求者的购买能力。

（4）文化与价值观念的转变。从而可能改变消费者的消费偏好或劳动者对工作及其报酬的态度。

就系统内部来说，引发创新的不协调现象主要有以下几点：

（1）生产经营中的瓶颈，影响到了劳动生产率的提高或劳动积极性的发挥。这种"卡壳"环节，既可能是某种材料的质地不够理想，且始终找不到替代品，也可能是某种工艺加工方法的不完善，再可能是某种分配政策的不合理。

（2）企业意外的成功和失败。例如，派生产品的销售额使其利润贡献出人预料地超过了企业的主营产品；老产品经过精心整顿改进后，结构更加合理、性能更加完善、质量更加优异，但并未得到预期数量的订单……这些出乎企业预料的成功和失败，往往可以把企业从原先的思维模式中驱赶出来，从而可以成为企业创新的一个重要源泉。

企业的创新，往往是从密切地注视、系统地分析社会经济组织在运行过程中出现的不协调现象开始的。

（二）提出构思

敏锐地观察到了不协调现象的产生以后，还要透过现象究其原因，并据此分析和预测不协调的未来变化趋势，估计它们可能给组织带来的积极或消极后果；并在此基础上，努力利用机会或将威胁转换为机会，通过采用头脑风暴、德尔菲、畅谈会等方法，提出多种解决问题、消除不协调、使系统在更高层次实现平衡的创新构想。

（三）迅速行动

创新成功的秘密在于迅速行动。提出的构想可能还不完善，甚至可能很不完善，但这种并非十全十美的构想必须立即付诸行动才有意义。彼得斯和奥斯汀在《志在成功》一书中介绍了这样一个例子：20世纪70年代，施乐公司为了把产品搞得十全十美，在罗彻斯特建造了一座全由工商管理硕士占用的29层高楼。这些高才人士在大楼里对每一件可能开发的产品都设计了拥有数百个变量的模型，编写了一份又一份的市场调查报告……然而，当这些人继续不着边际地分析时，当产品研制工作被搞得越来越复杂时，竞争者已把施乐公司的市场抢走了50%以上。创新的构想只有在不断地尝试中才能逐渐完善，企业只有迅速地行动才能有效地利用"不协调"提供的机会。

(四) 坚持不懈

构想经过尝试才能成熟，而尝试是具有风险的，是可能失败的。创新的过程是不断尝试、不断失败、不断提高的过程。因此，创新者在开始行动以后，为取得最终的成功，必须坚定不移地继续下去，决不能半途而废，否则便会前功尽弃。要在创新中坚持下去，创新者必须有足够的自信心，有较强的忍耐力，能正确对待尝试过程中出现的失败。既为减少失误或消除失误后的影响采取必要的预防或纠正措施，又不能把一次尝试的失利看成整个创新的失败。伟大的发明家爱迪生曾经说过："我的成功乃是从一路失败中取得的。"这句话对创新者应该有很大的启示。创新的成功在很大程度上要归因于"最后五分钟"的坚持。

第三节 创新的实施

创新意味着变革，意味着要打破旧有的思维和操作模式，因此，在创新管理实施中最关键的问题是识别创新实施障碍存在的原因并有针对性采取措施冲破阻力，使创新有效进行。

一、实施障碍产生的原因

创新和变革是一对孪生兄弟，变革最终将导致创新，创新也往往以变革为起点。要进行创新就需要克服变革的阻力，使创新顺利进行。

组织中对于变革和创新的抵触力是多方因素形成的综合体，组织文化、既定的发展战略、组织的结构、技术水平、领导的风格、成员的因素都有可能使变革与创新受到阻碍。但人的因素是变革与创新中最活跃的因素。阻力产生的原因可以归结为：不确定性、关心个人利益的得失和有人认为变革不符合组织的目标和最佳利益。

（一）变革使已知的东西变成模糊不清和具有不确定性

许多组织在变革和创新中缺乏事先的有效沟通，因此，组织成员因不知如何变革、不知道变革会给自己带来何种结果感到不安，这时容易形成信息失真，导致谣言四起，人心惶乱，最终导致人们反对。如在制造厂中引入复杂统计模型的质量控制方法，这意味着质量检测员需要学习新方法，由于许多人对这种方法缺乏了解，并且组织也没有告知什么背景下就可以学会，有些人就会害怕自己学不会而在使用新方法中产生抵触或者表现很差。

（二）既得利益者担心失去既有的利益

变革和创新意味着原有的组织结构被打破，利益将重新进行分配。由于人们对现状做了投资，变革和创新将打破这种既有的收益格局，这时既得利益获得者就会担心失去现有的地位、收入、权势、友谊、个人便利和其他重要福利，他们就会阻挠变革和创新。

（三）认为变革并不符合组织的目标和最佳利益

要是一个员工认为变革和创新所要使用新的操作程序将造成生产率或产品质量下降，那么他将极力反对这项变革。当然，如果这个员工能正面详细表达这种反对的意见，那么这种阻力就可能变成组织的动力。

二、克服阻力的方法

在迈克尔·哈默和史蒂文·斯坦合著的《变革革命》一书，哈默提出了克服阻力的5项原则，这五项原则如下。

（一）抵制是自然的、无法避免的，因此必须认真对待

导致创新失败的真正原因不在于人们的抵制，而在于错误的处理方式。事实上，抵制变革总是重大事件正在发生的标志。所以，不能认为抵制不会发生，也不能认为抵制就是落后者，不要试图从组织内部寻求支持者，因为变革的工作方式就意味着它要跨越组织界限。

（二）抵制有多种伪装和形式，因此必须抓住要害

抵制者第一种表现方式是简单的否定，声称没有变革或创新的必要；如果不行，抵制者诱惑说同样的变革他们早已试过了，结果是行不通的；如果这也没有能够阻止变革的决心，他们又会变得满口答应，但暗中掣肘。变革的领导者必须时刻保持对抵制的警惕，不被虚假的表象所迷惑，坚持不懈地进行再造。

（三）抵制的动机是复杂的，因此必须理解这些动机

人的思想是复杂的，表面上的"受益者"也许就是最顽固的敌人。在一个旧型的普通销售流程中，如果销售人员只负责获得订单，至于订单能否按期执行，是否会被拖延，他们就不再过问，顾客也无法找他们评理。针对这一缺陷，在设计新的流程时，销售人员在与顾客谈判时必须通过个人手提电脑查阅有关价格、存货、工厂生产数据等，同客户签订确实能按期履行的合同，并且要负责监督履行情况直至合同执行完成。显然，这是一个典型以顾客为中心的流程，会赢得顾客的满意。然而新流程会遇到各个方面的抵制，价格部门的抵制是情理之中的，因为现在95%价格主要由销售代表和顾客谈判时决定，这就使原有的价格分析员成为多余；同样，分厂的经理们也由于销售代表掌握了一部分原来属于他们的权利而不满。表面上看来，销售代表是新流程的获益者—掌握了更大的控制权和更多的信息，在与顾客谈判时更有实力，能令顾客更满意，获得更多的订单，但事实上，正是他们最讨厌新流程。原因是：首先，他们需要对顾客负更多的责任；其次，在新流程中，他们不得不对顾客说"不"；最后，他们的自身地位受到威胁。虽然在新流程中，销售代表拥有更大的权力，可能赚更多的钱，但是在心理上要增加很多成本和负担，有些人

认为失去的比得到的更重要。因此,在变革中领导者必须了解抵制变革的真正原因。

(四) 要治本而不是治标

如果仅凭人们的反映行事,往往南辕北辙。在上面的例子中,销售代表们不会直接抱怨新的职责让他们恐惧和讨厌,他们会找出各种各样的理由来反对变革,比如计算机不好用、仓库计划混乱、生产规划不好理解等,对这样的抱怨就事论事地改进计算机软件、改变仓库计划等一定于事无补,应该针对真正的原因做出反应。

(五) 对抵制要因人因事而异,直接面对

许多企业领导人习惯于一刀切地对待抵制行为,这对以降低成本为目标而缩小规模、裁减部门的企业变革来说,或许不是一个行得通的办法。但对以提高企业经营能力、提高顾客满意度为目标的企业变革而言,一刀切的办法只能是表面上很快地实现了新的革新过渡,实际上员工的抵制情绪将极大影响新系统的运行效率。因此,对待抵制要因人而异,因事而异。

三、创新管理的技能

有效的创新工作需要管理者能够为部属的创新提供条件、创造环境,并有效地组织系统内部的创新。有效的创新管理需要做好以下几个方面的工作。

(一) 正确扮演"管理者"角色

管理者是被任命的,他们拥有合法的权利进行奖励和处罚,其影响力来自他们职位所赋予的正式权力。他们认为组织雇用他们的首要目的是维持组织的运行,他们首要的任务是按预定的方式或方案圆满完成计划,顺利达到目标。而创新是制度的例外,制度是为过去管理的持续性、控制和效率而设计的,而创新是为未来发展、突变与新的效率实用的。管理人员往往扮演制度的守护者的角色,为了防止组织运行偏离制度的轨道,他们对创新人员往往要求苛刻,非常不容忍失败等。这往往导致创新被扼杀在摇篮中。为了适应竞争的需要,组织必须进行创新,管理者扮演什么角色就显得非常重要。这里所说正确扮演"管理者"角色是指管理者不仅要扮演制度守护者,更应该扮演"企业家"的角色。"企业家"是指具有自力更生、冒险进取和刻意创新等创新精神的创新者,也就是说管理者不仅要带头进行创新,而且应该为组织成员创造一个优良的氛围,鼓励和支持他们进行创新。

(二) 形成有利于创新的环境和气氛

心理学的研究成果告诉我们,每个人都具有发现和解决复杂问题的能力,当具有不同技能和判断力的人在一起进行创新造型活动时,又往往能取得非凡的成绩。

组织的管理者必须对未来发展具有远大的抱负和一个宏伟蓝图,并使企业的文化、价值观和气氛有利于支持创新。建立这种氛围的最好方法是在组织内大肆宣传创新,树立无创新就是没有成就的理念。组织不能把创新看成制度的例外,或仅仅看成是职能部门或研发部门的事情,应该把创新看作为一项重要的能力,并使组织成员明白创新不仅仅是职能部门或研发部门的事情,自己也是组织创新的重要组成部分。要树立积极创新的氛围,积

极创新是营造一种对组织命运的关注,来自于释放所有员工的想象力,并且要教会员工怎样去发掘非传统创新的机会。关于未来方向的新思维往往不是少数几个为企业工作了多年的聪明人聚在一起想出来的,作为管理者,应该大量激发多样性的战略建议,激发出千百个新创意,从中找到新的重点和方向,在这一过程中,高层管理者应该扮演编辑的角色,从战略的创造者转为在潮涌般的新创意中寻找最佳的模式。

(三) 制定有弹性的工作计划

创新意味着变革,进行创新意味着时间和资源的占用,因此,创新要求组织制定富有弹性的计划。在这方面有三个具体建议。

(1) 允许创新者拥有部分时间去思考和探索自己的想法。当然,这种结果是无法预料的。但如果每一天的工作都安排得非常紧密,每时每刻都在做现在的工作,没有自由支配时间,那创新者就没有思考的时间,创新也就难以付诸行动了。也正因为如此,包括 IBM、3M 和杜邦公司在内的许多大公司,都允许他们的员工利用工作时间的 5%~15% 来开发他们感兴趣的设想。

(2) 在预算内提供一笔可自由支配的资金,用于开发新设想。设想的开发或者创新的探索都需要一定的物资条件,如简单仪器、原材料等,组织为创新者提供物质和资金支持,实际上就大大鼓励了创新行为。

(3) 避免层层审批的官僚体系。层层审批一方面会造成信息的流失,以致到最后决策者都无法做出正确的判断;另一方面,层层审批会延误时间,推迟创新的成功,有可能会让竞争对手抢先。最好的做法是充分放权,创新者完全有权决定该项目创新的相关事宜。

(四) 正确对待失败

失败是有成长力的,小事不处理,就会变成大事。在快速变迁的商业环境里,企业若想用过去的方法延续成功,注定将面临失败。采用创新的方式,即便不能确保未来一定会成功,但至少拥有成功的机率。而很多创新,就是从失败的经验中获得的。

任何创新活动,都不能保证会一帆风顺,无任何风险,保证一定成功。因为创新的过程是充满失败的过程。奢望创新者不犯任何错误,毫无风险是不可能进行创新的。组织只有认识到失败是正常的,管理者才能允许尝试,支持失败。但这并不是放任失败,关键是我们要从失败中吸取经验教训,避免自己将来遭受同样的失败,使失败成为创新因子。

(五) 建立合理的奖酬制度

要释放每个人的创新热情,就必须建立合理的评价和奖惩制度。创新者的主要动机也许是对成就的追求或者是创新成功后的心理上的满足。但是如果创新的努力得不到组织或社会的承认,得不到公正的评价和奖励,就会扼杀持续创新的动力。但热爱组织不仅仅要重奖成功者,也要正确对待失败和公正评价失败。对于历经艰辛、兢兢业业的开创者,虽然失败了,也应该给予奖励。合理的奖酬制度应该如下:

1. 注意物质奖励与精神奖励相结合

物质奖励永远是吸引和激励人才的基础因素。对于大多数员工来说是一致的,他们非常关心自己的薪酬水平，这关系到他们的生存质量，但是仅仅有物质奖励是远远不够的。因为对大多数创新人员来说，追求成就可能是他创新的主要动力来源。因此组织进行一定的物质奖励是必需的，但不能以物质奖励代替精神；大会表扬、宣传和发荣誉证书等形式也是很好的奖励方式。

对成功者报以鲜花和掌声固然重要，但是不应该忘记创新是一个充满失败的过程，组织也应该鼓励进取中的失败者。不能仅仅以成败论英雄，因为失败是成功之母。组织更应该让失败者感受到组织的温暖、组织的关心，以此来激发他们的创新激情，并从失败中汲取教训，从而走向成功。据报道，中国某企业推出"科技败将表彰会"，具体标准是："只要你是在奋力革新中去成功，失败照样奖励"。自从该企业奖励"败将"后，许多科研人员精神振奋，潜心于企业的研究开发活动之中。不久，"败将"变成"胜将"，失败造就了成功，单单该企业的"科技败将"就取得了 30 多项科技成果，其中有 3 项获得了国家专利，为企业增强市场竞争力提供了充足的后劲。

2. 保证团队协作一致

创新是一个复杂的系统工程，单单依靠一个人远远不能完成工作，它需要团队成员的通力协作，共同努力才可能完成。在创新管理中一方面既要激发团队每一成员的创新激情又要保证团队成员合作，只有这样，创新才能发挥每一成员的聪明才智，才有利于新机会的发生和新设想的出现，才能产生协作，使创意或设想进一步完善。

四、战略管理的创新

（一）超竞争环境下的企业战略——蓝海战略

今天在越来越多的产业中，竞争白热化，而需求却增长缓慢甚至停滞萎缩，越来越多的企业去瓜分和拼抢有限的市场份额和利润，无论采用差异化还是成本领先战略，企业获利性增长的空间都越来越小。在目前过度拥挤的产业市场中，硬碰硬的竞争只能令企业陷入血腥的"红海"，即在已知的竞争激烈的市场空间中，与对手针锋相对地争抢日益缩减的利润额。在这种情况下，企业如何才能从激烈的竞争中脱颖而出？如何才能启动和保持获利性增长？韩国学者 W·钱·金和美国学者勒妮·莫博涅在他们合著的《蓝海战略》一书中为企业指出了一条通向未来增长的新路。在这本书中，作者对人们所熟知的一切战略成功的定律提出挑战。他们认为，流连于"红海"的竞争之中，将越来越难以创造未来的获利性增长。企业要赢得明天，不能光靠与对手竞争，而是要开创"蓝海"，即蕴含庞大需求的新市场空间，以走上增长之路。这种被称为"价值创新"的战略行动能够为企业和买方都创造价值的飞跃，使企业彻底摆脱竞争对手，并将新的需求释放出来。

有一个案例说明了"蓝海战略"。20 世纪 80 年代，法国经济型酒店行业陷入停滞不前的饱和状态，法国有一个低星级级别的宾馆——雅高（Accor），它找出了所有经济型酒店客户的共同需求：花不多的钱，睡一夜好觉。于是，雅高摒弃了"高档的餐厅"和"迷人的大堂"等星级酒店的特色。雅高认为尽管这样做可能会失去一部分顾客，但对大多数客户来说，少了这些特色也无所谓；同时，雅高将每间客房平均造价成本都削减了一半，在客房内只配备了一张床和最低限度的必需品，没有文具、书桌或装饰品,雅高把这些节省下来的成本放到顾客最看重的特点上面,如雅高旅馆床位质量、房间以及床上用品的卫生和客房安静的程度均超过了普通二星级酒店的水平,而客房价格仅比一星级酒店稍高一点,雅高的价值创新赢得了顾客的回报,公司不仅争取到了法国经济型酒店的大批顾客,而且扩展了市场规模,把从过去睡在汽车里过夜的卡车司机到只需要休息几小时的生意人全都吸引到雅高来,它在法国的市场份额超过了排在它后面5家酒店的市场份额之合。由此可以看出,雅高宾馆开辟了一个无人争抢的市场,这就是"蓝海战略"。

(二)企业并购与企业战略联盟

1. 企业的兼并、收购与重组

21世纪初是我国企业兼并、收购、重组的高潮,主要有以下三个原因:

(1)我国已加入WTO,如果我国大多数企业都是绵羊的话,早晚都要被外国狼(外国跨国公司)吃了,因此,应当把几只绵羊赶快合成一条狼,我国企业要首先把自己变成狼,才能和外国狼竞争。因此我国企业必须要兼并、收购、重组。

(2)我国大多数企业核心竞争力还没有形成,但有的企业在某一方面有特长,另外一些企业在另外一方面有特长,"三个臭皮匠顶个诸葛亮",把几个企业合并成一个企业,其核心竞争力相对比较完整,就具有一定竞争实力,然后再去和跨国公司开展竞争。

(3)我国很多行业的企业数量非常多,每个企业的规模都不大,竞争实力很弱,行业集中度很低,造成盲目竞争,因此,从产业结构调整角度来看,企业之间也要进行兼并、收购、重组,形成行业的骨干大型企业,使行业竞争有序化。我国烟草行业中原来有180多家卷烟公司,经过这几年的兼并、收购、重组,变成20多家卷烟集团,将来还要进行兼并、收购、重组,最后要形成10家大型烟草企业集团。

从宏观经济角度来看,企业的并购、重组有利于社会资源有效配置,有利于我国产业结构调整,实现我国资产存量重组,使国有资产保值增值,有利于做强做大我国的企业。从微观经济角度来看,企业并购、重组扩大了企业对市场的控制能力,使企业实现多样化经营,提高了企业的进入壁垒和降低了企业发展的风险,促进我国企业实现跨国经营,有利于发挥经营协同效应,增强了企业竞争优势。

从行业角度划分,企业并购的类型有横向并购、纵向并购及混合并购;从并购动机划分,有善意并购和恶意并购;从融资的方式划分,有杠杆并购及管理层并购等。

2. 企业战略联盟

20世纪80年代以来企业战略联盟这种组织形式在世界各地得到迅速发展,尤其是在跨国公司之间纷纷采取这种合作方式。所谓企业战略联盟是指两个或两个以上的大型企业为了实现资源共享、风险和成本共担、优势互补等特定战略目标,在保持自身独立性的同时,通过股权参与或契约联结的方式,建立较为稳固的合作伙伴关系,并在某些领域采用协作行动,从而取得双赢或多赢的效果。

这里应当指出,严格意义上的战略联盟一般应是在大型跨国公司之间进行的。由于企业竞争的结果,在一个产业中只剩下几个大型企业或大型跨国公司,从而形成寡头竞争局面,若再竞争下去,只有几败俱伤,只有建立战略联盟,才能使跨国公司进一步发展,因此战略联盟的出发点是为取得"双赢"或"多赢"的效果。例如，法国、德国、英国、西班牙四国航空公司组成空中客车集团，研究开发新型客机，以对付美国波音公司的挑战。日本三菱集团与德国奔驰公司在若干领域结成战略联盟：在电子领域，三菱与奔驰合作生产商用汽车集成电路；在航空领域，合作研发大型民用喷气机，进而开发电子技术、新材料、通信和信息产业等业务；奔驰公司帮助三菱进入欧洲市场，三菱帮助奔驰在日本建立汽车营销网络。

企业战略联盟可以促进企业科技创新，避免经营风险、避免过度竞争、实现资源互补、开创新市场。企业战略联盟的优点在于通过联盟可以使企业边界的扩张不用伴随所有权的转移，仅仅通过与其他企业一起分享双方全部或部分资产使用权的方式来完成；企业可以在各自保持独立立场及主体身份的同时，相互共享资源，因此企业能力边界是趋于无穷。

战略联盟是个十分复杂的组织，许多研究发现，要使战略联盟取得成功，需要有成功的组织和出色的管理，如果组织管理不当，就会招致失败。据统计，令人不满意的战略联盟占总战略联盟总数的40%~70%，因此，如何管理战略联盟是非常关键的。一个战略联盟的成功管理取决于合作各方要建立一个基本的相互理解、相互信任、相互尊重的关系。根据一些高级经理人员的经验，若想建立牢固、坚实的合作基础，必须重视3条重要原则：一是平等相待，相互信任；二是各企业主管领导的支持；三是求同存异，避免对抗。

拓展阅读

引进战略可选择的重点

技术引进战略在实际应用中又可分为仿制战略、有偿引进战略、人才引进战略。

1. **仿制战略**

这种战略是通过情报的搜集分析或样机剖析试验获得他人的设计制造技术，以同样的产品或改进了的产品投入市场。这种战略要求企业具有较强的工艺开发能力与工程技术力量，能够对别人的技术创新做出迅速反应，并拥有雄厚的生产和销售力量。它虽然后进入市场，却能凭借完善的销售组织和广告宣传扩大其市场占有率，以降低成本的方法维持产品的边际利润，并采用高质量、优良服务的手段吸引顾客。由于企业是跟随者而不是创新者，这种战略比较稳妥，可总结"领先者"的经验教训，失败的风险较小，研制新产品所需的投资也相对较少。

2. **有偿引进战略**

有偿引进战略主要是指通过许可证贸易等有偿技术转让方式引进所需的专有知识和专利，来弥补本企业研究与开发的不足。有偿引进战略与仿制战略相比，虽然获得技术所需的费用可能较高，但它可以避免侵犯专利，使技术的应用合法化，并可获得情报分析和样机剖析所无法得到的许可方的专有技术知识、完整的设计制造图纸，节省了自行摸索的时间，减少了技术开发失败的风险性，在实施过程中有可能取得许可方的技术帮助，能更快地生产制造出高质量的新产品。因此有偿引进风险更小、收益更快。当然，采用此种战略要求企业具有较强的技术选择能力，有一定的资金和技术消化吸收能力，能有效地保证引进技术的顺利实施。另外，有一些先进技术，对方不愿意转让，这也限制了有偿引进战略应用的范围。

3. 人才引进战略

任何技术创新战略均离不开有创造能力的优秀科技人才，任何一项科技成果，不论是创新产品或是专有技术，其核心技术都储存在研究和开发它的人们的大脑中。因而引进人才的战略是引进技术的最有效途径。正因为如此，国外大企业采用各种手段争夺科技人才，甚至为了争得某公司一到两个突出人才，不惜出重金买下这个公司。有的企业采取联营的方来

达到这一目标。兼并也是大企业获得其他企业专门人才、技术和设备的有效手段。

第四节 企业技术创新

一、技术创新的内涵

技术创新是企业创新的主要内容，企业中出现的大量创新活动是有关技术方面的。技术水平高低是反映企业经营实力的一个重要标志，企业要在激烈的市场竞争中处于主动地位，就必须不断地进行技术创新。基于一定的技术都是通过一定的物质载体和利用这些载体的方法来实现的，因此，企业的技术创新主要表现在要素创新、要素组合方法的创新和产品创新三个方面。

（一）要素创新

企业的生产过程是一定的劳动者利用一定的劳动手段作用于劳动对象，使之发生物理、化学形式或性质变化的过程。参与这个过程的要素包括材料、设备及企业员工三类。材料是构成产品的物质基础，材料的费用在产品成本中占很大的比重，材料的性能在很大程度上影响产品的质量。设备创新对于减少原材料、能源消耗，对于提高劳动生产率、改善劳动条件、改进产品质量有十分重要的意义。企业的人事创新，既包括根据企业发展的技术进步的要求，不断地从外部取得合格的新的人力资源，更应注重企业内部现有人力的继续教育，提高人的素质，以适应技术进步后的生产与管理的要求。

（二）要素组合方法的创新

利用一定的方式将不同的生产要素加以组合，这是形成产品的先决条件。要素的组合包括生产工艺和生产过程两个方面，工艺创新既要根据新设备的要求，改变原材料、半成品的加工方法，又要求在不改变现有设备的前提下，不断研究和改进操作技术和生产方法，以求得现有设备的更充分的利用及现有材料的更合理的加工。工艺的创新与设备创新是相互促进的，设备的更新要求工艺方法做相应的调整，而工艺方法的不断完善又必然促

进设备的改造和更新。企业应不断地研究和采用更合理的空间分布和时间组合方式，协调好人机配合，提高劳动生产率，缩短生产周期，从而在不增加要素投入的情况下，提高要素的利用效率。历史上，福特汽车公司将泰罗的科学管理原理与汽车生产实际相结合而产生的流水线生产方式是一个典型的生产组织创新。

（三）产品创新

产品创新包括品种和结构的创新。品种创新要求企业根据市场需要的变化，根据消费者偏好的转移，及时地调整企业的生产方向和生产结构，不断开发出用户欢迎的产品；结构创新在于不改变原有品种的基本性能，对现有产品结构进行改进，使其生产成本更低，性能更完善，使用更安全，更具市场竞争力。产品创新是企业技术创新的核心内容。它既受制于技术创新的其他方面，又影响其他技术创新效果的发挥；新的产品、产品的新结构，往往要求企业利用新机器设备和新工艺方法；而新设备、新工艺的运用又为产品的创新提供了更优越的物质条件。

拓展阅读

大众对创新的误区

误区一：创新就是创造

没有进行过系统的创新理论学习的人，经常将创新与创造混为一谈。其实创新与创造是截然不同的两个词。广义创新和广义创造是同义词，差别微小：广义的创造更强调创造过程，而广义创新更强调创造的结果。狭义创新和狭义创造之间差别明显。狭义创造多指原创、首创，指"从无到有"，不包括对已有事物的改进，并且多限制在科学、技术、理论、方法和事物的范围，与经济效益没有关系。狭义创新是一种经济活动，获取经济效益是狭义创新的目的。人们经常将创新与创造混为一谈。不能产生价值的解决方案可能是一个好的构思，但不是创新，实现价值的构思才成为事实上的创新。

误区二：创新是一种天赋，无法教授

在大家的心目中，历史上大凡具有创造力的大师如莫扎特、爱因斯坦、米开朗琪罗等，其创新的能力都是与生俱来的，是一种天赋，是无法教授的。但是，我们可以设想，如果人们不接受钢琴的训练，即使有李斯特这样的天才存在也会被埋没。同样，如果我们不为创新做任何努力，显然创新能力只能依靠天赋。但是如果我们提供训练、结构和系统的方法，就可以提高创新能力的总体水平。因为"天赋"和"训练"之间根本不存在矛盾。试验也表明，经过训练的人的创新能力得到了明显的提高。

误区三：创新者必须是非常聪明的人

我们很容易接受两个截然不同的观点：创新必须要有非常高的智力的观点，以及非常聪明的人可能因为常常不去推断和猜测，不提出无意义的想法，从而失去了创新的机会。其实人的智力就像是一部汽车的引擎，引擎马力的大小是汽车的潜能，而汽车性能却取决于司机的驾驶技术，大马力的车可能开得很糟糕，小马力的车反而可能开得更好。因此：如果一个人努力学习了创新的方法，那么他的高智商不会阻止他的创造性的发挥；在一定的智力基础上，一个人想具有创造性不一定要非常的聪明。

误区四：创新仅仅意味着产生新的产品、服务或技术

有价值的各种创新可能存在于各个团体的各个层次，许多创新来源于升级或修改现存的产品或程序。我们可能认为一个提高速度的新的计算机芯片为创新，但是不把一个新的会计程序当作创新。一个使得工作更方便、更有效的会计系统可以给团体产生劳动力，节省成本和创造价值。因此，它当然应当被当作创新。

误区五：创新产生于偶然

多数时候，很多人相信创新的产生仅仅依靠本能，或者是偶然的。是的，我们不否认人类历史上许多重要的创新来自于偶然，可是每个人都是具有创造力的，通过运用特殊的训练和方法，创新可以在有意识的努力下产生。

二、技术创新的过程

对技术创新过程的理解，角度不一样，理解也不一样。有人认为技术创新过程是知识的产生、创造和应用的进行过程，是一个信息交流、加工的过程；也有人认为，技术创新过程是一个将知识、技能、物质转化成顾客满意的产品的过程。还有人认为将新（改进）产品的营销或新（改进）制造工艺或设备的第一次商业作用所涉及的技术、设计、制造、管理和商业活动等都是技术创新过程。

技术创新过程虽然常常涉及技术活动，有时甚至是重大的技术变化和技术创新，但决不能把它看作单纯的技术活动，即使重大的创新也是如此。我们认为，技术创新过程是技术与经济结合的中间环节，它始于市场，终于市场。具体说来，技术创新过程起始于市场信息的反馈、搜集，经过构思和R&D，再经过中试，最后把产品成功的投入市场的动态过程。这里的成功指的是市场接受。

这个过程可能是直线型的，有反复，只要市场还没有接受，技术创新就还没有终结，此时，还是处于技术创新的一个阶段。如图8-1所示。

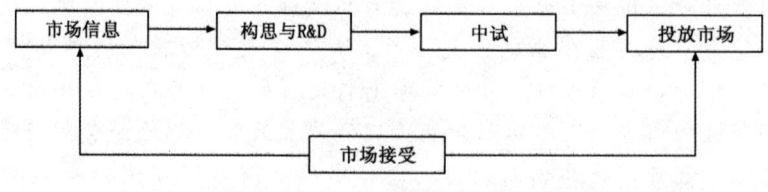

图8-1 技术创新的过程

三、技术创新战略

（一）技术创新战略的内涵

一般认为，战略是对于整个组织来说至关重要的、全局性的和有长远影响的规划或行动路线。简单地说，策略可理解为实现某一特定目标所采取的途径。技术创新战略可看作是企业在市场竞争中利用技术创新获取竞争力的方式。它是企业整个竞争战略的一个部分，并且必须与其他战略协调起来。

(二) 技术创新的战略管理

企业战略管理是企业制定长期战略和贯彻这种战略的活动，它的中心就是要提高资源组合与配置的效率，以企业业务组合和行业竞争分析为基础，努力使企业保持最佳的发展结构，获得长期的生存与发展。企业的创新战略应该服务于企业整体战略，并成为企业长期战略的一个部分，我国不少企业未从长远的经营目标来安排技术创新，不懂资源组合配置的方法和策略，结果走了弯路，浪费了资源和机遇。所以，加强对我国企业技术创新的战略管理具有重要意义。企业技术创新的战略管理是从企业全局出发对企业的技术创新活动做出的较长时期的总体性谋划和活动纲领。它包括三个基本环节：技术创新战略的制定，技术创新战略的执行，评价与控制。

(三) 技术创新战略的制定

技术创新战略的制定和经营战略的制定一样，是一项创造性工作，它要求企业决策者能在科学技术不断进步、市场不断发展中寻找开发产品、改进工艺、满足用户需要的各种机会。战略管理包括战略制定、战略执行、评价反馈三个阶段，其中战略的实施是很重要的。

再好的战略若没有有效的实施只不过是一场空想。但是，如果技术创新战略本身不正确或不切实际，则无论执行得如何严密，都很难得到预期的效果。企业经营的成败，首先依赖于各种战略的正确性，其次才是实施中的管理效率。因此，战略的制定是战略管理的中心环节。

从前述知识可知，企业技术创新战略的制定关键是要抓好三个环节：一是正确评价组织内外经营环境，二是明确确立企业技术创新目标，三是正确选择企业技术创新模式。

四、制定技术创新战略的基本原则

根据企业所确定的技术创新目标以及对企业技术创新外部环境和内部条件的分析，企业从各种技术创新战略模式中，选择出为环境所允许的、企业有能力实施的技术创新战略模式。然后对这些备选方案作进一步评价分析，从中确定"最好"的技术创新战略作为实施战略，而其余的则作为预备方案存储起来。在确定技术创新战略时，要尽可能遵循以下原则：

（1）发挥优势。成功的技术创新战略在于最大限度地发挥本企业的优势，在近期战略中必须"扬长避短"，而在较长期的战略中则应考虑"扬长补短"。

（2）具有一定的灵活性和适应性。为了适应主客观条件的变化，技术创新战略应尽量保持必要的弹性，留有适当的回旋余地，以便立于不败之地。

（3）切实可行。企业技术创新战略能否取得成功还取决于企业主客观的各种技术、经济的条件是否具备。在不确定的条件下制定技术创新战略总要承担一定的风险，这是不可避免的，但没有经过可行性分析的盲目蛮干是不可取的。

（4）相对满意。企业技术创新的复杂性、不确定性使寻求最佳的、十全十美的技术创新战略成为十分困难甚至是不可能的。由于时间、精力、资金和可取得的信息的限制，明智的决策者往往是从现实条件出发，选择相对满意的技术创新战略，而不是脱离现有条件去寻求所谓"最佳"的战略。

本章小结

创新是一个组织发展壮大的源泉，创新的内涵是相当丰富的，按熊彼特的观点，创新的内容很广泛，它包括产品创新、技术创新、市场创新、资源配置创新和组织创新等。其后，学者们又从其他角度对创新的定义进行了发展。

创新的目的是为社会提供新的产品或者将新的生产工艺应用到生产过程中去。创新是管理的一种基本职能。维持和创新是管理的本质内容，有效的管理在于适度的维持与适度的创新之间的组合。管理创新职能的基本内容包括目标创新、技术创新、制度创新、组织机构和结构的创新、环境创新和战略管理创新等。创新要经历"寻找机会、提出构思、迅速行动、坚持不懈"这样几个阶段的努力。管理者要为部属的创新提供条件、创造环境，有效组织系统内部的创新。

当今世界的竞争已变成动态竞争，变化成为唯一不变的事情。在战略上创新变革如今已成为组织的生存法则，组织战略创新正是基于环境挑战所做出的一种反应，战略创新理论已成为组织战略管理重点研究领域。组织战略管理创新需要研究的课题有动态竞争战略、企业持续增长战略、超竞争环境下的企业战略、企业并购与企业战略联盟等。

本章练习

一、单项选择题

1. 从创新与环境的关系来分析，可将其分为（　　）。
   A. 消极被动型创新　　　　　　　B. 积极主动型创新
   C. 积极防御型创新　　　　　　　D. 消极攻击型创新
2. 创新职能的基本内容有（　　）。
   A. 技术创新　　　　　　　　　　B. 制度创新
   C. 环境创新　　　　　　　　　　D. 战略管理创新
3. 就系统的外部说，有可能成为创新契机的变化主要有（　　）。
   A. 技术的变化　　　　　　　　　B. 人口的变化
   C. 宏观经济环境的变化　　　　　D. 文化与价值观念的转变
4. 创新工作必须要有的组织保障是（　　）。
   A. 树立紧迫感　　　　　　　　　B. 构建愿景规划
   C. 建立强有力领导联盟　　　　　D. 沟通创新愿景
5. 企业求得社会承认、证明其存在价值的基础，被企业视为生命的是（　　）。
   A. 技术　　　　　　　　　　　　B. 产品
   C. 人才　　　　　　　　　　　　D. 资本

二、多项选择题

1. 创新职能的基本内容是（   ）。
   A. 目标创新　　　　　　　　B. 技术创新
   C. 制度创新　　　　　　　　D. 组织机构和结构创新
2. 从生产过程的角度分析，技术创新包括（   ）。
   A. 研究与开发　　　　　　　B. 要素创新
   C. 产品创新　　　　　　　　D. 要素组合方法的创新
3. 产品创新包括（   ）。
   A. 新产品的开发　　　　　　B. 老产品的改造
   C. 市场调研　　　　　　　　D. 客户需求预测
4. 在各种创新类型中，最为企业重视和欢迎的创新基础是（   ）。
   A. 观念的改变　　　　　　　B. 人口结构的变化
   C. 行业和市场结构的变化　　D. 新知识
5. 企业在技术创新活动中可以选择的创新方式有（   ）。
   A. 与外部机构联合开发　　　B. 利用自己的力量独家进行开发
   C. 组织创新　　　　　　　　D. 团队创新

三、判断题

1. 企业制度是以所有权制度为基础和核心的企业组织和管理制度。（   ）
2. 企业制度创新的方向是不断调整和优化企业所有者、经营者、劳动者三者之间的关系，使各个方面的权力和利益得到充分的体现，使组织的各种成员的作用得到充分的发挥。（   ）
3. 就企业来说，环境创新的主要内容是市场创新。（   ）
4. 创新的不同对象中，可借助外部的力量来完成的是生产手段的创新。（   ）
5. 技术创新是企业创新的重要内容。（   ）

四、思考题

1. 创新的含义是什么？
2. 简述创新的过程。

五、案例分析

索尼公司建立核心能力实践

索尼公司是世界上生产视频设备的最大厂商，其产品主要比例：视频设备占23%、录像机占25%、通信设备占8%、电子部件及其他产品占23%。最近公司为了适应互联网社会发展的需要，宣布将实行向"个人宽带网解决方案公司"全面转型。长期以来，索尼公司一直成为日本文、理科大学毕业生就职的首选目标企业。索尼之所以能够聚集人气，在电子产品方面能够形成自己独特的竞争能力，反映在以下几个方面。

(1) 明确发展战略。成功的企业大都有明确的发展战略，每当环境发生急剧的变化或企业发展面临新的转折点，索尼公司的最高管理层就会拿出应变措施，制定新的发展战略，为企业的发展指明方向。

在公司成立初期，由于人才少、资金缺乏，公司无力与大企业竞争。为了公司的生存他们什么都干。先是修理无线电，其后研究电饭煲、电热毯之类的小家电产品。公司早期的《成立意向书》中明确反映了这一点："如果我们和大公司做同样的事情，是无法与其匹敌的。但是，未被开发的技术比比皆是。我们要做大公司做不了的事情，以技术力量为祖国振兴添砖加瓦。"公司的定位"做人家不做的事情，大胆开发新的事业"从此被确定下来。

盛田在20世纪50年代初期访问荷兰的飞利浦公司，他对荷兰这么一个小小的农业国能够出现一个世界著名的电子企业飞利浦震动很大。从此，盛田把世界市场作为公司的市场。在公司改名之际，之所以取名索尼（SONY），是它能使一般的消费者容易记忆，也使全世界的人容易发音的缘故。1955年，美国的布洛巴公司要求索尼为其OEM生产10万只半导体收音机，尽管当时索尼非常渴望得到这笔交易，赚取外汇，然而为了维护自己的品牌，索尼公司还是果断地拒绝了。

80年代初期，索尼公司出现了首次减收减益的情况，为了打破公司内部郁闷气氛，公司推出了包括录像机最强、磁产品最强、消费品的强化、生产销售决策程序重组等六大重点方针。为了确保战略的连贯性和企业的凝聚力，有利于改革的顺利进行，根据索尼核心技术和各事业部部长的提案，决定了9大项目，其核心内容有：光盘、新媒体、通信系统、OA计算机WS系统、软件、半导体、FA、显示器、计算机周边产品、部件、HDTV等，使公司发展战略最大限度化为企业发展的具体业务。

80年代末，随着索尼国际化的发展，1988年，盛田及时地提出了新的发展战略，即"全球·地方化战略"。在索尼打出这个新战略之前，70年代索尼已在纽约、伦敦、阿姆斯坦达等地成为上市公司，在美国的圣地亚哥、英国的大不利颠等地开设了工厂，大举推行海外投资和本土化的建设。从发展趋势来看，传统的海外战略，商品从先进国流向发展中国家，而现在一个热门商品，几乎是全球同时兴起，不存在先后问题。为此，要从根本上改变公司的思维定式，要根据全球经济一体化的变化制定自己的发展战略。公司管理层认为，企业家必须具备全球经营意识，不从各个具体的市场出发、不实现地方化，就不可能实现真正的全球化。企业不仅仅要取得经营上的成功，还要成为各个国家倍受称赞的企业（Admired Company）。

90年代初，在新的形势下，盛田又提出了AV&CCC（Computer、Communication、Component）的发展战略，展示了索尼公司面向21世纪发展的新目标。公司的战略从AV向AV&CCC多媒体事业领域的开拓和发展，保持视频领域第一位，向3C发展，力争做第一流的企业，消费品与非消费品50：50的比率，强化软件业务，从而指出了公司变革的方向，明确了公司的战略愿景。

进入21世纪，随着互联网的发展，索尼公司紧紧抓住消费者需求这个主题，不断调整自己的战略。索尼公司宣布将实行向"个人宽带网解决方案公司"全面转型。其目的是进一步加深与全球用户的互动关系，并为全球用户提供能够在宽带网社会充分享用丰富的产品与服务。索尼决定,在未来的发展战略中,战略性地重整索尼整体资源和电子、娱乐、游戏、互联网及通讯服务和金融服务这五大业务领域的业务活动,以创造集团新的整体价值。在新的战略构想中,它将通过开发能在在线网络条件下具备互动交流功能的硬件产品来产生一大批相互紧密相连并可联网的电子设备,以提升电子业务利润率的推动力。同时,索尼音乐和电影等娱乐内容将通过宽带网开展数字发行业务,这项业务与传统发行方式一起构筑新的发行业务模式。在金融服务方面,索尼正在开发全面向个人的金融服务。随着宽带网时代的到来,索尼保险公司已经开始通过互联网进行直接销售。

(2) 积极引进外部技术资源。发展成长的企业都非常注意和重视外部的技术资源,只要有机会,就可能引进这种技术资源,索尼公司也不例外。20世纪50年代初期,当井深在一个偶然的机会,看到驻日美军使用的录音机,他马上看到了其商品价值,立即着手从当时的安立电气公司引进高频偏压方式的专利,不久,成功地研制出日本第一台录音机。虽然这个录音机非常笨重,重达45公斤,价格也不菲,16万日元。然而这种成功地通过引进技术、开发新产品使索尼公司尝到了甜头。

随着索尼公司的发展,从外部引进技术的做法越来越得到重视。原公司总经理盛田说过,在技术进步这么快的今天,一个企业要控制某一方面的技术是不可能的。要尽可能利用各种关系,引进自己所需的技术。在这种思想指导下,只要是公司的发展需要,索尼公司不断引进新的技术。如与IBM联盟,生产计算机用磁带;与飞利浦联盟,共同开发CD光盘;与微软、苹果公司合作,共同开发软件等等。虽然在引进技术合作的过程中,也有失败的教训,但对索尼公司来说,密切关注外部技术变化,及时引进消化吸收的做法对索尼的发展起到非常积极的作用。

(3) 重视独创性、培养技术能力。索尼公司在成立初期,就确立了公司的经营理念。在早期的《成立意向书》中,就明确宣言:享受有益于公众的技术进步、技术应用和技术革新带来的真正乐趣;弘扬日本文化,提高国家地位;做开拓者,不模仿别人,努力作别人不做的事情;尊重和鼓励每个人的才能和创造力。

索尼公司在引进技术,开发新产品之际,非常注重开发、培养自己的核心技术。每当出现新的技术,只要与自己的研究、生产活动相关,就马上抓住机会,迅速应用到自己公司产品中来。

有些技术,在欧美刚刚出了实验室,索尼就开始考虑购买其专利,实现商品化。新产品不断打破日本或世界纪录,成为日本或世界首创的产品。在索尼发展史上,仅仅在20世纪50到60年代,就成功地开发了5个日本首创、16个世界首创的产品,研究员江崎还由于在半导体隧道效应方面的突破,获得诺贝尔奖。

在生产实践的活动过程中,索尼公司逐步掌握了一些核心技术,如半导体技术、生产技术、材料技术、通信技术、信号处理能力、信息处理能力、系统技术、部件生产能力,在视频设备生产方面,成为一个掌握了核心技术的企业,被公认为富于创新的企业。

(4) 致力于学习型组织的建立。为了及时搜集最新的技术信息和知识,使公司的技术始终保持领先地位,索尼公司内部举行各种技术学术交流活动,参加的成员从公司董事长到一般技术员,也有子公司和分公司的人员,或邀请学者参加,其目的是加强相关技术的交流,促进组织学习。主要的交流研讨会有以下几种:研究报告会(每个月举行,董事长、总经理、董事、有关研究、开发、设计部门的部长级人物、负责人总共70名左右);技术交流会(每年秋季举行,索尼公司所有部门、索尼的子公司、关联公司、协作单位);索尼调研论坛(论文交流,按不同主题把参加会议的人员分为3~4组,在此发表的论文,将汇编为公司论文集)。可以看出,这些交流内容都是当时最前沿的技术课题,通过这种广泛的交流和组织学习,使企业的技术人员和管理人员都有机会了解世界技术变化的动态,学习和吸取其中对自己有益的东西。同时,技术员能够通过这种机会,充分研讨自己感兴趣的问题,通过各种不同人员的知识碰撞,产生新的知识和灵感,有利于组织的研究开发。举办各种各样的交流会和演讲会,索尼公司建立了一个真正的跨部门、跨专业的学习型组织。

问题:

索尼成功的诀窍是什么?

六、技能训练

辩论

模拟企业团队抽签两两成组辩论,辩论题目是"求实重要还是创新重要",各团队课下搜集资料,下次上课时进行辩论。

参 考 文 献

1. 斯蒂芬·P. 罗宾斯. 管理学（第9版），中国人民大学出版社，2008.
2. 斯蒂芬·P. 罗宾斯. 组织行为学（第12版），中国人民大学出版社，2008.
3. 卢昌崇. 管理学（第3版），东北财经大学出版社有限责任公司，2010.
4. 万卉林、刘虹. 管理学原理、方法与案例（第2版），武汉大学出版社，2011.
5. 王福胜. 管理学基础，上海交通大学出版社，2015.
6. 冯国珍. 管理学（第2版），复旦大学出版社，2011.
7. 刘雪梅，胡建宏. 管理学原理与实务，清华大学出版社，2009.
8. 程云. 管理学基础，北京大学出版社，2010.
9. 周三多. 管理学（第4版），高等教育出版社，2014.
10. 闫涛、孙晓红. 管理学（第3版），北京理工大学出版社，2012.
11. 曾玉林、王家合. 管理学，西南交通大学出版社，2011.
12. 张来顺. 管理学基础，湖南师范大学出版社，2014.
13. 单凤儒. 管理学基础，高等教育出版社，2009.
14. 魏晓龙. 管理学原理，吉林大学出版社，2009.
15. 黄海力、曹继霞、杨欣、李晓光. 管理学，经济科学出版社，2010.
16. 王潇、李明臣. 管理学原理与实务，南京大学出版社.
17. 社科院发布企业社会责任报告. 六成分数偏低处旁观阶段，新华网，2012 - 11 - 30.
18. 郭咸纲. 西方管理思想史，世界图书出版公司北京公司，后浪出版咨询（北京）有限责任公司，2010.
19. 岳秀红. 管理学基础，河南科技出版社，2012.
20. 楼升凯. 现代管理学经验主义学派简介，中国集体经济，2009.
21. 尤利群. 现代管理学，浙江大学出版社，2003.
22. 芮明杰. 管理学教程，首都经济贸易大学出版社，2004.
23. 贾新政. 现代管理学，吉林大学出版社，2006.
24. 王勇. 中外企业管理经典案例，人民出版社，2006.
25. 杨凤敏. 管理学基础与应用，中国农业大学出版社，2007.
26. 陈维政等. 人力资源管理，北京大学出版社，2006.
27. 孟建国. 管理学，中央民族大学出版社，2007.
28. 郑健壮等. 管理学原理，清华大学出版社，2007.

参考文献

29. 程新富. 管理学基础, 河南科学技术出版社 2013.
30. 季辉等. 管理学基础（第2版）, 人民邮电出版社, 2015.
31. 张德等. 管理学, 人民邮电出版社, 2015.
32. 万振邦等. 管理学原理, 中国人民大学出版社, 2014.